中国法学前沿·研究生教学参考书
Frontier of Chinese Law Research
Reference Books for Postgraduates

Research on the Legal Liability of Civil Litigation

民事诉讼法律责任研究

李喜莲　著

清华大学出版社
北京

版权所有，侵权必究。举报：010-62782989，beiqinquan@tup.tsinghua.edu.cn。

图书在版编目(CIP)数据

民事诉讼法律责任研究/李喜莲著．—北京：清华大学出版社，2021.12
（中国法学前沿．研究生教学参考书）
ISBN 978-7-302-59718-6

Ⅰ.①民… Ⅱ.①李… Ⅲ.①民事诉讼法－法律责任－研究－中国 Ⅳ.①D925.104

中国版本图书馆 CIP 数据核字(2021)第 262636 号

责任编辑：李文彬
封面设计：傅瑞学
责任校对：欧　洋
责任印制：丛怀宇

出版发行：清华大学出版社
　　　　网　　址：http://www.tup.com.cn，http://www.wqbook.com
　　　　地　　址：北京清华大学学研大厦 A 座　　邮　编：100084
　　　　社 总 机：010-62770175　　　　　　　　　邮　购：010-62786544
　　　　投稿与读者服务：010-62776969，c-service@tup.tsinghua.edu.cn
　　　　质量反馈：010-62772015，zhiliang@tup.tsinghua.edu.cn
印 装 者：三河市金元印装有限公司
经　　销：全国新华书店
开　　本：170mm×240mm　　印　张：16　　插　页：2　　字　数：292 千字
版　　次：2021 年 12 月第 1 版　　　　　　　　　印　次：2021 年 12 月第 1 次印刷
定　　价：78.00 元

产品编号：094995-01

代　　序

民事诉讼法律责任：师生缘以及李教授喜莲同学"本土问题"的理论化研究

　　世纪之初的 2001 年，我由山城重庆转职到灵秀之地的湘潭大学。因相互之间都抱有学习和研究民事诉讼法学的志趣，我与李教授喜莲同学在"湘里大学"（又称"羊牯塘大学"）结下了深厚的师生缘。记得那是一个教育产业化方兴未艾的时代，也是一个"大学扩招"遍地开花的时代。在这样一个时代里，曾被奉称专门培养"天之骄子"学术人才的研究生教育，开始向培养应用型人才的职业教育看齐。研究生学历和硕士博士学位的生产，不再是为了满足教学研究机构储备后继人才的需要，而主要是为了满足实务部门和实务工作者日益增长的提升文凭档次的需求。如何顺利地培养一名对学术缺乏兴趣且入学时就坚定此身不以学术为业的研究生，此乃导师们是时面临的一个十分困惑且束手无策的全新命题。传统上的导师在培养研究生过程中的作用和意义，此时只得与事俱进被迫转型，我也只能顺势而为坦然接受这场"不知道该咋办"（难以言状）的洗礼。

　　来到湘潭大学的第一年金色秋季，我的一大收获是接受了十一名硕士研究生的培养任务，这其中有学术型研究生五名（清一色女生），应用型研究生六名（五名男生和一名女生）。出乎意料的是，六名应用型硕士研究生中后来竟有四名从事教师职业，这其中还有三名学生获得了法学博士学位。另外五名学术型研究生中，后来仅有一名以教师为业，她就是今天在此向同仁们奉出新作的李教授喜莲同学。

　　一方水土养一方人。喜莲同学是一名地道的湘妹子，在日常中保有湘妹子与生俱来的直爽泼辣性格（据说这与长期吃辣椒有关，也充分展现了"湘妹子生来不怕辣"这句歌词的真实内含），在学业和学术方面更是具有一股刻苦钻研的韧劲。朴实、勤奋、开朗、活泼，果断且有担当，这是喜莲同学留给我的总体印象。在湘潭大学工作期间，喜莲同学协助我主办过多场国内外学术会议，她总能把繁琐棘手的会务事情处理的干净利落；在协助我整理出版中国近现代民事诉讼法制史文献方面，更是体现出了一名学者应有的一丝不苟态度和敬业精神。

　　喜莲同学本科毕业于湘潭大学法学院（当时称为法律系），随后在湖南一家政法学校从事教学工作，本已可以"躺平"过起衣食无忧、岁月静好的小家生活。但基于更上一层楼成为一名高等院校专职法学教师的人生规划，她毅然重新返回母校湘潭大

· I ·

学开始了攻读硕士学位的学生生活。我以为,一名真正敬重职业、敬畏学术的硕博研究生指导教师,对于那些具有独立从事学术研究能力的潜力,打心眼里热爱本专业,并且志趣于未来成为本专业教学科研人员的学子,都不会舍弃或放过"得天下英才而教育之"的机会。喜莲同学是怀揣着成为一名民事诉讼法学专职教师的梦想接受了我的指导,而我是本着一定要打造一位能够成为民事诉讼法学界"专业选手"的决心担任了长达六年多的"教练"。

我自担任喜莲同学的硕士研究生指导教师以来,反复认真思考的大事情即如何提供针对性的学术研究指导,其实质也就是一个如何因材施教的问题。如学界同仁所知,我的研究兴趣是比较民事诉讼法、近现代民事诉讼法制史以及实质诉讼法理。是时,喜莲同学只能利用英语为学习和研究民事诉讼法学的外语工具,尚无"二外"背景,况且零起点掌握任何一门大陆法系国家的语言,都绝非是一挥而就之事。然而事物总是彼此消长,所谓"东方不亮西方亮,黑了南方有北方"。虽然喜莲同学在学术研究方面缺乏大陆法系国家语言的"工具性"加持,对于民事诉讼法学的"留学国别主义"(宪法学者林来梵语)尤其是德日法的研究,有其所短;但在问题意识、组织材料以及写作能力方面却有其有长。根据喜莲同学的这种实际情况和研究兴趣,我们师徒俩经反复考量商定,将研究对象锁定为我国民事诉讼法制的"本土问题",将研究方向锁定为"本土问题"的理论化研究,由此建设自己的学术领地,树立自己的学术风格。简而言之,就是对我国民事诉讼法制的"本土问题"进行理论化的研究。不言自明,欲从理论高度对新中国民事诉讼法制中的"本土问题"展开体系性研究,其前提是对作为具体研究对象的"本土问题"得以生成和演进的根本(Roots)有着十分透彻的了解,否则将极有可能使整个研究活动陷入于史无据的"自言自语"之中。

新中国民事诉讼法制与革命根据地时期的人民司法经验有着法理精神赓续、制度设计连接的密切联系,对此,现行《民事诉讼法》第1条在立法依据规定中开宗明义:"中华人民共和国民事诉讼法以宪法为根据,结合我国民事审判工作的经验和实际情况制定"。因此,各个革命历史时期的各革命根据地尤其是陕甘宁边区的民事诉讼法制,也就当然成了研究新中国民事诉讼法制中"本土问题"的前史,抑或从学术上说是"想跳也跳不过去"的前期准备作业。喜莲同学是以"陕甘宁边区的民事诉讼制度"为博士论文的选题实施这项前史研究作业,这一学术活动无疑为她后来的"本土问题"的理论化研究打下扎实的基础。民事诉讼法制史的研究当然离不开史料的支撑,为了收集到第一手历史文献材料,喜莲同学投入了大量时间和精力流连于陕西省档案馆之中,通过拍照、复印、摘抄等各种经由档案馆许可的方式方法,潜心收集陕甘宁边区法制尤其是民事司法的档案。喜莲同学费尽功夫收集到的这批原始档案材料,除部分用于博士学位论文写作并已经公开者外,还有更多部分尚待分类整理和文字输入。我们师徒俩原本商定将这些极其珍贵的陕甘宁边区民事司法档案经过整理之后,收录在我主持编撰的《中国民事诉讼法制百年进程》"革命根据地卷"中公开刊出,以为学界同仁研究相关问题提供一件"公器"。但由于此类学术基本建设事业被排除在当下已经制度化的"科研成果考核"的对象之外,而"科研成果考核指标"的完成情况又直接对我的经济基础产生影响,于是乎就无限期停止了这套系列丛书的编撰作业。

喜莲同学在对这批陕甘宁边区民事司法原始档案进行认真梳理、解读、研究的基础上,顺利地完成了博士学位论文的写作和答辩,后来又通过内容加减推出了她的第一部学术专著《陕甘宁边区司法便民理念与民事诉讼制度研究》(湘潭大学出版社,2012年出版)。无须赘述,喜莲同学这项专心致志的新中国民事诉讼法制的前史研究活动,对于她后来研究当下"本土问题"的历史成因以及提出相应的解决方案都起到了十分重要的铺垫作用。

2009年6月,喜莲同学取得博士学位以后就径直回到了母校湘潭大学法学院任教,至此实现了成为一名专职法学教师的梦想,也由此按部就班的开启了教书育人、研究学问的生活方式。喜莲同学在就职湘潭大学法学院的次年即2010年晋升为副教授,此后开始将研究生时期积累的新中国民事诉讼法制前史研究成果转化为对"本土现实问题"的思考和解决,其中最直接的体现就是将研究精力集中在人民调解制度的时代发展以及多元化纠纷解决方式的构建等领域,与此同时也保持着对民事诉讼法制其他"本土问题"的关注,并在此期间发表了一系列研究成果。例如有关研究"调解优先"问题(《法律科学》2010年第2期)、马锡五审判方式与司法便民理念的关系问题(《湘潭大学学报》2011年第5期)、国家赔偿中赔礼道歉责任的司法适用问题(《法律科学》2014年第5期)、民事诉讼法律责任问题(《法学评论》2014年第6期)等学术论文。这些学术成果促成喜莲同学于2015年顺利晋升教授,并随后取得了博士研究生导师资格。

呈于同仁面前的这部《民事诉讼法律责任研究》学术成果,是李教授喜莲同学探索民事诉讼法制"本土问题"理论研究的又一力作,在学术方面的特质和贡献大致如下。其一,对民事诉讼法律责任"本土问题"的理论化研究。既有研究成果大多是基于《民事诉讼法》第十章"对妨害民事诉讼的强制措施"规定,从对妨害民事诉讼行为人的制裁手段即法律责任的承担方式立场,把握妨害诉讼行为与相应的法律后果之间的关系,而没有自觉认识到法律规定妨害民事诉讼行为和相应强制措施的法理依据是基于民事诉讼法律责任法理。法律责任是国家对违法者实施的法定制裁即强制措施,民事诉讼法律责任是民事诉讼参与人因实施妨害民事诉讼行为而承担的民事诉讼法上的法律责任。民事诉讼法第十章规定"对妨害民事诉讼的强制措施"只是妨害诉讼行为人承担民事诉讼法律责任的具体方式。由于民事诉讼法律责任概念的缺位,既有研究成果是将对于妨害民事诉讼行为人采取的强制教育和制裁手段当作研究重点,抑或将具体的妨害民事诉讼强制措施的法律适用问题当作研究对象,这种研究方法虽然突显了问题的"本土"意识即问题的现实性,但于"本土问题"的理论化研究方面则明显不足。易言之,过去这种采用具体问题具体分析方法所提出的解决具体问题方案(研究成果),虽然对于解决实务中遇到的具体法律适用问题有着指导性作用及影响,但由于对妨害民事诉讼强制措施制度的法理基础缺乏统一的认识和把握,因而不能对强制措施的具体适用从体系化立场进行统一的法理解释,而只能就具体案件的具体解决提出因事制宜的策论。

其二,厘清了民事诉讼程序法律责任与实质诉讼法律责任的关系。民事诉讼法及其理论中所谓的"责任"具有多重含义,一是指对于违反法定诉讼义务者适用的强制措施,亦即对妨害诉讼行为人实施法定制裁;二是当事人因作为或不作为一定诉讼行为而承担的诉讼上不利益(负担)。民事诉讼法是诉讼程序规范和实质诉讼规范之集合,前者的诉讼法律责任(Haftung)适用于诉讼程序领域;后者的诉讼法律责任(Last)既适用于诉讼程序领域(例如不按期答辩和不按期参加开庭审理),也适用于实质诉讼领域(例如主张责任和证明责任)。李教授喜莲同学从法律规范的逻辑结构出发,运用法律责任是法律关系主体对其违法行为所必须承担的、带有国家强制性的不利后果的概念,将民事诉讼程序法律责任定义为违反法定诉讼义务的具体制裁(在民事诉讼法上表现为妨害民事诉讼行为的强制措施),即诉讼程序法律责任以违反诉讼义务为前提,而违反诉讼义务必受制裁及承担诉讼法律责任。与此相对,Last意义上的实质诉讼法律责任和诉讼程序法律责任,不以违反法定诉讼义务为适用前提,不属于具有制裁性的国家强制措施,它仅是当事人作为或不作为一定的诉讼行为而承担的诉讼上不利益后果。由于李教授喜莲同学对民事诉讼法律责任概念的内涵有上述层次分明的准确把握,因而这部新作为今后从诉讼程序法和实质诉讼法两个方面推进民事诉讼法律责任"本土问题"的理论研究奠定了良好的法理基础。李教授喜莲同学在本书中将研究内容主要集中在诉讼程序法律责任理论基础的建构方面,并从立法论提出将现行民事诉讼法第十章的章名由"对妨害民事诉讼的强制措施"改为"民事诉讼法律责任",以及设专章规定"民事诉讼法律责任"的建言。这一理论基础的建构和立法建议,对于整合现行法律规范关于民事诉讼法律责任的具体规定,促成民事诉讼法律责任制度的体系化建设,指导司法实务从民事诉讼法律责任体系的高度解决具体的法律适用问题,无疑有着十分重要的建设性参考价值。

在此,我要祝贺李教授喜莲同学在民事诉讼法律责任法理基础以及"本土问题"

的理论化研究方面取得的这项优秀业绩;同时也希望本书的出版能够提升同仁们对民事诉讼法律责任的理论问题及实践问题的关注度,尤其是促成我们从民事诉讼法律关系论和诉讼行为论立场对诉讼责任理论问题展开全方位的深入探讨。

李教授喜莲同学对于湘潭大学充满特殊感情,学于斯、教于斯,生活于斯。因此,本书也是她对于作为我国法学教育重镇和研究基地的"湘大法学"做出的又一次学术回报。

祝李教授喜莲同学在学术之路上不断创出新业绩!

陈刚

2020年12月5日于广州

目 录

绪 论 ·· 1
 一、本课题选题价值和意义 ··· 1
 二、国内外相关研究学术梳理及简要评述 ························· 4
 三、本课题研究的总体框架 ··· 6
 四、本课题研究的具体方法 ··· 8

第一章 民事诉讼法律责任的理论体系 ····································· 10
 第一节 民事诉讼法律责任认识论 ······································ 10
  一、民事诉讼法律责任的语词谱系 ································· 11
  二、民事诉讼法律责任内涵之界定 ································· 14
  三、民事诉讼法律责任的主要内容及责任形态 ·············· 18
 第二节 民事诉讼法律责任本体论 ······································ 21
  一、民事诉讼法律责任的本质属性 ································· 22
  二、民事诉讼法律责任制度的特征 ································· 27
  三、民事诉讼法律责任与相关概念辨析 ························· 30
 第三节 民事诉讼法律责任制度价值论 ······························ 33
  一、民事诉讼法律责任制度是实现民事诉讼法秩序价值的重要
   手段 ·· 34
  二、民事诉讼法律责任制度是实现公正价值的重要保障 ··· 35
  三、民事诉讼法律责任制度是程序效率价值的重要保障 ··· 37

第二章 我国民事诉讼法律责任制度的立法现状及原因分析 ······ 40
 第一节 我国民事诉讼法律责任制度立法现状 ···················· 40
  一、对违法审判行为的制裁性规定 ································· 40
  二、对当事人及其他诉讼参与人违法诉讼行为的规制 ··· 43
 第二节 我国民事诉讼法律责任于制度层面的问题 ············ 46
  一、民事诉讼法律责任制度尚难成体系 ························· 46
  二、民事强制措施制度的诸多内容欠科学化 ·················· 49
  三、民事诉讼法律责任的构成要件不甚明晰 ·················· 56

四、以实体法律责任为主的责任方式与违法诉讼行为之性质
　　　　　不相适应 ……………………………………………………… 60
　第三节　我国民事诉讼法律责任制度存在不足的原因 ………………… 61
　　　一、受"重实体,轻程序"观念掣肘 …………………………………… 62
　　　二、受苏联民事诉讼理论的影响 ……………………………………… 65
　　　三、对民事诉讼法缺乏正确的认识 …………………………………… 67

第三章　我国民事诉讼法律责任制度的运行现状 ……………………………… 69
　第一节　民事诉讼强制措施运行现状 …………………………………… 69
　　　一、责令退出法庭措施的运行现状 …………………………………… 71
　　　二、民事拘传措施的运行现状 ………………………………………… 76
　　　三、民事罚款措施的适用现状 ………………………………………… 78
　　　四、民事拘留措施的适用现状 ………………………………………… 86
　第二节　民事强制措施于司法实践中存在的问题 ……………………… 89
　　　一、适用强制措施的要件不清 ………………………………………… 90
　　　二、适用强制措施的程序混乱 ………………………………………… 92
　　　三、适用错误的救济途径不畅 ………………………………………… 93
　第三节　民事强制措施运行不畅的原因分析 …………………………… 94
　　　一、民事诉讼强制措施的性质不明且功能定位偏差 ………………… 94
　　　二、强制措施的相关规定欠完善 ……………………………………… 96
　　　三、司法人员对适用强制措施顾虑重重 ……………………………… 103

第四章　建构我国民事诉讼法律责任制度的理路 ……………………………… 104
　第一节　建构民事诉讼法律责任制度具有必要性和可行性 …………… 104
　　　一、建构民事诉讼法律责任制度具有必要性 ………………………… 104
　　　二、建构民事诉讼法律责任制度具有可行性 ………………………… 108
　第二节　民事诉讼法律责任的立法体例 ………………………………… 113
　　　一、契合我国法律责任制度的立法模式 ……………………………… 114
　　　二、有利于民事诉讼法律责任制度的有效运行 ……………………… 115
　　　三、有利于丰富民事诉讼法学理论 …………………………………… 116

第五章　民事诉讼法律责任制度的具体内容设计 ……………………………… 118
　第一节　规范法官的诉讼法律责任 ……………………………………… 118
　　　一、充实法院(法官)的程序性法律责任 ……………………………… 119
　　　二、充实法院(法官)诉讼中的实体法律责任 ………………………… 119

         三、科学设置法官的个人责任 ………………………………… 120
    第二节　完善当事人和其他诉讼参与人的诉讼法律责任 ………… 120
         一、完善民事诉讼强制措施 …………………………………… 121
         二、细化当事人之间的诉讼法律责任 ………………………… 127
         三、明确其他诉讼参与人的诉讼法律责任 …………………… 129

第六章　民事诉讼法律责任的构成要件与实践验证 ……………………… 135
    第一节　民事诉讼法律责任的构成要件 …………………………… 135
         一、民事诉讼法律责任的主体要件 …………………………… 136
         二、民事诉讼法律责任构成的主观要件 ……………………… 143
         三、民事诉讼法律责任的客观要素 …………………………… 145
    第二节　民事诉讼法律责任的构成要件及实践验证 ……………… 149
         一、虚假诉讼的定义及归责之构成要件 ……………………… 149
         二、逾期提出证据承担法律责任的构成要件及实践验证 …… 158

第七章　民事诉讼法律责任追责程序之完善 ……………………………… 166
    第一节　我国民事诉讼法律责任追责程序之现状 ………………… 166
         一、民事诉讼法律责任追究程序整体上欠完备 ……………… 166
         二、民事诉讼责任的追责主体和裁决主体单一 ……………… 168
         三、民事诉讼法律责任追责程序的行政化色彩较浓 ………… 169
         四、民事诉讼法律责任追责程序缺乏相应的监督机制 ……… 170
    第二节　民事诉讼法律责任追责程序存在问题的原因 …………… 171
         一、民事诉讼法律责任制度本身尚不健全 …………………… 171
         二、学理上对诉讼法律责任相关问题论证尚不充分 ………… 172
         三、司法实践无暇顾及 ………………………………………… 173
    第三节　健全民事诉讼法律责任追责程序的具体构想 …………… 174
         一、完善民事诉讼法律责任的追究主体 ……………………… 176
         二、规范民事诉讼法律责任追究程序的裁决主体 …………… 178
         三、建构诉讼法律责任追责程序 ……………………………… 180
         四、完善当事人权利受侵的救济程序 ………………………… 182

结语 ……………………………………………………………………………… 187
参考文献 ………………………………………………………………………… 189
附录 ……………………………………………………………………………… 198

绪　论

一、本课题选题价值和意义

民事诉讼乃原被告在法院的指挥下进行攻击防御,法院在程序终结时可透过裁判强制解决当事人之间的私权纠纷的公力救济方式。从动态上看,民事诉讼是由诉讼主体(当事人和法院)对诉讼客体(诉讼标的)以及为判断诉讼客体存否与具体内容所需的基础资料,取向于诸多在本质上内蕴冲突而须权衡的价值与要求,在特定权限与责任的划分安排下,借由一个个诉讼行为[①]所累积交织而成的程序。[②] 诉讼主体对诉讼客体(诉讼标的)所为之攻击(原告的行为)、防御(被告的行为)及法院的判断行为,都是在先后进行的诉讼过程中累积构成的动态程序,并由当事人的诉讼行为和法院的审理活动不断地填充、形塑诉讼标的(包括判断其存否所据的基础资料)的具体内容,最后形成裁判决结果。在诉讼过程中,常常伴随着法院和原、被告之间的权限划分与责任分担两个向度。这两个向度在整合诉讼主体、诉讼客体和诉讼程序问题上扮演并兼具连接与前导的关键角色。

为了确保诉讼活动公正、迅速、经济地进行,相关法律规范不但赋予当事人为一定诉讼行为的负担,而且还设定当事人之真实陈述、事案解明、文书提出等各种义务。我国《民事诉讼法》虽无具体条文规定当事人前述种种义务,但自1982年《民事诉讼法(试行)》起,以立法形式规定了对妨害民事诉讼的强制措施(以下简称"强制措施")制度,用以规范当事人、其他诉讼参与人和案外人的诉讼行为。1991年《民事诉讼法》进一步健全了强制措施制度,明确了各种强制措施粗线条的适用条件;2007年修正《民事诉讼法》时,丰富完善了罚款等强制措施的内容;2012年全面修正《民事诉

[①] 通说认为,诉讼行为是法院、当事人、其他诉讼参与人所为的足以发生诉讼法上效果的行为。法院的诉讼行为包括裁判行为、调查证据等程序内部发展行为、指定期日等程序外部发展行为;当事人的诉讼行为有声明、陈述和诉讼上的法律行为。值得注意的是,当事人在诉讼系属前所为私法上行为,虽然可能发生诉讼法上的效果,但如果这些行为不是以发生诉讼上效果为主要目的,例如管辖合意、仲裁合意、诉讼委托、选定当事人等,当然无须列入诉讼行为内。与此相对,在诉讼系属后,当事人依民事诉讼法规定所为的行为,既然法院将当事人所为的诉讼行为作为审判的资料,那么,无论该行为是否同时发生实体法上的效果,应当定性为诉讼行为。参见姜世明:《民事诉讼法基础论》,台湾元照出版社2006年版,第104～109页。

[②] 黄国昌:《民事诉讼法的制高点——进入一个博大精深的美丽殿堂》,载《月旦法学教室》2011年第100期,第130～131页。

法》时,增设了诚实信用原则和虚假诉讼的规制措施,规范了当事人和法官的诚信义务,并进一步拓展了民事诉讼强制措施的适用范围。2015年出台的《最高人民法院关于适用〈中华人民共和国民事诉讼法〉的解释》(以下简称《民诉法解释》)和2019年修正的《民事诉讼证据若干规定》(以下简称《证据新规》)对民事强制措施进一步予以完善,且增设了当事人的具体义务。① 与此同时,不断推进的司法改革在强化民事诉讼程序法定性、自治性的同时,也兼顾了以具体原则和制度来强化法官应承担的司法责任。为了保证审判人员依法行使职权,确保司法公正,我国司法改革一直在努力寻找科学合理的权、责配置方案,从《人民法院审判人员违法审判责任追究办法(试行)》出台,到对法官、检察官员额制进行试点改革,再到党的十八届三中、四中全会决定中明确提出司法责任制,最高人民法院新一轮司法改革纲要对法官责任进一步具体化。党的十九大报告中重申:"深化司法体制综合配套改革,全面落实司法责任制,努力让人民群众在每一个司法案件中感受到公平正义。"中央关于司法体制改革的一系列改革措施②向纵深推进、稳步实施。法院为促进诉讼程序有序进行并作出公平、适正的判决,除可以要求当事人提供诉讼资料外,还应适时表明其法律见解,对诉的变更、追加及申请鉴定等特定事项履行释明义务。③ 在深化司法改革的背景下,大多数法官的感受是,"担子更重了""责任更大了"。法官们没了"靠山"和"拐杖",须自行对承办案件终身负责。那么,法官、当事人及其他诉讼参与人在民事审判中该承担何种责任呢?现行《民事诉讼法》对这些关键性问题仍没有给予解决。就民事诉讼而言,探讨其是否具有独特的法律责任体系,是深化司法改革背景下不可回避的问题。

依法理所释,法律规范的逻辑结构系由行为模式和法律后果组合而成。法律后果中的处罚体现为国家对违法行为的否定、打击和制裁,也即违法者应承担相应的法律责任。法的权威性需要法的强制(制裁)功能保障和体现。法律责任作为保障法律实施的机制,乃法律规范不可或缺的重要内容。然而,概览我国现有的法律规范,法律责任制度似乎只是实体法的"专利品"。学界亦不乏观点认为"只有实体法才规定

---

① 《民诉法解释》第176条新增了诉讼参与人和其他人未经允许,不得进行录音、录像、摄影以及以移动通信方式进行现场转播审判活动。如若行为人实施了前述禁止的行为,人民法院可以责令其删除有关内容,拒不删除的,可以适用强制措施。2019年修正的《民事诉讼证据若干规定》第63条规定了真实、完整陈述义务及作虚假陈述妨碍人民法院审理的自处罚措施。

② 例如,为了防止司法机关内部人员干预办案,确保公正廉洁司法,中央政法委印发了《司法机关内部人员过问案件的记录和责任追究规定》,中共中央办公厅、国务院办公厅印发了《领导干部干预司法活动、插手具体案件处理的记录、通报和责任追究规定》建立领导干部干预司法活动、插手具体案件处理的记录、通报和责任追究制度;办案质量终身负责制和错案责任倒查问责制;司法机关内部产生了不小的震动。

③ 2019年修正的《民事诉讼证据若干规定》第30条第一款规定:"人民法院在审理案件过程中认为待证事实需要通过鉴定意见证明的,应当向当事人释明,并指定提出鉴定申请的期间。"

法律制裁"。① 这表明人们在关注和研究法律责任问题时,视阈出现了"黑洞",民事诉讼法律责任有意或无意地被淹没于黑洞之中。具体到我国《民事诉讼法》,学界向有将其称为"程序法"之惯性思维,而程序法又被定义为实现实体权利义务的步骤、次序和方法,故而人们(包括诸多民事诉讼法学者)将民事诉讼法等同于民事程序法,并认为诉讼法只是实现实体权利义务的工具。与此相应,我国《民事诉讼法》没有具体规定违法者所应承担的法律责任,诸多内容仅具倡议性,从而致使该法的贯彻执行远不能符合法治原则的基本要求。具体体现在,我国民事诉讼实践中,违反《民事诉讼法》的现象屡见不鲜,②有学者直呼,"民事诉讼中的程序滥用已经成为一个普遍的司法现象"。③ 然因我国《民事诉讼法》没有具体的法律责任制度,对于法庭上的各种谎言和伪证行为泛滥④等违反民事诉讼法律规范的行为如何规制,成为一道难题。⑤

我国《民事诉讼法》作为中国特色社会主义法律体系的重要组成部分,与其他两大诉讼法一样,大多数条文仅注重程序机制本身的设置,没有规定相应的法律责任。迄今为止的两次民诉法修改亦没有关注民事诉讼法律责任制度。我国民事诉讼实务因长期缺乏较完备的诉讼法律责任理论和制度的支撑而陷入非规范化运作状态。缺乏制度规范和理论指导的实践是盲目的,有民事诉讼法律关系研究,有诉讼行为研究,就应该有诉讼法律责任制度研究。研究民事诉讼法律责任制度具有重要的理论价值和实践意义。

其一,促进民事诉讼法学理论的发展。本课题研究有助于完善民事诉讼法律规范体系,有助于推动民事诉讼行为理论的发展。就法律规范的逻辑结构而言,完善的民事诉讼法律责任制度是落实诉讼义务,实现诉讼权利的制度保障,更是规范各种诉讼行为不可或缺手段。本课题研究对于完善法律责任制度,进而完善民事诉讼法律规范,丰富民事诉讼理论体系具有非常重要的理论意义。

其二,回应当前司法改革落实"法官司法责任制"的迫切需要。由于民事诉讼法律责任不明,民事诉讼法中诸多程序规则已经、正在、还可能继续被无意忽视、有意规

---

① 北京政法学院民事诉讼法教研室编:《中华人民共和国民事诉讼法讲义》,法律出版社1983年版,第153页。
② 关于这方面的论述,可参见赵义娟:《民事案件中的程序违法现象及其措施》,载《贵州审判》1998年第1期;王国征:《我国民事诉讼司法实践问题及原因探析》,载《东方论坛》1998年第1期;张汝申,王乃伦:《民事审判中违反法定程序的认定》,载《人民检察》1999年第11期;吴英姿:《民事诉讼程序的非正常运作——兼论民事诉讼法修改的实践理性》,载《中国法学》2007年第4期。
③ 陈桂明,刘萍:《民事诉讼中的程序滥用及其法律规制》,载《法学》2007年第10期。
④ 《中国法庭上何以谎言和伪证泛滥?》,资料来源:http://www.148hb.com/newsview/541.html,访问日期:2019年8月30日。
⑤ 亦言:《拘留"故意拖延诉讼"者没依据》,载《检察日报》2004年9月8日,第8版。

避、故意违反。如何明确和落实法官诉讼法律责任是本课题研究的重要内容,也是回应当前司法改革的迫切需要。

其三,有助于规范当事人和其他诉讼参与人的诉讼行为。由于没有诉讼法律责任制度指引,一些诉讼法律关系主体随心所欲地为诉讼行为。司法实践中,在相应法律责任制度欠缺或相关法律责任制度欠完善时,司法人员对如何规制当事人的违法诉讼行为表现出迷惘和随意。本课题研究有助于落实宪法规定的"违法必究"之要求,建构科学的诉讼法律责任制度,能够指引、规范诉讼法律关系主体的诉讼行为,以满足人民群众对法治建设的需要和期待。

总之,民事诉讼法律责任制度研究,无论是对于民事诉讼法学理论的丰富,还是对于民事诉讼立法的完善都是非常重要的。全面认识和把握民事诉讼法律责任,业已成为完善我国民事诉讼法律规范的重要课题和紧迫任务,也是促成民事诉讼规范化运行、推进审判权运行机制改革、落实法官办案责任制的基本要求,更是党的十八届四中全会全面推进依法治国,确保司法公正不可或缺的内容。司法实践正急切期盼民事诉讼法律责任制度研究的展开,并期待科学的民事诉讼法律责任制度诞生。

二、国内外相关研究学术梳理及简要评述

近年来,不少学者就如何构建或完善我国民事诉讼法律责任制度的必要性和可行性进行了论证。随着司法改革的推进,学者们开始重视对程序性制裁机制的研究。刑事诉讼领域中对程序性制裁机制以及诉讼法律责任的研究已取得了比较丰硕的学术成果,如陈瑞华教授系统地阐述了程序性违法行为发生的诸多原因以及解决程序违法的方法,对刑事诉讼中程序性裁判、程序性上诉等概念等进行了清晰的界定。[①] 这些理论和具体概念内涵对于研究民事诉讼法律责任具有十分重要的借鉴意义。一些学者结合我国现行民事诉讼制度和司法实践,对于构建民事诉讼法律责任制度的必要性和可行性进行了分析,也形成了较好的理论成果。[②] 但总体而言,我国学理上关于民事诉讼法律责任的研究成果在绝对数量上与该课题日益凸显的重要性不相符合。到目前为止,专门探讨民事诉讼法律责任的专著仅1部(吴英旗等,2013),中国知网上以"诉讼责任""民事诉讼责任"为题名或关键词的学术论文仅十余篇,足见有关民事诉讼责任制度的研究基础仍然比较薄弱。

---

① 陈瑞华:《程序性制裁理论》,中国法制出版社2010年版。
② 如田平安,罗健豪:《民事诉讼法律责任论》,载《现代法学》2002年第2期;刘后务:《〈民事诉讼法〉增设"法律责任"一章的必要性探析》,载《韶关学院学报(社会科学版)》2004年第5期;廖永安,熊英灼:《论我国民事诉讼法律责任制度之构建》,载《烟台大学学报(哲学社会科学版)》2007年第1期;吴英旗,崔柏,张燕:《民事诉讼法律责任初探》,中国政法大学出版社2013年版等。

域外专门研究民事诉讼法律责任的学术成果较为鲜见。但是,在德国、日本以及我国台湾地区的民事诉讼法学中,不乏诉讼行为和诉讼义务理论之研究。特别是随着协同主义民事诉讼模式日益为学界关注,法院的释明义务、防止突袭裁判义务;民事诉讼当事人的真实义务、诉讼促进义务;第三人文书提出义务,以及前述各种诉讼主体违反上述义务所可能承担的责任已然成为学者研究的重要内容([德]米夏埃尔·施蒂尔纳,2005)。英美法系国家民事诉讼制度的目的在于一次性解决纠纷,故而强调集中审理的英美民事诉讼程序规则,为防止诉讼过分迟延而设置了逾期提出证据失权制、蔑视法庭罪等相应的法律制裁([美]Joseph W Glannons,2013)。

梳理国内外相关研究,我们不难发现,相关成果主要围绕两大主题展开:一是民事诉讼法律责任性质的界定。主要有两种观点:(1)诉讼法律责任是一种程序上的责任。有学者认为诉讼法律责任是对诉讼法律关系主体违反诉讼义务的行为科以诉讼法上的不利后果,即是一种程序上的责任(袁岳,1991)。(2)民事诉讼法律责任是综合性责任体系,包含程序法律责任和实体法律责任,根据程序法律责任和实体法律责任两者何为主要责任又有不同观点(田平安,罗健豪,2002;刘后务,2004)。二是建构或完善民事诉讼法律责任制度的必要性。具体论证路径有四:一是从法律部门的发展趋势出发,认为现代法律体系门类已发展为众多法律部门,相应地,法律责任体系也应发展为性质各异、程度不同的违宪责任、刑事责任、民事责任、行政责任、经济责任和诉讼责任等独立的法律责任(杜飞进,1990;赵震江,付子堂,1999);二是从法律规范的逻辑结构出发,认为应当有相应的诉讼法律责任对违反民事诉讼法的行为予以制裁(李颂银,1998;田平安,罗健豪,2002);三是以民事诉讼法律关系理论为基础,认为违反民事诉讼义务的诉讼法律关系主体应承担相应的法律责任(蓝冰,2008);四是对民事诉讼法律责任的概念和相关民事诉讼法律责任的规定进行系统全面的梳理,对民事诉讼法律责任制度所存在的问题进行分析,认为民事诉讼法律责任制度尚存在立法编纂不科学、归责机制不健全、功能发挥不充分和关键程序机制不完善等具体问题,并针对前述问题提出相应的完善对策(王健,2015)。

综观国内外现有研究成果可以发现,学者们对民事诉讼法律责任制度的研究已经形成了比较系统的理论分析框架,尤其是国内外学者关于民事诉讼行为和民事诉讼义务的研究,为本课题研究奠定了坚实的基础。国内学者的研究成果在一定程度上反映了我国民事诉讼实践的基本情况,为本课题的研究提供了可资借鉴的技术线路、研究方法及创新空间。但是现有成果的不足之处也比较明显,主要有以下三个方面:一是现有研究成果关于民事诉讼法律责任性质的界定凸显了民事诉讼法律责任的特点,但在如何界分民事诉讼法律责任中的程序性责任与民事违法行为所致的实体法律责任之区别方面尚需进一步论证;二是现有研究成果主要围绕"法律部门分类"和"法律责任分类"展开,相比之下,根据民事诉讼程序流程,对各诉讼法律关系主体的程序违法行为,以及各种程序违法行为该承担何种诉讼法律责任进行实证研究的成果较少;三是现有研究成果对民事诉讼法律责任诸多重大问题的讨论付之阙如,例如民事诉讼法律责任的立法体例、构成要件、责任追究机制等问题鲜有涉及。总体来说,我国学界对民事诉讼法律责任问题的研究,较之于该论题的重要性而言还远远不够。主要体现在,现有研究成果对我国现行《民事诉讼法》有无诉讼法律责任制度及民事诉讼法律责任有何特点,现行的诉讼法律责任制度有何缺陷及存在缺陷的主要原因为何等基础性问题均未进行较好地理论阐释。特别是,现有研究成果未能从《民事诉讼法》的本质或定性上对民事诉讼法律责任的具体构成要件予以合理分析,故而,大多数成果以"因为民事诉讼法律责任很重要,所以《民事诉讼法》必须要有诉讼法律责任制度"之应然逻辑关系进行论证,但对《民事诉讼法》中为何需要规定诉讼法律责任制度的要因,民事诉讼法律责任的具体内容为何,以及追究诉讼法律关系主体之诉讼法律责任的程序构造等实然层面的诸多问题缺乏必要的分析。有鉴于此,本课题在现有研究成果基础上,拟就民事诉讼法律责任制度的相关问题进行研究,既要以"任何法律规范都应当具有法律责任制度"之一般法理为基础,又要立足于民事诉讼法的本质特点,合理界定民事诉讼法律责任的性质,突破程序法与法律责任"绝缘"的制度困境。以社会主义法治观、发展观为理论基石,针对诉讼法律责任的"中国问题",归纳总结民事诉讼法律责任设置中的"经验",尝试在诉讼程序规范内重新建构有理论支撑和体系完备的民事诉讼法律责任制度。

三、本课题研究的总体框架

本课题研究的主要思路是从"民事诉讼法律责任"概念界定入手,探析民事诉讼法律责任制度的本质特点及其价值取向,在剖析现行民事诉讼法律责任制度于立法上和司法实践中所存问题的基础上,探讨建构民事诉讼法律责任制度的具体思路和科学路径。本课题研究的主要内容分为七部分:

第一章,从认识论、本体论和价值论三个层面对民事诉讼法律责任制度的基础理论进行阐释。首先,在认识论层面,本课题厘清了民事诉讼法律责任的概念、主要内容及责任形态。民事诉讼法律责任是民事诉讼法律关系主体在诉讼活动过程中实施违法或不当诉讼行为而应承担的法律制裁,是一种包含实体责任和诉讼责任的综合性法律责任。其次,在本体论层面,本课题界定了民事诉讼法律责任的本质属性和基本特点,论证了民事诉讼法律责任是民事诉讼法律规范的构成要素,是诉讼义务必须履行的法定要求,也是现代民事诉讼程序的重要内容。民事诉讼法律责任具有责任主体多元、违法行为多样和责任形态多样等特点。同时,为确定本课题的研究对象,本课题对民事诉讼法律责任与妨害民事诉讼程序的强制措施、民事法律责任、法官司法责任等相关概念进行了辨析。最后,在价值论层面,本课题论证了民事诉讼法律责任制度本身的正当性和合理性。民事诉讼法律责任具有维持司法秩序、彰显公正和诉讼效率等多重价值,其既是实现民事诉讼法秩序价值的重要手段,又是实现程序公正价值和效率价值的重要保障。

第二章,主要分析了我国民事诉讼法律责任制度于制度层面存在的问题。建构或完善民事诉讼法律责任制度,必须对该制度内容的立法现状"了然于心",知其不善而健全之。我国《民事诉讼法》对民事诉讼法律责任制度有一些粗疏的规定,但总体来看,这些规定尚存在制度内容难成体系,具体内容有欠科学等问题。原因有三:一是受"重实体、轻程序"观念的掣肘;二是受苏联民事诉讼法律关系理论的影响;三是对民事诉讼法缺乏正确的认识。

第三章,分析了我国民事诉讼法律责任制度于实践层面存在的问题。鉴于强制措施是现行民事诉讼法律责任制度的集中表达,本课题重点对民事诉讼强制措施中的责令退出法庭、拘传、罚款和拘留四种措施的运行现状进行分析。结果发现,责令退出法庭措施存在适用条件不一和法律效果之"鸡肋"现象;拘传措施尚存在当事人与法官对"是否有拘传必要"和拘传的法律后果认识不一等问题;民事罚款措施存在适用率偏低,适用原因抽象化,"同案不同罚",以及罚款程序欠规范等问题;民事拘留措施存在适用条件不明,拘留措施与妨害行为的违法性难成比例,以及拘留措施的决定程序和救济程序欠规范等问题。作为民事诉讼法律责任集中表达的强制措施制度运行不畅的要因有三:一是学理上对民事诉讼强制措施的性质认识不明,对其功能定位有偏差;二是现行《民事诉讼法》关于强制措施的具体规定欠规范;三是司法实践部门对适用强制措施顾虑重重。

第四章,论证了构建我国民事诉讼法律责任制度的理路。建构我国民事诉讼法律责任制度具有现实必要性和可行性:一是民事诉讼法律规范只有具备法律制裁(法律责任),才能满足法律规范完整性要求;二是民事诉讼法在强调保障当事人诉讼权利的同时,也要有完备的诉讼责任制度,以督促诉讼法律关系主体切实履行其所负义务;三是法律责任的强制与程序自治在程序法的运行中总是呈现出此消彼长的发展态势。民事诉讼法律责任制度的缺失或者运行不畅,必然导致民事诉讼程序"自治"的效果欠佳。因此,立法者和民事诉讼法学者在致力于民事诉讼程序自治性建构的同时,同样需要考虑如何完善民事诉讼法律责任制度,以强制实施既有的程序立法并严惩程序违法行为。基于对民事诉讼法律责任独特性的认识,本课题提出建构我国民事诉讼法律责任制度的具体建议:设专章规定"民事诉讼法律责任",拟将《民事诉讼法》第十章的章名由"对妨害民事诉讼的强制措施"改为"民事诉讼法律责任",整合现行法律规范关于民事诉讼法律责任的具体规定,使民事诉讼法具有较系统的法律责任制度。

第五章,论述民事诉讼法律责任制度的具体内容。根据民事诉讼的基本构造和民事诉讼法律关系主体的主要类型,提出进一步规范法院(法官)的诉讼法律责任,充实法院(法官)的程序法律责任和实体法律责件,科学设置法官个人责任;完善当事人的诉讼法律责任和其他诉讼参与人的诉讼法律责任,既要进一步完善民事诉讼强制措施,明确各种强制措施的适用条件和具体程序,并依诉讼程序的阶段化构造明确双方当事人之间的诉讼法律责任,又要明确其他诉讼参与人(如证人、鉴定人、翻译人等)的协助义务,落实其具体的诉讼法律责任。

第六章,论述了民事诉讼法律责任的构成要件。本课题参照侵权法律责任的构成要件,即违法行为、主观过错状态、危害后果、违法行为与危害后果之间的因果关系等来分析民事诉讼法律责任的一般构成要件;并根据民事诉讼法自身的特殊性,深入探讨民事诉讼法律责任的特殊构成要件,并以虚假诉讼和逾期提出证据受法律制裁的实践为例,重点分析虚假诉讼和逾期举证的行为要件、主观过错状态、危害后果及行为与后果之间的因果关系,并对民事诉讼违法行为承担诉讼法律责任的或然性问题进行了具体分析。

第七章,论述了民事诉讼法律责任的追究程序。本课题立足于我国民事诉讼责任追究程序的立法与司法现状,剖析现行法律责任追究程序的不足。结合民事诉讼法律责任的特点提出完善民事诉讼法律责任追究程序的原则和具体设想,主张确立责任法定原则和责任适度原则,在具体原则的引导下,明确民事诉讼法律责任的追究主体是法院;法律责任的承担主体是民事诉讼法律关系主体,包括法院、当事人和其他诉讼参与人。主张设立法官惩戒委员会,确保法官的违法行为及时得到应有惩戒;依民事诉讼违法行为的性质(一般违法行为,犯罪行为)和诉讼法律关系主体之义务分配规则设计相应的追究程序。当追究民事诉讼法律责任发生错误时,相关救济程序功能的发挥,对于确保程序公正和实体公正具有非常重要的意义。在及时救济、适度救济等原则指导下,对在追责程序中受到侵害的当事人权利进行必要救济时,应根据错误裁判的后果,在立法上建构相应的救济制度。除在立法上健全民事复议制度外,还应转变行政化救济之理念,保障权利受到侵害的当事人享有申诉、控告、辩解、举证等权利,以便使配置的救济制度既能发挥及时救济之功能,又能彰显救济程序的公正性。

四、本课题研究的具体方法

本课题采用了以下方法进行研究:第一,概念分析法。从厘清法律责任、诉讼责任、民事法律责任等相关概念之间的关系入手,通过对法律规范的分析和上述概念的梳理,以求发现民事诉讼法律责任的独特性。以此为基础,合理界定民事诉讼法律责任的性质,以使后续研究具有针对性和规范性。第二,规范研究法,从理论出发探讨民事诉讼法律责任制度的应然问题,从本土化、科学化的学术规范和实践要求出发,民事诉讼法律责任制度的理论体系主要包括认识论、本体论、价值论、运行论、制度论等。第三,比较研究法。本课题对德国、日本、我国台湾地区、美国、英国的相关立法和学说进行梳理和分析,探究两大法系主要国家和地区民事诉讼法律责任制度的立法状况、责任形态及责任追究程序,并进行比较、评析,总结有益经验,以便构建既符合诉讼规律,又契合我国国情的民事诉讼法律责任制度和责任追究程序。第四,实证研究法。选择一定数量的基层人民法院和中级人民法院作为调研对象,围绕民事诉讼责任制度的相关问题设置问卷,对当事人、法官、律师等诉讼法律关系主体进行访谈,以掌握实践中民事诉讼程序被违反的情况以及程序违法者承担何种责任的第一手资料,同时,以大量裁判文书为分析对象,对各种民事诉讼强制措施进行实证分析,客观描述其运行现状,分析其存在的具体问题,以使相关建议具有现实可行性和针对性,并与实践需求相洽。

第一章　民事诉讼法律责任的理论体系

四十余年来,我们的法律制度已经从单纯的借鉴和移植逐渐转向"自主"发展,在不断的自立创新中,我国初步建立了具有中国特色的社会主义法律体系。在这一发展态势下,我们需要立足中国国情,对诉讼法律责任制度、程序性制裁等重大理论问题进行全面、深入探索,形成一套成熟、系统的理论和制度体系。这是在法律责任制度问题上对"中国道路"的理论概括,并尝试进行法律责任话语体系的"中国实践"。法律责任乃法律规范的重要构成要素,是法理学和各部门法学中的一个基本问题。正如张文显教授所说:"法律责任作为法律运行的保障机制,是法治不可缺少的环节……无论从厉行法治的实践需要,还是从法学发展的学术需要,都应当重视对法律责任的研究。"① 然而,我国自新中国成立以来的立法现状是,但凡涉及法律责任,大多体现在民法、刑法、行政法等实体法律规范中。为何同为法律规范的"民事诉讼法"没有如同实体法律规范那般的"法律责任"呢?是立法者有意忽略,还是民事诉讼法本身不需要法律责任制度?如果要确立民事诉讼法律责任制度,其又与实体法律责任有何关联?民事诉讼法律责任有哪些责任形态?为了回答前述问题,应当从民事诉讼法律责任本源出发,从认识论、本体论和价值论层面对民事诉讼法律责任的基本法理进行探讨,以便为建构科学的法律责任制度奠定坚实的理论基础。

第一节　民事诉讼法律责任认识论

从认识论意义上讲,法律规范(制度)体现了人们对自然、社会不断深化的认识,表明了人驾驭自己行为的各种努力,并且能够理解、认识具体制度的内容,并使之为我所用。概念是人们认识和解决问题必不可少的工具,没有限定的专门性概念,我们便难以理性地、清楚地思考法律问题。② 概念作为人类认识成果的结晶,其产生标志着人类进入逻辑思维阶段。为了使人与人之间的思想交流成为可能,有必要从表达这一概念的通常用法出发,使用所有人对某概念能够近乎一致理解的、确切的语词。③

---

① 张文显:《法哲学范畴研究》(修订版),中国政法大学出版社2001年版,第116页。
② [美]E.博登海默:《法理学——法律哲学及其方法》,邓正来译,华夏出版社1987年版,第465页。
③ [奥]凯尔森:《法与国家的一般理论》,沈宗灵译,中国大百科全书出版社1996年版,第4页。

如果在认识活动中不产生概念或不能借助概念,意味着主体对客体的认识仅停留在感性阶段,就谈不上理论研究了。尤其是学术研究,若不首先界定一定概念,并对概念进行分析,就难以把握研究对象的本质和特性。倘若绕过抽象的概念,便难以为具体的研究行为。① 由此可见,明确界定"民事诉讼法律责任"概念是深入开展诉讼法律责任制度研究的基础性工作,对概念的研究与对研究对象本身进行研究一样具有重要的意义。

一、民事诉讼法律责任的语词谱系

从构词上看,民事诉讼法律责任由"法律责任"和限定其范围的修饰词"民事诉讼"二者组合而成。因此,解释或界定"民事诉讼法律责任"概念,有必要对"责任""法律责任"以及"民事诉讼"等概念进行语义分析。

(一)责任的语义分析

在古代汉语中,"责"或"责任"是语义比较丰富的概念。如《辞海》所示,"责"字至少有六种含义:(1)求、索取;(2)要求、督促;(3)谴责、责问、诘问;(4)处罚、责罚;(5)责任、负责;(6)所欠钱财,同"债"。② 在《现代汉语词典》中,"任"字至少有三层意思:"义务""职责"和"惩罚"。"责"和"任"组合成"责任"一词后,又有三种含义:(1)分内应做之事;(2)特定的人对特定事项的发生、发展、变化及其后果负责(负有积极的助长义务);(3)因没有做好分内之事或没有履行助长义务而应承担的不利后果和强制性义务。③ 百度百科里将"责任"一词的含义归结为两点:一是指社会道德上,个体分内应做的事,如职责、尽责任、岗位责任等;二是指没有做好自己工作,而应承担的不利后果或强制性义务。实际上,法学语境中所说的"责任"通常是在下列两种意义上使用:一是指"职责",如"工作责任制""岗位责任制"中的"责任";二是指由于某些违法行为或法律事实的出现而使责任主体所处的某种特定的必为状态。④ 由此可见,"责任"一词的现代意义已经接近于法理学上关于法律"责任"的定义了。

(二)"法律责任"的各种学说梳理

由于责任在法律规范中占有重要的地位,又由于法律责任直接关乎司法的意义,尤其是责任及其执行(制裁)涉及人们的自由、财产、人格乃至生命。因此,长期以来,法理学界对法律责任概念尤为关注,而且学者在这一概念的认识上聚讼纷纭、见仁见

---

① 苏力:《制度是如何形成的》,北京大学出版社2007年版,第149页。
② 《辞海》,商务印书馆1983年版,第2591页。
③ 中国社会科学院语言研究所词典编辑室编:《现代汉语词典》(第7版),商务印书馆2016年版,第901页。
④ 杜飞进:《试论法律责任的若干问题》,载《中国法学》1990年第6期。

智。对现有观点稍加梳理,大致可归纳为以下四种主要观点:

第一种观点是处罚论,即将法律责任定义为一种处罚,认为法律责任即"制裁""处罚"或"惩罚"。例如,哈特指出,法律责任系违法者因其违法行为应受到的惩罚或被迫赔偿。也就是说,当法律规则要求人们为一定行为或不为一定行为时,违法者因其不法行为应受到惩罚或强迫对受害人赔偿。在这种意义上,违法者在法律上应对其违法行为(或伤害)负责,即违法者因其行为或伤害在法律上应受到惩罚或被迫赔偿。① 有学者认为,法律制裁应当以当事人不履行义务为先决条件,国家对不履行义务的当事人所作的种种处罚都是法律制裁。② 也有学者认为,法律责任乃义务人违反其义务时所应受法律之处罚。③ "处罚论"把法律责任当作法律制裁,其核心观点是行为人须对其法律行为负责,即违法者因其所为的违法行为而承担法律责任,包括法律规范的或契约约定的制裁。

第二种观点是后果论,即将法律责任定义为某种法律上的不利后果。有学者认为,法律责任是"法律规定的、义务之不履行所处之必然状态"。④ 一切违法者因其违法行为必须对国家和其他受到危害者承担相应的不利后果。学者们将法律责任定义为不利后果的原因有三:一是法律责任是行为人所不愿承担的;二是法律责任与行为人的目的或设想相背离;三是法律责任意味着对行为人某些利益的剥夺或减损。

第三种观点是将法律责任定义为一种特殊的责任,称为"责任论"。持这一观点的学者认为,法律责任有广义和狭义之分,狭义上的法律责任专指违法者实施违法行为所必须承担的责任。⑤ 这种责任既可以是法律上的不利后果,也可以是具体的制裁或处罚。

第四种观点是将法律责任解释成某种义务,称为"义务论"。有学者认为,构成法律责任的必要前提条件是法律关系主体违反了相应法律规范设定的义务,就法律规范的结构而言,义务性规则是其主体部分;就法律规范的适用而言,义务性规则的存在是追究行为主体责任的前提。⑥ 法律责任系"由于违法行为而引起的、由专门国家

---

① H. L. A. Hart, Responsibility, from Philosophy of Law (second edition), edited by J. Feinberg & H. Gross, Wadsworth Publishing Company, 1980, p.397. 转引自张文显:《法哲学范畴研究》(修订版),中国政法大学出版社 2001 年版,第 119 页。
② 李巍:《论法的国家强制性》,载《政法论坛》1993 年第 4 期。
③ "所谓责任,乃义务人违反义务时,所应受法律之处罚也。"见李肇伟:《法理学》(第 4 版),台湾东亚出制版厂 1979 年版,第 306 页。
④ 周永坤:《法律责任论》,载《法学研究》1991 年第 3 期。
⑤ 孙国华:《法学基础理论》,中国人民大学出版社 1987 年版,第 477 页。
⑥ 张恒山:《义务先定论》(引言),山东人民出版社 1999 年版,第 1 页。

机关认定和归结于具体自然人、法人或国家公职人员的义务"。① 还有学者认为,"法律责任是由于侵犯法定权利或违反法定义务而引起的、由专门国家机关认定并归结于法律关系的有责任主体的、带有直接强制性的义务,即由于违反第一性法定义务而招致的第二性义务。"② 为了使受到侵害的合法权益获得补救,恢复被破坏的法律关系和法律秩序,国家强制违法者为或不为一定行为。③

上述关于法律责任的概念的各学说虽各有侧重,但不乏共性:一是各法律责任学说均强调违法行为是引起法律责任的要因,没有违法行为(不法行为),就不会发生法律责任;二是上述各种学说都不同程度地反映了法律责任的强制性特点,法律责任的认定标准和追究程序均须由法律明文规定,其认定和归结须依靠国家的强制力保证。但是,从法律规范的普遍适用性来考量,上述有些学说尚存在明显的不足或局限。处罚论虽然突显了法律责任的强制性,但其极易使法律责任趋向于单纯的报复或复仇主义,与包括诉讼法律责任制度在内的法律制度之文明要求相去甚远。责任论虽然明晰了法律责任的"责任"或"负担"之特性,但其在解释论上违背了"定义项不能直接或间接包含被定义项"的逻辑要求。义务说虽然廓清了违反法定义务乃引起法律责任的产生要因之特性,但该学说无形中扩大了法律义务的内涵。特别地,在民事诉讼程序中,违反法定诉讼义务是承担诉讼法律责任的前提,然而民事诉讼法律责任并非完全因违反法定诉讼义务而产生。实践一再证明,法律义务只是法律责任产生的充分条件,而非充要条件。

(三)民事诉讼

民事诉讼是解决民事纠纷的方式之一,是指人民法院、当事人和其他诉讼参与人为审理民事案件,解决民事纠纷所进行的一系列活动的总和。民事诉讼活动既包括人民法院的审判活动,又包括当事人的争诉活动,二者指向的对象是民事纠纷。民事纠纷具有三个特点:一是以民事权利义务为争诉内容;二是纠纷主体在民事诉讼中法律地位平等;三是纠纷主体(当事人)对民事纠纷的内容具有处分权。由于民事纠纷以民事权利义务为争诉内容,依私法自治之法理,当事人对民事纠纷的内容在法定范围内可以自由处分。顾名思义,民事诉讼法律责任是民事诉讼中发生的法律责任,其与民事诉讼违法行为密切相关。

就民事诉讼法律责任的内涵而言,我们倾向于"后果论"。主要理由有二:一是后果论更具普遍适用性。虽然法律义务确实是引起法律责任的要因,而且比较权威的

---

① 王子琳,李放主编:《法学基础理论》,吉林大学出版社1987年版,第354页。
② 张光博,张文显:《以权利和义务为基本范畴重构法学理论》,载《求是》1989年第10期。
③ 张文显:《法哲学范畴研究》(修订版),中国政法大学出版社2001年版,第127页。

《布莱克法律词典》将法律责任解释为义务,即"因某种行为而产生的受惩罚的义务及对引起的损害予以赔偿或用别的立法予以补偿的义务",但在民事诉讼程序中,法律责任的出现并非完全依赖于对法定义务的违反,因为消极的不作为在某种程度上虽非诉讼法律关系主体的义务,但其也可能产生法律责任。相较于义务论而言,后果论是指因不法行为所引起的不利后果,这一学说既包括因法定义务而引起的法律责任,也可能是因负担而引起的不利后果。因此,更具普适性。二是后果论与法律规范的逻辑结构比较契合。法律后果(含否定性法律后果和肯定性法律后果)是法律规范不可或缺的构成要素,"后果论"把法律责任与法律上设定的不利后果相关联,是法律规范对违法行为实施者的否定性评价。这种不利后果大多是由于行为人违反法定义务而必须承担的,[①]但其还包含其他特殊的引起不利后果的原因。由此出发,将法律责任定义为法律关系主体对其违法行为所必须承担的、带有国家强制性的不利后果更具合理性和逻辑自洽性。

二、民事诉讼法律责任内涵之界定

从种属关系来说,"民事诉讼法律责任"之概念理应具有"法律责任"的基本属性。一般而言,诉讼法律责任对应的是诉讼法上的义务。对诉讼法上义务的违反与单纯违反诉讼法上的负担(Last)仅造成诉讼上的不利益不同。"负担"是指当事人非基于法律的强制性规定而为一定行为,其为相应诉讼行为的目的在于保护个人利益。义务是法律强制行为人为或不为一定行为,强制行为人履行义务,不仅是要保护相对当事人的利益,而且兼顾法院代表的司法公益。对诉讼法上义务的违反,不仅会发生诉讼上的不利益负担,而且会发生侵权损害赔偿责任。[②] 根据上文对"法律责任"的理解判定,民事诉讼法律责任概念应从两个方面来理解和解释:一是从国家层面讲,民事诉讼法律责任是对实施违法诉讼行为人的一种否定评价与谴责;二是从诉讼主体层面讲,民事诉讼法律责任是行为人对实施违法诉讼行为所引起法律后果的一种应有的承担。概括而言,民事诉讼法律责任,是民事诉讼法律关系主体因其违法诉讼行为(侵犯法定权利或违反民事诉讼法定义务)而引起的、由专门国家机关认定并归结于法律关系责任主体的、强制性的不利后果。这种不利后果既包括诉讼法上的不利益,

---

① 就法律的价值而言,义务性规则是保障社会秩序、支撑个体自由所赖以存在和展开的基本框架。但在特定条件下,行为人的行为没有违反法定义务,也须承担不利后果。例如,诉讼法律关系主体违反程序法的相关规定(并非法定义务),其须承担程序无效或诉讼行为无效的不利后果。

② 关于义务与负担的定义,vgl. Anhalt, a. a. O., S. 48f. m. w. N. 转引自姜世明:《民事诉讼中当事人真实义务》,载《东吴法律学报》2005年第十六卷第三期,第160~161页。

又包括相应法律责任的承担。现有研究成果关于民事诉讼法律责任有狭义和广义两种分法。

（一）狭义上的民事诉讼法律责任

狭义说主要从民事诉讼法（程序法）角度来论证民事诉讼法律责任，认为"诉讼责任"或者"诉讼上的法律责任"是一种程序性法律责任，与实体法律责任有别。田平安教授和罗建豪博士是持狭义说的代表，他们认为，"民事诉讼法律责任是指民事诉讼主体因违反民事诉讼法所设定的程序义务而依照民事诉讼法应当承担的程序性不利法律后果。"[①]这一界定与杜飞进主张的将法律责任分为包括"诉讼责任"在内的六种责任形态之主张相契合[②]，并与袁岳提出的"诉讼法律责任"[③]概念遥相呼应。杜飞进认为，"诉讼责任"主要因为在诉讼活动过程中没有履行法定的诉讼义务而发生，"它主要不是一种实体上的责任，而是一种程序上的责任"[④]。袁岳在界定"诉讼法律责任"时认为，诉讼法律责任是诉讼参与人违反诉讼程序的规定而招致的否定性法律后果，这种法律责任的适用根据、条件、承担方式以及适用程序都是由诉讼法来规定。[⑤]李颂银教授也认为"诉讼责任"是一种独立的法律责任类型，而且它是一种"诉讼程序法律责任"。[⑥]民事诉讼程序性法律责任概念的提出，不仅是学者们对"法律责任"分类和诉讼法的"强制措施"进行反思的理论成果，而且是学者们对诉讼法的地位和功能重新审视的必然结果。[⑦]

与程序性法律责任观点相对，另一种持狭义说的思路是从实体法律责任角度来探讨民事诉讼中的违法行为。例如，赵秉志教授认为，可以用刑事责任来规范妨害民事诉讼的违法犯罪行为；[⑧]杨立新教授认为，应当用民事赔偿责任来规范民事诉讼中的程序性侵权行为。[⑨]客观地讲，从实体法律责任出发，刑事责任和民事责任可以应对民事诉讼中的部分违法行为，但是，实体法律责任形态难以有效规制民事诉讼中所有的程序性违法行为，特别是，诉讼主体的消极不作为，以及那些纯粹发生程序性法律后果的行为。

[①] 田平安，罗建豪：《民事诉讼法律责任论》，载《现代法学》2002 年第 2 期。
[②④] 杜飞进：《试论法律责任的若干问题》，载《中国法学》1990 年第 6 期。
[③⑤] 袁岳：《诉讼法律责任论》，载《学习与探索》1991 年第 3 期。
[⑥] 李颂银：《论诉讼法上的法律责任》，载《法商研究》1998 年第 1 期。
[⑦] 田平安教授在《法学季刊》(1984 年)撰文明确提出了"违法不仅是实体违法，而且也应当包括程序违法。"这一观点得到了主流民事诉讼法学者的承认并编入了常怡教授主编的《民事诉讼法学》以及江伟教授主编的《中国民事诉讼法教程》和《民事诉讼法学原理》等教程中。
[⑧] 赵秉志，王新清：《对妨害民事诉讼行为刑事制裁之探讨》，载《河北法学》1998 年第 1 期。
[⑨] 杨立新，张步洪编著：《司法侵权损害赔偿》，人民法院出版社 1999 年版，第 40～72 页。

(二) 广义上的民事诉讼法律责任

狭义的诉讼法律责任虽然凸显了法律责任与程序的关联性,但没有将民事诉讼中的实体责任与程序性制裁结合起来考虑,要么强调其程序性法律责任,要么强调其实体性法律责任,有欠周延。毕竟,违法诉讼行为有时既能引发实体法律责任,又能引以程序性法律责任。例如,虚假诉讼行为,既可能引发驳回诉讼请求之程序性法律责任,又能引发侵权赔偿之实体法律责任。同样,只强调实体法律责任,忽视程序性法律责任的独特性,易落于只有实体责任的怪圈。鉴于"狭义说"难以逻辑自洽,部分学者认为应当从广义上来理解民事诉讼法律责任。理由是,民事诉讼是由民事诉讼法和民事实体法共同作用的场,在民事诉讼活动中,诉讼主体的违法诉讼行为有可能违反民事诉讼法的规定,亦可能违反相关实体法的规定。

广义说大体分成两种观点:一种观点认为,民事诉讼法律责任既具有诉讼(程序法)上的责任内容,又具有实体法上的责任内容。例如,赵震江和付子堂两位教授认为,民事诉讼法律责任既包括"诉讼程序法律责任",又包括实体法律责任。[①] 廖永安教授认为,"所谓民事诉讼法律责任,是指民事诉讼参与人及案外人、审判机关、审判人员、国家对于在民事诉讼过程中实施的各种民事诉讼违法行为应承担的不利法律后果,由于民事诉讼违法行为既有实体性违法行为,也有程序性违法行为,因此,对它们既可能要科以实体性法律责任,也可能科以程序性法律责任,或者同时科以实体性和程序性法律责任,故而是一种综合性的法律责任。"[②] 也有学者明确将法律责任分为实体法上的法律责任和程序法上的法律责任,并将程序法上的法律责任分为实体性法律责任和程序性法律责任。[③] 许少波教授认为,"为确保对当事人民事诉讼权利予以法律救济在实践层面的可操作性,民诉法及其他相关法律应当规定否定性法律后果。这种否定性法律后果主要体现为两个方面的内容:赔偿当事人因被侵权所受到的损失和宣告侵权行为无效。"[④] 陈桂明教授主张,以刑法责任、侵权责任、程序责任三个层面来惩治民事诉讼中的诉讼欺诈行为。[⑤] 王健博士认为,"所谓民事诉讼法律责任,是指国家通过正当法律程序对违反民事诉讼法律义务的行为所实施的强制性不

[①] 赵震江、付子堂认为"诉讼程序法律责任"是诉讼法律责任的一种,见赵震江、付子堂:《现代法理学》,北京大学出版社1999年版,第485页。

[②] 廖永安、熊英灼:《论我国民事诉讼法律责任制度之构建》,载《烟台大学学报(哲学社会科学版)》2007年第1期。

[③] 持这一观点的学者有:吴英旗、许少波、陈桂明、王健等。

[④] 许少波:《论否定性法律后果的立法设置——以救济当事人民事诉讼权利为主的考察》,载《法学评论》2005年第1期。

[⑤] 陈桂明:《程序理念与程序规则》,中国法制出版社1999年版,第131页。

利后果"。①

客观地讲,现有研究成果对民事诉讼法律责任的界定,在一定程度上揭示了民事诉讼法律责任的性质和特点。基于对民事诉讼法性质的科学认识,对其法律责任制度的内涵有进一步解释的必要。对民事诉讼法的发达史稍加梳理,我们不难发现,民事诉讼法的"成长"经历了"混诸私法",并逐步"公法化",即日益"脱私化"的过程。民事诉讼法从私法中逐渐独立的过程,既是实质诉讼法(也称诉权法)与实体私法离缘的过程,又是实质诉讼规范和诉讼程序规则联姻的过程。②作为民事诉讼法重要内容的实质诉讼法,在本质论上经历了从"私法的附随诉讼规范"到公法性质的民事诉讼法规范的演变过程。实质诉讼法乃调整民事诉讼法律关系的诉讼规范之一,③是民事争诉法律关系诉讼形成之诉讼规范。基于法体系层次构造理论,以及按照诉讼法上位阶论说的公法一元论之解释,实质诉讼法与民法等实体法属于包摄关系。④除此之外,民事诉讼法另一主要内容是设定诉讼法律关系主体之程序规范的法律规范,即以规定民事诉讼具体步骤、次序为主要内容的民事诉讼程序法。准确地说,民事诉讼法是集合实质诉讼规范和诉讼程序规范之法律。正因为如此,陈刚教授指出,我国民事诉讼法学应当以集合前两种诉讼规范的民事诉讼法为固有的研究对象。⑤有鉴于此,就民事诉讼法律责任内容而言,理应包括诉讼法律关系主体违反与民法等实体法具有包摄关系的实质诉讼法规范的法律责任⑥和违反设定诉讼程序步骤的民事诉讼程序法律规范的程序性法律责任,也即,民事诉讼法律责任包括实体法律责任和程序性制裁。据此,笔者赞同民事诉讼法律责任乃一种综合性的法律责任:既包括实体法律责任,又包括程序法律责任,统称为"民事诉讼法律责任"。

---

① 王健:《民事诉讼法律责任研究》,西南政法大学2015年博士论文,第13页。
② 陈刚:《民事实质诉讼法论》,载《法学研究》2018年第6期。
③ 民事诉讼中的争诉法律关系主要指双方当事人之间的诉讼法律关系。当事人之间的争诉法律关系既要接受民事诉讼程序法律规范的调整,同时还要接受实质诉讼法的调整。有必要说明的是,实质诉讼法属于诉讼法,而非实体法。依据法理,实体私法乃设定民事主体生活规范的法律规范,而实质诉讼法乃设定诉讼规则的调整当事人于民事诉讼程序中的争诉关系的规范,其属于民事诉讼法。争诉关系主要是当事人于诉讼中所享有的诉讼权利或诉讼义务关系。当然,法院对当事人争诉关系进行裁决时既要以实体私法为依据——对实体权利进行评价或判定;又要依据实质诉讼法律规范,如依举证责任分配规则来判定当事人在证明不能时的败诉负担之归属。因此,对于争诉法律关系的法律责任构建,既要考虑争诉关系属于诉讼法律关系的一面,又要考虑争诉法律关系以私法权利义务为基础的一面。特别是,在民事诉讼中,当事人对权利的处分,在不损及公益的情况下,其所为的诉讼行为即便造成不利后果,也只能由其自负责任。
④⑤ 陈刚:《民事实质诉讼法论》,载《法学研究》2018年第6期。
⑥ 这种法律责任因其违反的是具有"实体法"外表特征的实质诉讼法,其相应的法律责任形式自然会带有实体法律责任的印记。

三、民事诉讼法律责任的主要内容及责任形态

鉴于民事诉讼法由民事诉讼程序法和实质诉讼法组合而成,且民事诉讼是民事实体法和民事诉讼法共同作用的场域,故而可将民事诉讼法律责任分为实体性法律责任和程序性法律责任。① 也就是说,民事诉讼法律责任既包括实体法律责任的内容,也具有程序性制裁的内容。诉讼行为违反实体法律规定的,自然应承担实体法律责任;诉讼行为违反民事诉讼法规定的,既有可能承担实体法律责任,又有可能承担程序性制裁。总体而言,民事诉讼法律责任既具有实体法律责任的某些责任形态,也具有程序性的不利后果。

(一)民事诉讼中的实体性法律责任及责任形态

民事诉讼实体法律责任是以实体法来评价或考察民事诉讼中的诉讼行为,即评价诉讼法律关系主体的诉讼行为是否符合实体法律规定。

其一,民事诉讼中的刑事责任。刑事责任的设置主要起威慑作用,可以对潜在的违法者进行警告,以达到使人们遵守民事诉讼法律程序的目的。例如,我国《刑法》针对严重妨害民事诉讼的行为规定伪证罪、拒不执行生效判决裁定罪等。2015 年 10 月,最高人民法院、最高人民检察院联合发布的《关于执行〈中华人民共和国刑法〉确定罪名的补充规定(六)》,对适用刑法的部分罪名进行了补充或修改,其中包括虚假诉讼罪。由此可知,《刑法》规制虚假诉讼行为方面形成了与《民事诉讼法》相异的立法思路。② 显然,《刑法》对于虚假诉讼行为的规制,是以保护司法秩序为核心。行为人的行为只要损害了司法秩序,就应当认定为犯罪既遂。③

其二,民事诉讼中的民事责任。在民事诉讼中引入民事责任的目的是对受侵害的当事人或其他诉讼参与人的一种补偿,以维护诉讼正义。民事诉讼法律关系主体在民事诉讼活动中实施了诉讼违法行为,根据民法所承担的对其不利的民事法律后

---

① 田平安,罗健豪:《民事诉讼法律责任论》,载《现代法学》2002 年第 2 期。
② 纪格非:《民事诉讼虚假诉讼治理思路的再思考——基于实证视角的分析与研究》,载《交大法学》2017 年第 2 期。
③ 对民事诉讼法律关系主体追究刑事责任须符合以下要件:其一,民事诉讼法律关系主体在民事诉讼程序中实施了妨害民事诉讼的违法行为,且该行为已达到严重程度。这种严重的违法诉讼行为,既违反了民事诉讼程序法的规定,又触犯了刑法;不仅侵害了相对方的合法权益,而且严重破坏了国家的司法秩序,影响了司法权威。例如,当事人为谋取不正当利益,以捏造的事实提起民事诉讼,违背了民事诉讼诚实信用原则,妨害司法秩序或者严重侵害他人合法权益的,构成虚假诉讼罪。其二,民事诉讼法律关系主体在主观上存在违法犯罪的故意。如"毁灭、伪造证据""妨害作证""非法处置查封、扣押、冻结财产""打击报复""妨害公务""拒不执行判决、裁定"等,对行为人追究刑事责任,均要求其在实施上述违法行为时在主观上具有故意。其三,民事诉讼法律关系主体所实施的妨害民事诉讼的行为严重危害了司法秩序。

果或者基于法律特别规定而应承担的民事法律责任。民事责任是民事主体因违反民事义务所应承担的民事法律后果,它主要是一种民事救济手段,旨在使受害人被侵犯的权益得以恢复;是保障民事权利和民事义务实现的重要措施。[①] 民事诉讼法律责任中的民事责任乃"因违反民事诉讼法的规定而给相对方造成经济上或精神上损失的,人民法院可以依据法律的规定,责令违法者承担的民事法律方面的不利后果"[②]。在民事诉讼中,因诉讼法律关系主体不履行诉讼义务、滥用民事诉讼权利或其他违法诉讼行为给其他当事人或者案外人的合法权益造成侵害的情形并不少见,弥补当事人损失的主要民事责任方式是赔偿损失。因此,在《民事诉讼法》中,也应针对当事人的违法诉讼行为规定具体的民事赔偿责任。具体赔偿范围应当包括当事人的财产损失和精神损失。财产损失即是一方当事人因对方当事人的违法诉讼行为而遭受的财产性利益的减损,如因一方当事人故意拖延诉讼,而导致诉讼成本(差旅费、误工费、交通费、律师费等)增加。精神损失是指一方当事人因对方当事人违法诉讼行为而遭受的精神折磨,如一方当事人以虚假诉讼或恶意诉讼故意毁损对方当事人的声誉、形象等。

其三,民事诉讼中的行政责任。民事诉讼法律责任中的行政责任主要是指法院及其工作人员因违反法定职责或怠于履行法定义务而应承担的不利后果。[③] 民事诉讼中的行政责任不仅包括行政处罚责任,还包括行政损害赔偿责任。民事诉讼中的行政处罚责任主要是指当审判人员及法院、检察院其他相关工作人员在民事诉讼进程中实施与诉讼有关的违法行为,或应履行相关义务而不积极履行时所应承担的行政处分。2007年《行政机关公务员处分条例》(以下简称《公务员处分条例》)规定处分种类包括警告、记过、记大过、降级、撤职、开除六种。

其四,民事诉讼中的国家赔偿责任。在民事诉讼中,由于法院代表国家行使司法权,因司法行为不当或错误给当事人造成损失的,应当由国家承担赔偿责任。[④] 在民

[①] 在民事诉讼中,设定民事责任的要件主要有二:一是行为人客观上实施了违反民事诉讼法的诉讼行为,如一方当事人恶意诉讼、恶意申请财产保全、恶意申请公示催告等。二是当事人的违法诉讼行为给对方当事人造成了一定的损害,造成对方当事人财产利益或人身利益的贬损。民事责任的承担必须以行为人的违法行为已经给对方造成了一定的损害为基础,这一损失必须是现实存在的,而非当事人臆想出来的。例如,因一方当事人申请财产保全或行为保全错误,导致对方当事人的合法权益受损,申请保全有错误的当事人应当赔偿对方当事人的损失。值得一提的是,民事诉讼中的民事责任与刑事责任的构成要件有所不同,在民事诉讼中,民事责任的承担不要求行为人在主观上存在故意,只要行为人的违法行为客观上侵害了对方的合法权益,即便行为人只是过失或疏忽,也应当对其违法诉讼行为造成的损失承担民事责任。

[②] 姜永芝:《论违反民事诉讼法的法律责任》,中国政法大学2004年硕士论文,第20页。

[③] 古力、余军:《行政法律责任的规范分析——兼论行政法学研究方法》,载《中国法学》2004年第5期。

[④] 各国的国家赔偿责任制度大致采取了三种责任形式:第一种是由国家先予赔偿,而后需要负责的公务员进行追偿,第二种是在法定情形下由公务员直接承担侵权赔偿责任,第三种是在法定情形下由国家和公务员向受害人承担连带责任。我国国家赔偿方式采取的是第一种。在我国民事诉讼中出现的要求国家予以赔偿的情形,赔偿方式根据2010年《关于修改〈中华人民共和国国家赔偿法〉的决定》参照刑事赔偿程序。

事诉讼中设置国家赔偿制度的主要目的是，弥补当事人因遭受不法或不当司法行为侵害而损失的合法权益。在现行《民事诉讼法》中，国家赔偿责任的情形主要体现在错误采取保全措施，错误裁定先予执行，执行错误，以及违法对当事人进行罚款或拘传等情形。

（二）民事诉讼中的程序性制裁

民事诉讼程序性法律责任，又称民事诉讼程序性制裁，①是指民事诉讼法律关系主体在民事诉讼中因违法诉讼行为而应当承担的程序性不利后果。② 民事程序性制裁的本质是特定机关通过限制或者剥夺诉讼法律关系主体某些特定的诉讼权利，以达到惩罚其违法诉讼行为或消极不作为的目的。程序性制裁只发生诉讼法上的效果，主要体现在，程序性制裁手段一般不会产生使当事人的实体利益遭到直接剥夺或者限制的后果。尽管如此，程序性制裁也具有惩罚、预防、保障以及补偿等功能。民事程序性制裁乃"国家立法机关基于特定价值取向，明文规定当事人负担特定的程序性义务或者法律委任法官确定当事人的程序性义务或者法律授权当事人双方约定程序性义务，在当事人不履行或者不完全履行该义务时，法院裁决由该方当事人承担不利程序性后果的制度。"③民事诉讼中程序性法律责任形式主要有以下三种：

其一，程序权利减损。程序权利减损是指民事诉讼当事人由于不当行使自己的某种程序性权利而全部或部分丧失自己所拥有的权利。程序权利是指当事人在诉讼程序中所享有的各种程序性权利，具体包括起诉权、应诉权、上诉权、反诉权、财产保全权、先予执行权、申请回避权、申请强制执行权、申诉权、获得法律援助权、出示证据权、质证权、请求检察机关抗诉权、请求国家进行司法赔偿的权利等。诉讼失权是程序权利减损的典型形式，民事诉讼法律关系主体均是程序权利主体。但就相应程序权利减损而言，主要是对当事人或其他诉讼参与人的违法或不当诉讼行为的制裁。在民事诉讼中，主要体现为因当事人行使诉讼权利时违反了行使该权利应遵守的时限义务，即会引起程序权利减损。如当事人不在规定的诉讼期间提出证据，将发生证

---

① 陈瑞华教授在其著作《程序性制裁理论》中专门论述了刑事诉讼中的程序性制裁，本文也借用程序性制裁这一概念，并将其适用于民事诉讼场域。

② 有学者认为，根据民事诉讼程序性制裁所产生的效果是否影响案件的实体审理结果，可将其分为"与诉讼结果无关的制裁"和"与诉讼结果相关的制裁"。这两种制裁既是保护当事人利益的手段，也是维护国家司法秩序的有效手段。"与诉讼结果无关的制裁"是基于行为人违反民事诉讼法律规范这一事实采取的直接剥夺或者限制行为人实体性利益的惩罚措施，具体手段主要包括赔偿因程序性违法行为给对方增加的费用、罚款、拘留或者刑罚等；"与诉讼结果相关的制裁"是根据行为人的程序性违法行为所造成的诉讼迟延、事实认定的障碍或者损害了更高的社会价值等后果，同时结合违法者的主观过错采取的可能影响诉讼结果的惩罚措施。见徐德臣：《民事诉讼程序性制裁机制研究》，西南政法大学 2015 年博士论文，第 20 页。

③ 黄忠顺：《民事程序性制裁理论的基础性构建》，载《内蒙古社会科学》（汉文版）2012 年第 2 期。

据失权之不利后果;被告不在规定期间内提交答辩状,在开庭时对管辖提出异议,将遭受成立"应诉"管辖之不利后果;当事人不在规定的上诉期提出上诉,将丧失上诉权;当事人超过法定期限未提出执行申请,将丧失申请人民法院对生效法律文书执行的权利,同时当事人也丧失了通过执行程序实现生效法律文书所确定的合法权益的权利,如当事人仍向人民法院提出执行申请,人民法院将会对这一申请裁定不予受理,等等。

其二,确认结果无效。民事诉讼中确认结果无效是指诉讼法律关系主体实施了程序违法行为,且该程序行为违法被依法确认,则该诉讼法律关系主体所实施的诉讼行为不具有相应的法律效力。作为民事诉讼法之重要内容的诉讼程序规范明确要求诉讼法律关系主体奉行程序法定原则,对具体程序规范的违反,将导致某种诉讼结果无效。例如,在民事诉讼中,当事人如不按照法律规定缴纳案件受理费,法院将裁定按当事人自动撤诉处理;诉讼参与人须遵循法定程序和法定方法收集和形成证据,不得有严重侵犯他人合法权益、违反法律强制性规定、严重违背公序良俗之情形,否则,其所收集或形成的证据资料将予以排除;二审法院审理上诉案件后认为,原判决裁定认定事实错误或者适用法律错误的,二审法院以判决、裁定方式依法改判、撤销或者变更。其中确认一审裁判无效是二审法院从审级程序上进行监督的结果,也是一审法院认定事实不清,适用法律不准确所应承担的不利后果。

其三,程序行为重新作出。程序行为重新作出是指程序行为被确认无效后,如果该行为对诉讼公正确实存在影响,且有重新作出的必要,则根据法律规定重新作出。程序行为重作必须要求该程序对诉讼公正的实现确有必要,且有重作的必要和现实条件。例如,法官在审理活动中应当回避而没有回避,审理程序应该公开而未公开,或者法官在未经开庭的情形下直接判决等,前述违法行为引起的发回重审或再审,就是典型的程序行为重新作出之责任形式。

第二节 民事诉讼法律责任本体论

哲学本体论是透过现象看本质的科学,以明确事物的本源。它是关于事物本然的状况和性质的学说,其核心目的是"以某种概念形式来范导和规定存在的内容及其相互关系"①。本体论是人们把握事物的一般性及其内在规律的尝试,具有高度的抽象性和宏观性。从本体论意义上讲,人们制定法律规范体现了人类自觉约束自身行为及管理社会事务的能力,体现了人区别于动物的本质。从法的一般原理出发,民事诉讼法律责任具有自己的特性和特征,其与相关概念有诸多区别。属性理论、特征理论和法律关系理论乃民事诉讼法律责任本体论的基本理论构成。

---

① 李鹏:《胡塞尔现象学的本体论差异问题》,载《吉林大学社会科学学报》2019年第4期。

一、民事诉讼法律责任的本质属性

事物的本质是一事物区别于他事物的质的规定性,本质反映事物稳定的和一般的性质,反映事物的共同规律。民事诉讼法律责任作为法律责任的一种,具有法律责任的基本特性。这一责任既是对违法者的道义责难、对违法行为的制裁,又是对合法权益的有效维护。民事诉讼法律责任的实质是国家对违反法定义务、超越法定权限或滥用权利的违法诉讼行为所作的法律上的否定性评价和谴责。作为一种责任类型,民事诉讼法律责任与其他法律责任相比,既具共性,又有自身的本质特性。

(一) 民事诉讼法律责任是民事诉讼法律规范的基本构成要素

依法理所释,法是调整社会关系的工具。社会关系是人与人的行为互动或交互行为,其置于法律规范之场域则成为法律关系。法律关系是法律关系主体之间行为被法律所调整而形成的法律上的权利义务关系。法律规范的主要功能在于调整、评价、指引人们的行为。毕竟,法的直接目的在于规定权利义务,以及违法行为的法律责任,具体地指引人的行为,使之符合法的价值取向和立法目的。① 为了有效实现自己的功能,法律规范具有特定的逻辑结构。法律规范的逻辑结构是法律规范的构成要素及各构成要素相互之间的关系。民事诉讼法作为法律规范之一,理应具备完备的法律构成要素。尽管学界关于法律规范应由哪些要素构成尚未形成一致观点,② 但

---

① 张文显:《法哲学范畴研究》(修订版),中国政法大学出版社2001年版,第49页。

② 关于法律规范的构成要素,有三种代表性的观点:一是"行为模式"和"法律后果"二要素说。采二要素说的学者认为,法律规范是由"行为模式"和"法律后果"两因素构成。前者指法律规范所规定的人们应该或不应该怎样做的行为样式或标准;后者指人们在做出符合或违反法律规范的行为时,所应得到和承担的法律后果,其中包括合法的(受到保护或奖励)法律后果和违法的(受到处理或制裁)法律后果。沈宗灵教授认为,大量的法律规范没有假定部分,法律规范的逻辑结构只能由"行为模式"和"法律后果"两部分组成,因为"处理就是行为规则本身,也就是法律规范中指出的允许做什么,禁止做什么或者要求做什么的那一部分,这是法律规范的基础部分"。同时,沈宗灵教授认为,"制裁是法律规范中规定的违反该规范时,将要承担的法律后果的一部分",但"法律规范具有大量的奖励、表彰之类的法律后果,而且突出法律的制裁功能,不利于全面执法,也不利于法治的正确实施"。故而,沈宗灵教授反对用"制裁"来表述"法律后果"。参见沈宗灵主编:《法理学研究》,上海人民出版社1990年版,第207~209页;沈宗灵主编:《法理学》,北京大学出版社2001年版,第32~33页。二是"假定、处理、制裁"三要素说。孙国华教授认为,从逻辑上看,法律规范必须由假定、处理、制裁三个因素构成,这才能体现法律规范专有的特点。三要素之间具有条件关系,其基本模式是"如果……则……,否则……。"这种模式在法理学起步初期为大多数学者所肯认。见孙国华主编:《法学基础理论》,中国人民大学出版社1987年版,第257~259页。三是"假定(行为发生的时空、各种条件等事实状态的预设)、行为模式(权利和义务的规定)和法律后果(否定后果和肯定后果)"三要素说。张文显教授认为,法的规则是指具体规定权利、义务及具体法律后果的准则,或者说是对一个事实状态所赋予一种确定的具体后果的各种指示和规定。规则有较为严密的逻辑结构,包括假定(行为发生的时间和空间,各种条件等事实状态的预设)、行为模式(权利和义务规定)和法律后果(含否定性法律后果和肯定性法律后果)三部分,缺少其中任何一部分,不能称作完整的法律规范。见张文显:《法哲学范畴研究》(修订版),中国政法大学出版社2001年版,第49~50页。

是，不管是二要素说还是三要素说，都肯定"法律后果"是法律规范不可或缺的要素。民事诉讼乃人民法院、当事人及其他诉讼参与人为解决民商事纠纷所进行的各种诉讼活动。民事诉讼法的重要任务是调整、评价、指引诉讼法律关系主体的诉讼行为。要想维持良好的诉讼秩序，民事诉讼法律规范必须具备法律制裁（法律责任）性规范，以指引诉讼法律关系主体可以为何种行为，应当为何种行为，不得为何种行为及相应的法律后果。法院、当事人及其他诉讼参与人实施的诉讼行为如若违反民事诉讼法的强制性规定（义务性规定），民事诉讼法也须将该行为评价为违法行为。毕竟，"任何法要想成其为法和继续是法，国家必须对侵权行为和违反法律义务的行为实施制裁"。[①] 此外，民事诉讼法律规范也是"理"（法所体现的人们心中的"公理"）与"力"（保障法律实施和实现的国家强制力）的结合。[②] 每当民事诉讼法不能以民事诉讼主体自律的方式实现时，对违法的诉讼行为予以民事诉讼法上的制裁（程序性制裁或实体性制裁），即以"他律"方式指引、评价诉讼主体的诉讼行为便是保障民事诉讼法实施的最后手段。因此，就民事诉讼制度的功能和民事诉讼法律规范逻辑结构的完整性而言，民事诉讼法必须有自己的法律责任制度。

（二）民事诉讼法律责任是诉讼义务必须履行的法定要求

事实上，权利、义务、责任乃法律范畴的基本概念。法律责任作为保障法律规范有效运行的坚实"后盾"，乃法律规范不可或缺的要素。张文显教授将法律责任在整个法律体制中的地位概括为三个阶段：第一阶段是法律责任处于绝对中心地位时期，也即在法律史的最初时期，法律规范的运作呈现出"责任中心"的特点，这一阶段无论是习惯法还是成文法，都以法律责任的依据、范围、认定标准等问题为中心；第二阶段是义务与责任并重时期，随着社会文明的不断进步，以及法律调整方法的逐步多样化，责任中心论逐渐被义务责任论所代替，即法律规范为了调整社会关系，发挥对人们行为的指引功能，从各个层次和各个方面规定人们必须遵守的行为模式，以及人们违反法定行为而应承担的法律责任；第三阶段是权利、义务与责任的联动时期，这一时期随着商品经济以及民主政治的发展，法律体制不仅仅要强调义务与责任，而且权利也应是法律规范的重要内容，承认、确立并保障各种权利的实现，逐步成为各种法律规范的价值取向，与此相应，法律责任也从纯制裁机制转换为保障权利实现的有效

---

① 张文显：《法哲学范畴研究》（修订版），中国政法大学出版社2001年版，第46页。
② 孙国华主编：《马克思主义法理学研究——关于法的概念和本质的原理》，群众出版社1996年版，第207~212页。

保障机制。① 运用霍菲尔德的基本法律关系分析框架,法律责任概念的形式构造可以转换为不法行为是"狭义权利——狭义义务"或"特权——无权利"之救济权法律关系的充分必要条件。霍氏的这一分析结论为法律责任机制的正当性提供规范意义上的解说。② 正是从这一层面上讲,法律责任或法律义务作为一种关于行为的要求,表面上是由法律规则所规定的。法律义务之所以代表着社会和国家的要求,就是因为规定义务的法律规则实际上是社会和国家对个人(法律主体)作出的关于在一定条件下要对个人提出做(或不做)特定行为的要求的预先约定,防止义务人做与义务要求相反的行为选择时所必然带来的对他人、社会或对国家利益的必然损害。

在民事诉讼程序运行中,法院作为居中裁判者,其以国家司法权的运作为支撑。在民事审判权运行中,作为司法权波及对象的原告、被告及其他诉讼参与人必然与法院形成相应的诉讼法律关系,③当事人及其他诉讼参与人必须遵循民事诉讼程序,尊重法官的审判职能。与此同时,法官必须履行审判职责,尊重当事人的诉讼权利。显然,当事人诉讼权利与法院审判权力是民事诉讼法学中的一对基本范畴,二者相互依存,密不可分。有学者主张通过扩大当事人诉讼权利的广度,以抗衡审判权力的强度;通过强化诉讼权利自身的救济机制,以发挥抵抗权与监督权的功能。④ 笔者认为,在民事诉讼法律责任制度的建构与完善中,应深刻认识审判权与诉讼权利对立统一的关系,科学把握诉讼权利制衡审判权力的尺度。在此基础上,充分发挥当事人诉讼权利对法院审判权力的监督与制约功能。与此同时,我们应明确各诉讼主体在审判法律中的权利、义务和责任,对于违反民事诉讼程序规范的行为予以相应的法律制裁。此外,在民事诉讼中,任何法律关系主体都不可能是孤立的,民事纠纷的有效解决,必须依赖于各诉讼主体间的互动才能实现。当事人、其他诉讼参与人以及法院等在诉讼中的行为都会对其他诉讼主体产生影响,各个诉讼主体之间必然会形成相应的诉讼权利义务关系。从这种意义上讲,民事诉讼法律关系必然是多面互动的一种

---

① 张文显:《法哲学范畴研究》(修订版),中国政法大学出版社 2001 年版,第 116~117 页。
② 余军,朱新力:《法律责任概念的形式构造》,载《法学研究》2010 年第 4 期。
③ 有必提及的是,审判法律关系还包括法院之间的关系。例如,当事人起诉时,法院之间可能因案件管辖权问题出现对案件的移送;诉讼进行中,因案情调查等情形,法院之间也会有关于送达与调查的相互协助,以及对已生效裁判的尊重与执行等,因此,法院之间相互关系亦属于民事诉讼法律关系范畴。
④ 廖永安:《论当事人诉讼权利与法院审判权力的对立统一》,载《湘潭大学学报(哲学社会科学版)》1999 年第 3 期。

关系。① 在民事诉讼过程中，民事诉讼法律关系主体以及案外人一旦出现未履行法律义务或职责，或者不当行使法律权利（力）而使他人受到侵害，或者对正常的诉讼秩序造成了侵害，或者实施了其他违法行为，民事诉讼法应当有相应的责任制度，以要求相关主体承担一定的法律后果。尽管学理上对法律义务的含义有多种理解，但其所具有的"应当为或不为一定行为的要求"之本质近乎一致地为学界所肯认。因法律责任与法律义务均难以绕开"不法行为"与"制裁"的关系，二者在法学语境下具有天然的同质性，以至于不少学者将法律义务等同于法律责任。② 正是在这一层面上，有学者认为，"法律责任是对违反法律上义务关系或侵犯法定权利的违法行为所作的否定性评价和谴责，是依法强制违法者承担的不利后果……"③

在法学范畴中，常常将义务理解为引起法律责任的可能性，即法律关系主体在法律上对一定行为负责或者承担法律责任，意味着如果做出不法行为，行为者应受法律制裁。民事诉讼法作为国家层面的法律规范，旨在调整民事诉讼法律关系主体的诉讼行为。在民事诉讼中违反民事诉讼法律义务的主体，就要承担相应的民事诉讼法律责任或接受民事诉讼法赋予的一定的法律后果。如果用法律关系予以解释，制裁（强制）措施常常体现为规范层面上救济权法律关系的内容（如要求义务人支付赔偿、限制义务人之人身自由等）。因此，民事诉讼法在强调保障当事人诉讼权利的同时，必须明确当事人应负的民事诉讼义务，进而拟设定完备的诉讼责任制度，以督促诉讼法律关系主体切实履行其所负的诉讼义务。

---

① 纵观民事诉讼法学理论，学界关于民事诉讼法律关系的学说主要有三：一面关系说，二面关系说和多面关系说。持一面关系说的学者认为，人民法院在民事诉讼中只是居中裁判者，法院既不享有诉讼权利，也无须承担诉讼义务。因此，民事诉讼法律关系只是双方当事人也即原被告之间所存在的法律关系。持二面关系说的学者认为，单纯从原告与被告之间的关系而言，他们只存在实体法律关系，不存在诉讼法律关系。法院虽然只是居中裁判者，但因其裁判的对象乃原被告之间的私权纠纷，因此，民事诉讼法律关系是法院与原告以及法院与被告两个方面的关系。多面关系说是在两面关系说的基础上进行修正而成。持该种学说的学者认为，原被告双方虽然是因为私权纠纷而引发诉讼，但是，一旦双方当事人进入诉讼程序，二者之间的法律关系就不再只是私法关系了，毕竟有公权力机关法院的介入，当事人之间的诉争关系一方面要接受私法规范的调整，同时也要接受民事诉讼法的调整。因此，民事诉讼法律关系是多面的，不仅包括法院与原告、法院与被告之间的诉讼法律关系，而且包括原告与被告之间的诉讼法律关系。如果在民事诉讼中还有其他诉讼参与人（如第三人、检察院、证人、翻译人等）参加，当事人与其他诉讼参与人之间的关系，以及法院与其他诉讼参与人之间的关系均应由民事诉讼法调整，都属于民事诉讼法律关系。事实上，民事诉讼是国家运用公权力对私权纠纷进行解决的一种制度。从民事诉讼构造来看，民事诉讼法律关系包含着两大支柱性关系，即审判法律关系与争讼法律关系。

② 在罗马法上，民事责任与民事义务两者未作区分，罗马法所谓"obilgatia"一词将民事义务与民事责任合为一体。参见梁慧星：《论民事责任》，载《中国法学》1990年第3期，第65页。

③ 赵震江，付子堂：《现代法理学》，北京大学出版社1999年版，第481页。

(三) 民事诉讼法律责任是现代民事诉讼程序的重要内容

就民事诉讼的本质而言,现代审判的程序性仍然是公正的基本要素。诉讼活动与程序性之要求相伴而生,如影相随,离开了程序性也就无诉讼可言。从法学角度来看,程序主要体现为按照一定顺序、方式和手续作出决定的相互关系。就民事诉讼程序而言,是指法官和当事人遵循一定的步骤、按照某种标准和条件整理争点、固定证据,充分听取双方当事人的意见,在使当事人可以理解或认可的情况下作出决定的过程。程序作为交涉过程的制度化形式,其本身具有限制恣意、保证理性选择、"作茧自缚"等特点。① 公正和程序在相当程度上强化了法律内在化和社会化效果,也即程序具有法定性。民事程序法定主义是法治国家民事诉讼法的基本原则和具体要求。它以程序合法性为目的和中心,要求民事诉讼法律关系主体的诉讼行为严格遵守民事诉讼法所设定的条件、方式、步骤、环节和程序阶段,只要民事诉讼活动在形式上符合民事诉讼法,即视为达到民事诉讼程序法定的要求。程序法定主义的宗旨是将民事诉讼活动纳入法治化的轨道,强调以一种格式化的司法程序赋予当事人应有的权利,规范国家权力的运作。②

奉行程序法定主义的民事诉讼程序规则一般比较细致缜密,诸多国家的民事诉讼法对民事诉讼行为设有具体的法律标准。民事法律关系主体的诉讼行为只有符合相关法律规范的要求,才能取得民事诉讼法上的效果。同时,民事诉讼程序均由国家公权力机关法院主持和指挥,即便是奉行当事人主义诉讼模式的国家,诉讼程序亦非操于当事人之手。从这一层面上讲,民事诉讼程序被个人不法利用的空间理应较小。毕竟,"法律的许多制度都旨在保护权利和预期的安全,使它们免受各种强力的侵扰,这些强力常常以各种公共的或私人的利益为由而试图削弱法律结构的完整性。"③ 为实现这一目标,立法者和民事诉讼法学者均致力于民事诉讼程序的自治性建构,希望通过严谨的审级设计和阶段性程序递进机制,以及法律职业共同体的互动制衡来遏制程序违法现象的发生。然而,现实情况已一再表明,民事诉讼法律责任制度的缺失或者运行不畅,必然导致民事诉讼程序"自治"的效果欠佳。要实现法的秩序和安全之价值,法律制度必须能够抑制住各种把强权变成公理的压力冲击。与其他法律制度一样,民事诉讼程序也无法避免程序主体道德意识和社会意识变化的影响,那种根本不考虑一项制度被违反的伦理后果和法律后果的理想主义,往往是自拆台脚和靠

---

① 季卫东:《法律程序的意义——对中国法制建设的另一种思考》,中国法制出版社2004年版,第22~30页。
② 陈桂明,刘萍:《民事诉讼中的程序滥用及其法律规制》,载《法学》2007年第10期。
③ [美]E.博登海默:《法理学:法律哲学与法律方法》,邓正来译,中国政法大学出版社2004年版,第258页。

不住的。实践一再证明,"强制"与"自治"在程序法的运行中总是呈现出此消彼长之发展态势。当程序的自治能力达到一定水平,诉讼主体的活动得以有效限制时,"强制"遵守程序法律规范、强行制裁程序违法行为自然会变得"自作多情",乃至多余。但是,如果大量的诉讼程序规则明显欠缺可操作性,必然就会影响诉讼程序的正常运行,程序的正当化效应也就难以实现,并使程序自治难以如愿。因此,立法者和理论工作者在考虑改革、完善程序自治机制的同时,同样需要考量的是如何强制实施既有的程序立法并严惩程序违法行为。毕竟,"法律责任是法律的内在组成部分,是完善法律的法理要求,是保障法律效力、权威的重要因素。通过法律责任的设定,法律的实现也就有了基本保证。"① 与此同时,实践也一再证明,程序自治仅仅依凭实体法律责任是难以实现的。正如有学者所说:"实际上,这里存在一个至为明显的道理,如果诉讼程序的被遵守,只是依靠刑事实体法后果或行政后果等,那往往是无效的,因为许多违反诉讼程序的行为,并不一定会引起刑事实体法后果或行政法后果,甚至不会引起民事法律后果。在这种情况下,若没有程序性法律后果,则在出现了违反诉讼程序的行为时,法律将无可奈何。并且,即使该行为引起了刑事法律后果或行政、民事法律后果,如果没有程序性法律后果,也将会出现令人不可思议的结果。"② 有学者通过对西南地区七个法院进行调查,得出司法实践中"错案追究的错案标准最终从实体问责演变为程序之治"之结论。③ 这也从侧面反映了,诉讼责任是程序安定性、有序性的重要内容。因此,我们在不断健全民事诉讼程序规则以加强程序自治的同时,完全有必要在民事诉讼法中确立民事诉讼法律责任制度。否则,"程序自治"只能是一个不能或难以实现的梦想。

二、民事诉讼法律责任制度的特征

法律责任的实质是国家对违反法定义务、超越法定权利界限或滥用权利的违法行为所作的法律上的否定性评价和谴责,是国家强制违法者做出一定行为或禁止其做出一定行为,从而补救受到侵害的合法利益,恢复被破坏的法律关系(社会关系)和法律秩序(社会秩序)的手段。在民事诉讼过程中,诉讼参与人、案外人、司法机关及司法人员(主要指人民法院与法官)实施的各种违反民事诉讼法的行为,破坏了正常的民事诉讼秩序,妨害了民事诉讼活动的正常进行,侵害了他人的合法权益甚至社会公益和国家利益,因而,这种违法行为必将受到国家的否定性评价和谴责,行为人因

---

① 高其才:《法理学》,清华大学出版社 2007 年版,第 132 页。
② 王敏远:《论违反刑事诉讼程序的程序性后果》,载《中国法学》1994 年第 3 期。
③ 王伦刚,刘思达:《从实体问责到程序之治——中国法院错案追究制运行的实证考察》,载《法学家》2016 年第 2 期。

此必将承担相应的不利性法律后果——民事诉讼法律责任。归纳起来,民事诉讼法律责任具有以下特征:

(一)民事诉讼法律责任主体具有多样性

民事诉讼法律责任主体具有广泛性,是多元主体所承担的一种法律责任。民事诉讼乃以公权力解决私权纠纷的活动,当事人和法院是共同推动诉讼活动进行,是主要的诉讼法律关系主体。然而,民事诉讼活动的完成,在一定情形下,还需证人、鉴定人、翻译人、案外人等其他诉讼法律关系主体参加。民事诉讼法律责任是由违反民事诉讼法的行为所引起的,而违反民事诉讼法的行为既可能是诉讼主体的违法行为,也可能是其他诉讼参与人所实施的违法行为。因此,民事诉讼法律责任的承担主体包括:当事人、司法机关及司法人员以及其他诉讼参与人。且这些诉讼法律关系主体进入诉讼程序的目的不一。其中,有些诉讼参与人参加民事诉讼活动乃对国家机关履行一定的协助义务,与民商事主体在契约自由和意思自治主导下的民商事活动有所不同,民商事主体为民事行为的目的往往是就某一具体事宜达成意思一致。此外,民商事法律关系是单面法律关系,在同一个法律关系中,民事权利的主体往往是单一的。民事诉讼法律关系是多面的,在同一个诉讼法律事实中,承担责任的可能既有裁判者,也可能有一方当事人或诉讼参与人。

(二)承担民事诉讼法律责任的违法行为具有多样性

违反程序法律的行为在学界被称为程序性违法行为,它具有"形式上的违法性",可能造成"侵权性违法"后果和"公益性违法"后果[①]。"侵权性违法"后果是指程序违法行为损害了其他诉讼参与人的程序权利或者实体权利;"公益性违法"后果是指程序违法行为虽然没有损害其他诉讼参与人的权利,但却违反了程序法律规定或者程序原则,直接或间接地危害司法秩序,从而损害一定的公益。民事诉讼的侵权行为是指侵害其他诉讼参与人权利的诉讼行为,这种行为可能因为法律规定的疏漏而没有形式上的违法性,但确实侵害了其他诉讼参与人的程序权利或实体权利。在民事诉讼中,还存在一些违法程度较轻、侵权后果不明显、一般不承担法律责任的行为,陈瑞华教授称之为"技术性"[②]违法行为。在民事诉讼中,完整的诉讼事实通常需要多种行为的配合,比如起诉,如果法院不予立案,诉讼就不能继续;民事诉讼违法事实也同样可能是多种行为的配合,比如管辖错误,既需要原告错误起诉,也需要法院错误受理,当然这种错误可能会因被告的应诉答辩而被修正。因此,在同一个诉讼过程中,承担法律责任的行为可能是起诉行为,也可能是裁判行为,还可能是诸如保全行为之类的诉讼辅助行为。

---

①② 陈瑞华:《程序性制裁理论》,中国法制出版社2010年版,第11页。

(三)民事诉讼法律责任形式具有多样性

由于民事诉讼法在本质上是规范法院审判权力与义务,规范当事人诉讼权利与义务的法律规范。民事诉讼是法院的审判行为与当事人诉讼行为结合在一起的司法活动,因此,承担民事诉讼法律责任主体既包括人民法院、审判人员,也包括当事人,还包括其他诉讼参与人。不同的主体,在民事诉讼中的诉讼行为不同,违反法律规定的方式及后果也有区别,故而其承担的法律责任形式也是多样的。如违反管辖制度规定造成后果的,法官可能承担内部行政责任,法院还可能承担发回重审的程序责任;如枉法裁判,情节严重的,法官还有可能承担刑事责任。同时,在民事诉讼中,违法行为侵害的客体既可能是当事人的程序权利,也可能是人民法院的审判秩序,还有可能是对方当事人的实体权利。因此,民事诉讼法律责任的形式既有程序责任,也有民事、行政、刑事等实体责任。此外,民事诉讼法律责任是一种综合性的不利后果,具体体现在民事诉讼法律责任既包括客观行为违反民事诉讼法的规定而承担的不利后果,也包括民事诉讼违法主体因主观的可谴责性而承担的不利后果,前者如违反异议期限、上诉期限、再审申请期限等规定,这种不利后果针对的是一种违反民事诉讼法的客观行为,主观的非难性不是责任构成要件;后者如因枉法裁判而承担的刑事不利后果,这种不利后果针对的不仅是违法行为,而且更针对特定的主体和主观非难性,体现了民事诉讼法律责任客观归责与主观归责的统一性,体现了民事诉讼法律责任不利后果的综合性。

综上所述,民事诉讼法律责任作为一种综合性的法律责任机制,具有其自身的特质。民事诉讼是法院、原告和被告三方互动的过程,是审判权和民事诉权共同作用的场所。诉讼主体实施诉讼行为一方面乃基于民事诉讼法赋予的权利或权力;另一方面乃基于民事诉讼法设定的义务。如若对诉讼主体违反义务的行为进行限制,直接赋予其法律上的不利后果(制裁或负担)即可,这也是民事诉讼法律责任的主要特性。然后,诉讼主体因消极不行使权利或权力,而故意损害对方当事人权益或社会利益时,诉讼主体应当对其行为造成的后果承担责任。此时,若要对诉讼主体消极为诉讼行为的行为加以限制,方法之一就是使权利者和权力者失去权利或权力。这种法律上的不利后果为民事诉讼法律责任所特有。因为,民事诉讼乃解决私权纠纷,基于私法自治之法理,当事人对其私权在法律规定范围内有自由处分的权利。与此相应,民事诉讼法赋予当事人或其他诉讼参与人一定的诉讼权利是基于更好地维护其实体权利,或者体现诉讼程序正义性。但同时,民事诉讼又有代表国家的公权力机关法院的介入,基于诉讼效率考虑,各诉讼主体权利或权力的行使或为诉讼行为,应当受到特定条件限制和程序规程的约束,这种程序性约束(诉讼法上的不利后果)通常表现为程序性权利失权或程序无效。当然,当诉讼主体因恶意行使其诉讼权利或权力而给其他诉讼主体造成损害的,难免还要因此承担实体法律责任。由此可见,民事诉讼法律责任是一种综合性的法律责任,是兼具公法和私法性质的法律责任。其公法性质表现在程序责任、行政责任和刑事责任;其私法性质表现在民事责任。①

三、民事诉讼法律责任与相关概念辨析

准确界定民事诉讼法律责任概念是明确研究对象必须完成的工作。而要准确界定民事诉讼法律责任,又离不开对相关概念进行厘析。本书不拘泥于或囿于已有的解释和"定论",而是从每个概念的科学内涵和有限外延出发,在各概念相互关联的基础上探讨彼此的联系与区别,以进一步廓清每个概念的内涵和外延。

(一)民事诉讼法律责任与妨害民事诉讼强制措施的关系

1982年《民事诉讼法(试行)》用专章规定"对妨害民事诉讼的强制措施"。民事诉讼法虽经过几次修改,但现行《民事诉讼法》第十章仍用九个条文保留并充实了"对妨害民事诉讼的强制措施"制度(以下简称"强制措施")。时至今日,我国学理上对妨害民事诉讼的强制措施性质仍未形成共识。② 客观地讲,1982年《民事诉讼法(试行)》中的民事诉讼强制措施是计划经济体制下的产物,孕育其产生的社会背景与现代法治社会属于两个不同时段。在不同的社会背景下,民事强制措施应该有不同的意义。我们认为,在《民事诉讼法(试行)》中,其性质主要是行政教育手段,目的在于保障审判秩序;而在当前推行依法治国背景下,强制措施应该回复其法律制裁性之本性。作为民事诉讼法律责任制度的主要内容之一,强制措施制度与民事诉讼法律责任制度的区别比较明显。

第一,二者的设置目的不尽相同。强制措施的主要意义有三项:其一,从当事人和其他诉讼参与人的角度看,妨害民事诉讼的强制措施可以保障他们充分行使诉讼权利,确保他们的合法权益免受侵害,或者使受到的侵害得到及时的制止和排除;其二,从法院的角度来说,妨害民事诉讼行为在客观上阻挠和干扰人民法院对案件的判决和执行,采取强制措施可以保障人民法院顺利完成审判和执行任务;其三,从一般民众角度来说,对违反法庭秩序的行为人采取必要的强制措施,对普通民众而言具有普遍的教育意义和警示作用,可以促使他们自觉地遵守国家法律,维护诉讼秩序和法院的权威。③ 总的来说,妨害民事诉讼的强制措施主要是保障人民法院得以正常行使审判权,即排除当事人、其他诉讼参与人以及案外人对法院审判权的侵犯或者妨害,

---

① 吴英旗,崔柏,张燕:《民事诉讼法律责任初探》,中国政法大学出版社2013年版,第17页。
② 学理上主要有强制、教育说、制裁说和混合说。
③ 何文燕,廖永安主编:《民事诉讼法学专论》,湘潭大学出版社2011年版,第252~253页。

预防和制止违法行为的发生或继续发生。① 民事诉讼法律责任制度的设置更多的是国家为适应程序法的特殊调整机制,保证民事诉讼法律关系主体严格依照法律规定的程序进行诉讼。

第二,二者的适用对象不完全相同。适用强制措施的主体应是在诉讼过程中实施妨害民事诉讼行为的当事人、其他诉讼参与人或案外人。民事诉讼法律责任的主体则不局限于此,其主体主要是民事诉讼法律关系主体,具体包括当事人、诉讼代理人、其他诉讼参与人、案外人、审判人员、人民检察院及其工作人员等。

尽管民事诉讼法律责任与民事诉讼强制措施具有以上区别,但从二者的性质上看,强制措施的内容应当是民事诉讼法律责任的表达方式,其应包含在民事诉讼法律责任的范畴之中。因此,从制度、程序上对强制措施加以完善,才能契合维护司法秩序、保障当事人合法权益之民事诉讼制度目的。

(二) 民事诉讼法律责任与民事法律责任的关系

尽管在民事诉讼中可能存在民事法律责任,但二者在本质上是有区别的。民事责任是指因违反民事实体法律、违反当事人的约定或者基于民法规定的相关事由而产生的一种法律责任。在民事诉讼中,民事诉讼法律责任与民事责任既有区别又相互联系。两者的区别主要存在于三个方面:

其一,二者的承担方式有所不同。民事责任的主要承担方式为救济责任,救济当事人的权利,赔偿或补偿其损失,如停止侵害,排除妨碍等方式都属于救济责任,只有部分民事责任如支付违约金具有明显的惩罚性。民事诉讼法律责任的承担方式主要包括实体法律责任和诉讼法律责任。民事诉讼中的民事责任承担方式主要是赔偿损失。

其二,二者设置的目的有所区别。这一区别源于民事诉讼法与民事实体法性质的区别。一般而言,民事实体法是调整人们生活的"生活"规范。民事关系本质上是平等主体之间的利益关系。民事当事人的地位具有平等性,利益具有等价性,因此不需要国家过多地干预。② 民事责任旨在维护和保障当事人之间的平等关系,其根本出发点是促进民事主体通过自愿合作实现彼此理想。民事责任的判定通常以鼓励当事人双方通过自由谈判以达成最优的赔偿方案为原则。补偿性责任有利于恢复和弥补受侵害的民事关系,惩罚性责任则不利于民事主体通过自主交易达到利益调整的最佳状态。因此,民事责任多以补偿性责任形式为主。民事诉讼法是民事程序规范和

---

① 李颂银:《我国法律责任制度若干疑难问题探析》,载《现代法学》1998年第1期。

② 例如,如果受侵害的民事主体放弃对责任人的追究,或是权利所有者放弃接受权利,那么需要承担责任的一方当事人自然就可以免除赔偿或免除承担其他责任。

裁判规范的总和,民事诉讼法律责任既存在于平等主体的当事人之间,亦存在于当事人与法官等不平等主体之间。民事诉讼法律责任原则上应依法由国家强制力保证实现,不允许通过当事人双方协商处理。因有国家机关介入民事诉讼程序之中,民事诉讼法律责任形式多倾向于惩罚性。

其三,两种责任的产生时间有所不同。在民事实体法律活动中,只要出现违约或违反民事实体法律规范的违法行为,就可能产生民事责任。但是,民事诉讼法律责任只能存在于民事诉讼过程之中,具体包括立案受理、审前准备、开庭审理、合议庭评议、宣判、送达、生效以及裁判文书的执行阶段。在民事诉讼程序启动之前或民事诉讼程序结束之后,由于相关人员并不具有民事诉讼法律关系主体身份,也就谈不上违反诉讼程序,故而也就不会产生民事诉讼法律责任。

(三)民事诉讼法律责任与司法责任的关系

近年来,出于防范冤假错案的需要,也为了使法官权责适衡,①完善人民法院司法责任制成为司法改革的核心,并被形象地比喻为司法改革的"牛鼻子"②。在官方话语体系中,"完善人民法院的司法责任制,必须以严格的审判责任制为核心,以科学的审判权力运行机制为前提……"事实上,司法责任制可以说是"错案责任追究制度"的矫正和完善,是中国当代一直在进行的司法体制改革的延续。③ 只不过在本轮司法改革中,司法责任制被赋予更加丰富的内涵,再次引起司法界和法学界的高度关注而已。④ 在学理上,"司法责任"与"办案责任""审判责任"和"法官责任"等词经常混用。通说认为,司法责任是指法官不当行使司法权(审判权)并产生严重后果而承担的相应责

---

① 司法责任制改革的主要内容有二:一是"让审理者裁判",二是"由裁判者负责"。

② 《以提高司法公信力为根本尺度坚定不移深化司法体制改革》,载《人民日报》2015年3月26日,第1版;傅郁林:《司法责任制的重心是职责界分》,载《中国法律评论》2015年第4期。

③ 在2015年提出完善司法责任制之前,以错案追究制、违法审判责任制为主要表现形式的司法责任制一直在不同级别的法院试验着、实践着,也有相关规范性文件出台。早在20世纪90年代,最高人民法院发布了《人民法院审判人员违法审判责任追究办法(试行)》,全国各级法院就曾试行错案责任追究制。对于法官故意作出错误裁判或者因过失造成错案的,法院会启动对法官的责任追究程序。由于"错案"的标准并不明确,加上这一制度在法理上和实践中面临较大争议,最高人民法院最终确立了违法审判责任追究制度,并将错案责任追究的内容纳入了这一制度。后来,随着案件质量评查制度的推行,法官是否存在违法审判或者办案差错的情况,还被列为对法官进行日常考核的重要指标,也成为对法官进行奖惩的主要依据。

④ 违法审判责任的提出,并没有让原有的错案追究制消失,错案追究仍然以各种版本在不同地区的法院实行,如2012年河南省高院发布的《错案责任终身追究办法(试行)》、2015年安徽省高院下发的《安徽省高级人民法院错案责任追究暂行办法》,等等。后出现的违法审判责任强调了对程序违法而非结果错误的审判行为进行追究,并以2003年出台的《最高人民法院关于严格执行〈中华人民共和国法官法〉有关惩戒制度的若干规定》为标志,突出了责任承担规则体系,即法官惩戒制度,但由于"缺乏操作性,实际追究违法责任的并不多。"参见李鹤贤,刘志强:《司法责任追究的三个原则》,载《人民司法(应用)》2017年第22期。

任制度。其中,错案责任追究制度是法官责任制的核心。①

显然,司法责任制也是民事诉讼法律责任制度的重要内容,二者具有包含关系。作为民事诉讼法律责任制度的内容之一,二者的明显区别有二:一是二者产生的基础不同。完善人民法院司法责任制,基础是"明晰的审判组织权限和审判人员职责",核心是"严格的审判责任制"。前者是科学的审判权力运行机制,即保证主审法官、合议庭享有独立审判权,解决审理权与裁判权分离的问题,取消庭长、院长的审批权,实行法院内部司法裁判的去行政化;后者"严格的审判责任制",即要求主审法官、合议庭成员对所审理的案件承担法律责任,假如案件在审判质量方面存在瑕疵,或者出现了裁判错误,其将成为责任追究的对象。② 民事诉讼法律责任制度的基础是违法诉讼行为具备追究责任构成要件。二是二者的适用主体不完全相同。司法责任制适用的主体是违法行使审判权的法官等,而诉讼法律责任制度的适用主体除了违法行使审判权的法官外,还包括当事人和其他诉讼参与人等诉讼法律关系主体。司法责任是规范民事审判权的重要制度依据,因此,在探讨如何完善民事诉讼法律责任制度时,适时完善司法责任制度的相关内容十分重要。

第三节　民事诉讼法律责任制度价值论

一个由概念和规则构成的制度是必要的,但是我们必须永远牢记,创制这些规则和概念的目的乃是为了应对和满足生活的需要,而且我们还必须谨慎行事,以免毫无必要、毫无意义地接受一个过于刻板的法律制度拘束。法律制度的设置要受制于人们生活的需要,并接受公平、正义等价值需要的评价。任何一项法律制度落成在一定程度上也要宣扬某种法律价值或者是表现立法者对某种法律价值的选择,以便能够得到较好的实施。从价值论意义上讲,法律制度应体现秩序、安全、公正、自由等人类基于对自身的理性思考而产生的价值追求。民事诉讼是人类进入文明社后所进行的理性解纷行为,这种行为注定要服从于实现民事诉讼目的要求和具体诉讼行为的价值取向。③ 就法律规范的本体而言,民事诉讼法律责任制度理应是民事诉讼法不可或

---

① 有学者认为,"司法责任,也称司法责任追究制度是指法官、审判组织和其他相关人员在案件办理过程中,由于各种原因造成案件的立案、判决或执行的实体性或程序性错误,要按情节轻重折扣工作绩效、受到行政纪律处分甚至承担刑事责任。"见王伦刚,刘思达:《从实体问责到程序之治——中国法院错案追究制运行的实证考察》,载《法学家》2016年第2期;有学者认为法官责任制度分为三种模式,即结果责任模式、程序责任模式和职业伦理责任模式,见陈瑞华:《法官责任制度的三种模式》,载《法学研究》2015年第4期。
② 陈瑞华:《法官责任制度的三种模式》,载《法学研究》2015年第4期。
③ 李祖军:《民事诉讼目的论》,法律出版社2000年版,第52页。

缺的内容,而且系统地科学地探讨民事诉讼法律责任制度,还需从价值论意义上来立证该制度的正当性。"正当性"一词在法学中是个非常重要的概念,通常与法律制度的生成相关联。哈贝马斯认为,正当性是一种政治制度的社会承认。① 我国有学者将正当性理解为合规律性、合道德性和合法律性或三者至少居其一的状态或性质。② 笔者认为,我国民事诉讼法律责任制度的"正当性"应是指其制度层面的内在合理性、必要性和司法实践中的合规律性、可行性的综合评判。

一、民事诉讼法律责任制度是实现民事诉讼法秩序价值的重要手段

所有法学思维都和规则、决定、秩序等概念密切相关。在法哲学层面,秩序和正义是理解法律制度形式结构及其实质性目的所不可或缺的两个基本概念。③ 秩序被用来描述法律制度的形式结构,是指自然和社会过程中存在的某种程度的一致性、持续性和连贯性。秩序是法律的一种倾向,即运用一般性规则、标准和原则,履行其调整人类事务的任务。④绝大多数成年人一般都倾向于安全有序的、可预见的、合法的世界;这种世界不仅是他所能依赖的,而且在他所倾向的这种世界里,那些出乎意料、难以控制和混乱的危险事情,统统不会发生。⑤ 关系的稳定性、行为的规则性和程序的连续性、事件的可预测性及人身、财产的安全性,必然要求法律本身和适用法律的过程具有确定性、安全性和连续性。德国学者卡尔·施密特在《论法学思维的三种模式》中强调,法律人意欲研究的对象,不外乎法规、决定、秩序与形塑。⑥ 以法官依法审判作出个案判决而言,仅服从法律而独立审判的法官,绝非规范性的概念,而是秩序、制度性的概念,法官之所以得有依法审判的权力,并非抽象地代表法律,"而是源自一个由机关与公务员所组成的制度体系,法官仅是这个体系中的一个环节罢了。"在施密特看来,"如果没有具体秩序充当坐标系统,法实证论就无法区分法与不法……"⑦

秩序作为法律的基本价值,它的实现合乎逻辑地要求法律保持安定状态,而且还要求法律秩序的运动状态——法律程序(包括民事程序)——保持安定状态。⑧ 就民事诉讼制度目的而言,私权保护说、维护私法秩序说、解决纠纷说虽各有侧重,但都与

---

① [德]尤尔根·哈贝马斯:《重建历史唯物主义》,郭官义译,社会科学文献出版社 2000 年版,第 262 页。
② 蒋开富:《正当性的语义学与语用学分析》,载《广西社会科学》2005 年第 5 期。
③④ [美]E. 博登海默:《法理学:法律哲学与法律方法》,邓正来译,中国政法大学出版社 2004 年版,第 227 页。
⑤ Abraham H. Maslow, *Motivation and Personality*, 2d ed. (New York, 1970), p. 41. 转引自[美]E. 博登海默:《法理学:法律哲学与法律方法》,邓正来译,中国政法大学出版社 2004 年版,第 239 页。
⑥⑦ [德]卡尔·斯密特:《论法学思维的三种模式》,苏慧婕译,中国法制出版社 2012 年版,第 8 页。
⑧ 陈桂明:《程序理念与程序规则》,中国法制出版社 1999 年版,第 9 页。

民事诉讼法的基本价值取向——秩序、公正、安全相一致。民事诉讼程序对秩序的追求,除要求程序自身具有有序性、确定性、不可逆转性等,还需要有相应的诉讼责任制度确保程序的有序性。① 不管是制度层面还是司法实践层面,法律责任的强制与程序安定有序的运行及程序自治总是呈现出此消彼长的发展态势。民事诉讼法律责任制度缺失或者运行不畅,必然导致民事诉讼程序"自治"的效果欠佳。② 因此,立法者和民事诉讼法学者在致力于强化民事诉讼程序自治性的同时,同样需要考虑如何建构或者完善民事诉讼法律责任制度,以强制、保障实施既有的程序立法并严惩程序违法行为。民事诉讼法律责任制度以维护民事诉讼司法秩序为目的,当民事诉讼过程中出现违法诉讼行为时,民事诉讼法可以对违法诉讼行为人实施恰当的制裁,发挥诉讼法律责任制度排除妨害、恢复正常诉讼秩序的功能。

二、民事诉讼法律责任制度是实现公正价值的重要保障

法律制度的原始价值除了追求安定秩序之外,还在于追求公正。公正价值的实现依靠一系列原则、制度和程序的设定。就民事诉讼而言,既有程序本身的公正价值,又有程序保障的实体公正价值。民事诉讼法律责任制度的设定是保障诉讼公正的一种手段。在民事诉讼过程中,如果当事人不履行法定义务,违反民事诉讼法规定或实施虚假诉讼,提供虚假证据等可能妨害民事诉讼程序顺利进行的行为,依据民事诉讼法律责任制度,行为人应当承受相应的不利后果。对违法当事人的制裁,既能体现程序公正,确保当事人双方公平地进行攻击防御,又能确保守法当事人的合法权益,实现实体公正。反之,如果放纵当事人的违法诉讼行为,有可能使违法者在诉讼程序中占据优势地位,致使其妨害诉讼的目的得逞,进而可能影响诉讼实体结果的公正性。

大量实践一再表明,在我国民事诉讼中,程序的非正常运作绝非耸人听闻。③ 当事人滥用诉权、虚假诉讼④、虚假陈述现象屡见不鲜;有义务出庭作证的证人拒绝出庭、证人作伪证现象频频发生;当事人利用"反悔权"对达成的调解协议肆意反悔现象如家常便饭;⑤恶意拖延诉讼,增加对方当事人的诉讼成本,虚耗司法资源现象比比

---

① 陈桂明:《程序理念与程序规则》,中国法制出版社1999年版,第9页。
② 李喜莲:《也论民事诉讼法律责任制度》,载《法学评论》2014年第6期。
③ 吴英姿:《民事诉讼程序的非正常运作——兼论民事诉讼法修改的实践理性》,载《中国法学》2007年第4期。
④ 2017年《最高人民检察院工作报告》指出,"加强民事虚假诉讼监督,对民间借贷、企业破产等领域2017年"假官司"提出监督意见,立案侦查涉及民事假诉讼的职务犯罪146件。"
⑤ 当事人任意反悔且无后顾之忧,致使当事人无理反悔已达成的调解协议更是随心所欲。

皆是。法院违法立案或不立案、错误管辖、法官应当回避而不回避、严重超过审理期限等程序性违法行为绝非少见。此外，法院消极不作为现象也并非新闻。程序性违法行为除了具有破坏程序规则，侵犯当事人基本权利的后果之外，还在不同程度上破坏了基本的司法正义原则，损害了法律程序内在的正当性。

  诉讼法律责任制度作为保障程序公正和实体公正得以实现的法定规则，一旦缺位，不仅使诉讼程序追求的实体公正之目标难以实现，而且程序本身所具有的独立价值也荡然无存。以恶意公示催告为例，①我国《民事诉讼法》尚无恶意申请公示催告的法律责任规定。虽然根据《最高人民法院关于审理票据纠纷案件若干问题的规定》（以下简称《若干问题规定》）第39条之规定，对"伪报票据丧失的当事人"可以参照《民事诉讼法》第102条的规定追究伪报人的法律责任，②即参照《民事诉讼法》第102条之规定，对伪报票据丧失当事人可以采取罚款、拘留等强制措施，情节严重的，可以追究其刑事责任。但是，人民法院对当事人追究相应的法律责任，尚需在"查明事实，裁定终结公示催告或者诉讼程序"之后。鉴于公示催告程序不是普通诉讼程序，而是无对抗诉争主体的非讼程序。即便申请人属于恶意进行公示催告，若无利害关系人另行起诉，人民法院难以查明当事人是否有恶意申请公示催告的"事实"。事实上，一些法院即便查明了申请人系恶意申请公示催告，其处理结果也只能是判令恶

---

  ① 当事人滥用诉权现象不仅发生的普通诉讼程序中，在特别程序和特殊程序中也是时常发生。如申请人明知自己不是票据的最后持有人，为了非法获取票据上的利益，虚构事实，伪造证据材料，向法院恶意申请公示催告并申请除权判决，非法侵占他人票据权利等现象屡见不鲜。笔者以"恶意申请公示催告"为关键词在"中国裁判文书网"进行搜索（时间跨度为2014年1月1日至2015年1月1日），结果有67件恶意申请公示催告案件。稍加分析，恶意申请公示催告行为主要有以下几种：其一，票据合法流转后，持票人的前手虚构失票事实申请公示催告。依《民事诉讼法》相关规定，公示催告只能由法定的失票人依据法定的失票事由进行申请。但是，公示催告程序是非讼程序，法院作出除权判决的根据是公示催告申请人的申请和无利害关系人申报权利的事实，这就给恶意申请公示催告提供可乘之机。申请人为非法获得票据上的权益，先以合法方式直接从出票人处或者从其他人手中获得银行承兑汇票，取得汇票后再进行交易，并以背书转让该汇票为支付方式。申请人在取得票据对价后，在知悉票据流向的情形下，虚构票据遗失、灭失等事实，恶意向法院申请公示催告。其二，票据非法流转后，持票人的前手虚构失票事实申请公示催告。常见的情形是，甲、乙公司为关联公司，实际控股股东为同一人。甲公司虚构与乙公司之间的贸易关系，并向其开户行申请银行承兑汇票，再通过与乙公司虚假的业务往来，将承兑汇票背书给乙公司。乙公司则以该承兑汇票作为与丙公司商业交易的支付手段，将汇票转让给丙公司（丙公司往往以低于票面金额的价款取得该承兑汇票），丙公司则将该票据置于市场进行正常流转。至此，甲公司已经实现了自己资金周转的目的，同时丙公司亦无利益受损。但甲公司为非法获得与票面金额相当的利益，虚构票据遗失事实（宣称其与乙公司在交接过程中遗失汇票，并持有乙公司出具的未收到票据证明）向法院申请公示催告。若票据持有人在公示催告期内未申报权利，法院则会应甲公司申请作出除权判决，甲公司非法获取票据利益的目的有可能得逞。

  ② 1991年《民事诉讼法》第102条规定："诉讼参与人或者其他人有下列行为之一的，人民法院可以根据情节轻重予以罚款、拘留；构成犯罪的，依法追究刑事责任。"

意申请人返还其非法获得的票面利益,并且支付同期银行利息。[①]《若干问题规定》在预防恶意申请公示催告方面,虽然较《民事诉讼法》有较大进步,但其在司法实践中鲜有作为。就恶意申请人而言,只要就"失票"获得除权判决,就可获得票据记载的金钱利益,即便恶意申请公示催告因真正持票人起诉而被法院查明,其所承受的判决结果常常是返还票据款项而已,几乎无额外负担,更不用说须承担何种法律责任了。显然,法律责任的缺失抑或说违法成本甚小,是引发恶意申请公示催告的要因。

不难得出结论,几乎所有的程序违法现象都与我国没有严格的、系统的民事诉讼法律责任制度密切相关。民事强制措施制度虽然能够勉强应对当事人、诉讼参与人等妨害民事诉讼的违法行为,但对法官的程序违法行为却无能为力。错案责任追究制度虽对违法审判行为有诸多规定,但是关于何为错案,在立法上尚无明确的判准,致使该制度在司法实践中缺乏操作性,故而该制度的合理性引发诸多争议。违法诉讼行为若不能得到有效遏制,不仅会直接影响法官对案件事实的认定,损害无辜当事人的合法权益,而且违背民事诉讼诚实信用原则的要求,有损司法公正。因此,有必要通过调整法律规范,合理增加行为人实施违法诉讼行为的法律成本,最大限度地规制违法诉讼行为。规定民事诉讼法律责任就是要求程序违法者无一例外都应当承担不利法律后果,维护程序公正,进而实现法律程序背后的司法正义价值。从这层意义上讲,民事诉讼法律责任制度无疑是促进司法公正的重要保障。

三、民事诉讼法律责任制度是程序效率价值的重要保障

当事人之所以愿意选择以民事诉讼程序来解决他们的私权纠纷,一个重要的原因是,民事诉讼程序设计遵循公正和效率等价值目标。[②] 鉴于人们欲望的无穷性和资源的有限性之间的冲突和张力,任何一项制度的产生应当遵循有效性原则。换言之,从价值的层面看,所有制度应当以有效地应用资源(最低的成本投入),最大限度地增加社会财富(最大的产出)为己任,这对法律制度而言也不例外。人们通常根据一项法律制度对社会资源的配置和利用是否实现该法律制度所追求的有效状态来审视其追求的效率价值。效率价值是人们在司法过程中永远无法回避的一个问题。在民事诉讼程序中,学者们对"效率"有不同的理解。有学者认为,对于"效率"首先应当作"快"和"迅速"的理解,其次还要注意其具有"帕累托效率"中的"充分利用"

---

① 见《上海亨太投资管理有限公司诉常州市武进云海制冷设备有限公司票据追索权纠纷一案二审民事判决书》,案号:(2013)沪一中民六(商)终字第335号。
② 常怡:《提高民事诉讼效率的革新》,载《人民法院报》2013年5月9日第005版。

等含义。① 有学者从诉讼主体角度出发,认为诉讼效率是诉讼主体行为的有效性。② 有学者认为,诉讼效率应仅仅指处理纠纷的速度与成本。③ 尽管学者对诉讼效率有不同的理解,但现有的观点亦不乏共性,即诉讼效率的要义乃诉讼进程的快慢或速度。西方古谚云:迟来的正义非正义,足见诉讼效率的重要性。正因为如此,德国、日本及我国台湾地区的民事诉讼改革均强调当事人的促进诉讼义务,对该项义务的违反将要承担诉讼法上的责任。

也许有人质疑民事诉讼法律责任与诉讼效率价值的关联性。就程序法定性而言,人们一旦参与到程序中来,就很难摆脱程序所带来的束缚力。程序是一种角色分派的体系,程序参加者相互之间既配合又牵制。程序的功能自治是通过各种角色担当者的功能自治而实现的。④ 然而,我们不得不承认,民事诉讼程序即使缜密也不可能将诉讼过程中诉讼主体所有可能采取的行为一一设计清楚。因而,单靠民事诉讼程序自身不可能为诉讼行为提供稳定和客观的基础。加之,我国社会诚信体系尚未建成,《民事诉讼法》缺乏强有力的法律责任制度已经成为民事诉讼法律关系主体违法诉讼行为屡见不鲜的重要原因。因为,"没有责任就没有完整的法律,更没有对法律的敬畏;没有对法律的敬畏,法律就没有尊严,更不会有对法律的自觉遵守。"⑤ 申言之,没有制裁机制的民事诉讼法如同一纸具文,就像刑法没有刑罚制度加以保障一样软弱无力。种种违反民事诉讼程序的行为无疑会不同程度地影响诉讼程序的有序进行。诉讼程序不能良性运行,诉讼效率也就难以实现。当事人选择和利用某种纠纷解决方式一般是基于自己的价值取舍。在近现代文明社会中,由于诉讼机制具有以国家强制力为后盾、裁判过程及其结果相对易于预期、纠纷主体对程序的参与度较高等特点,因而成为解决纠纷的重要方式。⑥

随着民商事案件数量与日俱增,"案多人少"已然成为绝大多数法院面临的现实问题,司法机关感受到了越来越沉重的解纷压力。卷入诉讼已使当事人不堪诉累,司法的现实困境,迫使人们采取措施提高诉讼效率。因此,不管是法院还是当事人,追求高效率的诉讼便成了一种共识。民事诉讼制度的原初功能在于通过审判解决纠纷。民事诉讼法律责任制度的效率价值体现在,对违法行为及时进行制裁,确保民事

---

① 谭世贵,黄永锋:《诉讼效率研究》,载《新东方》2002 年第 Z1 期。
② 汤维建:《论司法公正的保障机制及其改革》,载《河南省政法干部学院学报》2004 年第 6 期。
③ 李浩:《论举证时限与诉讼效率》,载《法学家》2005 年第 3 期。
④ 季卫东:《法律程序的意义——对中国法制建设的另一种思考》,中国法制出版社 2004 年版,第 25～26 页。
⑤ 张越:《法律责任设计原理》,中国法制出版社 2010 年版,第 20 页。
⑥ 田平安,罗健豪:《民事诉讼法律责任论》,载《现代法学》2002 年第 2 期。

诉讼程序及时顺利进行,提高诉讼效率。诉讼当事人基于自身利益最大化考虑,为了胜诉通常不择手段,虚假陈述,伪造证据;对方当事人期待着对实施违法诉讼行为的当事人采取强制措施,一则为保护自己的合法利益,一则为保障良好的诉讼秩序,使自己卷入的纠纷能够快速审结。如果没有相应的诉讼法律责任制度对违法诉讼行为进行制裁,可能使妨害诉讼的违法行为进一步泛滥,影响法官对案件事实的查明,增加法庭调查的难度,进而影响案件的审理和裁决。因此,健全民事诉讼法律责任制度,依法对程序违法者适时进行制裁,有利于遏制程序违法现象的发生,进而确保民事诉讼程序顺利进行。由此可见,民事诉讼法律责任制度乃是确保诉讼程序高效运行的有力手段,是实现诉讼效率的有力保障。

第二章 我国民事诉讼法律责任制度的立法现状及原因分析

对一项法律制度的研究离不开对其立法现状的分析。虽然"民事诉讼法律责任"在我国民事诉讼立法上未能像实体法律责任那般在相关立法中占有一席之地,但《民事诉讼法》中不乏其或隐或显的某些内容。建构或完善民事诉讼法律责任制度,必须对该制度内容的立法现状"了然于心",知其不善而健全之。

第一节 我国民事诉讼法律责任制度立法现状

法作为社会现象,主要在于发挥指引、评价、预测、教育和强制等规范功能。法的指引功能主要是通过设定权利、义务以及特定行为的法律后果来指引人们为或不行一定行为。法的评价功能是为人们判断自己的行为正误提供普适性的准则。总体而言,作为法的基本要素的法规范,其主要功能是为司法机关提供审判案件的具体依据,为人们行为提供具体指引。为了更好地指引、评价人们(含审判机关)的行为,相关法律规范对诉讼法律关系主体的诉讼行为设置相应的法律责任。

一、对违法审判行为的制裁性规定

近年来,我们一再强调司法活动的特殊性和规律性,明确了司法权是对案件事实和法律的判断权和裁决权之性质。[①] 为了确保人民法院(法官)依法行使审判权,相关法律规范对法官的违法审判行为进行了具体指引和规范。

(一)《民事诉讼法》及《民诉法解释》对法官违法审判行为的规制

1982年《民事诉讼法(试行)》规定:"人民法院审理民事案件,必须以事实为根据,以法律为准绳。"同时,规定检察机关对人民法院的审判活动进行监督,以确保审判权的正常行使。我国《民事诉讼法》虽然几经修改,但在强化法官审判行为的适法性上从未松懈。

其一,规定民事审判人员的刑事法律责任。1991年《民事诉讼法》在规范法官行

---

① 中共中央文献研究室编:《习近平关于全面依法治国论述摘编》,中央文献出版社2015年版,第102页。

为方面,基本上承继了《民事诉讼法(试行)》的立法传统,增加了对审判人员"依法秉公办案"的要求。2012年《民事诉讼法》在规范审判行为上与修改前的民事诉讼法一脉相承。依据现行《民事诉讼法》第43条之规定,民事审判人员不得接受当事人及其诉讼代理人请客送礼。如果审判人员有贪污受贿,徇私舞弊,枉法裁判等违法行为的,应当追究其相应的法律责任;其违法行为构成犯罪的,则应依法追究其刑事责任。显然,该条规定旨在要求审判人员依法公正地审理裁决案件,对法官故意违背事实和法律,徇私舞弊或枉法裁判的违法审判行为予以规制。

其二,规定法院的程序性法律责任。《民事诉讼法》和相关司法解释对法院程序性责任的规定主要体现为程序重作,具体包括发回重审、决定再审及上级法院命令下级法院履行程序义务。发回重审的条件有二:一是原审法院在民事审判中存在严重的程序违法行为。例如,根据《民事诉讼法》第170条第1款第4项之规定,原判决有遗漏当事人或者违法缺席判决等严重违反法定程序之情形的,二审法院应当将案件发回重审。根据《民诉法解释》第325条规定,一审法院有审判组织不合法,违反回避规定,无行为能力人没有法定代理人代为诉讼,违法剥夺当事人辩论权利等严重违反法定程序情形的,当事人可申请发回重审,二审法院也可依职权裁定发回重审。显然,发回重审是民事诉讼中程序违法之制裁与救济的重要机制,它对于维护司法秩序和程序公正、实现程序自身价值具有非常重要的意义和作用。但是,程序违法不是发回重审的充分条件,只有那些严重违反诉讼程序,可能影响程序公正或影响判决结果的情形,才可能发回重审,由一审法院予以程序重作。二是原审判决认定的基本事实不清。① 案件基本事实不清楚,二审法院查清事实有困难,发回一审法院去查实更方便或有利的,二审法院一般应发回一审法院重审。法院具有前述违法行为或失职行为时,当事人可以申请二审法院将案件发回重审,二审法院也可依职权裁定发回重审。根据各法院的考评体制,案件"发改率"是评价法官和法院的重要指标,与法官的绩效直接挂钩,对法官也是一种间接的经济制裁。此外,对于法官作出的违法错误判决,当事人可以申请再审,上级法院可以决定再审,检察机关可以抗诉再审。现行《民事诉讼法》第200条规定了十三种再审事由,既有实体错误,也有程序瑕疵。② 例如,

---

① 根据《民诉法解释》第335条之规定,基本事实是指用以确定当事人主体资格、案件性质、民事权利义务等对原判决、裁定的结果有实质性影响的事实。

② 例如,原判决、裁定适用法律确有错误的;审判组织的组成不合法或者依法应当回避的审判人员没有回避的;无诉讼行为能力人未经法定代理人代为诉讼或者应当参加诉讼的当事人,因不能归责于本人或者其诉讼代理人的事由,未参加诉讼的;违反法律规定,剥夺当事人辩论权利的;未经传票传唤,缺席判决的;原判决、裁定遗漏或者超出诉讼请求的;据以作出原判决、裁定的法律文书被撤销或者变更的;审判人员审理该案件时有贪污受贿,徇私舞弊,枉法裁判行为的。

审判人员有贪污受贿,徇私舞弊,枉法裁判行为的,除可对该违法审判人员追究刑事责任外,其作出的错误判决也应从程序上予以否定。上级法院命令下级法院履行程序义务常常适用于下级法院的程序违法行为。根据《民诉法解释》第 332 条规定,原审法院不予受理裁定错误的,二审法院应当在撤销原裁定基础上,指令原审法院立案受理;原审法院驳回起诉裁定错误的,二审法院应当在撤销原裁定基础上,指令原审法院审理。

(二) 其他法律规范对违法审判行为的规制

我国《宪法》《法官法》等赋予审判员审理裁决权,并要求审判人员在审理裁判案件时应当恪尽职守,不得实施违法行为。《法官法》第 10 条规定了法官的具体义务,并在第 46 条中规定了对法官违法行为的行政处分和刑事责任。[①] 20 世纪 90 年代末,为规范审判行为,我国一度在司法改革中实行错案责任追究制,以惩戒违法审判行为。[②] 2003 年 6 月,最高人民法院出台了《关于严格执行〈中华人民共和国法官法〉有关惩戒制度的若干规定》,进一步细化了法官可能承担民事诉讼法律责任的十三

[①] 《法官法》第 46 条规定:"法官有下列行为之一的,应当给予处分;构成犯罪的,依法追究刑事责任:(一)贪污受贿、徇私舞弊、枉法裁判的;(二)隐瞒、伪造、变造、故意损毁证据、案件材料的;(三)泄露国家秘密、审判工作秘密、商业秘密或者个人隐私的;(四)故意违反法律法规办理案件的;(五)因重大过失导致裁判结果错误并造成严重后果的;(六)拖延办案,贻误工作的;(七)利用职权为自己或者他人谋取私利的;(八)接受当事人及其代理人利益输送,或者违反有关规定会见当事人及其代理人的;(九)违反有关规定从事或者参与营利性活动,在企业或者其他营利性组织中兼任职务的;(十)有其他违纪违法行为的。"

[②] 对审判人员违法审判行为的追责范围具体包括:审判人员违反法律规定,擅自对应当受理的案件不予受理,或者对不应当受理的案件违法受理,或者私自受理案件的;或者因过失致使依法应当受理的案件未予受理,或者对不应当受理的案件违法受理,造成严重后果的;审判人员等明知具有法定回避情形,故意不依法自行回避,或者对符合法定回避条件的申请,故意不作出回避决定,影响案件公正审理的;审判人员擅自干涉下级人民法院审判工作的;经申请,审判人员故意不予收集影响案件主要事实认定的证据,导致裁判错误的;审判人员依职权应当对影响案件主要事实认定的证据进行鉴定、勘验、查询、核对,或者应当采取证据保全措施而故意不进行,导致裁判错误的;审判人员涂改、隐匿、伪造、偷换或者故意损毁证据材料,或者指使、支持、授意他人作伪证,或者以威胁、利诱方式收集证据的;丢失或者因过失损毁证据材料,造成严重后果的;篡改、伪造或者故意损毁庭审笔录、合议庭评议记录、审判委员会讨论记录的;审判人员故意违背事实和法律,作出错误裁判的;因过失导致裁判错误,造成严重后果的;故意违反法律规定采取或者解除财产保全措施,造成当事人财产损失的;采取财产保全措施时有过失行为,造成严重后果的;先予执行错误,造成当事人或者案外人财产损失的;故意拖延办案,或者因过失延误办案,造成严重后果的,等等。具体参见《人民法院审判人员违法审判责任追究办法(试行)》第 5~11、14~16、20 条。

种行为。① 2009年《最高人民法院关于民事、行政诉讼中司法赔偿若干问题的解释》就民事诉讼审理中违法采取对妨害诉讼的强制措施、保全措施或者对判决、裁定及其他生效法律文书执行错误,侵犯公民、法人和其他组织合法权益造成损害的,依法应由国家承担赔偿责任等具体问题进行规定。②《刑法》第339条规定,司法工作人员在民事、行政审判活动中故意违背事实和法律作枉法裁判情节严重的;在执行判决、裁定活动中,严重不负责任或者滥用职权,不依法采取诉讼保全措施、不履行法定执行职责,或者违法采取诉讼保全措施、强制执行措施,致使当事人或者其他人的利益遭受重大损失的,均应追究刑事责任。③ 近年来,我国在深化司法改革的过程中施行司法责任制,"让审理者裁判,由裁判者负责"的制度设计,以及实行办案终身负责制和错案责任倒查问责制等都在司法机关内部产生了不小的震动,进一步强调审判行为的规范化。④

二、对当事人及其他诉讼参与人违法诉讼行为的规制

作为民事诉讼基本主体之一,当事人的诉讼行为规范化也是现代民事诉讼程序的重要内容,对当事人及其他诉讼参与人违法诉讼行为进行规制,也是诉讼法律责任制度不可或缺的内容。

---

① 法官可能承担民事诉讼责任的主要行为是:该规定第4条细化了不得贪污受贿的行为界定,包括不得利用职务便利索取、非法收受当事人及其代理人或请托人财物,违规收取各种回扣、手续费;该规定第五条细化不得徇私枉法的行为,包括在审判或执行中故意违背法律和事实枉法裁判或决定,故意违法迫使一方当事人放弃权利以谋私利或徇私情;该规定第7条细化了不得隐瞒或伪造证据的行为,包括涂改、隐匿、伪造、偷换或故意毁灭证据,以及以暴力、威胁或贿买等非法手段逼取证人证言、阻止证人作证或指使他人作伪证;该规定第8条细化了不得泄露秘密的行为,包括泄露国家秘密,泄露案情以及泄露合议庭、审委会评议或讨论的具体情况、记录等审判、执行秘密;该规定第9条细化了滥用职权侵犯他人诉讼权利和民事权益的行为,包括故意违法剥夺或侵犯诉讼参与人诉讼权利,故意违法采取强制执行措施、强制措施或保全措施,故意违反侵犯案外人合法权益;该规定第10条细化了不得玩忽职守的行为,包括严重失职给他人利益造成严重损失,造成裁判或执行错误;该规定第11条细化了不得拖延办案的行为,包括故意拖延立案、送达和移送,以及违规严重超出执行或审理期限;该规定第14条细化了不得私自会见和接受请客送礼的行为,包括私自会见当事人、代理人、请托人,接受其宴请、娱乐、健身、旅游等活动,接受其礼品。

② 具体内容见《最高人民法院关于民事、行政诉讼中司法赔偿若干问题的解释》第2~5条。

③ 具体参见《刑法》第399条第二款、第三款。

④ 如《关于进一步规范司法人员与当事人、律师、特殊关系人、中介组织接触交往行为的若干规定》第3条规定:"各级司法机关应当建立公正、高效、廉洁的办案机制,确保司法人员与当事人、律师、特殊关系人、中介组织无不正当接触、交往行为,切实防止利益输送,保障案件当事人的合法权益,维护国家法律统一正确实施,维护社会公平正义。"

(一)《民事诉讼法》及《民诉法解释》对当事人和其他诉讼参与人违法诉讼行为的规制

在我国《民事诉讼法》的几次修改中，为保障民事诉讼程序的正常进行，立法者在完善民事诉讼强制措施制度方面一直持积极态度。现行《民事诉讼法》第十章中规定的"对妨害民事诉讼行为的强制措施"，可以说是现行民事诉讼法律责任的集中表达。① 2012 年修订《民事诉讼法》时，为进一步完善强制措施制度，立法者除将虚假诉讼、虚假调解，以及被执行人恶意规避执行行为纳入强制措施制度适用的范围外，再次大幅提高对个人、单位的罚款额度。② 民事强制措施不仅对当事人的诉讼行为进行规制，也对诉讼参与人及其他负有协助义务的案外人的违法行为也予以制裁。③ 与此相应，2015 年《民诉法解释》对适用强制措施的违法诉讼行为进一步予以细化，④并新

---

① 1949 年初，未能制定民事诉讼法，只有一些零星的包含强制措施的司法解释。如 1951 年，最高人民法院在回答《人民日报》读者提出的"民事被告匿不出庭，怎么办"问题时指出："民事被告匿不出庭，原告可调查被告之确实所在，告知法院。如经法院传唤，被告无正当理由而不到者，法院得强制其到案。如被告所在不明，原告无法调查时，只要被告原有户籍未变，法院可将传票送到被告的原住居所，由其同居亲属代收，无住居所或无亲属代收传票者，原告还可以请求法院公示送达。经过家属代收传票或法院公示送达后，被告逾期仍不到案，法院即可根据一造之声请，以确实的证据，径予缺席判决。"详见全国人大常委会法制委员会：《民事诉讼法草案》参考资料，1981 年 11 月 9 日，第 26 页。

② 《民事诉讼法》第 115 条规定，对个人的罚款增至 10 万元以下，对单位的罚款增至 5 万元以上 100 万元以下。

③ 例如《民事诉讼法》第 114 条规定："有义务协助调查、执行的单位有下列行为之一的，人民法院除责令其履行协助义务外，并可以予以罚款：(一)有关单位拒绝或者妨碍人民法院调查取证的；(二)有关单位接到人民法院协助执行通知书后，拒不协助查询、扣押、冻结、划拨、变价财产的；(三)有关单位接到人民法院协助执行通知书后，拒不协助扣留被执行人的收入，办理有关财产权证照转移手续、转交有关票证、证照或者其他财产的；(四)其他拒绝协助执行的。人民法院对有前款规定的行为之一的单位，可以对其主要负责人或者直接责任人员予以罚款；对仍不履行协助义务的，可以予以拘留；并可以向监察机关或者有关机关提出予以纪律处分的司法建议。"

④ 《民诉法解释》第 187 条对《民事诉讼法》第 111 条第一款第 5 项规定的"以暴力、威胁或者其他方法阻碍司法工作人员执行职务的行为"进一步进行了解释，具体包括：在人民法院哄闹、滞留，不听从司法工作人员劝阻；故意毁损、抢夺人民法院法律文书、查封标志的；哄闹、冲击执行公务现场，围困、扣押执行或者协助执行公务人员的；毁损、抢夺、扣留案件材料，执行公务车辆，其他执行公务器械，执行公务人员服装和执行公务证件的；以暴力、威胁或者其他方法阻碍司法工作人员查询、查封、扣押、冻结、划拨、拍卖、变卖财产的；以暴力、威胁或者其他方法阻碍司法工作人员执行职务的其他行为。第 188 条对《民事诉讼法》第 111 条第一款第 6 项所规定的"诉讼参与人或者其他人拒不履行人民法院已经发生法律效力的判决、裁定的行为"进行了列举，具体包括：在法律文书发生法律效力后隐藏、转移、变卖、毁损财产或者无偿转让财产，以明显不合理的价格交易财产、放弃到期债权、无偿为他人提供担保等，致使人民法院无法执行的；隐藏、转移、毁损或者未经人民法院允许处分已向人民法院提供担保的财产的；违反人民法院限制高消费令进行消费的；有履行能力而拒不按照人民法院执行通知履行生效法律文书确定的义务的；有义务协助执行的个人接到人民法院协助执行通知书后，拒不协助执行的。

增了一些义务性规定和相应的制裁措施。①

此外,还有一些诉讼法律责任制度散落在《民事诉讼法》及《民诉法解释》之中,如根据《民事诉讼法》第78条规定,鉴定人不出庭的,其鉴定意见不应被采纳,而且鉴定人须承担返还鉴定费的责任;根据《民事诉讼法》第233条规定,生效法律文书被撤销的,执行申请人有接受执行回转的责任;根据《民事诉讼法》第242条规定,金融机构擅自解冻,导致被冻结的款项转移的,金融机构应当在转移款项范围内向申请执行人承担赔偿责任;根据《民事诉讼法》第246条规定,被执行人因过错导致被查封财产损失的,应当承担相应的赔偿责任;根据《民事诉讼法》第253条规定,被执行人未按期履行判决确定义务的,应当加倍支付因迟延履行而产生的利息。另,根据《民诉法解释》第90条规定,当事人未能提供证据或提供的证据不足以证明其事实主张的,应由举证证明责任的当事人承担败诉风险;根据《民诉法解释》第102条第3款规定,逾期提供证据的一方当事人应当赔偿,另一方当事人因此而增加的交通费等必要费用;根据《民诉法解释》第106条规定,当事人违反法律禁止性规定,以严重侵害他人合法权益或严重违背公序良俗的方式形成或获取的证据,不得作为认定案件事实的根据,即非法获取的证据不得被采信。根据《民诉法解释》第411条规定,再审申请人因提交新证据导致再审改判的,应当支付被申请人因此增加的交通费等必要费用;根据《民诉法解释》第507条规定,被执行人未按期履行生效法律文书确定的义务而造成损失的,除支付迟延履行金外,还应承担双倍赔偿损失的责任,等等。

(二) 其他法律规范对当事人及其他诉讼参与人违法诉讼行为的规制

1988年4月《最高人民法院关于贯彻执行〈中华人民共和国民法通则〉若干问题的意见(试行)》第163条规定:"在诉讼中发现与本案有关的违法行为需要给予制裁的,可适用民法通则第一百三十四条第三款规定,予以训诫、责令具结悔过、收缴进行非法活动的财物和非法所得,或者依照法律规定处以罚款、拘留。采用收缴、罚款、拘留制裁措施,必须经院长批准,另行制作民事制裁决定书。被制裁人对决定不服的,在收到决定书的次日起十日内可以向上一级人民法院申请复议一次。复议期间,决定暂不执行。"《刑法》"妨害司法罪"一节对当事人、其他诉讼参与人违法诉讼行为构

---

① 如《民诉法解释》第110条规定,人民法院认为有必要的,可以要求当事人本人到庭,就案件有关事实接受询问。在询问当事人之前,可以要求其签署保证书。《民诉法解释》第102条规定了当事人逾期提供证据的,应承担对方当事人因其逾期举证而增加的交通、住宿、就餐、误工、证人出庭作证等必要费用。

成犯罪的具体罪名和具体责任进行了规定。①

第二节　我国民事诉讼法律责任于制度层面的问题

从我国现行《民事诉讼法》的内容来看,其绝大多数条文仅注重诉讼程序机制本身的设置。立法者大概是希望通过法律职业共同体的监督,加上严谨的审级设计和阶段性程序递进机制来遏制程序违法现象的发生。当民事诉讼程序严重失控时,②立法者又开始寄希望于"诚实信用"原则能够发挥"维护诉讼秩序"的功能,以便使民事诉讼活动得以顺利推进。③ 正因为如此,"民事诉讼应当遵循诚实信用原则"成了 2012 年《民事诉讼法》修改的主要内容和亮点之一。民事诉讼法学界对"诚信原则"寄予的厚望,远远高于对民事诉讼法律责任制度的关注。④ 因此,即便我们"搜罗"了一些民事诉讼法律责任制度,其内容也是极其有限,而且诸多制度、措施还不甚健全:就立法体例而言,民事诉讼法律责任制度尚不成体系,相关条文屈指可数且内容粗疏;就民事诉讼法律责任方式而言,主要以实体法律责任形式为主,程序性制裁的功能难以显现。

一、民事诉讼法律责任制度尚难成体系

一项制度并不因为它成为了制度就不存在任何问题。就法律规范本身的逻辑而言,作为《民事诉讼法》重要内容的法律责任理应具有普适性,即任何人违反法律规

---

① 如根据《刑法》第 307 条第一款之规定,当事人或其他诉讼参与人以暴力、威胁、贿买等方法阻止证人作证或者指使他人作伪证,情节严重的可以追究其"妨害作证罪"。根据本条第二款之规定,其他诉讼参与人帮助当事人毁灭、伪造证据,情节严重的,可判处 3 年以下有期徒刑或拘役。《刑法》第 307 条之一规定,当事人为谋取不正当利益,以捏造的事实提起民事诉讼,妨害司法秩序或者严重侵害他人合法权益的,处三年以下有期徒刑、拘役或者管制,并处或者单处罚金;情节严重的,处 3 年以上 7 年以下有期徒刑,并处罚金。《刑法》第 308 条对证人打击报复的行为规定了"打击报复证人罪";《刑法》第 309 条对聚众哄闹、冲击法庭,殴打司法工作人员或者诉讼参与人,严重扰乱法庭秩序的行为规定为"扰乱法庭秩序罪";《刑法》第 313 条对人民法院判决、裁定有能力执行而拒不执行的行为规定了"拒不执行判决、裁定罪";《刑法》第 314 条对隐藏、转移、变卖、故意毁损已被司法机关查封、扣押、冻结的财产之行为规定了"非法处置查封、扣押、冻结的财产罪";而且《刑法》对上述罪行为规定了相应的刑期。

② 吴英姿:《民事诉讼程序的非正常运作——兼论民事诉讼法修改的实践理性》,载《中国法学》2007 年第 4 期。

③ 2012 年《民事诉讼法》增加了"民事诉讼诚实信用原则"。立法者在解释该原则的立法背景时称:"这些年在民事诉讼活动中滥用诉讼权利,侵害国家、集体和他人合法权益的情况时有发生,比如,当事人滥用举证权利……为此,有必要将诚实信用作为民事诉讼法的基本原则。"见全国人大常委会法制工作委员会民法室编著:《中华人民共和国民事诉讼法解读》,中国法制出版社 2012 年版,第 23～24 页。

④ 就学术研究成果而言,关于"民事诉讼诚实信用原则"的成果可谓汗牛充栋,而关于"民事诉讼法律责任"的成果则是凤毛麟角。

定,都应承担相应的不利后果。然因诸般原因,我国民事诉讼法律责任制度在具体责任形态、适用范围、构成要件、追究程序及救济程序等方面均未有明确规定,制度内容难成体系。

(一)《民事诉讼法》规制法官违法审判行为的条文少且不甚明晰

如前文所述,现行《民事诉讼法》第十章"对妨害民事诉讼的强制措施"可以说是对民事诉讼法律责任相对集中的表达。然而,民事诉讼"强制措施"的制度目的和适用对象均具有单一性。正如立法者所言:"对妨害民事诉讼的强制措施,是人民法院在民事诉讼中对有妨害民事诉讼行为的人采取的一种强制教育和制裁手段,是保证人民法院审判工作顺利进行的一项措施。"①具体而言,拘传措施是为保证案件的审理和正确裁判,强制必须到庭的当事人按时到庭的制裁措施。训诫、责令退出法庭、罚款、拘留是"对违反法庭规则,破坏法庭秩序的人予以制裁"的措施,其目的是"保障诉讼活动的进行顺利,同时教育当事人遵纪守法,尊重司法权威"②。不难看出,我国民事诉讼法设置"强制措施"的目的在于保障人民法院正常行使审判权,即防止和排除当事人、其他诉讼参与人以及案外人对法院审判权的侵犯或妨害。从性质上讲,民事诉讼强制措施是法律制裁,即一种法律责任形式。但就适用对象而言,民事诉讼"强制措施"仅适用于参加诉讼程序的当事人、其他诉讼参与人,以及实施了妨害民事审判行为的案外人。由此可见,作为民事诉讼法律责任制度内容的强制措施似乎具有"针对"当事人及其他诉讼参与人的天性。③

我国《民事诉讼法》对审判权的设计,大多采用授权性立法体例,法官在诸多情形下拥有较大的自由裁量权。换言之,立法者在民事诉讼原则、制度以及相关程序设计上,没有确立违法审判行为的诉讼法律后果。审判人员违反民事诉讼程序,于大多数情形下并不会受到程序性制裁。例如《民事诉讼法》第 8 条规定:"民事诉讼当事人有平等的诉讼权利。人民法院审理民事案件,应当保障和便利当事人行使诉讼权利,对当事人在适用法律上一律平等。"该项基本原则虽然要求法院对当事人之诉讼权利实行平等保护,但是审判人员违反此项原则(即法官在审理民事案件过程中,对当事人不予平等保护,但又没有构成犯罪)时该承担何种诉讼法上的制裁却没有具体明确的

---

① 全国人大常委会法制工作委员会民法室编著:《中华人民共和国民事诉讼法解读》,中国法制出版社 2012 年版,第 290 页。
② 同上书,第 293 页。
③ 以"对妨害民事诉讼的强制措施"为例,该章主要是为了防止当事人、其他诉讼参与人与案外人对法院审判权的侵害,以保障司法权正常行使的一种措施,训诫、责令退出法庭、拘传、罚款和拘留这些强制措施仅仅是针对当事人、其他诉讼参与人以及案外人实施妨害民事诉讼的行为而言。关于法官及其他司法机关工作人员在诉讼过程中产生的法律责任的规定则是少之又少。

规定,从而使得该项原则与仅具倡议性的"标语口号"同质而无异。又如《民事诉讼法》第 43 条第三款规定:"审判人员有贪污受贿,徇私舞弊,枉法裁判行为的,应当追究法律责任,构成犯罪的,依法追究刑事责任。"依据该法条的内容,审判人员违法审判构成犯罪的,理应追究其刑事责任。问题是,违法审判行为尚未构成犯罪或者已经构成犯罪且追究刑事责任之后,该审判人员在民事诉讼程序上该承担何种不利后果,《民事诉讼法》则无明确规定。特别是,审判人员在民事诉讼中消极不作为,例如应当立案而不立案,应当依职权调查取证而不调查,应当采取强制措施而不采取强制措施等,对前述消极不作为行为如何处理,《民事诉讼法》亦无明确具体的规定。正因为《民事诉讼法》对违法审判行为及消极不作为没有规定相应的制裁措施,从而滋生大量的违法审判行为。正如有学者所言:"《民事诉讼法》没有对超审限应承担的法律责任作出规定",必然致使"审判实践中超审限现象大量存在",长此以往,《民事诉讼法》的有关规定必然会成为一纸空文。① 可见,我国《民事诉讼法》尚未能在"民事诉讼法律关系主体因自己违反民事诉讼法的行为而应承担不利法律后果"之科学理论指导下建构诉讼法律责任制度。② 诉讼责任制度体系上难以周延,难怪有学者认为我国现行民事诉讼法律责任制度只是一种自在性的法律责任制度。③

(二) 当事人之间、当事人与其他诉讼参与人之间的诉讼法律责任含混不清

如前文所述,民事诉讼法律关系的主体包括人民法院、人民检察院、当事人和其他诉讼参与人。当事人行使诉权,与其他诉讼法律关系主体形成如下关系:一是与法官(法院)形成审判法律关系;二是与对方当事人形成争讼法律关系;三是为查明案件事实,与其他诉讼参与人形成协助法律关系。民事诉讼法律关系的内容即诉讼上的权利义务关系。正如张文显教授所说:"法律责任是由特定法律事实所引起的对损害予以赔偿、补偿或接受惩罚的特殊义务,亦即由于违反第一性义务而引起的第二性义务。"④ 当事人之间、当事人与其他诉讼参与人之间既然互有诉讼权利和诉讼义务,那么对他们之间的诉讼行为就应当有相应的诉讼法律责任予以约束。然而,我国现行《民事诉讼法》仅规定了当事人相对于审判权主体而言的诉讼义务,如诚实信用地为诉讼行为的义务,遵守法庭纪律之义务等,而对当事人之间互负何种义务,及当事

---

① 王国征:《我国民事诉讼司法实践问题及原因探析》,载《东方论坛》1998 年第 1 期。
② 事实上,我国民事诉讼强制措施除对审判人员的违法诉讼行为"无暇顾及"外,对当事人及其诉讼参与人的诸多违法诉讼行为也是"无能为力",如当事人(尤其是被告)不向法院提供真实的送达地址,故意不出庭或故意拖延诉讼等情形,目前仍是民事诉讼强制措施的"盲区"。
③ 廖永安,熊英灼:《论我国民事诉讼法律责任制度之构建》,载《烟台大学学报(哲学社会科学版)》2007 年第 1 期。
④ 张文显主编:《法理学》,北京大学出版社 1999 年版,第 121~122 页。

人在不当行使诉讼权利时应该承担什么样的诉讼责任等内容却付之阙如。譬如,当事人双方在诉讼中达成调解协议后,任意反悔者,目前无须承担任何诉讼上的不利后果。当事人虚假诉讼或调解,无须对相对方当事人或受虚假诉讼损害的第三人承担任何法律责任;恶意申请公示催告的申请人除返回不当得利外,无须向票据的利害关系人承担任何额外负担或侵权责任。《民事诉讼法》对当事人之间的诉讼行为缺乏诉讼法律责任之约束,致使一部分当事人有意无意地成了"讼棍"和"无赖"。①

此外,现行《民事诉讼法》对当事人的代理律师、证人、鉴定人等其他诉讼参与人之间的诉讼法律责任也无明确具体的规定。以代理律师为例,在民事诉讼程序中,总会出现代理律师不是以保护当事人利益为中心,而是以法院为中心的情况。因为,律师在平时处理案件的过程中与法院工作人员,以及其他律师逐渐形成了一种互利互惠的"友好"关系。当事人委托的律师一般不愿意为了己方当事人的案件而破坏其与法官及其他同行律师之间的这种"友好"关系。甚至为了维持与法官等人员之间的工作关系,某些律师甚至认为在诉讼中必须部分地牺牲当事人的利益,以维系工作中的和谐。② 这种现象在我国民事诉讼实践中相当普遍。这一普遍现象背后不乏民事诉讼法律责任制度不健全的原因。

二、民事强制措施制度的诸多内容欠科学化

《中华人民共和国国民经济和社会发展第十一个五年规划纲要》规定:"贯彻依法治国基本方略,推进科学立法、民主立法,形成中国特色社会主义法律体系。"这一规定非常明确地将科学立法作为完善中国法律体系的一个价值判断标准。所谓科学立法,是指立法过程中必须以符合法律所调整事态的客观规律,即法律的制定过程尽可能满足法律赖以存在的内外在条件。然纵观我国现行民事诉讼法律责任制度,其既未能与规制的事项——民事诉讼违法行为——保持契合,又未能与《民事诉讼法》立法的外在条件保持一致,具体体现在以下几个方面:

(一)民事拘传的适用对象扩大到原告有欠科学③

民事拘传是人民法院在法定条件成就时,强制被传唤当事人到庭参加诉讼的一种强制措施。根据现行《民事诉讼法》之规定,民事拘传仅适用于必须到庭的被告。④

---

① 江伟主编:《民事诉讼法学原理》,中国人民大学出版社1999年版,第165页。
② 朱景文:《现代西方法社会学》,法律出版社1994年版,第194页。
③ 以下内容参见李喜莲:《民事拘传适用对象的再甄别——以〈民诉法解释〉第174条为靶标》,载《法律科学》2016年第5期。
④ 现行《民事诉讼法》第109条规定:"人民法院对必须到庭的被告,经两次传票传唤,无正当理由拒不到庭的,可以拘传。"

然而,2015年施行的《民诉法解释》第174条对1992年《关于适用〈中华人民共和国民事诉讼法〉若干问题的规定》(以下简称《适用意见》)第112条进行了修正,删除了《适用意见》第112条第二款的内容①,并将民事拘传的对象扩大到原告,即"人民法院对必须到庭才能查清案件基本事实的原告,经两次传票传唤,无正当理由拒不到庭的,可以拘传"。最高人民法院的法官在理解对原告适用拘传措施的条件时指出,《民诉法解释》增加对原告适用拘传措施的考虑是:有些案件需要原告到庭才能查清案件的基本事实,如果原告拒不到庭,法院若按照《民事诉讼法》第143条规定按撤诉处理,则有可能会损害国家利益、社会公共利益或者他人合法权益。因此,有必要拘传必须到庭的原告到庭,以查清案件的基本事实。② 亦有法官认为,对必须到庭的原告在特定情况下适用拘传措施,使民事拘传的适用更符合司法公正之价值,因为案件的基本事实就是案件的主要事实,如果原告不到庭,则无法查清案件的主要事实。③ 当前,就如何理解和适用《民诉法解释》第174条规定,关于民事拘传能否适用于原告,学界形成两种正反相对的观点:一种观点认为,民事拘传措施应当适用于原告和其他诉讼参与人。有学者认为,民事拘传的适用对象仅限于本案被告,在一定程度上限制了法院查明案件事实的能力,远远不能满足审判工作现实的需要。因此,《民事诉讼法》应当扩大民事拘传的适用对象,即民事拘传应适用于所有不到庭就无法查清案件事实,且经法院传票传唤无当理由拒不到庭的当事人。④ 持这一观点的学者认为,倘若不到庭就无法查清案件事实的民事诉讼法律关系主体,经法院两次传票传唤无正当理由拒不到庭,这本身就是违法诉讼行为,人民法院对这种违法诉讼行为采取拘传措施,具有合理性和正当性。有鉴于此,民事拘传的适用对象既包括被告,还包括原告和诉讼第三人,以及作为当事人的单位的法定代表人和证人。⑤ 也有学者认为,民事拘传措施只适用于被告,是对被告不履行赡养、抚养、抚育等法定义务的道德评价。只对被告采取强制措施,而不拘传原告,任由原告享有诉讼自由,人民法院实际上成了原告权益的维护者,与法院本应秉持的中立地位不符;而且民事拘传措施仅适用于特定被告,实际上淡化了原告的出庭义务,使原被告之间的出庭义务不对等,打破了当事人

---

① 《民诉法解释》第112条第二款规定:"给国家、集体或他人造成损害的未成年人的法定代理人,如其必须到庭,经两次传票传唤无正当理由拒不到庭的,也可以适用拘传。"因《民诉法解释》第67条规定"无民事行为能力人、限制民事行为能力人造成他人损害的,无民事行为能力人、限制民事行为能力人和其监护人为共同被告。"对监护人可以直接适用第一款,故《民诉法解释》将其予以删除。见沈德咏主编:《最高人民法院民事诉讼法司法解释理解与适用》(上),人民法院出版社2015年版,第496~497页。
② 沈德咏主编:《最高人民法院民事诉讼法司法解释理解与适用》(上),人民法院出版社2015年版,第497页。
③ 江必新主编:《新民诉法解释法义精要与实务指引》(上),法律出版社2015年版,第401页。
④⑤ 叶向东:《完善我国民事诉讼法中拘传的立法思考》,载《法学评论》1993年第3期。

之间权利义务平等的天平,折损了民事诉讼法所确立的当事人地位平等原则的功能。有鉴于此,该学者主张扩大民事拘传措施的适用范围:一是将民事拘传措施扩大适用于所有民事案件;二是从民事诉讼法设置民事拘传措施的价值理念(查明案件事实,树立司法权威)出发,主张民事拘传措施应当适用于所有当事人和重要的证人。① 另一种观点认为,民事拘传措施不能适用于原告。有学者认为,按照民事诉讼法之规定,对除被告之外的其他诉讼参加人(包括原告)不能适用拘传措施。② 有学者明确指出,对拒不到庭的原告和有独立请求权的第三人不能适用拘传措施。持这一观点的学者认为,原告拒不到庭的后果是,导致其自行放弃诉讼权利。例如,依照《民事诉讼法》第143条规定,原告无正当理由拒不到庭的,人民法院可以按撤诉处理。当然,本诉中被告提起反诉且反诉成立的,本诉中的原告又是反诉中的被告,如果本诉中的原告(反诉中的被告)拒不到庭并不妨碍反诉事实查清的,那么依据《民事诉讼法》第143条规定,人民法院可以缺席判决;如果本诉原告(反诉中的被告)不到庭,不能查清案情事实的,亦可对其采取民事拘传措施。③ 有学者认为,"在本案原告没有成为反诉被告的情况下,司法解释竟然规定可以对其实施拘传措施,实属明显不妥"。④ 持这种观点的学者认为,将民事拘传措施的适用对象粗暴和任性地"扩军"至原告,既与现行《民事诉讼法》的相关规定不相符合,又与民事诉讼法处分权原则的精神和私法自治之基本法理相悖。

毋庸置疑,在时下关于《民诉法解释》的讨论中,民事拘传措施虽然没有受到各界(包括法制新闻界、诉讼理论界和司法实务界)的广泛关注,但民事拘传措施的适用对象向原告"扩军"已是不争的事实。《民诉法解释》如此规定,有可能对人民法院今后的民事审判工作产生重要影响,乃至引起新的机制安排。我们认为,《民诉法解释》第174条对"特定条件"下的原告适用民事拘传措施之规定,已然突破了现行《民事诉讼法》和《立法法》的边界,明显不妥,具体理由如下:

首先,民事拘传措施扩大适用于原告有违《民事诉讼法》之规定。随着社会发展

---

① 张永泉,徐侃,胡浩亮:《我国民事拘传制度的缺陷及其完善》,载《法律适用》2009年第9期。
② 值得一提的是,关于法定代理人是否适用拘传的问题:一种观点主张不能适用拘传,理由是拘传法定代理人不符合法律规定,法定代理人不是诉讼主体;另一种观点认为对法定代理人可以适用拘传,持这种观点的学者认为法定代理人是当事人一方,承担相应的监护义务,法定代理人不到庭,难以解决具体问题。还有观点认为,对于未成年子女的法定代理人,由于他们在损害赔偿案件中负有连带赔偿责任,法定代理人不是一般当事人,而是有连带赔偿责任的当事人,实际上是处于被告的地位,故认为对法定代理人可以适用拘传,但不能将拘传扩大到所有必须到庭的法定代理人。参见唐德华:《民事诉讼法立法与适用》,中国法制出版社2002年版,第151页。
③ 陈兆同:《民事拘传的适用条件及应注意的问题》,载《人民司法》1990年第4期。
④ 赵钢,占善刚,刘学在:《民事诉讼法》(第三版),武汉大学出版社2015年版,第217页。

变化,制定法因其固有的滞后性,常常出现不足、疏漏和空白等问题。为使各级法院在审理案件时有法可依,并确保法律的统一适用,对相关法律予以解释说明、补充和完善成了最高人民法院的工作重点。而且,不管我们愿不愿意承认,数量可观的司法解释[①]已然成为具有中国特色的法律渊源之一,并且具有普遍法律效力。[②] 尽管如此,立法是纯粹的创制法律的活动,立法权应由法定的立法机关行使。业内周知,我国最高人民法院是司法机关,其主要职能仍然是行使司法审判权。虽然最高人民法院有解释法律的权能,但其不可创制法律。司法解释与法是"比附而立"的关系,司法解释不能也不应偏离法律规范的基本精神。正如最高人民法院咨询委员会委员杨庆祥所说,司法解释应当程序化,"它(司法解释)必须严格遵循制定法,不能先于立法作司法解释……",在程序化下,涉及当事人切身利益的司法解释有误的,有关机关必须予以纠正。若没有程序保证,错误的司法解释就会产生责任承担的"脱缰"和追究责任的泛化。[③] 事实上,在《民诉法解释》出台前,人们在理解和适用《民事诉讼法》时,在民事拘传措施只能适用于必须到庭而无正当理由拒不到庭的被告这一点上,基本达成共识。[④] 1991年《民事诉讼法》对民事拘传措施进行修正的目的有二:一是通过强化拘传措施的正确适用,解决调查取证难,传唤当事人难等问题;[⑤]二是规范民事拘传的程序,即两次传唤都必须以传票方式进行,即由法警或书记员向被告送达传票,传唤被告于指定时间到庭应诉,并由被告人在送达回证上签收。[⑥] 2012年修订《民事诉讼法》时,保留民事拘传的理由依然是"在某些类型的案件中,被告不到庭将使法庭难以查清案情,案件迟迟无法了结",强制必须到庭的被告到庭,可以保证案件的正常审理和正确裁决。司法解释理应只是"解释"法律,是结合审判实践对某一制定法的具体条文进行适用说明和诠释,而不是立法。而且,民事拘传是限制被拘传人的人身自由的一种强制措施。我国《立法法》第8条第5项已明确规定:"对公民政治权利的剥夺、限制人身自由的强制措施和处罚"之事项只能制定法律。在现行《民事诉讼法》尚未将拘传措施的适用对象扩大到原告时,《民诉法解释》不顾立法之规定,肆意将拘

---

① 在我国,司法解释的主体呈现多元化,本文仅讨论最高人民法院对相关法律的解释。
② 关于司法解释是否具有普遍适用效力,在我国学界不无争议。参见莫纪宏:《司法解释不具有"普遍"的法律效力》,载《学习时报》2010年10月18日,第05版;秦峰:《司法解释在法律体系中的地位及完善》,载《人民代表报》2010年11月27日,第003版。
③ 杨庆祥:《司法解释权点滴谈》,载《人民法院报》,2004年1月11日。
④ 关于这方面的论述,见田平安:《正确适用民事诉讼的强制措施》,载《现代法学》1984年第2期;谭卓明:《民事拘传的条件和程序》,载《人民司法》1987年第11期;唐德华:《民事诉讼法立法与适用》,中国法制出版社2002年版,第151页。
⑤ 马原、唐德华主编:《民事诉讼法的修改与适用》,人民法院出版社1991年版,第103页。
⑥ 陈兆同:《民事拘传的适用条件及应注意的问题》,载《人民司法》1990年第4期。

传措施的适用对象扩大至原告,确有"任性"之嫌。

其次,民事拘传措施扩大适用于原告有违民事诉讼基本法理。民事诉讼是民事纠纷的解决方式之一。民事纠纷以民事权利义务为内容,涉及当事人的私权。依据私法自治之法理,处分权乃民事诉讼基本原则,即当事人有权处分自己的民事实体权利和程序权利。在法国、德国等大陆法系国家民事诉讼中,处分权原则的要义是,诉讼的开始、审判对象的特定、诉讼终了等事项均由当事人自由决定,法院在民事诉讼中应当处于被动消极的地位。① 如前文所述,根据现行《民事诉讼法》第143条规定,②原告无正理由拒不到庭,人民法院可以按原告撤诉来处理。如果人民法院为查清案件的"基本事实"而强制原告到庭,在此情形下所作出的判决,势必有"强奸"原告"诉求"之嫌,与民事诉讼所奉行的不告不理之法理相左。而且,法院强制原告到庭势必遭遇现实困难:原告到庭不主张具体诉求,法院审理将无的放矢;即便法院为民着想作出某一判决,在无原告主张权利的情形下,该判决能否顺利执行亦不无担忧。客观地讲,原告作为请求法院行使司法权保护其合法权益的诉讼主体有按时到庭参加诉讼的义务,应诚信地为诉讼行为,以促进民事诉讼活动及时进行。然而,依据处分权原则,如果原告不到庭参加诉讼,依凭当事人责任自负之法理,应承担相应的法律后果,即原告经传票传唤无正当理由拒不到庭的,可以视为放弃自己的诉讼请求。毕竟,民事诉讼解决的是私权纠纷,私法确立的平等自愿的"公理性原则"必然要在民事纠纷解决领域得到体现和延伸,即当事人在民事诉讼领域应当同样有处分自己实体权利的意思自治。而且,当事人主动或被动、积极或消极地实施特定诉讼行为的权利也同样值得肯定。事实上,强制原告到庭,难以消解原、被告的不满情绪。一般而言,原告不到庭的情形有二:一是被告到庭,原告不到庭;二是被告不到庭,原告亦不到庭。在被告到庭,原告不到庭的情形下,强制原告到庭会令被告不解。通常,被告是因原告起诉而被动介入到民事诉讼中来的。众所周知,参加诉讼是需要消耗一定诉讼成本(时间、金钱和精力)的,作为理性经济人,没有人愿意成为被告参加诉讼。更何况现行《民事诉讼法》已经有"原告经传票传唤无正当理由不到庭,可以按撤诉处理"之规定。若按撤诉处理,被告可以轻松地从诉讼中解脱出来。强制原告到庭,实际上是强制被告继续进行诉讼,自然难以消解被告的不满情绪。在原、被告均不到庭的情形下,被告不到庭业已表明其不想进行诉讼的意思,如果法院因案件基本事实不

---

① 如法国《新民事诉讼法典》第1条规定:"除法律另有规定外,惟有当事人提出诉讼。在诉讼因判决之效力或者根据法律终止之前,当事人有停止诉讼的自由。"见《法国新民事诉讼法典》,罗结珍译,中国法制出版社1999年版,第2页。

② 《民事诉讼法》第143条规定,"原告经传票传唤,无正当理由拒不到庭的,或者未经法庭许可中途退庭的,可以按撤诉处理;被告反诉的,可以缺席判决。"

清,仅拘传原告到庭,一则难以达到"查清案件基本事实"之目的,二则法院有强行"保护"原告利益之嫌,必然令本不愿参加诉讼的被告不满。此外,在原告不愿继续诉讼的情形下,法院即便在查清案件基本事实的基础上作出了"正确"判决,对原告而言并无意义。毕竟,作为当事人,要不要保护自己的权利,原告自己最为清楚。倘若当事人对自己的诉讼权利没有自由支配的权利,其对自己民事实体权利自由支配的权利也就无法实现。正如张卫平教授所言:"如果否定当事人对自己实体权利和诉讼权利的处分,比如诉讼的开始、进行和诉讼对象都由人民法院来决定,则必然会对当事人的实体利益和程序利益造成侵害,并进而否定民事诉讼这种纷争解决方式的特性,也与当事人在实体法中的权利地位相悖。"① 由此可见,民事拘传可以适用于原告之规定与当事人自由处分其权益之民事诉讼法理已相去甚远。

最后,民事拘传措施扩大适用于原告有违司法规律。从长期的司法实践看,以拘传方式强制被告到庭尚不能取得良好的效果,②强制原告到庭更难具有现实操作性。原告当事人起诉的目的(保护其合法权益)决定了原告无正当理由不出庭的情形定然少见。司法实践中,原告无正当理由不到庭情形如下:其一,原告善意不出庭。在有些案件审理中,原告综合案件事实,自知理亏后不想出庭继续诉讼。如民间借贷案件,被告已按约定归还了借款,原告如果继续出庭诉讼,必将无理可辩,无颜面对法官和被告。有的原告因无充分的证据资料和法律依据,感觉胜诉可能小,觉得没有必要继续进行诉讼而不再出庭。其二,恶意不出庭。有些原告滥用诉权或恶意诉讼(调解),在人民法院有所察觉后,原告故意不出庭继续诉讼。最高人民法院的法官在理解民事拘传措施适用于特定原告的具体条件时,也以原告"恶意串通提起诉讼"和"冒充他人起诉"的案件为例,认为在民事诉讼过程中,原告因发现法院察觉自己恶意起诉的行为而拒不到庭(逃避追究),法院可以对该类案件的原告采取拘传措施,理由是如果人民法院不拘传其(原告)到庭,就不能查清案件的基本事实,不能依法维护国家利益、社会利益和他人利益,并不能依法对原告采取罚款、拘留之强制措施。③ 笔者认为,即便原告有滥用诉权抑或恶意进行诉讼之情形,也不能强制其到庭。具体理由有三:一是即便原告有滥诉或恶意起诉的行为,其知难而退,不再出庭诉讼,亦是终结其

---

① 张卫平:《民事诉讼法》,法律出版社2004年版,第26页。
② 最高人民法院的沈德咏法官在理解《民诉法解释》中的拘传制度时认为:"在司法解释的调研中,有法院反映,审判实践中拘传措施很少适用,原因是程序严格……实践中很难做到;而且被告拘传到庭后,通常会消极应对庭审,使拘传的效果并不理想。"具体见沈德咏主编:《最高人民法院民事诉讼法司法解释理解与适用》(上),人民法院出版社2015年版,第495~496页。
③ 沈德咏主编:《最高人民法院民事诉讼法司法解释理解与适用》(上),人民法院出版社2015年版,第497页。

恶意的明知之举。如果法院强制该恶意原告出庭继续诉讼,难免有人为"制造"恶意诉讼之嫌,至少有"继续"恶意诉讼之实。二是对恶意诉讼的原告采取强制措施并非以强制其到庭参加诉讼为前提,法院完全可以在按撤诉处理的同时,对其予以罚款或拘留,只要在撤诉裁定中说明理由即可。三是原告滥诉或恶意诉讼,不一定会损害国家利益、社会利益或他人的利益,特别是在被告不愿意继续诉讼的情形下,法院如果以查明案件基本事实为由强制恶意原告到庭,其判决主文如何作成想必成为法官们的难题。① 而且,如此判决的正当性也难免遭受原、被告的质疑。总之,不管于何种情形下,法院强制原告到庭均难以产生积极意义。尤其是,在案多人少一直成为法院重负的情形下,《民诉法解释》第 174 条第二款只能是"应景之作",② 其现实的操作性可想而知。

(二)民事罚款措施的适用条件和数额限度的设置欠科学

民事罚款是一种由人民法院采取的要求严重妨害民事诉讼行为人缴纳一定数量金钱的强制措施。③ 随着社会经济的发展,我国民事诉讼立法对"罚款数额"和"罚款适用情形"适时进行变更。1982 年《民事诉讼法(试行)》第 78 条规定的罚款金额为人民币 200 元以下,该法在罚款金额上对个人和单位并未区分。如此规定的理由有二:一是我国当时施行的是计划经济,私营单位十分鲜见,在这样的社会经济背景下,区分单位和个人没有实际意义。二是考虑到农村和城市的差别,富裕地区与贫困地区的差别,"200 元以下"还是一个比较大的适用幅度,能够应对司法实践中的各种挑战,并对当事人足以产生威慑力。④ 1991 年《民事诉讼法》第 104 条则对单位与个人在罚款额度上进行了区分,罚款数额也有一定数量上的增加。⑤ 2007 年修订《民事诉讼法》时,进一步加大了罚款力度,罚款数额的上限进一步提高。⑥

自 1982 年《民事诉讼法(试行)》出台至今,罚款数额的上限从最初的"200 元以下"增加至个人"10 万元以下"、单位"100 万元以下"。有学者对我国城镇人均可支配收入和罚款上限的增长速度进行了对比,结果发现,"2011 年我国城镇人均可支配收入是 1980 年 45 倍多,而罚款金额上限(针对个人而言)的法律规定在同一时间段内

---

① 判决的内容是否要反映恶意原告的诉求,判决对谁履行等都会使法官为难。
② 2015 年 12 月,在某省召开的诉讼法年会上,一位有着 20 年司法实践经验的法官在讨论民事拘传的对象时,认为《民诉法解释》第 174 条只是"俱文",理由是法官在有缺席判决、公告送达、举证失权等制度保障的前提下,对被告适用拘传的情形很少,对原告就更不可能适用拘传了。他甚至认为,讨论拘传原告问题简直是"杞人忧天"。本课题组成员在中国裁判文书网上进行检索,目前尚无一件拘传原告的案件。
③ 刘家兴、潘剑锋主编:《民事诉讼法学教程》,北京大学出版社 2013 年版,第 187 页。
④ 唐德华:《民事诉讼法立法与适用》,中国法制出版社 2002 年版,第 154 页。
⑤ 个人罚款不得超过人民币 1000 元,单位罚款不低于人民币 1000 元且不超过人民币 3 万元。
⑥ 个人罚款不得超过人民币 1 万元,单位罚款不低于人民币 1 万元且不超过 30 万元。

增长了500倍"。① 这一结果表明,现行《民事诉讼法》关于罚款数额上限的规定已然严重超越了我国城镇人均可支配收入增长的趋势,民事诉讼罚款数额上限增幅过快,与罚款措施理应遵循的适当性原则、必要性原则和狭义比例原则相去甚远。难怪有学者认为,民事罚款数额上限欠科学是罚款实践运行效果差的重要原因。②

此外,有学者就现行《民事诉讼法》对罚款主体予以差别对待的合理性提出质疑,认为"罚款对象不能对单位和个人作出双重标准的规定,罚款数额的确定应当以行为的诉讼妨害程度或者社会危害程度等标准来确定,现行法律对单位和个人所作出的差别性规定是对禁止恣意差别对待原则的触犯,不具有可取之处。"③笔者认为,我国《民事诉讼法》关于罚款数额的修订确实存在任意性。这不仅体现在罚款数额的区间规定上,更体现在罚款数额的具体适用条件上。例如,《民事诉讼法》将罚款数额的上限大幅提高,但缺乏令人信服的法理支撑。与罚款数额不断演变相适用,《民事诉讼法》关于罚款的法定情形也在不断调整。《民事诉讼法(试行)》第77条对妨害法院查明事实类行为、非法处分财产类行为、妨害执行公务类行为等进行了具体规定,构建出适用罚款法定情形的基本框架。1991年《民事诉讼法》对罚款的适用情形进一步进行补充,单独将违反法庭规则与扰乱法庭秩序的妨害行为列为一条。此外,1991年《民事诉讼法》还增加了拒不履行判决裁定以及有义务协助调查、执行的单位不履行协助义务两种适用罚款的情形;废除了隐藏证据适用罚款的情形,对毁灭、伪造证据适用罚款增设了更为严苛的条件,即毁灭伪造证据必须是重要证据且对法院审理案件构成妨害。2007年修正《民事诉讼法》时增设了被执行人对案件有关财产进行虚假申报或者拒绝申报予以罚款的情形,进一步强化罚款对民事执行的保障作用。现行《民事诉讼法》增加逾期举证、恶意诉讼、恶意串通逃避执行等适用罚款的情形。罚款适用情形从最初单条单章规定,演变为现行法律多条多章规定,适用范围不断扩大。但是,综观现行法律规定,适用罚款的情形依然杂乱无章,罚款措施在诸多情形下难有作为。

三、民事诉讼法律责任的构成要件不甚明晰④

客观地讲,法律责任的成立一般应有自己的构成要件。而且,其具体的构成要件一般会明确或"隐含"在相关法律的具体条文之中。散落在现行《民事诉讼法》中的诉

---

① 邹含青:《对我国〈民诉法〉大幅上调罚款金额之质疑》,载《公民与法(法学版)》2014年第4期。
② 谢绍静,占善刚:《比例原则视角下我国民事诉讼罚款制度的立法完善——以《民事诉讼法修改决定》增加罚款数额为切入》,载《内蒙古社会科学》(汉文版)2013年第3期。
③ 占善刚:《民事诉讼中罚款之检讨》,载《法商研究》2013年第6期。
④ 本节内容,参见李喜莲:《财产保全"申请有错误"的司法考量因素》,载《法律科学》2018年第2期。

第二章 我国民事诉讼法律责任制度的立法现状及原因分析

讼法律责任制度虽然有自己的适用条件和范围,但相关立法对诉讼法律责任的具体构成要件尚无明确规定。例如,《民事诉讼法》将民事诉讼强制措施的适用条件笼统规定为妨害诉讼行为但"未构成犯罪的",至于各种强制措施分别适用何种程度的妨害行为则无进一步明确之规定。一些诉讼法律责任形式对于违法诉讼行为是否应当发生一定的危害后果也无具体规定。① 更为重要的是,大多数诉讼法律责任的主观要件阙如。《民事诉讼法》虽然对法官的违法审判行为予以规范,但对法官违法行为的主观要件无明确规定。尤其是,法官的消极不作为行为,是否需要承担责任,以及其承担责任是否以其主观状态为要件亦无明确法律依据。事实上,《民事诉讼法》除明确规定虚假诉讼、调解的违法行为人主观上具有"恶意"外,其他的诉讼法律责任鲜有主观要件的具体规定。② 民事诉讼强制措施制度只列举性规定了各种强制措施的适用条件——具体妨害民事诉讼的违法行为,行为人主观上是否应具有故意或过失则无明确规定。

以当事人申请财产保全有错误为例,《民事诉讼法》第105条规定,当事人申请保全有错误的,应当赔偿被申请人因保全所遭受的损失。③ 然而,相关法律规范对"申请财产保全有错误"是否需具备主观过错无明确规定。现行《民事诉讼法》对当事人"申请财产保全有错误"过于原则的规定,既不能给当事人以比较准确的行为指引,亦难为法官提供具体的操作准绳。下文以具体裁判文书为分析文本,对法官们判定当事人"申请财产保全有错误"的乱象加以梳理。

首先,法院在判断"申请财产保全有错误"的归责原则上意见不一。无论是诉前财产保全损害责任纠纷,还是诉中财产保全损害责任纠纷,法官们近乎一致地认为申请财产保全错误应承担侵权责任,④但法官们在归责原则上看法不一:有法官坚持过错归责原则;⑤有法官秉持无过错归责原则。实践中,被法官判定为"申请有错误"的

---

① 如前文所述,诉讼法律责任既有实体法律责任形式,又有程序性法律制裁。那么,这两种法律责任形式是否需要以危害后果为责任的构成要件,大多数法律责任制度均无明确规定。
② 对违法行为人主观上的状态,一般由民事诉讼法司法解释进行解释性规定,例如,民事诉讼法解释规定逾期举证行为人主观上具有故意或重大过失。
③ 当事人申请财产保全有错误且造成案外人损失的,应当依法承担相应的赔偿责任。见《最高人民法院关于当事人申请财产保全错误造成案外人损失应否承担赔偿责任问题的解释》(2005年7月4日由最高人民法院审判委员会第1358次会议通过)。
④ 关于这一点,从相关裁判文书的案由(均为侵权责任纠纷)以及裁判法律依据(《侵权责任法》第6条)中可见一斑。
⑤ 在裁判文书的说理部分,法官归纳出两大争议焦点:一是申请保全人主观上是否存在过错,二是是否有实际损害发生。法官们习惯于遵循侵权行为的四个构成要件来论证、反推申请人主观上是否有过错。"当事人错误申请财产保全导致被申请人财产损害的赔偿案件,应当从一般侵权行为的角度进行审查认定,审查当事人在申请财产保全时是否存在过错,财产保全申请是否给被申请人造成了损失,以及财产保全行为与损失之间有无因果关系。"见《山东省烟台市中级人民法院(2014)烟民四终字第1142号判决书》。类似的案例,见《重庆市高级人民法院(2014)渝高法民终字第00146号判决书》《武汉海事法院(2015)武海法事字第00025号判决书》等。

原因主要有：申请人主观上有过错、申请人在本诉中败诉、撤诉、超额保全及保全案外人财产，等等。① 持过错归责原则的法官认为，②申请人在主观上具有过错是其申请错误最主要的原因。然而，在司法实践中，持这一观点的法官在论证申请人主观错误时却有不同的"表达"。有法官认为，申请人主观上有过错是指，其主观上具有明显的恶意（故意）或重大过失，且认为申请人唯有在主观上具有通过保全来损害被申请人财产之故意或明显过失的，才承担赔偿责任。③ 有法官则认为，申请人对财产保全的风险未尽到谨慎合理的注意义务④或未尽到一般人的注意义务，即申请人主观上具有一般过失，就属于主观有错误，也应承担赔偿责任。⑤ 坚持无过错责任论的法官常以申请人是否败诉作为"申请是否有错误"的认定标准，具体认定理由有诉讼风险说和诉请基础说。如有法官认为，"当事人到法院进行诉讼活动，就应当承担诉讼行为给自身所带来的风险，这种风险包括败诉的风险，以及衍生出的财产保全风险。保全申请人的诉讼请求最终没有得到法院的支持，意味着其保全行为客观上是错误的，而这种错误最终导致被申请人财产损失的结果，无论申请人主观上是否存在过错，均应当赔偿由此给被申请人造成的损失。"⑥ 也有法官认为："诉请的合法性和合理性是申请财产保全的前提和基础，申请财产保全的人应当是民事法律关系中享有权利的一方，

---

① 有必要交待的是，这里的原因分类是根据裁判文书中说理进行归纳的，并不具有绝对性。在司法实践中，绝大多数法官对财产保全申请有错误持过错归责原则，而且败诉、撤诉、超额保全等常常成为法官推认当事人主观上有过错的理由。

② 持过错责任归责原则的法官，有的坚持主观过错标准，有的坚持客观过错标准。事实上，这两种观点都是持过错责任论，不同之处在于，后一种观点既要求申请人主观上有过错，还要求客观上有损害发生，且损害与当事人的申请行为之间有因果关系。

③ 有判决书在"本院认为"中写明："本案案由属于侵权责任纠纷，应当适用过错责任原则，申请人申请财产保全错误承担赔偿责任的前提条件有，一是申请人主观上存在错误，通常认为是主观上存在故意或者重大过失……"见《广东省韶关市中级人民法院(2016)粤02民终1541号判决书》。类似案例，见《广东省深圳市中级人民法院(2016)粤03民终9428号判决书》《浙江省绍兴市中级人民法院(2012)浙绍民终字第1516号判决书》，等。

④ 有判决书在"本院认为"中写明"认定财产保全申请是否存在错误，关键看申请人是否尽到了谨慎合理的注意义务。"见《浙江省杭州市中级人民法院(2015)浙杭民终字第1951号判决书》《重庆市第一中级人民法院(2015)渝一中法民再终字第00015号判决书》等。

⑤ 有判决书在本院认为中写明："申请法院采取保全措施是民事诉讼当事人的一项诉讼权利，该项权利的发轫基于民事诉讼的程序性事由，亦非对争议实体权利义务的终局确认，故当事人申请诉讼中保全仅需尽到一个普通人的注意义务。"见《山东省日照市中级人民法院(2016)鲁11民终556号判决书》。类似案例见《广东省高级人民法院(2014)粤高法民四终字第190号判决书》等。

⑥ 见《北京市第一中级人民法院(2016)京01民终785号判决书》。

当申请人不享有权利时,申请保全他方财产就是违法的。"①总体来说,持过错责任归责原则的法官以申请人主观上是否有过错,作为判断申请财产保全是否有错误的准则。而坚持无过错归责原则的法官认为,申请财产保全虽是保障将来生效判决执行的强制性措施,申请本身是一种具有风险的行为。生效判决能够被执行的前提和基础是当事人的诉讼请求得到支持,若申请人的诉讼请求未能获得生效判决的支持,财产保全也就因失去其应有的意义而丧失其合理性与合法性,故而,不管申请人是否具有主观过错,都须赔偿被申请人因财产保全而遭受的损失。总体而言,司法实践中在如何理解"申请有错误"问题上有不同意见:一种意见是,申请有错误可以理解为申请人在申请保全中存在过错,包括主观上存在故意和过失;另一种意见是,……除申请人存在过错的情形外,只要申请人的保全申请不当并给被申请人造成损失的,申请人也应当承担赔偿责任。②

其次,法官们在败诉和部分败诉(超额保全)是否属于"申请有错误"问题上意见分歧。即使都是持过错归责原则的法官,在论证申请有错误问题上亦有不同的见解。其中,最富争议的是,败诉和部分败诉(超额保全)是否属于申请有错误。一些法官认为,"认定财产保全申请是否错误,关键要看申请人是否尽到了合理注意义务。只要申请人基于现有事实和证据提出诉讼请求,并确实尽到了一个普通人的合理注意义务,即使法院判决最终没有支持或仅支持其部分请求也不能认定财产保全申请有错误。只有申请人出于故意或者重大过失,致使诉讼请求与法院生效判决产生不合理的偏差,该差额诉讼请求范围内的财产保全申请才属于有错误,由此给被申请人造成损害的,申请人应当依法给予赔偿。"③有法官甚至认为,"在审判实践中,当事人的诉讼请求与裁判结果存在差异属于正常现象,亦是当事人主观上难以预知的",尽管申请人的诉讼请求未获法院判决支持,但并不能以此认定申请人在申请保全方面存在侵害被申请人利益的故意或重大过失。本案法官作如是裁判的理由是,申请人申请

---

① 这类裁判文书有《北京市第三中级人民法院(2016)京03民终4132号判决书》《内蒙古自治区呼和浩特市中级人民法院(2016)内01民终1460号判决书》《山东省济宁市任城区人民法院(2014)任民初字第3288号判决书》等。
② 江必新主编:《新民事诉讼法理解适用与实务指南》,法律出版社2012年版,第400页。
③ 见《江苏省盐城市中级人民法院(2014)盐民终字第2352号判决书》,该案入选《最高人民法院公报》2016年第6期。类似案例,见《最高人民法院(2012)民申字第1282号裁定书》(该案入选《最高人民法院公报》2014年第3期),在该案中,法官的论证理由是,"……柴国生提起诉讼的原因是其认为讼争股票依据双方签订的协议在李正辉服务不满五年的情况下应全部返还,为保证将来判决得以执行,对所涉股票申请了保全,其行为本身不具备违法性。虽然生效判决未支持柴国生的全部诉讼请求,但就案件的证据而言,不足以认定柴国生具有通过保全来损害李正辉财产的故意或明显过失……因此,申请人对权属有争议的标的物申请保全不构成保全错误"。

财产保全是为了将来生效的判决能够得到顺利执行,系保障其合法民事权益的需要,从利益最大化角度考虑提出诉求及保全措施是当事人正常的诉讼行为。从保护当事人诉权来看,当事人的诉求与裁判结果存在差距亦属诉讼之常态,诉讼保全带来的损失也是合理的诉讼风险和诉讼成本。另外,财产保全程序不同于实体审理,申请保全数额超过法院支持数额并非当事人能够预见,因此,不宜认定为败诉或超额保全为申请保全有错误。① 对此,有法官持不同意见。他们认为,"法律设置申请财产保全错误损害赔偿制度,目的是保护当事人合法权益,避免当事人滥诉,以及引导当事人合理提出诉讼请求……",申请人在提起诉讼及申请财产保全时,应当对诉讼风险进行必要的评估,以确定适当的诉讼请求及申请财产保全的数额。申请人在案件起诉时对案件败诉的风险具有预见的可能性,其基于对判决结果的过于自信而申请财产保全,表明其主观上存在过错,而且客观上实施了侵权行为。因此,申请人应当赔偿被申请人因保全错误而遭受的损失。②

四、以实体法律责任为主的责任方式与违法诉讼行为之性质不相适应

就我国现有民事诉讼法律责任的内容来看,其责任方式主要以民事责任、行政责任、刑事责任等实体性法律责任方式为主。例如,当事人因申请财产保全错误,或因延期举证而负担的对方当事人因此而支出的合理费用,显属民事赔偿责任。人民法院因错误采取保全措施、先予执行措施、执行措施而承担的赔偿责任显属国家赔偿责任;《法官法》《人民法院审判人员违法裁判责任追究办法(试行)》和《人民法院工作人员处分条例》等规定的审判人员因违法审判而应当承担的一系列行政处分,如警告、记过、记大过、降职、撤职、开除等,属于司法行政责任方式。③ 另外,当事人虚假诉讼,

---

① 具体理由,见《广东省韶关市中级人民法院(2016)粤02民终1541号判决书》。
② 见《广东省江门市中级人民法院(2014)江中法民一终字第158号判决书》。类似案例,见《北京市第三中级人民法院(2015)三中民终字第12215号判决书》,该案的论证理由是:"申请人申请是否有错误,也应该从其主观因素和客观效果两个方面来考量。申请人申请财产保全处于主动的地位,而被申请人则处于被动的地位,只能被动接受保全后果。因此依据公平、合理的原则,申请人在申请保全时应基于现有的证据,在主观上尽到合理审慎的注意义务。虽然远洋公司辩称其在前案起诉时涉案工程尚未结算,也无法预见法院最后支持金额,但作为正规专业建工企业,远洋公司起诉前充分掌握涉案项目施工情况及相关工程资料,且就涉案争议与正鹏公司曾进行过数次磋商,故其在起诉时完全有条件依据工程资料及与正鹏公司磋商情况等相关证据对自身诉求进行合理估算,并据此提出相应保全申请。而两审法院作出的生效判决所支持数额与远洋公司起诉数额差额达46万余元之多,可见其起诉诉求虚高。客观效果上看,法院依据远洋公司的申请也对正鹏公司账户中的950万元进行了冻结。因此,远洋公司在申请财产保全时未尽到合理审慎义务,存在过错,其对于正鹏公司因财产保全所受损失应予以赔偿。"
③ 笔者赞同王健博士关于民事诉讼法行政责任的界定,具体参见王健:《民事诉讼法律责任研究》,西南政法大学2015年博士论文,第18页。

以及当事人和其他诉讼参与人严重违反法庭秩序构成犯罪的,应当承担刑事责任。《民事诉讼法》《民诉法解释》及其他法律规范虽然也规定一些程序上的制裁措施,但相较于实体责任形式而言,其不仅在数量上处于绝对劣势,而且地位上大多处于隐性地位,难以引起人们的足够重视,故而难以彰显诉讼法律责任的独特性。正因为程序性制裁长期处于"隐潜"状态,人们对该制裁措施大多比较陌生。若不聘请专业律师,当事人对程序性法律责任难以准确把握,更不用说较好地利用了。

在民事诉讼法中以实体法律责任形式为主,显然是一种缺陷。理由是,实体法律责任均有自己的构成要件和追责原则。首先,以民事责任为例,其责任制度的目的在于补偿受害人的损失,以过错责任为追责原则,以无过错责任原则和公平原则为补充。民事诉讼行为与民事法律行为有别,其违法所造成的后果也有差别。毕竟民事行为违反的生活规范,侵犯的是私权;而民事诉讼行为不仅涉及当事人的私权,而且涉及国家司法秩序。违法诉讼行为所致损害不仅会涉及当事人的私益,而且在特定情形下也会损及公益,包括社会利益和国家利益。其次,刑事责任则以违法行为构成犯罪为追责要件。民事诉讼违法行为须达到严重且构成犯罪的程度,才能追究行为人的刑事责任。如果没有民事诉讼法律责任,那么没有构成犯罪的违法行就会成为法律制裁的真空。事实上,民事诉讼当事人是私权主体,其所为的诉讼行为大多依"处分权原则"为据。违法诉讼行为既违反民事诉讼法,又违反实体法,且给受害人造成实际人身或财产损失情况并非常态,构成犯罪的情形也非主流。例如,虚假诉讼、虚假陈述、延期举证等,这些违法诉讼行为肯定具有一定的危害性,但其是否直接给受害人造成实际损失,是否构成犯罪,均须结合一定的情形加以分析。问题是,没有造成实际民事权益损失,或者未构成犯罪的,该违法行为是否应有否定评价或承担不利后果,则是《民事诉讼法》设计民事诉讼法律责任时应当考虑的问题。因此,以实体法律责任方式(特别是以刑事责任)来规制民事诉讼违法行为,其发挥的效果只是利用实体责任的威慑力,来确保诉讼主体诚信地为诉讼行为,对大多数违法诉讼行为的制裁作用十分有限。

第三节 我国民事诉讼法律责任制度存在不足的原因

如前文所述,我国现行《民事诉讼法》对诉讼法律责任制度已有零散的规定。但总体而言,民事诉讼法律责任仍未脱离实体法律责任的"衣钵",诉讼法律责任制度在制度上未被关注和重视的现状未有根本改观。究其原因,主要有以下两个方面:

一、受"重实体,轻程序"观念掣肘

依法律规范的职能和调整的内容不同,法律解释学将民事法律区分为民事实体法与民事程序法两大相对应的法律规范。① 一般认为,实体法是确定权利义务发生、变更、生效、消灭的法;程序法是为实现实体权利义务内容,通过审判使之具体实现所需的制度和技术上的程序。② 法律程序是近现代社会的产物。在权力高度集中的封建统治下,统治者习惯于一言九鼎,不可能制定程序性法律规范,③赋予人们以程序选择权来维护自己的权利只能是天方夜谭。而且,在传统的农耕经济社会,人们因缺乏商品交换与竞争的市场,自然而然形成了"种瓜得瓜、种豆得豆"这一追求实体结果的思维范式。"重实体,轻程序"传统思想影响着法制建设的方方面面,即便是在恢复法制建设初期,我国大多数学者(法律家)更多地强调正名定分的实体法的重要性,而对在现代政治、法律体系中理应占据枢纽地位的程序只是偶有论及,更不用说对诉讼法律责任制度的关注了。④

(一)我国民事立法的指导思想忽视了程序(法)的独立价值

功利主义代表人物边沁认为程序法仅是为保障实体法实施的"附属法"。⑤ 在认识民事诉讼法与民事实体法的关系方面,"程序工具论"曾长期占据通说地位,民事诉讼法被视为"手段法"和"工具法"。历史经验表明,工具论极易使程序法迷失自己的价值属性而沦为纯粹的走"过场"。近年来,我国程序法制建设有了长足的发展和进步,例如三大诉讼法均进行了频繁的修改与完善,程序的合理性进一步加强,当事人的合法权益得到更为充分的保障。但是,程序的制度化作业至今仍不能让人满意。诸多诉讼法条文不但忽视程序要件的规定,而且缺乏相应的法律后果,使诸多程序规则缺乏可操作性,而且给程序恣意留下太多生成空间和藏垢之所,致使不按程序办事成为普遍现象。⑥ 有学者认为,我国法律制度构建过程中出现了"有程式而无程序、有名不副实的法律形式化而没有正名求实的法律形式主义"的现象,乃程序工具主义所

---

① 据有学者考据,最早将法律规范分为实体法和程序法的是英国功利主义法学家边沁。参见张宏生、章若龙主编:《西方法律思想史》,北京大学出版社1983年版,第355页。
② 潘念之主编:《法学总论》,知识出版社1981年版,第26页。
③ 反映在法律规范中,封建社会长期奉行诸法合体、以刑为主的"范式",普罗大众自然也就养成了追求实体性结果,而无视程序的"品格"。
④ 季卫东:《法律程序的意义——对中国法制建设的另一种思考》,中国法制出版社2004年版,第13页。
⑤ 江伟、赵金山:《简论民事诉讼法与实体法的关系》,载《法学杂志》1998年第6期。
⑥ 即便是在推行依法治国的新时代背景下,因诸多诉讼法条文缺乏法律责任条款,在司法实践中缺乏可操作性,致使不按程序办事现象相当普遍。

直接产生的影响。① 这种影响可以从文化传统和制度原理两方面找到答案，即我国的诉讼程序在历史上和现实中长期被忽视，乃上述问题产生的要因。从制度原理上看，长期受程序工具主义法律功能观的影响，程序法本身的构建缺失正当性，程序规则薄弱且不济。就民事诉讼法的立法而言，长期以来受"重实体，轻程序"思想的影响，程序本身所应固有的价值，诸如正义、平等、自由等没有受到重视，反映在法律责任制度上，不由自主地形成了以实体法律责任应对一切违法行为的思想。在缺乏程序独立价值和诉讼法律责任制度保障的社会条件下，程序本身不能得到较好地遵守。如前所述，《民事诉讼法》对审判违法行为没有相应的程序性制裁措施。权力得不到有效限制，程序法定原则就难以落实，权利也就容易受到不当侵犯。诉讼主体难以在民事诉讼过程中实自治，其利益需求难以通过自身的诉讼行为得到较好地反映和满足，决定者也难以在统合各方立场的基础上，依正当程序作出决定。

依法理所释，违法行为、法律责任、法律制裁等概念理论无疑属于所有部门法的共同内容。法理学（法哲学）理应建立在法学原理和部门法各分支学科一般原理之上，对包括民事诉讼法学在内的各部门法学的一般问题和共性问题进行概括和研究，而不应厚此而薄彼，仅为实体法奠基，而无视诉讼程序法等基本内容。时至今日，我们很难在法理学著作中寻觅到"诉讼行为""诉讼法律责任"等关乎诉讼法的一般原理。大多数法理学著作仍然秉持，甚至肯定"法律责任"（或者法律制裁）只是实体法的"专利"。这足以说明，"重实体，轻程序"的传统思想依然深刻地影响着我国法学基础理论研究，直接或间接地影响着以研究诉讼程序法为业的诉讼法学者，而且严重影响我国法治建设进程。

（二）民事诉讼法的研究难以脱离实体法的影响

如前文所述，我国学界长期秉持"民事实体法是主法，民事诉讼法是实现实体权利义务的助法"之判断。② 该观点认为民事诉讼法唯一正当之目的就是最大限度地实现实体法，强调程序本身并非目的，而是实现实体法的手段和工具。长期受这种观念影响的结果是，人们普遍重视实质结果，而忽视程序正义。新中国成立后，最高人民法院虽然出台了一系列民事案件审判程序规则，③ 而且在随后的法制化建设进程中，《民事诉讼法》也先于《民法》被制定，但是，人们的程序意识仍难以在短期内形成。究

---

① 杨立新：《刑事诉讼平衡论》，中国人民公安大学出版社2006年版，第342页。
② 《法学辞典》编辑委员会编：《法学辞典（增订版）》，上海辞书出版社1984年版，第587、914页。
③ 如最高人民法院颁布《各级人民法院民事案件审判程序总结》（1956年10月）、《民事案件审判程序（草稿）》（1957年）、《关于民事审判工作若干问题的意见（修正稿）》（1963年8月）；《人民法院审判民事案件程序制度的规定（试行）》（1979年2月）。

其原因有两个:一是近代民事程序法乃从民事实体中"脱私"而来,①当事人之间的诉争关系离不开对实体法律规范的依赖。民事权利是私权这一观念曾长期深刻地影响着民事诉讼制度。如有学者在论证当事人在民事诉讼中应承担自我责任时说:"当事人作出行为的目的在于获得对自己有利的状态或者结果,且这种有利的状态或结果仅仅与当事人本人的利益相关,既不涉及民事诉讼秩序的维护,也不涉及社会的公共利益或对方当事人的利益,因此法律听任当事人决定其想在诉讼中如何行为。追求胜诉是人之常情,为了获得胜诉,当事人自己会努力地去行动。如果当事人对是否胜诉抱着无所谓的态度,消极地对待诉讼,在需要采取行动的时候无所作为,任由诉讼朝着对其不利的方向发展,那也是当事人自己的事,是当事人自己招致的结果,法律没有必要过问和干预。"②在处分权原则的支配下,当事人有为具体诉讼行为的自由。但是,如果认为当事人的诉讼行为只关乎自己的利益而与诉讼秩序和对方当事人的利益无涉,似乎有混淆民事诉讼行为和民事法律行为之感,个中原因不排除受实体法理论之影响。二是我国民事诉讼法学理论基本上是套用民法学理论发展起来,例如民事诉讼法的基本概念、理论体系亦有追随民法学的倾向。客观地讲,民事诉讼法的许多原则、制度,乃至具体条文规范如若脱离实体法情境,显然无法把握其真谛,难以说明其缘由。正因为如此,学者们大多比较专注于民事实体法的相关理论研究。以法律行为为例,民事法律行为理论亦比较完善,以致被誉为"民法规则理论化之象征"。相比之下,诉讼行为理论在我国民事诉讼法学体系中的地位并不高。学者们只是在论述民事诉讼法律关系的要素(法律事实)时才对诉讼行为进行浅淡地描述,可谓浅尝辄止。

(三)审判实践中程序受轻视现象长期未有改观

我国司法实践中,重实体轻程序现象一直比较严重。同长期的农耕经济社会相适应,中国社会长期以来缺少民主与法治的传统和氛围,"按程序办事"只是一种奢望。在诸法合体时期,当事人习惯于诉求"青天大老爷"能给自己公正的结果,他们往往忽视了寻求公正的过程(程序)。新中国成立后,人们漠视程序的现象未有改观。"程序观"在理论体系中的贫乏和在执法过程中的苍白无力与我们长期以来对"程序"(抑或形式)的偏见和歧视有着千丝万缕的联系。③ 就民事审判实践而言,审判人员轻视程序的现象比比皆是。一些审判人员"仍留念过去较简单的工作方法,不相信人民法院组织法各项规定是帮助其正确办案的科学制度⋯⋯他们视法律程序、审判制度

---

① 具体内容参见陈刚:《民事实质诉讼法论》,载《法学研究》2018年第6期。
② 李浩:《民事诉讼当事人的自我责任》,载《法学研究》2010年第3期。
③ 孙笑侠:《法律程序剖析》,载《法律科学》1993年第6期。

可有可无",①他们甚至把程序视为阻碍迅速办案的绊脚石。"一些审判人员违反宪法和法律组织法的规定,不尊重当事人的诉讼权利,甚至非法剥夺当事人的权利……",②一些审判人员在判决后根本不让当事人知道有上诉的权利,甚至使用欺骗和恐吓的手段,使当事人不敢上诉。客观上造成的印象是实体法是硬的,程序法是软的,遵守与不遵守没什么两样,这就大大降低了程序法的价值。③ 1982年《民事诉讼法(试行)》颁布前,不少审判人员"重实体,轻程序"的问题比较突出,他们甚至错误地认为处理案件只要适用实体法没有错误,诉讼程序合法不合法则关系不大。④《民事诉讼法(试行)》颁布实施后,诉讼程序和诉讼原则仍未得到全面、准确地贯彻执行。其主要原因是,不少审判人员仍然在思想上对诉讼程序制度不够重视,"有的审判人员把诉讼制度看作约束当事人行为的准则,认为案件多了就不能都严格按程序办。"⑤就诉讼程序主体而言,大多数人面对程序正当性概念的时候仍是视之漠然,他们认为只要行为对问题的实质结果没有影响或没有太大的影响,只要最终的实体结果基本达到了自己的预期目的,那么程序如何进行并不在他们的关心范围内,甚至出现程序上的疏漏或差错也是可以不去追究的。由此可见,"重实体、轻程序"传统思想在民事诉讼法律责任的建构中也体现得淋漓尽致。

在"重实体,轻程序"观念掣肘下,程序法律规范与实体法律规范在制度建构上远远不可同日而语。在民法等实体法中有较为完备的用以规范民事法律行为的法律责任体系,而在《民事诉讼法》中则充斥着"一系列没有具体法律后果保障的程序规范"。⑥ 因此,有学者认为,法院在民事诉讼中违法行使审判权的要因除现行民事诉讼法自身存在缺陷,法院内部实行"审""判"分离的行政管理模式外,受传统司法观念的影响,"重实体、轻程序"亦是法官滥用审判权不可忽略的原因。⑦

二、受苏联民事诉讼理论的影响

一般而言,某项具体的法律制度通常是在相关法学理论的指导下建构起来的。然而,由于多种原因,"新中国的民事诉讼法学自创立之初便显现出'先天不足、后天不良'的态势……在我国自身研究力量短期内难以胜任的现实困境下,全面接受和吸

---

① 孙光瑞:《对河北省一年来贯彻执行人民法院组织法的几点体会》,载《法学研究》1956年第1期。
② 马锡五:《关于当前审判工作中的几个问题》,载《法学研究》1956年第1期。
③ 田平安,杜睿哲:《程序正义初论》,载《现代法学》1998年第2期。
④ 唐德华:《民事诉讼法立法与适用》,中国法制出版社2002年版,第415页。
⑤ 同上书,第416页。
⑥ 陈光中,王万华:《论诉讼法与实体法的关系——兼论诉讼法的价值》,载陈光中、江伟主编:《诉讼法论丛》(第一卷),法律出版社1998年版,第45页。
⑦ 白文生:《人民法院在民事诉讼中违法行使审判权的分析及对策》,载《天中学刊》2001年第1期。

收与我国意识形态最为接近的苏联民事诉讼理论便成为此时唯一的上佳之选"。事实表明,我国建国初期的各个部门法学领域的研究从一开始就显现出介绍和诠释苏联理论的样态,民事诉讼法学研究也不例外。

(一) 受苏联民事诉讼法律关系理论的影响

民事诉讼法律关系理论是民事诉讼法学中非常重要的问题。然而,到目前为止,我国尚无研究民事诉讼法律关系的专著诞生,专门研究民事诉讼法律关系的论文也是凤毛麟角。但是,在已经出版花样繁多的《民事诉讼法学》法科教材中,均会发现有"民事诉讼法律关系"一章或一节,这表明民事诉讼法律关系是我国民事诉讼法学不可或缺的内容。稍加仔细阅读,我们会惊奇地发现,各种版本的法科教材关于民事诉讼法律的内容则是大同而小异,而且对民事诉讼法律关系内涵之界定也是近乎一致。究其原因,乃我国在无自主创立民事诉讼法学理论时期,全盘吸收借鉴了苏联的相关理论。受苏联民事诉讼法律关系理论之通说的影响,我国民事诉讼法学界曾长期将民事诉讼法律关系的概念定义为:"民事诉讼法律关系是受民事诉讼法调整的人民法院和一切诉讼参与人之间存在的以诉讼权利、义务为内容的具体的社会关系。"① 据此,有学者将民事诉讼法律关系的特点概括为两点:一是主体一方总是法院,另一方则是检察院、当事人及其他诉讼参与人。在民事案件的立案受理、审判和执行过程中,检察院、当事人及其他诉讼参与人只同法院发生诉讼上的权利义务关系,当事人之间及当事人同诉讼代理人、证人等其他诉讼参与人之间则不发生诉讼上的权利义务关系,而且法院在民事诉讼法律关系中始终占据主导地位;二是民事诉讼法律关系是既分立又统一的法律关系。分立是指人民法院与各方当事人及其他诉讼参与人之间单独形成诉讼权利义务关系;统一是指不论法院还是当事人及其他诉讼参与人都必须按照法定程式行使诉讼权利和履行诉讼义务。② 由此可见,在民事诉讼理论构架中,我国学者在论及民事诉讼法律关系理论时,向来否定当事人之间,以及当事人与其他诉讼参与人(如证人)之间存在诉讼法律关系。这一理论通过立法环节已反映在我国民事诉讼法的各项制度中。在此背景下,因法院在民事诉讼中占有主导地位,故民事诉讼立法对审判权的设计大多采用了授权性立法体例,使法官在诸多情形下拥有较大的自由裁量权。而且,由于现行《民事诉讼法》并没有对法官确立程序违法的法律后果,故而使得法官违反程序亦不会受到任何程序性制裁。与此同时,由于

---

① 柴发邦主编:《民事诉讼法学新编》,法律出版社1992年版,第42页。类似的观点可参见韩象乾、张淑兰主编:《民事诉讼法教程》,煤炭工业出版社1994年版,第6页;常怡主编:《民事诉讼法学》(修订版),中国政法大学出版1996年版,第19页。

② 柴发邦主编:《民事诉讼法学新编》,法律出版社1992年版,第42~43页;常怡主编:《民事诉讼法学》(修订版),中国政法大学出版1996年版,第18~21页。

当事人和其他诉讼参与人在诉讼法律关系中处于从属地位,且这一理论不承认当事人之间及当事人与其他诉讼参与人之间存在诉讼法律关系,故《民事诉讼法》对当事人之间及当事人与其他诉讼参与人之间的诉讼行为同样缺乏相应的诉讼法律责任之约束。

(二)受苏联国家干预理论的影响

在苏联的法学研究中,私法的概念是比较隐晦的,因为在社会主义国家中,一切都是国家的。缘于国家性质的相同,我国《民事诉讼法》借鉴了苏联国家干预民事关系和民事案件的相关理论,将当事人的处分权置于法院和检察院的监督之下。[1] 1981年12月7日,全国人大常委会法制委员会副主任高克林在向第五届人大四次会议所作的《关于〈中华人民共和国民事诉讼法(草案)〉的说明》中指出,把国家干预作为民事诉讼法的基本原则,是由我国社会主义的性质决定的。在资本主义国家,私权是由当事人自由处分的,他人无权干预。在我们社会主义国家,国家、集体和人民群众之间的根本利益是一致的。[2] 我国《民事诉讼法》关于民事拘传之规定,以及《民诉法解释》将拘传之对象扩大到原告,一方面,十分清楚地反映了我国法院对案件事实探知绝对化追求的理念;[3]另一方面,再现并滋长了长期"潜伏"在我国民事诉讼立法与实践中的国家干预原则。受苏联国家干预主义原则的影响,在我国民事诉讼中,对当事人不正当的诉讼行为,包括他们对自己民事实体权利和民事诉讼权利的处分,只要是不符合法律规定的,人民法院和人民检察院都有权代表国家进行干预。[4] 正如唐德华法官所说:"当事人这种'自由支配'权利,要受到限制,要把个人的权利和合法利益与人民和社会的利益有机地结合在一起。"[5]也就是说,即便原告当事人放弃自己的权利主张,人民法院于特定情形下,拘传原告到庭的情形亦有可能发生,国家干预主义体现得淋漓尽致。

三、对民事诉讼法缺乏正确的认识

在我国民事诉讼法学界,素有将民事诉讼法等同民事程序法之"传统",即"一般认为,民事诉讼法是规定私人请求国家司法机关保护私权或利益的程序的法规",是

---

[1] 有学者认为,"如果人民法院认为原告无正理由不到庭或未经许可中途退庭有规避法律、侵害他人合法权益的可能时,人民法院就要对原告方的行为实行干预,而不能按撤诉处理"。见柴发邦主编:《民事诉讼法学新编》,法律出版社1992年版,第325页。

[2] 陈刚:《支持起诉原则的法理及实践意义的再认识》,载《法学研究》2015年第5期。

[3] 张卫平:《事实探知:绝对化倾向及其消解——对一种民事审判理念的自省》,载《法学研究》2001年第4期。

[4] 杨荣新:《试谈民事诉讼法的中国特色》,载《政法论坛》1983年第4期。

[5] 唐德华:《民事诉讼法立法与适用》,中国法制出版社2002年版,第87页。

相对于设定实体权利义务并调整、规范民事主体彼此间实体权利义务的实体法而言的程序法。① 有学者甚至认为,民事诉讼法以程序和技术层面的事项为主要内容,追求以理性科学的程序和技术方法来解决民事纠纷。② 鉴于学理上长期将民事诉讼法定义为民事程序法,对民事诉讼法的价值探讨也仅限于"实现实体权利义务的工具"和"程序具有自身的公正、中立等本位价值"之争。众所周知,我国的民事诉讼法学经历了从注释法学向理论法学发展的过程。注释法学的基本进路是对已创制的法律规范,遵循既定的基本理念和原则,从立法背景、学理基础等方面,通过文字解释和逻辑分析的方法,对法律规范予以解读,并以之指导司法实践。"对民事诉讼立法的注释本身并不存在什么失当之处,相反,它对于指导我国的民事诉讼实践和繁荣我国的民事诉讼法学都曾起到过并将继续起着独特的积极作用"。③ 在我国民事诉讼法学研究仍未完全脱离注释法学的现实背景下,学者们对民事诉讼法性质的注解直接影响着该法律规范的立法内容和司法实践。例如,有学者对强制措施的性质进行解释后得出结论是,民事诉讼强制措施具有制裁性,它是违法行为人承担的法律责任,但民事诉讼法没有必要专门设立法律责任制度,理由是,如果专章设立法律责任,那么民事诉讼法律关系的所有主体(包括法院、检察院等)均为法律责任的承担者,而法院承担法律责任的方式在其他相关法律规范中已有规定,在民事诉讼活动中只需通过检察监督、审判监督等方式来追究法官(法院)违反诉讼法应承担的法律责任即可。④ 在这位学者看来,《民事诉讼法》没有必要专门规定诉讼法律责任制度,只需针对民事诉讼的特点,通过运用强制手段追究违法者的法律责任就行。由于我国长期将民事诉讼法定义为民事程序法,其内容自然而然被想象成"程序步骤"与"技术要求"。加之,法律责任往往被学理界视为实体法律规范的"专利",《民事诉讼法》似乎与法律责任(义务或不利法律后果)无法"链接"了。

---

① 柴发邦主编:《民事诉讼法学新编》,法律出版社1992年版,第6页;赵钢,占善刚,刘学在:《民事诉讼法》(第三版),武汉大学出版社2015年版,第7页;江伟,肖建国主编:《民事诉讼法》(第七版),中国人民大学出版社2015年版,第15页。

② 《民事诉讼法学》编写组,宋朝武主编:(马工程教材)《民事诉讼法学》(第二版),高等教育出版社2018年版,第20页。

③ 赵钢:《回顾、反思与展望——对二十世纪下半叶我国民事诉讼法学研究状况之检讨》,载《法学评论》1998年第1期。

④ 苏建清:《民事诉讼中的强制措施》,载《法学杂志》1999年第5期。

第三章　我国民事诉讼法律责任制度的运行现状

实践一再证明,在民事司法实践中,诉讼参与人或者案外人妨害诉讼、扰乱庭审秩序的现象时有发生。① 为了有效遏制妨害民事诉讼的违法行为,现行《民事诉讼法》也设专章规定了强制措施。其他民事诉讼法律责任制度散落在民事诉讼法的其他章节和相关法律规范中。如前文所述,民事诉讼法律责任既包括实体法律责任,又包括程序性法律制裁,是一种综合的法律责任。在民事诉讼法中,实体法律责任的责任形式、构成要件、追责程序和救济程序,在实体法中均有明确规定,能够依实体法规范正常运行。因此,对其运行现状无进一步探讨之必要。程序性法律制裁(如程序权利减损、确认结果无效、程序行为重新作出等)又鲜为人们所承认。相较于其他诉讼法律责任形式而言,民事诉讼强制措施的制裁性已经得到了大多数学者的认可,② 而且其已然被视为民事诉讼程序正常运行的主要"保障"。因此,求证强制措施预设的排除妨害、保障诉讼秩序等制裁功能在司法实践中是否得到实现,对于弄清我国有无建构民事诉讼法律责任制度之必要具有十分重要的意义。更为重要的是,相较于法院(法官)的违法诉讼行为而言,当事人的违法诉讼行为更为普遍,而且,违法审判行为受行政处罚和刑事责任追究的特性更为明显。有鉴于此,本章就针对当事人适用的民事诉讼强制措施之运行现状进行分析。

第一节　民事诉讼强制措施运行现状

为了考察民事诉讼强制措施的运行现状,笔者在无讼案例网上分别以五种强制措施为关键词进行检索,时间设置为 2014 年 1 月 1 日至 2018 年 12 月 31 日,结果显示,适用训诫的案件为 5188 件,责令退出法庭的案件为 69 件,拘传 760 件,民事罚款

---

① 当事人蔑视法庭、冲击哄闹法庭的现象时而有之,律师怒怼法官的现象不绝于耳。具体参见:《一家三口大闹法庭》,资料来源:https://news.china.com/dtxw/13000844/20190605/36332293.html,访问日期:2019 年 8 月 30 日。
② 民事诉讼法学界有不少学者肯定强制措施具有制裁性,具体参见蔡彦敏:《对民事诉讼中强制措施性质的一点异议》,载《法学评论》1987 年第 6 期;苏建清:《民事诉讼中的强制措施》,载《法学杂志》1999 年第 5 期等;还有学者认为民事强制措施既具强制性,又具制裁性,具体参见田平安:《正确适用民事诉讼的强制措施》,载《现代法学》1984 年第 2 期。

决定书 12 件,拘留决定书 9 件(见表 3-1)。因各种原因,我们的统计可能存在数据不全的问题,但表中的数据相较于海量的裁判文书而言,足见民事诉讼强制措施适用比率较低。

表 3-1　2014—2018 年无讼网检索到的"民事强制措施"适用情况　单位:件

训诫	责令退出法庭	拘传	罚款	拘留
5188	69	760	12	9

为了验证表 3-1 中的结果,笔者以泛滥成灾的"虚假陈述"为关键词在裁判文书网上进行检索,时间设定为 2015 年 1 月 1 日至 2018 年 12 月 31 日,结果显示,14 386 份裁判文书与虚假陈述有关。通过区分"民事案由"、追加关键词"诚实信用""强制措施"进一步检索。结果显示,只有 38 份裁判文书明示法院对当事人虚假陈述定性为妨害民事诉讼的行为。其中,除 11 份文书明确了对当事人虚假陈述采取具体强制措施外,①有 27 份文书仅明示法院对当事人的虚假陈述不予采纳的态度,至于是否采取强制措施及该当采取何种强制措施则语焉不详(见表 3-2)。②

表 3-2　2015 年 1 月—2018 年 12 月法院对当事人虚假陈述行为处罚情况统计

单位:份

被认定为虚假陈述的法律文书数量	采取强制措施处罚的文书数量				未处罚的文书数量
38	11(28.9%)				27(71.1%)
	训诫	罚款	处罚但措施不明	涉嫌虚假诉讼、移送公安机关	
	4	4	1	2	

---

①　有 4 份判决书明确表示对当事人进行训诫;有 4 份决定书表明法院对当事人采取罚款措施;有 1 份文书表明法院拟对当事人的虚假陈述进行制裁,但具体民事制裁措施须另行作出决定;有 2 份文书表明要移送公安机关。

②　对当事人虚假陈述不予采信的案件案号是:(2014)徐民申字第 00166 号、(2014)宿中商终字第 00384 号、(2015)泰中民四终字第 00214 号、(2016)渝 03 民终 1448 号、(2018)京 02 民终 4395 号、(2014)沪二中民一(民)终字第 632 号、(2018)苏 04 民终 3083 号、(2014)北民初字第 0585 号、(2015)江民一初字第 535 号、(2018)冀 0702 民初 513 号、(2016)甘 0802 民初 3792 号、(2016)黔 0203 民初 1825 号、(2017)川 0411 民初 1081 号、(2017)赣 0502 民初 818 号、(2017)沪 0112 民初 19240 号、(2014)碑民初字 03013 号、(2015)佛顺法容民初字第 1424 号、(2017)苏 0281 民初 4372 号、(2017)沪 0101 民初 6725 号、(2016)沪 0107 民初 7118 号、(2015)江民一初字第 1032 号、(2014)北民初字第 0840 号、(2016)粤 0105 民初 10823 号、(2018)鲁 01 民初 6410 号、(2016)粤 0391 民初 1261 号等。

对表 3-2 中数据稍加分析,我们不难发现,在司法实践中,法院对当事人虚假陈述行为采取强制措施的情形比较少见。大多数情形下,法院对当事人的虚假陈述以"不予采信"来处理或者应对。① 少数对当事人采取强制措施的裁判文书,又以训诫措施为主,② 这足以表明法官对待虚假陈述有足够的容忍力。当事人本身对虚假陈述也是见怪不怪。事实上,为追逐利益最大化,违法诉讼行为充斥着法庭,鉴于训诫措施的制裁力较弱,适用训诫来应对当事人或其他诉讼参与人的违法诉讼行为,无异于"隔靴搔痒"。为了再现民事诉讼法律责任制度的制裁性,笔者对责令退出法庭、拘传、罚款、拘留这四种强制措施进一步进行分析。

一、责令退出法庭措施的运行现状

责令退出法庭虽较训诫措施严厉,但其适用的法律效果非常有限。若如对案外人等旁听人员适用,则会因前述人员与诉争案件无直接利害关系,责令其退出法庭而难以达到"制裁"之功效。若对当事人、诉讼代理人、证人等与案件审理有"利害关系"的诉讼参与人适用,又会使案件审理难以为继。事实上,法官一般在适用用责令退出法庭这一强制措施时比较谨慎。笔者在中国裁判文书网以"责令退出法庭"为主题词,并选择"民事案由"进行全文检索,得相关文书 216 份,③ 对相关案件逐一进行梳理,法官适用责令退出法庭措施的裁判文书共 78 份。同一时间可查的民事裁判文书数达 74 917 326 份。这也与其他学者关于责任退出法庭适用率极低之判断大体吻合。④

表 3-3　2014—2021 年 6 月法院适用责令退出法庭强制措施的情况统计

单位:份

民事裁判文书	适用责令退出法庭措施的文书
74 917 326	78

对 78 份适用责令退出法庭的裁判文书进行梳理,司法实践中关于责令退出法庭措施运行现状大体如下:

---

① 见《湖南省邵东县人民法院(2015)邵东民初字第 3098 号民事判决书》《江苏省兴化市人民法院(2016)苏 1281 民初 2405 号民事判决书》等。
② 见《福建省福州市中级人民法院(2015)榕民终字第 1963 号民事判决书》《广东省惠州市中级人民法院(2016)粤 13 民终 3092 号判决书》等。
③ 本节是完成课题后新增补的内容,检索时间为 2021 年 6 月 1 日。
④ 有学者统计,2008—2012 年,法院适用责令退出法庭的民事案件仅 2 件。见张平:《从民事诉讼强制措施逆向选择之评析——以中部某省 784 件相关案件为蓝本》,载《湘江青年法学》2015 年第 1 期。

（一）适用责令退出法庭措施的原因复杂多样

梳理 78 份文书,笔者发现适用该强制措施的对象比较广泛,具体包括原告、被告、第三人、旁听的案外人。各法院对前述主体适用责令退出法庭的原因既有共性,也有差异。适用责令退出法庭强制措施主要原因是,当事人及其他诉讼参与人、旁听人员"违反法庭纪律",但在表述上略有差异,有的文书表述为"多次"违反,有的文书表述为"严重"违反,也有的文书在表达"违反"时无任何修饰词语。具体而言,对诉讼代理人适用责令退出法庭原因有,"不符合代理条件"①、迟到且缺少出庭函、②"并非本省法律工作者,执业范围受区域限制、代理身份不符合相关规定",并且该代理人当庭屡次扰乱法庭纪律,不听审判长制止且拒不配合法庭审理,③代理手续不完备,旁听时又多次违反法庭纪律,不听从合议庭指挥,④"代理人为证人作诱导性陈述,且未经许可多次发言干扰法庭调查,经审判员警告、训诫无效",⑤"代理人违反法庭规则,不听审判长指挥,且经审判长训诫后仍然不予改正",⑥等等。对证人适用的理由是,"证人违反法庭纪律",⑦证人在庭审中接打电话,⑧"证人不能表述作证的目的、内容,且

---

① 见《甘肃省景泰县人民法院(2015)景民二初字第 226 号民事判决书》。

② 彩钢租赁部一审代理人因迟到及缺少出庭函被法官责令退出法庭,厉声训斥,根本不给律师解释的机会。违反了《中华人民共和国法官法》第 7 条第三项:"法官应当依法保障诉讼参与人的诉讼权利"及《中华人民共和国法官职业道德基本准则》第 32 条:"法官应当尊重当事人和其他诉讼参与人的人格尊严,并做到使用规范、准确、文明的语言,不得对当事人或其他诉讼参与人有任何不公的训诫和不恰当的言辞"之规定。见《青海省西宁市中级人民法院(2018)青 01 民终 1952 号民事判决书》。

③ "被告杨云勇本人未到庭参加诉讼,其委托的诉讼代理人并非本省的法律工作者,执业范围受区域限制、代理身份不符合相关规定且该代理人因当庭屡次扰乱法庭纪律,不听审判长制止、拒不配合庭审被责令退出法庭,故本案依法缺席审理"。见《河南省郑州市中级人民法院(2019)豫 01 民终 17735 号民事判决书》。

④ 一审阶段正芹办公用品店委托刘平作为委托诉讼代理人参加诉讼,但鉴于刘平的代理手续不完备,一审法院经审核未予准许。后刘平在旁听席旁听时违反法庭纪律多次与他人讲话,不听从合议庭指挥;在合议庭对其警告、训诫后,刘平仍不改正,遂被责令退出法庭。见《江苏省高级人民法院(2019)苏民终 91 号民事判决书》。

⑤ 在张某作证过程中,被告委托诉讼代理人为证人作诱导性陈述,且未经许可多次发言干扰法庭调查,经审判员警告、训诫无效后,被责令退出法庭。随后,张某要求退庭,经本院两次释明后,未经许可退出法庭。见《山东省青岛市李沧区人民法院(2016)鲁 0213 民初 1834 号民事判决书》。

⑥ 见《福建省南平市中级人民法院(2015)南民终字第 373 号民事判决书》;《杭州市西湖区人民法院2016)浙 0106 民初 4778 号民事判决书》;《北京知识产权法院(2018)京 73 民终 708 号民事判决书》;《河南省登封市人民法院(2020)豫 0185 民初 763 号民事判决书》;《浙江省绍兴市中级人民法院(2021)浙 06 民终 24 号民事判决书》;《福建省福州市中级人民法院(2018)闽 01 民终 7359 号民事判决书》。

⑦ 见《浙江省温州市中级人民法院(2015)浙温民终字第 1462 号民事判决书》。

⑧ 见《北京市第三中级人民法院(2018)京 03 民终 2304 号民事判决书》。

又不在现场",①等等。对旁听的案外人适用的理由有"存在哄闹、扰乱法庭秩序的行为"②。对当事人适用责令退出法庭的理由更加多样化。例如,"违反法庭纪律,未经许可随意发言影响案件审理并打断原告方陈述,经本院多次警告无效",③"对法官的询问未予回答",④哄闹扰乱法庭,⑤未经法庭允许发言、辱骂法官和对方当事人,⑥醉酒,⑦等等。

（二）责令退出法庭是否以警告、训诫为前置措施的尺度不一

据统计,在适用责令退出法庭的78份裁判文书中,有13份裁判文书明确表达了责令退出法庭以训诫或警告为"前置程序"。⑧ 在这13份文书中,有的文书直接表明经法官训诫无效后,适用责令退出法庭。例如,原告经本院多次训诫仍实施违反法庭纪律的行为,责令其退出法庭。⑨ 被告违反法庭纪律,经法庭训诫后继续违反法庭纪律,最后被责令退出法庭。⑩ 案外人在旁听过程中多次喧哗争吵、争夺发言,严重干预法庭的审判活动,受到审判长的多次训诫无效,被责令退出法庭。⑪ 等等。有的文书则表明经"警告"无效后,适用责令退出法庭。例如,第三人违反法庭纪律,未经许可

---

① 见《河南省信阳市中级人民法院(2015)信中法民终字第2160号民事判决书》。
② 见《福建省南平市中级人民法院(2015)南民终字第373号民事判决书》《杭州市西湖区人民法院(2016)浙0106民初4778号民事判决书》《北京知识产权法院(2018)京73民终708号民事判决书》《河南省登封市人民法院(2020)豫0185民初763号民事判决书》《浙江省绍兴市中级人民法院(2021)浙06民终24号民事判决书》《福建省福州市中级人民法院(2018)闽01民终7359号民事判决书》等。
③ 见《北京市通州区人民法院(2016)京0112民初316号民事判决书》《广东省台山市人民法院(2019)粤0781民初3077号民事判决书》等。
④ 见《呼和浩特市中级人民法院(2015)呼民四终字第00588号民事判决书》。
⑤ 见《辽宁省葫芦岛市中级人民法院(2016)辽14民终966号民事判决书》《广东省中山市中级人民法院(2017)粤20民终5849号民事判决书》《江苏省南通市崇川区人民法院(2017)苏0602民初5535号民事判决书》;《福建省福州市中级人民法院(2018)闽01民终7359号民事判决书》等。
⑥ 见《广东省江门市中级人民法院(2016)粤07民终260号民事判决书》。
⑦ 见《石柱土家族自治县人民法院(2016)渝0240民初154号民事判决书》。
⑧ 见《广东省茂名市中级人民法院(2014)茂中法民四终字第142号民事判决书》《福建省南平市中级人民法院(2015)南民终字第373号民事判决书》《山东省青岛市李沧区人民法院(2016)鲁0213民初1834号民事判决书》《内蒙古自治区通辽市中级人民法院(2016)内05行终40号行政判决书》《北京市通州区人民法院(2016)京0112民初316号民事判决书》《新疆生产建设兵团第三师中级人民法院(2017)兵03民终60号民事判决书》《广东省中山市中级人民法院(2017)粤20民终5849号民事判决书》《江苏省南通市崇川区人民法院(2017)苏0602民初5535号民事裁定书》《江苏省海门市人民法院(2018)苏0684民初6034号民事裁定书》《福建省福州市中级人民法院(2018)闽01民终7359号民事判决书》《广东省五华县人民法院(2018)粤1424民初211号民事判决书》《北京知识产权法院(2018)京73民终708号民事判决书》《江西省乐平市人民法院(2019)赣0281民初1141号民事判决书》。
⑨ 见《江苏省海门市人民法院(2018)苏0684民初6034号民事裁定书》。
⑩ 见《广东省五华县人民法院(2018)粤1424民初211号民事判决书》。
⑪ 见《广东省茂名市中级人民法院(2014)茂中法民四终字第142号民事判决书》。

随意发言影响案件审理并打断原告方陈述,经本院多次警告无效,责令其退出法庭。①还有的表述为"经训诫、警告后",违反法庭纪律者拒不改正,则采取责令退出法庭措施。例如,"在张某作证过程中,被告委托诉讼代理人为证人作诱导性陈述,且未经许可多次发言干扰法庭调查,经审判员警告、训诫无效后,被责令退出法庭。"②"上诉人四十六团的委托诉讼代理人李杰、郭银贵,被上诉人宋丽到庭参加诉讼,被上诉人张国军到庭后因违反法庭纪律且经警告、训诫无效,被责令退出法庭。"③"向东在法庭上多次不遵守法庭纪律,不听从法庭指挥、安排,经训诫后仍不改正,被责令退出法庭。"④等等。其余65份文书对是否以警告、训诫为前置程序则语焉不详。

(三)责令退出法庭的形式载体不明

尽管《民诉法解释》第177条规定,训诫、责令退出法庭由合议庭或者独任审判员决定。然而,责任退出法庭只是和训诫一样,只是口头作出,还是如同拘传、罚款、拘留一样须有书面载体?这一问题在适用责令退出法庭强制措施的文书中未有具体体现。《民诉法解释》第177条仅规定,训诫的内容、被责令退出法庭者的违法事实应当记入庭审笔录。但是,已经适用责令退法庭措施的裁判文书对这一要求未有足够的体现,加之,从公开的裁判文书来看,部分裁判文书附有庭审笔录,在一些公开法庭笔录中依稀可以看到书记员对适用强制措施的"释明",至于该案适用责令退出法庭的"事实"为何,则难以详见。换言之,对于已经适用责令退出法庭措施的案件,是否将这一措施的适用情况记载于法庭笔录,无从得知。笔者在梳理文书时发现,有的法院已明确将"责令退出法庭"之强制措施的适用原因记载于法庭笔录之中。例如,"关于闫东升提出一审法院调取的证据未经质证就作为定案依据及剥夺其辩论权利的问题,经本院查阅一审法院2016年1月21日的庭审笔录,庭审笔录记载了闫东升及其代理人在不遵守法庭纪律,多次干扰庭审正常秩序的情况下,被责令退出法庭"。⑤但不可否认的是,也有当事人以法官未将被训诫、责令退出法庭的违法事实记入笔录为由申请再审。⑥法院的审查意见是,"关于庭审笔录不全面问题,笔录中记载了双方当事人争议的主要案件事实及庭审的基本情况,对案件双方当事人争议的观点和意见记载完整,并无遗漏,且每页都经双方当事人签字确认,该笔录制作过程及记载内容均合法",据此可以判断,法院对是否必须将适用责令退出法庭强制措施的具体情形

---

① 见《北京市通州区人民法院(2016)京0112民初316号民事判决书》。
② 见《山东省青岛市李沧区人民法院(2016)鲁0213民初1834号民事判决书》。
③ 见《新疆生产建设兵团第三师中级人民法院(2017)兵03民终60号民事判决书》。
④ 见《广东省中山市中级人民法院(2017)粤20民终5849号民事判决书》。
⑤ 见《辽宁省葫芦岛市中级人民法院(2016)辽14民终966号民事判决书》。
⑥ 见《黑龙江省齐齐哈尔市龙沙区人民法院(2016)黑0202民申7号文书民事裁定书》。

记载于法庭笔录的态度不一。

（四）责令退出法庭的法律后果轻重不一

如前所述，适用责令退出法庭措施的对象多样。因民事诉讼参与人与案件之间的利害关系有别，对不同诉讼参与人适用责令退出法庭的法律后果定然不同。例如，责令旁听的案外人员退出法庭，对于庭审程序的正常进行一般不会发生实质性的影响。然而，如若责令当事人、当事人的代理人或者证人退出法庭，那么，正在进行的审理程序可能难以为继。笔者梳理裁判文书时发现，有的法院在责任当事人退出法庭后"就此休庭"，①另有 5 份裁判文书表明法院在原告违反法庭纪律被责令退出法庭后，按撤诉处理。②法院责令原告退出法庭后，将受诉案件按撤诉处理的理由大同小异。有法院认为，原告违反法庭纪律的行为实际上是故意阻止庭审秩序的正常进行，是以明示方式拒绝法院的裁判，应视为其自动放弃自己的诉讼主张。原告违反审理行为的效果等同于原告未经法庭许可自动退庭，故而法院依法将该案按原告撤诉处理。③ 有法院认为，原告违反法庭纪律的行为效果等同于原告未经法庭许可中途退庭。④ 值得一提的是，在二审案件中，法院责令上诉人退出法庭后，按撤回上诉处理。⑤ 此外，有 4 份文书表明被告被责令退出法庭后，法院则按缺席判决处理。⑥ 例如，有法院认为，"本案诉讼过程中，宗立君不听从法庭指挥，不遵守法庭纪律，在本院予以训诫并责令其退庭后，视为其放弃了在后续庭审中举证、质证等权利"，进行缺席判决。⑦ 又如"因被告杨云勇、杨飞未到庭且二被告的委托诉讼代理人依法被责令退

---

① "各被告的行为明显违反《人民法院法庭规则》属于扰乱法庭秩序的行为，根据我国《民事诉讼法》第一百一十条之规定，人民法庭可以对此进行训诫、责令退出法庭或者予以罚款、拘留，对哄闹法庭人员，严重扰乱法庭秩序的人，依法追究刑事责任，情节较轻的予以罚款、拘留，而不是就此休庭。"见《辽宁省辽阳市中级人民法院(2020)辽 10 民终 1762 号民事裁定书》。

② 见《黑龙江省大庆市红岗区人民法院(2015)红民初字第 320 号民事裁定书》《江苏省南通市崇川区人民法院(2017)苏 0602 民初 6387 号民事裁定书》《江苏省南通市崇川区人民法院(2017)苏 0602 民初 5535 号民事裁定书》《江苏省海门市人民法院(2018)苏 0684 民初 6034 号民事裁定书》《山东省济南市中级人民法院(2019)鲁 01 民终 111 号民事裁定书》等。

③ 例如，"原告在庭审过程中违反法庭规则，拒不听从法庭指挥，致使庭审无法进行，经法庭口头警告、训诫后，仍不服从法庭指挥，严重扰乱法庭秩序，妨害诉讼活动进行，被责令退出法庭。本院认为……行为效果等同于原告未经法庭许可自动退庭"。见《江苏省南通市崇川区人民法院(2017)苏 0602 民初 5535 号民事裁定书》《江苏省南通市崇川区人民法院(2017)苏 0602 民初 5535 号民事裁定书》等。

④ 见《江苏省海门市人民法院(2018)苏 0684 民初 6034 号民事裁定书》。

⑤ 见《山东省济南市中级人民法院(2019)鲁 01 民终 111 号民事裁定书》。

⑥ 见《北京市大兴区人民法院(2019)京 0115 民初 17506 号》《河南省郑州高新技术产业开发区人民法院(2018)豫 0191 民初 12162 号民事判决书》《黑龙江省鹤岗市中级人民法院(2020)黑 04 民终 470 号民事裁定书》《江苏省徐州市中级人民法院(2020)苏 03 民终 2380 号民事判决书》。

⑦ 见《北京市大兴区人民法院(2019)京 0115 民初 17506 号民事判决书》。

出法庭……鉴于被告杨云勇本人未到庭参加诉讼,其委托的诉讼代理人并非本省的法律工作者,执业范围受区域限制、代理身份不符合相关规定且该代理人因当庭屡次扰乱法庭纪律、不听审判长制止、拒不配合庭审被责令退出法庭,故本案依法缺席审理"。① 值得注意的是,法院对被责令退出法庭的被告进行"缺席判决"的态度不一。有的法院认为,"上诉人在一审庭审过程中不服从主审法官的指挥,扰乱法庭秩序,一审主审法官责令其退出法庭,并缺席审理符合法律规定,并无不当。"②有的法院则认为,上诉人在答辩阶段,因违反法庭纪律,被审判员责令退出法庭。原审在上诉人缺席且无委托诉讼代理人的情况下,对该案继续开庭时对上诉人作出缺席判决,法院的行为剥夺了上诉人的法庭辩论权利,二审法院据此依法将案件发回重审。③ 由此可见,责令退出法庭措施对不同对象适用的法律后果轻重有别。

二、民事拘传措施的运行现状

为了弄清民事拘传制度的运行现状,有必要对民事拘传适用对象扩大到原告的理由作一交待,以便把握《民诉法解释》实施以来,民事拘传的运行状况。客观地讲,民事拘传强制措施在一定程度上与民事诉讼当事人对自己私权在法律规定的范围内有处分权之原则精神相左。因此,该强制措施在司法实践中成为具文不难理解。为了印证这一判断,笔者在中国裁判文书网、无讼案例网上以"拘传"为关键词,追加"民事案由",搜索得到的相关文书分别是 4836 件和 760 件。④ 由于数据相对比较庞大,笔者重点分析无讼网上的 760 份文书。在 760 份文书中,剔除涉嫌刑事犯罪的拘传措施,还有 668 份文书。在这 668 份裁判文书中,只有寥寥 3 份文书表明应当对被告采取拘传措施,但因被拘传人"下落不明"未能落实拘传措施。对于《民诉法解释》第 174 条所谓的"不到庭无法查清基本事实的原告"则无一件案例适用。总体来说,民事拘传措施在司法实践中的运行现状如下:

(一)当事人与法官对"是否有拘传的必要"认识不一

在 668 件判决书中,大多数案件表明当事人和法官对"是否有拘传的必要"有不同的认识。当事人认为法院对"应当到庭的被告或原告采取拘传措施"的判断标准是,当事人负有出庭应诉和举证的义务。当事人在上诉审中或再审中常常将原审法院没有拘传对方当事人视为程序违法。例如,有上诉人称:"一审法院未对被上诉人董志锋采取拘传到庭的强制措施,违反了民诉法第一百七十四条的规定。被上诉人

---

① 见《河南省郑州高新技术产业开发区人民法院(2018)豫 0191 民初 12162 号民事判决书》。
② 见《江苏省徐州市中级人民法院(2020)苏 03 民终 2380 号民事判决书》。
③ 见《黑龙江省鹤岗市中级人民法院(2020)黑 04 民终 470 号民事裁定书》。
④ 检索时间限定为:2014 年 1 月 1 日至 2018 年 12 月 31 日。

董志锋是本案工程负责人,且已出具结算单,在江府明否定结算单的前提下,董志锋属于'不到庭就无法查清案情的被告',一审法院经两次传票传唤后,应根据《最高人民法院关于适用〈中华人民共和国民事诉讼法〉的解释》第一百七十四条的规定,对董志锋采取拘传到庭的强制措施。一审法院对董志锋未采用拘传措施,严重违反了民事诉讼法及其司法解释的上述规定。"①但在该案二审中,二审法院对当事人的这一诉求并未予以回应。在另一案件中,当事人上诉的理由之一是原审法院对被告未采取拘传措施,属于程序违法。上诉审法院对此有不同的意见,该院认为:"本案为一般借贷保证合同纠纷案件,诉讼当事人依法应当到庭参加诉讼,不到庭参加诉讼的,视为其放弃诉讼权利。《中华人民共和国民事诉讼法》第一百零九条之规定人民法院对必须到庭的被告,经两次传票传唤,无正当理由拒不到庭的,可以拘传。该条规定必须到庭的被告是指负有赡养、抚育、扶养义务及不到庭就无法查清案情的,或者给国家、集体、他人造成损害的未成年人的法定代理人,无正当理由拒不到庭的,人民法院可以拘传。本案中,欧某某虽未到庭,但一审法院根据本案中的已有证据,能够查清本案中欧君武欠赣榆农商行贷款未还清的基本事实……一审法院未对欧某某采取拘传到庭的措施,不违反《中华人民共和国民事诉讼法》第一百零九条的规定,一审法院对本案审理程序合法。"②显然,在司法实践中,法院适用拘传措施的依据是《民事诉讼法》第 109 条,其适用对象仅限于特定案件的被告。若非法定被告,纵使其经法院合法传唤仍未到庭参加诉讼,法院也不会对其采取拘传措施,充其量视其自动放弃诉讼权利。就原告而言,法院认为无拘传原告到庭参加诉讼之必要。原告未出庭的,法院通常以原告自动撤诉来处理。这在一定程度上反映了司法实践与《民诉法解释》之间存在张力。

(二)当事人和法官对不适用拘传措施的法律后果认识有别

法院认为,对当事人违法诉讼行为是否采取强制措施系法律为保障司法程序的顺利进行赋予司法机关的法定职权,该职权由法院依法自主行使。当事人认为,对应当到庭的当事人采取强制措施系法定程序的重要内容。例如,有当事人诉请法院应当判定"勃达公司及郑某某就其欺骗法庭、经拘传拒不到庭的行为向槐荫区人民法院赔礼道歉"。在一方当事人看来,对方当事人不到庭,法院便不能查明案件事实,不尊重法官本身是对法院的大不敬,法院起码要判决对方当事人公开向法院赔礼道歉。受诉法院的意见是:"对于聂某某要求勃达公司及郑某某向济南市槐荫区人民法院赔礼道歉的请求,其依据为勃达公司及郑某某欺骗聂某某并利用聂某某欺骗济南市槐

---

① 见《江西省鹰潭市中级人民法院(2016)赣 06 民终 224 号判决书》。
② 见《江苏省连云港市中级人民法院(2014)连商终字第 132 号判决书》。

荫区人民法院,致使济南市槐荫区人民法院两次传唤勃达公司到庭参加诉讼未果,案件事实无法查清。对此,姑且不论聂某某现尚无证据对其该主张予以证实,退一步讲,即便勃达公司及郑某某存有聂某某主张的上述情形,因其该妨害民事诉讼的行为系存于济南市槐荫区人民法院审理的相应案件之中,可由该法院就此根据具体情节对勃达公司及郑某某采取相应强制措施,但并非属于聂某某民事权利主张范围,且亦非人民法院受理民事诉讼的受案范围。"①在另一案件中,原审被告谢涑提起上诉的理由,"一审法院认定,被告方虽抗辩借贷行为尚未实际发生,谢涑对其书写的借条不出庭作出合理说明,尽管其委托诉讼代理人发表了质证意见,但其说辞不符合常理,难以令人信服"是错误的,并认为,"一审应对不出庭的谢涑采取拘传等强制措施,强制其出庭",但不能否其委托代理人的意见。上诉审法院则认为:"本案中谢涑、鲁鹏作为原审被告不出庭,一审法院适用的是'《最高人民法院关于审理民间借贷案件适用法律若干问题的规定》第十九条第(五)项,即当事人一方或者双方无正当理由拒不到庭参加诉讼,委托代理人对借贷事实陈述不清或者陈述前后矛盾',该法条并没有规定对不出庭的当事人法院应采取拘传等强制措施",据此,二审法院认为谢涑和鲁鹏的上诉理由不能成立。②

可见,当事人和法院对拘传适用条件和强制后果认识不一,这在一定程度上影响拘传措施的功能。特别是,根据处分权原则精神,拘传措施在很大程度上仅停留在纸面。

三、民事罚款措施的适用现状

民事诉讼中的罚款,是指人民法院对实施妨害民事诉讼行为的个人或单位,在一定条件下,强令其在规定期限内缴纳一定数额金钱的强制措施。在五种强制措施中,罚款、拘留被大多数学者视为程序上的制裁。③ 如前文所述,立法者多次提高民事罚款的额度,拓宽民事罚款措施的适用范围。④ 目的是通过增加违法成本来发挥民事强制措施对妨害诉讼行为的制裁作用,试图让准备实施妨害民事诉讼行为的人望而却步。问题是,罚款力度加大后,该强制措施是否发挥了立法者预期的功能呢?也就是

---

① 见《山东省济南市天桥区人民法院(2016)鲁0105民初6221号判决书》。
② 见《河北省张家口市中级人民法院(2018)冀07民终1404号判决书》。
③ 何文燕主编:《民事诉讼法学》,湖南人民出版社2001年版,第247页。
④ 1991年《民事诉讼法》首次对个人和单位分别确定罚款数额,并将个人的罚款数额由200元以下,提升为1000元以下,并确定对单位的罚款为1000元以上3万元以下;2007年修改《民事诉讼法》,将个人罚款提高到1万元以下,对单位的罚款提高到1万元以上30万元以下;现行《民事诉讼法》再次提高了罚款的额度,对个人罚款为10万元以下,对单位确定的罚款为5万元以上100万元以下,相较于1991年《民事诉讼法》而言,已是大幅增加。

说,民事罚款措施对于妨害民事诉讼行为的威慑力是否有所加强?妨害诉讼秩序的行为是否有所减少呢?带着这些问题,笔者通过梳理相关裁判文书、访谈法官、阅卷等方式对民事罚款措施进行实证研究,以期发现其根本性问题,并尝试找到具体的、有针对性的解决对策。

为了再现民事罚款强制措施的运行现状,笔者在中国裁判文书网上以"罚款决定"为条件并选择"民事案件"进行检索,结果得797份相关裁判文书,①其中,有关罚款的决定文共112份(见表3-4)。②

表3-4 2014—2018年民事审理程序中的罚款决定书情况

时间(年)	罚款决定书(份)	民事案件(件)
2014	34	4 564 640
2015	33	6 173 099
2016	10	7 602 557
2017	14	10 679 416
2018	21	12 373 213

以上表中的罚款决定书为分析文本,民事罚款强制措施的运行现状呈现为以下几个方面:

(一)民事罚款强制措施的适用率偏低

长期以来,我国《民事诉讼法》对民事强制措施一直采取集中立法模式并规定在总则中,并且将妨害民事审理行为与妨害民事执行行为一并加以适用。不难看出,我国《民事诉讼法》对罚款措施的规定实际上穿越了审判和执行两大程序空间。③ 罚款措施既适用于妨害民事审判行为,也适用于妨害民事执行行为。但是,从统计到的数据来看,特别是相较于民商事案件的受案量及妨害民事诉讼行为频现的状况而言,④民事罚款措施的适用数量总体偏低。最多的年份是2014年,适用罚款的决定书共34份;2016年只有10份。相较于海量的民事案件而言,罚款强制措施的适用比率确实极低。但是,相较于民事审理程序而言,民事罚款措施适用执行的文书数量相对比较

---

① 检索时间限定为:2014年1月1日至2018年12月31日。
② 根据实际情况,不排除部分决定书没有上网。我们检索到的文书包括,判决书(其中提及罚款决定书)、罚款决定书、申请复议决定书。直接以"民事罚款决定书"呈现的比较少见。
③ 胡夏冰:《妨害民事执行行为强制措施立法模式的选择》,载《人民法院报》2011年6月22日,第008版。
④ 据报道,"2005年至2008年6月,浙江省法院系统审判和执行过程中发生突发事件5746件,其中涉及多人哄闹法庭、致人受伤、破坏法院等重大突发事件所占的比例呈现增长态势"。参见陈东升:《齐奇代表建议刑法应增加藐视法庭行为罪》,载《法制日报》2009年3月12日,第1版。

可观(见表3-5)。① 可想而知,在"三年解决执行难"时期,对于以暴力、威胁或者其他方法阻碍司法工作人员执行职务的;拒不履行人民法院已经发生法律效力的判决、裁定的妨害行为,法院采取罚款措施或拘留是比较普遍的作法。然而,相较于海量进入执行的案件及"老赖"横行之现状而言,民事罚款措施的适用执行程序的情形亦属于少数。

表3-5　2014—2018年民事执行案件中的罚款决定书情况

时间(年)	罚款决定书(份)	执行案件(件)
2018	950	1 965 769
2017	273	1 801 297
2016	195	1 374 339
2015	306	952 259
2014	279	443 237

为了进一步证实裁判文书统计情况,我们对L、R、F三个法院近三年适用罚款措施的情况进行了实证调研。② 上述结论与我们对三个基层法院的调研情况基本吻合(见表3-6)。2016年至2018年,三样本法院的罚款适用率普遍偏低。L法院新收案件数量为63 542件,但罚款适用案件数仅为13件,仅占民商事案件受案数的万分之二。F法院新收案件数量为39 976件,其中只有20件案件适用罚款措施,仅占总数的万分之五。尤其是R法院,2013—2016年新收案件数量为68 087件,但罚款措施总共只适用过5次,不足万分之一。

表3-6　2016—2018年样本法院罚款及其救济情况　　　单位:件

案件类型＼法院	L法院	R法院	F法院	合计
收案量	63 542	68 087	39 976	171 555
罚款决定书	13	5	20	38
复议案件数	2	3	5	10

---

① 执行案件的检索步骤为:案件类型为"执行案件"→全文检索"罚款决定",一共得到4597份有效裁判文书。其中,有2594份尽管存在罚款决定事实,但无法识别年份,剔除该部分后,一共得到2003份裁判文书。

② 表中L法院、R法院、F法院均为中部地区的基层法院,其在中部地区依次代表经济发展水平较高、中等和偏低的水平。调研方法主要包括阅卷、访谈、座谈、发放问卷等。

由表 3-6 中的数据可以看出,在司法实践中,法院在审判过程中对当事人或案外人适用罚款措施的情况比较少见。访谈中,L 法院的一位法官表示,一般情况下,法官们对当事人的违法诉讼行为是采取批评教育。当事人经批评教育仍不悔改,且违反法庭审理的行为造成比较严重后果的(一般是对方当事人反应比较强烈),法院才可能对有违法行为的当事人采取罚款措施。在 F 法院的座谈会上,该法院的负责人表示,由于相关法律规范没有明确规定罚款措施的具体构成要件,法官们一般不想"节外生枝"——积极地对当事人采取罚款措施。这一结论与我们发放的调查问卷也基本吻合,在我们发放的 64 份有效问卷中,68.7% 受访法官不愿意适用罚款措施,有近 25% 的法官态度不明,只有 6.3% 受访法官表示愿意适用罚款措施。事实表明,法官在一定程度上对适用罚款措施持排斥态度(见表 3-7)。

表 3-7 样本法院法官关于适用罚款措施的态度 （单位：人）[①]

适用罚款的意愿 \ 法院	L 法院	R 法院	F 法院	合计	占比
愿意	1	2	1	4	6.3%
不一定	7	5	4	16	25.0%
不愿意	22	13	9	44	68.7%

(二) 适用民事罚款措施的原因抽象化

对前述罚款决定书逐一进行梳理,笔者发现,法院适用民事罚款措施的原因颇多,基本上覆盖了《民事诉讼法》第 111 条至第 114 条列举的各种情形(见表 3-8)。

表 3-8 民事罚款适用的原因分析

时间(年)	罚款决定书(份)	民事罚款的原因(次)						
		虚假诉讼或调解	证据违法	妨害法庭秩序	拒不履行协助义务	拒不履行生效文书	违法处置被查封财产	其他
2014	34	1	10	3	6	10	2	3
2015	33	0	9	5	15	2	2	0
2016	10	0	3	2	1	3	1	0
2017	14	0	6	2	3	1	0	2
2018	21	2	2	1	5	3	0	1

---

① 每个样本法院各随机抽取 30 名法官,进行态度统计,收回有效问卷共 64 份。

进一步进行分析,我们不难看出法官们对罚款原因事实的陈述比较抽象,①各诉讼主体基于各自立场和利益诉求不同,对民事罚款措施适用的原因有不同认识。

首先,当事人、其他诉讼参与人和法院对民事罚款措施适用的原因认识不一。如有当事人认为,虚假陈述不等于伪造证据,因为不诚实陈述乃是当事人争取利益的本能反应,最多是对其进行训诫或予以教育,犯不着适用罚款措施。但是,法院认为"虚假陈述"就是"伪造证据",虚假陈述行为妨害了人民法院审理案件,故对虚假陈述人予以罚款并无不当。② 尤其是,"滥用诉讼权利"作为罚款的原因难有明确的界定标准。在样本文书中,有法院认为当事人滥用管辖异议权而对当事人予以罚款。当事人申请复议则认为,提出管辖异议系其正当的程序权利。法院认为,在法院依法裁定驳回其管辖权异议的情形下,当事人不服驳回管辖异议之裁定而上诉至中级人民法院,当中级人民法院也裁定驳回其上诉时,原审法院认为当事人提起管辖权异议的行为属于滥用诉讼权利恶意妨碍法院审理的行为,故而对其作出罚款决定。被处罚人的当事人不服申请复议,认为提出管辖异议乃其正当的诉讼权利,然而中级人民法院经复议后,驳回了当事人的复议申请,维持原处罚决定。③

其次,作出罚款决定的法院与复议法院对罚款措施适用的原因认识也是见仁见智。由于相关法律规范对民事罚款的原因采概括性规定居多,作出罚款决定的法院与复议法院对适用罚款措施的条件认识不一也并非鲜见。例如,一审法院认为"虚假陈述"属于"伪造证据",对当事人处以二十万元的罚款。二审法院则认为该案中的"虚假陈述"并非"伪造证据",经复议撤销了对当事人的罚款决定。④ 又,一审法院认为,"黄晓华在诉讼中存在不实陈述,影响案件审理,妨害民事诉讼,以利害关系人黄存华存在妨害民事诉讼的行为,影响案件审理为由,分别对黄晓华以及利害关系人黄

---

① 例如,有当事人对罚款决定申请复议的理由是,"该决定书对复议申请人是否具有'妨害民事诉讼'行为及行为的性质、情节、后果等基本事实认定不清,在处罚前未召开听证、在没有证据证明的情况下,凭主观臆断作出……"。见《宁夏回族自治区高级人民法院(2018)宁司罚复1号复议决定书》。

② 有法院认为:"根据《中华人民共和国民事诉讼法》第六十三条的规定,当事人的陈述是证据的一种。长城制冷公司在收到戴明传提交的发票的情况下,向法院作出否认收到发票的陈述,构成虚假陈述。一审法院认定该虚假陈述已构成伪造重要证据,妨碍人民法院审理案件,并据此决定对长城制冷公司罚款5万元,并无不当。"见《安徽省合肥市中级人民法院(2014)合民二复字第00001号复议决定书》。

③ 见《福建省石狮市人民法院(2018)闽0581民初4307号判决书》。

④ "建工公司委托诉讼代理人在庭审中陈述该《施工管理合同》签订时间为2013年9月不属实,属于虚假陈述,不属于伪造证据。而建工公司委托诉讼代理人的虚假陈述尚未严重到必须对建工公司予以罚款的程度。故平阴县人民法院对建工公司作出罚款二十万元的决定不当,应予撤销。综上所述,依照《中华人民共和国民事诉讼法》第一百一十六条、《最高人民法院关于适用〈中华人民共和国民事诉讼法〉的解释》第一百八十六条规定,决定如下:撤销平阴县人民法院(2018)鲁0124司惩27号决定。"见《山东省济南市中级人民法院(2018)鲁01司惩复5号决定书》。

存华作出罚款10000元和20000元的决定。"①黄晓华、黄存华不服,向苏州市中级人民法院申请复议。二审法院认为,"原审罚款决定书所罗列黄晓华、黄存华的行为,并不属于《中华人民共和国民事诉讼法》第一百一十一条规定之情形,原审法院依据上述法条作出罚款决定,属于适用法律错误。依照《中华人民共和国民事诉讼法》第一百一十六条以及《最高人民法院关于适用〈中华人民共和国民事诉讼法〉的解释》第一百八十六条之规定,决定如下:撤销苏州工业园区人民法院(2014)园民再初字第0001-1号、(2014)园民再初字第0001-2号罚款决定书。"②至于该案中的两被处罚人为何属于或不属于《民事诉讼法》第111条规定之情形,两法院均没有论证说明。又譬如,一审法院以案外人拒不履行协助义务,对其予以罚款。二审法院则认为,"复议申请人中行交通路支行及该行负责人彭玉红拒不履行协助义务,拒不办理协助扣划被执行人款项的事实依据不足,认定复议申请人张建新系明确指令银行柜台人员不予协助办理扣划的直接责任人,没有事实依据。综上,复议申请人中行交通路支行、彭玉红、张建新的部分复议理由成立……依照《中华人民共和国民事诉讼法》第一百一十六条、《最高人民法院关于适用〈中华人民共和国民事诉讼法〉的解释》第一百八十五条之规定,撤销四川省成都市中级人民法院(2016)川01执1854号罚款决定。"③不同法院对案外人负有协助义务有不同理解的案例较多,不同理解直接影响罚款措施的适法性。④

值得一提的是,民事罚款措施适用的案件虽然占比较小,但其适用范围却有不断拓展之势,尽管一些文书适用罚款措施的理由显得牵强,并且在一定程度上有混淆罚款措施性质之嫌。例如,有法院将罚款措施适用于公司强制清算中,理由是,"强制清算中公司的有关人员未依法妥善保管其占有和管理的财产、印章和账簿、文书资料,公司拒不向清算组移交财产、印章和账簿、文书等,可参照企业破产法及其司法解释的有关规定处理。《中华人民共和国企业破产法》规定'破产案件审理程序,本法没有

---

①② 见《江苏省苏州市苏州工业园区人民法院(2017)苏0591民初237号判决书》。
③ 见《四川省高级人民法院(2017)川司惩复8号复议决定书》。
④ 一审法院认为案外人青岛银行股份有限公司崂山支行拒不履行协助义务,对其处以罚款。二审法院认为,"申请人并未转移已被冻结的80×××91银行账户财产,不符合《中华人民共和国民事诉讼法》第一百一十以条予以罚款的情形。申请人青岛银行股份有限公司崂山支行提供的个人借款凭证及手工分配还款的业务单据可以证实,桓台县人民法院要求申请人查封的802020×××848银行账户为申请人内部记账使用的贷款账号,并不是杨金柱个人在申请人处设立的银行结算账户或者存款账户,不属于杨金柱个人所有的财产,不应予以查封冻结。综上,依照《最高人民法院关于人民法院民事执行中查封、扣押、冻结财产的规定》第二条、《中华人民共和国民事诉讼法》第一百一十一条、《最高人民法院关于适用〈中华人民共和国民事诉讼法〉的解释》第一百八十五条之规定,决定如下:撤销山东省桓台县人民法院(2012)桓商初字第191号罚款决定。"见《山东省淄博市中级人民法院(2015)淄民复字第2号复议决定书》。

规定的,适用民事诉讼法的有关规定。'因此,银川市中级人民法院以复议申请人拒不提供2014年以前账务账簿等材料,债权确认工作无法正常开展为由,作出处罚决定,于法有据。"①更有甚者,有法院将民事罚款措施直接作为对当事人其他违法行为的处罚,理由是:"根据《最高人民法院关于贯彻执行〈中华人民共和国民法通则〉若干问题的意见(试行)》第一百六十三条第一款之规定,'在诉讼中发现与本案有关的违法行为需要给予制裁的,可适用民法通则第一百三十四条第三款规定,予以训诫、责令具结悔过、收缴进行非法活动的财物和非法所得,或者依照法律规定处以罚款、拘留。'原审法院对当事人违法行为进行处罚,符合《中华人民共和国民法通则》的立法本意,即利用法院审理案件的便利来迅速追究违法当事人的法律责任,提高执法效率。"②暂且不论上述两案适用民事罚款措施是否得当,即便是不断拓展罚款措施的适用范围,其能否达到立法者的预期也不无疑问。

(三)"同案不同罚"的现象比较普遍

统合相关裁判文书,我们发现,大多数法院在对当事人和有关单位罚款额度的"抉择"上无具体理由和标准。法院在罚款额度抉择上"同案不同罚"的现象比较普遍。相同案件于罚款额度上在同一法院有别的现象并非鲜见;相同案件在不同法院于罚款额度上相差较大更是比比皆是。例如,同样是伪造证据,法院对有的当事人个人罚款2000元,有的罚款5万元;同样为侮辱法官,有的罚款1万元,有的罚款10万元;对于同是拒不履行协助义务的单位,有的罚款5万元,有的罚款100万元。③

更有甚者,就相同妨害诉讼的行为,做出罚款决定的法院与复议法院对罚款数额意见各异也绝非少数。例如,一审法院对当事人地球勘查院拒不协助法院执行相关工作的行为做出罚款30万元的决定,被处罚人不服,向上一级人民法院申请复议,上一级人民法院认为,"贵阳市观山湖区人民法院对被告地球勘查院拒不协助法院执行相关工作的行为做出罚款决定并无不当,"但"根据被罚款单位实际情况及案件事实,对被告地球勘查院处以罚款人民币50 000元。"④该案中,作出罚款决定法院和受理复议法院在对当事人"该罚多少"的问题上,都没有具体明确的标准。作出罚款决定法院陈明的理由只是"案外人拒不履行执行义务";复议法院则"根据被罚款单位实际情况及案件事实",将30万元罚款直接缩减为5万元。至于单位"实际情况"和"案件事

---

① 见《宁夏回族自治区高级人民法院(2018)宁司罚复1号复议决定书》。
② 见《湖南省张家界市中级人民法院(2014)张中民二复字第2号复议决定书》。
③ 如"本院经审查认为,执行法院在执行北京市西城区房屋管理局申请执行李振华、刘德钢房屋拆迁纠纷一案后,因刘德钢侮辱、诽谤司法工作人员,执行法院对其采取罚款十万元的措施符合法律规定。"见《北京市第二中级人民法院(2018)京02司惩复25号复议决定书》。
④ 见《贵州省贵阳市花溪区人民法院(2016)黔0111民初2918号判决书》。

实"为何,两法院在决定书和复议决定书中均无详陈。在另一复议决定书中,复议法院撤销了一审法院的罚款决定,并将案外协助人的罚款由 50 万元改为 8 万元。理由是,申请复议人的妨害行为"没有特别严重的情节,没有造成严重的后果",结合当地的经济发展水平及诉讼标的额等因素审查,本院认为五莲县人民法院对其罚款 50 万元数额过高,应予变更。① 即便有法院对协助义务人作出处罚 337 000 元的决定,但对这一"有零有整"的罚款数额如何"生成"的亦无半点说明,复议法院也只是使用"格式化语言",对该罚款数额的合法性"予以确认"。② 无独有偶,法院对当事人个人的罚款也鲜有说明罚款数额的确定"标准"。不管是作出罚款决定的法院,还是复议法院,大多采取含糊其词的话语。例如,"罗光华上述严重隐瞒案件客观事实真相的行为,已严重妨碍了受诉人民法院对该案件的审理,造成了较为严重的后果,该行为情节之严重,在本案中已进而演变成了伪造诉讼证据的行为……根据本案具体案情,结合罗光华的主观过错程度和悔过表现,原决定确定的罚款金额人民币 5000 元过高,本院应依法予以适当变更为 3000 元。"③ 由此可见,不管是对单位还是对个人,案情基本相同,罚款数额有别并非罕见。

（四）"先罚后决"现象时有发生

根据《民事诉讼法》第 116 条规定,罚款必须经院长批准。然而,我们在调研中发现,罚款措施的适用须"层层报批",即首先由承办法官写明适用罚款决定之具体的内容决定书,然后将该"决定书"报所在法庭庭长审批,再报分管该庭的副院长审批,最后再报法院院长决定,报批流程十分冗长。承办法官"填写"的决定书一般要描述妨害民事诉讼的具体行为,如"罗淑芳作为案件当事人在收到法院判决后,数次通过拨打电话的方式以激烈的侮辱性言辞辱骂案件承办法官和书记员,其行为已构成对司法工作人员的侮辱……综合罗淑芳实施妨害民事诉讼行为的性质、情节、后果,当地的经济发展水平,以及罗淑芳的悔过态度等因素,根据《中华人民共和国民事诉讼法》第一百一十五条第一款之规定,对罗淑芳罚款 10 000 元。"④ 事实上,法定的"院长批准

---

① 见《山东省日照市中级人民法院(2015)日民复字第 1 号决定书》。
② 本院经审查认为,申报财产令是人民法院在执行程序中责令被执行人报告财产的一项强制措施,被执行人收到人民法院的报告财产令后应如实向执行法院报告当前以及收到执行通知之日前一年的财产情况。拒绝申报或虚假报告的,人民法院可根据情节轻重对被执行人或者其法定代理人、有关单位的主要负责人或者直接责任人予以罚款、拘留。本案中,湖南胜钒电子科技有限公司在收到云溪法院的报告财产令后,未能按期如实向该院报告当前及收到执行通知之日前一年的财产情况,有悖法律规定,应予处罚,且处罚额度适当。见《湖南省岳阳市中级人民法院(2018)湘 06 司惩复 18 号复议决定书》。
③ 见《四川省遂宁市中级人民法院(2015)遂中民制复 1 号复议决定书》。
④ 见《北京市昌平区人民法院(2018)京 0114 司惩 1 号罚款决定书》。

决定"在实践中依赖于各层级领导的层层审批准手续。① 院长批准决定的依据是主审法官填写的"决定书"。"决定书"上是否有庭长、主管副院长的签字,乃院长是否作出决定的关键要素。院长鲜有对罚款案件事实和相关证据进行实质性审查。院长依凭主审法官单方面的汇报材料作出批准与否的决定,难免使自己的合法权利处于虚化状态。换言之,罚款措施适用与否,在很大程度上取决于主审法官对妨害民事诉讼的违法行为的"判定",以及庭长和主管副院长的认可,只要庭长、主管副院长在罚款决定书上签字认可的,院长一般会同意罚款决定。正如有学者所说:"最终在罚款决定书上署名的既不是院长,也非主审法官或合议庭人员。这不仅是一种司法化与行政化的混杂,而且还是一种程序倒置。"②

此外,当事人被处罚款决定的,申请复议的比率较高。就罚款决定程序而言,复议法院认为作出罚款决定的法院存在其他程序瑕疵现象的也绝非少数。在搜集到的决定书中,当事人申请复议的比例较高。如2014年共34份罚款决定书,其中有26份申请复议,占比76.4%;在2015年和2018年,当事人申请复议的比例均占到60%以上。由此可见,被采取罚款措施的当事人对罚款措施并非"心服口服"(见表3-9)。

表3-9 2014—2018年民事审理程序中罚款决定及申请复议的情形统计

时间(年)	罚款决定书(份)	申请复议	
		份数(份)	占比(%)
2014	34	26	76.4
2015	33	23	69.6
2016	10	6	60.0
2017	14	6	42.8
2018	21	13	61.9

四、民事拘留措施的适用现状

为了弄清民事拘留措施的适用情况,笔者以"拘留决定"为条件并选择"民事案件"在中国裁判文书网上进行检索,共得相关裁判文书407份。③ 剔除重复等无效裁判文书,得有效裁判文书397份(见表3-10)。

---

① 情况紧急且必须立即作出罚款决定的,承办人员可以通过打电话的方式向院长报批,院长口头同意后,承办人员可以现场对妨害行为人作出罚款决定书,事后再向院长补交作出罚款决定的相关材料。
② 张平:《从民事诉讼强制措施逆向选择之评析——以中部某省784件相关案件为蓝本》,载《湘江青年法学》2015年第1期。
③ 检索时间限定为:2014年1月1日至2018年12月31日。

表3-10　2014—2018年民事审判程序中拘留决定适用情形统计表

时间(年)	拘留决定书(份)	民事案件(件)
2014	14	4 564 640
2015	5	6 173 099
2016	5	7 602 557
2017	5	10 679 416
2018	54	12 373 213

以"执行案件""罚款决定"为条件,共得到13 619份裁判文书,剔除重复等无效裁判文书,一共得到11 285份有效裁判文书。其中,有7266份尽管存在拘留决定事实,但无法识别年份,剔除该部分后,一共得到3933份裁判文书(见表3-11)。

表3-11　2014—2018年民事执行案件拘留决定信息统计表

时间(年)	罚款决定书(份)	执行案件(件)
2018	1832	1 965 769
2017	1614	1 801 297
2016	236	1 374 339
2015	143	952 259
2014	108	443 237

相较于民事审判程序而言,拘留措施在民事执行实践中的适用更为普遍,甚至有"过度使用"之嫌。为了更好地再现民事拘留措施的运行现状,笔者以民事执行程序中拘留措施的适用现状为分析对象,通过相关规范文件及裁判文书的梳理,发现尚存在以下问题:

(一)拘留措施的适用条件不明确

如果对当事人采取拘留措施经不起"必要性"拷问,那么法官采取该措施就具有任意性。① "任意"一词在法学语境中既包括"不适当、不正当、缺乏可预见性、缺乏适当法律程序"等含义,又指"欠缺合理性、相称性、必要性等内容"。② 近年来,要求法官在裁判文书中释法说理成为司法改革的重要内容之一。根据司法拘留决定书的要求,法院应在决定书中写明被拘留人妨碍民事诉讼的事实和对其予以拘留的具体理由。例如,对被执行人采取拘留措施时,应当在决定书中写明被执行人有履行能力而

---

① See Hihal Jayawickrama, The Judicial Application of Human Rights Law, Cambridge University Press, 2002, p.379. 转引自官印:《论禁止任意拘留原则及其启示》,载《西部法学评论》2017年第1期。
② 官印:《禁止任意拘留:人身自由保障的司法实践》,载《学习论坛》2017年第2期。

拒不履行的情况。但是，笔者在 H 省 X 市 Y 区法院调研的结果并非如此。2014—2018 年，作为调研对象的法院执行机构共作出了 36 份拘留决定。这 36 份决定书中有 34 份决定书只是概括性地描述了对被拘留人采取拘留措施的理由，即"拒不履行生效法律文书所确定的义务"；只有 2 份决定书详陈了被拘留人有"虚假报告财产"等妨害执行的行为。近年来，为落实"用两到三年时间基本解决执行难"的决策部署，诸多执行机构任意适用拘留措施的现象时有发生。例如，有的法院为了解决被执行人财产状况，通知被执行人来执行机构接受询问。执行法院借"合法询问"程序将被执行人"扣押"在法院的现象时有发生。① 此外，法院在采取"运动式"执行、"零点行动""执行风暴"②"雷霆行动"③等执行活动中，常用的强制措施是对当事人进行拘留。客观地讲，适用拘留措施，对妨害民事诉讼的违法行为产生一定的制裁作用，对于确保审理程序的正常进行和解决执行难有所裨益，但若采取拘留措施的条件不明，则会导致拘留措施有被滥用之嫌。

（二）拘留强制措施与违法诉讼行为的严重性难以相当

根据《民事诉讼法》第 115 条第二款规定，拘留的期限为 15 日以下。按照制裁与妨碍行为危害性相当原则，根据具体妨碍行为严重程度的不同，应当确定与之相适应的拘留天数加以制裁。然而，在实践中，针对不同严重程度的妨碍行为，司法拘留措施适用天数却没有明显区分，拘留决定书载明的"十五日"成为不应该有的常态（见表 3-12）。

表 3-12 H 省 C 市 C 县人民法院在民事执行程序中适用拘留措施的拘留天数情况④

单位：人

天 \ 年	2015	2016	2017
3	0	0	0
5	3	2	0
10	2	5	3
15	56	69	139

---

① 询问被视为执行机构了解被执行人财产状况的有效手段，经询问，若执行机构认为被执行人有一定财产而拒绝履行生效法律文书确定的义务，则会将当事人扣押起来，待被执行人通知亲友交齐欠款后才予放人。

② 参见《冷水滩区法院开展"执行风暴"行动》，资料来源：http://hnrb.voc.com.cn/hnrb_epaper/html/2017-11/17/content_1263457.htm?div=-1，访问日期：2019 年 8 月 30 日。

③ 此次"雷霆行动"于凌晨 2 点开始，4 点全面展开，全市两级法院共出动干警 363 人，车辆 87 台，并由公安部门协助出动 20 余人，6 台警车，对全市法院的执行案件进行全面清理。省法院党组成员、执行局局长罗振宇深入执行一线指挥行动。参见郎冰、李平玉：《执行攻坚　雷霆出击　全市法院开展基本解决执行难"雷霆行动"》，资料来源：qherzy.hljcourt.gov.cn/public/detail.php?id=7276，访问日期：2019 年 8 月 30 日。

④ 表中 2017 年数据统计到 2017 年 10 月 31 日。

大量司法实践表明,司法拘留措施只是威慑手段。有部分法官会事先准备好拘留决定书,若被执行人拒绝履行义务,法院便会以适用拘留措施来"威慑"或"督促"其履行义务。有的被执行人在见到法院作出的拘留决定书时会主动履行部分或者全部义务。被执行人只要履行了义务,司法拘留决定一般不会再执行。① 此外,拘留措施的解除与否,依被执行人的履行情况而定。只要被拘留人履行了执行义务或者其亲友代其履行了义务,法院便认定其认错态度良好,可以直接决定提前解除拘留措施。更有甚者,若被拘留人在被送往拘留所的途中表达了愿意履行义务的想法,执行法官一般会将其带回法院。只要被报执行人履行完义务,拘留措施便不再执行。

(三) 拘留措施的救济机制形同虚设

为了保障当事人及其他诉讼参与人的合法权益,避免他们遭受违法拘留,根据《民事诉讼法》第116条规定,拘留须经院长批准,用决定书,当事人对决定不服的,可以申请复议方式寻求救济。救济追求的根本目标么是使权利主体的权利得到实现或者使不当行为造成的伤害、危害、损失得到一定的补偿,按照这一逻辑,对司法拘留的救济方式有复议以及对违法司法拘留的国家赔偿。司法拘留措施的救济机制不完善表现在以下两个方面:其一,司法拘留的复议程序简陋。根据《民诉法解释》第185条规定,被拘留人对拘留决定不服的可以申请复议一次。然而,我国法律对司法拘留的复议审查程序没有作较为详细的规定。司法拘留的复议申请一般由作出该拘留决定的法院的上一级法院受理,在复议审查程序中,鲜有证据质证、当庭陈述申辩等环节,导致申请人的观点不能充分表达。正是因为如此,复议申请大多被驳回。此外,对实践中存在的拘留决定书已送达但未实际实施的情形,可否申请复议,法律亦无规定。其二,司法拘留决定执行完毕后发现司法拘留有违法情形的,被拘留人想要获取国家赔偿也困难重重。我国《最高人民法院关于国家赔偿案件立案工作的规定》第1条规定,在民事诉讼中,违法采取对妨碍诉讼的强制措施或者执行法律文书错误并造成损害的,属于国家赔偿范围。但在实践中,关于适用司法拘留措施的法律规定弹性大、解释空间大,即使申请国家赔偿,获得赔偿的难度也很大,可操作性不强。

第二节 民事强制措施于司法实践中存在的问题

《民事诉讼法》第十章专章规定了"对妨害民事诉讼的强制措施",人民法院对构成妨害民事诉讼的行为人,可依法采取训诫、责令退出法庭、拘传、罚款、拘留等强制

---

① 以武汉市为例,2017年武汉市各级法院全年作出司法拘留决定1392人次,实际拘留仅502人。《全市法院2017年司法拘留老赖502人》,资料来源:http://k.sina.com.cn/article_2759348142_a4784fae040003bzh.html,访问日期:2019年8月30日。

措施,以便及时制止、排除诉讼参与人及案外人对民事诉讼的妨害,恢复诉讼秩序,保障诉讼活动正常进行。对责令退出法庭、拘传、罚款和拘留措施的运行现状进行分析,我们不难发现,我国民事强制措施在司法实践中尚存在以下问题。

一、适用强制措施的要件不清

如前文所述,民事诉讼强制措施是一种法律制裁,其适用须遵循比例原则,以突现其适用的必要性和正当性。根据民事诉讼法的相关规定,民事诉讼强制措施的适用需具备四个条件,即有违反法庭秩序的法定行为、主观上具有过错、发生了扰乱法庭或影响审判程序正常进行的后果。① 但在司法实践中,当事人或其他诉讼参与人实施违反法庭秩序的行为时,法院虽然要在法定幅度内考虑行为的恶劣性、影响的广泛性、后果的严重性、制裁的有效性等因素,②但是总体而言,某一违反法庭秩序的行为究竟该当适用何种强制措施,仍然具有较大的随意性。例如,同样是庭审中"未经法庭许可接打电话",有的被责令退出法庭;③有的则被处以罚款。④ 又如,同样是"哄闹、冲击法庭,严重扰乱法庭秩序",有的法院对当事人予以训诫、并责令具结悔过;⑤

---

① 例如,被处罚人杨秀英在明知涉案房屋已经被法院查封且原告诉讼请求包含"继续履行合同",涉案房屋有可能经法院判决,要求其向原告过户涉案房屋的情况下,在诉讼过程中,针对该诉讼标的即涉案房屋,却承诺"协助案外第三人办理涉案房屋的不动产登记过户手续",主观上具有转移变卖财产的故意,客观上造成了诉讼的拖延,同时也为原告最终取得涉案房屋的所有权设置了履行障碍,且经查证,该案外人第三人邓某系被处罚人杨秀英的女儿,被处罚人杨秀英的主观恶意较大。因此,被处罚人杨秀英的行为已严重违反民事诉讼法相关规定,为严肃法庭纪律,规范民事诉讼活动,故本院决定对被处罚人杨秀英妨害民事诉讼的行为予以惩戒。见《四川省成都高新技术产业开发区人民法院(2018)川 0191 司惩 9 号决定书》。

② 例如,"徐为会经本院合法传唤未按时到庭参加诉讼,迟到后未经法院允许冲向法官及书记员前面擅自拍照,法官告知其法庭不允许擅自拍照、录音录像后,徐为会不予理会仍继续拍照,并在法庭上大喊大叫,态度嚣张,严重扰乱法庭秩序,妨碍人民法院审理案件,对此种妨碍民事诉讼行为,应依法予以制裁。考虑被处罚人徐为会经教育后,能够认识到错误,并出具书面检讨书,本院依法予以从轻处罚(对徐为会罚款2000 元)。"见《江苏省沭阳县人民法院(2019)苏 1322 司惩 31 号决定书》。与此相对,"被告张贤的父亲张怀友作为旁听人员多次未经法院允许发言,违反法庭规则,法庭对其训诫无果后,责令其退出法庭,张怀友在退出法庭后又未经法院允许再次冲进法庭,并用手指着审判人员并辱骂审判人员,严重扰乱法庭秩序,妨碍人民法院审理案件,且张怀友认错态度较差。对此种妨碍诉讼行为……对张怀友拘留十日并罚款 5000 元"见《江苏省沭阳县人民法院(2019)苏 1322 司惩 22 号决定书》。

③ "崔某最初在一审中准备旁听,在崔建国宣读起诉状之前因打电话被法官责令退出法庭,但并不失去证人资格。"见《北京市第三中级人民法院(2018)京 03 民终 2304 号民事判决书》。

④ "申请人在庭审中言语不当,未经法庭许可接打电话,违反了法庭规则,破坏了审判秩序……故铜山区人民法院根据本案实际情况对邵某某作出罚款决定事实清楚,于法有据。"见《江苏省徐州市中级人民法院(2019)苏 03 司惩复 30 号复议决定书》。

⑤ 见《陕西省兴平市人民法院(2016)陕 0481 民初 907 号民事判决书》。

有的法院责令实施类似"干扰庭审正常秩序"之违法行为的当事人退出法庭;①有的法院则对相似违法行为在处以训诫或责令退出法庭之后,并处罚款或者拘留;②有的甚至对类似违法行为直接处以罚款③或拘留④;有的并处罚款和拘留。⑤再如,同样是未以法庭允许擅自拍照、录音录像,其处罚的力度有别,有的罚款2000元⑥;有的罚款2万元。⑦同理,民事诉讼法虽然规定了适用拘传的实体要件,即"无正当理由拒不到庭"。然而因民事诉讼解决的对象是私权纠纷,依法理当事人享有处分权,包括是否出庭参加诉讼的决定权。于法院而言,如何判定"当事人应当到庭"确有困难。这就导致绝大多数法院不愿意适用拘传措施,⑧而喜好缺席判决。

此外,逾期举证和不诚信诉讼行为具备何种要件,方能处以法律制裁,亦不明晰。有法院认为,"王家法伪造他人签名参加诉讼的行为,扰乱了民事诉讼秩序,造成了司法资源的浪费,且侵犯了其他当事人的合法权益,其行为应属不诚信诉讼行为,本院依法决定对王家法冒充他人参加诉讼的行为……罚款5万元。"⑨有法院认为,"重庆淘沙公司明知民事诉讼管辖的法律规定,仍对本案提出管辖权异议,滥用民事诉讼程序性权利,是一种不诚信的表现,造成司法资源的浪费,妨害审判活动进行……对重庆淘沙时代网络科技有限公司罚款10万元。"⑩"本院认为,当事人在民事诉讼中应当遵守诚实信用原则,不得故意迟延或拖延诉讼,或干扰诉讼的进行。本案中,周应军

---

① 见《辽宁省葫芦岛市中级人民法院(2016)辽14民终966号民事判决书》。
② 如"郑红英未经本院身份核对突然冲进法庭大喊大叫,在本院依法告知其《中华人民共和国民事诉讼法》第一百一十条、第一百一十五条规定并警告其必须遵守法庭规则后,郑红英仍然吵闹、辱骂法官并向主审人投掷物品,经其委托诉讼代理人劝阻和法庭教育、司法警察到庭制止无效后,本院责令郑红英退出法庭……对郑红英罚款3000元",见《福建省莆田市中级人民法院(2020)闽03司惩3号决定书》。类似案例见,《海南省高级人民法院(2019)琼司惩复1号复议决定书》等。
③ 见《北京市第二中级人民法院(2018)京02司惩复23号复议决定书》《宁夏回族自治区银川市兴庆区人民法院(2018)宁0104司惩3号决定书》等。
④ 见《福建省泉州市丰泽区人民法院(2019)闽0503司惩2号决定书》《福建省泉州市丰泽区人民法院(2019)闽0503司惩3号决定书》等。
⑤ 见《海南省高级人民法院(2019)琼司惩复1号复议决定书》《浙江省高级人民法院(2019)浙司惩复7号复议决定书》等。
⑥ 见《江苏省沭阳县人民法院(2019)苏1322司惩31号决定书》。
⑦ 见《广东省深圳市中级人民法院(2020)粤03司惩复12号复议决定书》。
⑧ 笔者以《中华人民共和国民事诉讼法》第109条为法律依据,以"拘传"为主题词并选择民事案件,在中国裁判文书网进行全文检索,共得相关结果9份文书,与拘传相关的仅2件。以《最高人民法院关于适用〈中华人民共和国民事诉讼法〉的解释》第174条为法律依据,检索的结果为0。检索日期为2021年6月15日。
⑨ 见《广东省深圳前海合作区人民法院(2019)粤0391司惩154号》。
⑩ 见《福建省厦门市湖里区人民法院(2020)闽0206司惩2号决定书》。

就提出管辖权异议的理由即其经常居住地位于厦门市湖里区终未提交任何证据证实,同时在《房产买卖协议》已经明确约定案涉房屋所在地人民法院即本院有管辖权的情况下,仍对本案提出管辖权异议,明显滥用管辖权异议拖延诉讼,干扰了法庭对本案的庭审安排,妨害了民事诉讼的正常进行。同时在本院裁定驳回管辖权异议后,周应军仍以同样的理由上诉,导致司法资源的浪费。故本院对其妨碍民事诉讼的行为予以处罚罚款 10 000 元"①

二、适用强制措施的程序混乱

根据《民事诉讼法》之规定,法院适用强制措施需遵循一定的程序规则。例如,对依法应当到庭的被告进行拘传的程序要件是,需经两次合法传票传唤,对其进行批评教育后仍拒绝到庭。罚款、拘留的程序是,应当由合议庭提出建议,并由法院院长批准决定。然而,在实践中,仍存在对应当到庭的被告法院未经两次传票传唤,且在拘传不能的情形下进行缺席判决的情形。② 罚款和拘留适用的程序也比较混乱:有的法院以"合议庭当庭对当事人进行了训诫、教育,并责令当事人具结悔过"作为处以罚款的前提,即当事人在被予以训诫、责令具结悔过后仍拒不悔改时再处罚款;③有的法院强调在作出罚款、拘留决定前进行调查取证,并要求在决定书中充分说明理由,在采取司法拘留措施时听取当事人本人的意见。④ 当然,司法实践中也有不少法院强调民事强制措施的及时性,为了保障庭审的正常进行,对当事人先予以处罚,再行报告并事后补齐相关手续的情形绝非鲜见。与前三种强制措施相比,训诫和责令退出法庭是否需要遵循一定的程序,立法上尚无明确规定。训诫本属法官口头教育,无具体的程序规程。就责令退出法庭而言,有的法院遵循先训诫、警告,训诫后仍拒不改正的,再责令退出法庭;有的法院则直接适用责令退出法庭或在训诫的同时责任退出法庭措施。就责任退出法庭而言,对当事人予以适用必然会遭遇庭审程序难以为继的困境。尤其是,当原、被告被责令退出法庭后,法院如若对原告按撤诉处理,对被告按缺席判决,势必造成对原被告平等保护原则的违背。毕竟,对原告按撤诉处理,视为原告没有起诉,其可再行起诉,但对被告而言,其确定案件利益的可能性则会因法院责令原告退出法庭后撤诉处理而丧失殆尽。如若对被告按缺席判决,实质上剥夺了被告进行法庭辩论的权利,难怪有当事人因此而提起上诉,上诉法院以"上诉人胡

---

① 见《福建省厦门市海沧区人民法院(2018)闽 0205 司惩 1 号决定书》。
② 见《湖南省湘西土家族苗族自治州中级人民法院(2020)湘 31 民终 1275 民事裁定书号》。
③ 见《新疆维吾尔自治区高级人民法院(2016)新司复议决定书惩复 9 号复议决定书》《四川省高级人民法院(2017)司惩复 5 号复议决定书》《福建省厦门市思明区人民法院(2018)闽 0203 司惩 5 号决定书》等。
④ 见《浙江省高级人民法院(2019)浙司惩复 7 号复议决定书》。

广文在答辩阶段,因违反法庭纪律,被审判员责令退出法庭。原审在上诉人胡广文缺席且无委托诉讼代理人的情况下,对该案继续开庭后,即对胡广文作出缺席判决,其行为剥夺了胡广文的法庭辩论权利"为由,发回重审。① 制度措施于程序上无定式,必然给当事人带有随意性,甚至有当事人认为强制措施是某些(个)法官对自己进行打击报复的手段。

三、适用错误的救济途径不畅

强制措施作为一种法律制裁,应当具有较规范的实体条件和程序要件。法院如若对当事人及其他诉讼参与人错误制裁,理应为受制裁者设置必要的救济途径。然而,就立法和实践两个层面看,当事人在遭遇"错误"制裁后的救济途径有限。就责令退出法庭和拘传而言,目前于立法和实践中尚无相应的救济途径。问题是,法院适用责令退出法庭是否可能存在"错误"?尤其是,原、被告当事人被责令退出法庭后,法院以撤诉和缺席判决来审理案件时,当事人在实体权益受到影响下如何救济于立法上尚属空白。具体而言,原告被责令退出法庭法院按撤诉处理的,是否将该情形视为原告没有起诉而可以再诉?抑或为突显制裁性,而奉行"一事不再理"?尤其是在二审程序中,上诉人于庭审中被责令退出法庭,法院按撤回上诉处理,当事人在丧失上诉审救济的情形下,是否有剥夺当事人审级利益之嫌?被告在被责令退出法庭后,法院按缺席进行审理判决,是否剥夺了当事人的辩论权?当事人可否以此申请发回重审或申请再审?另外,法院认为当事人应当到庭,而当事人认为自己可以放弃出庭的权利,二者冲突时,是否必须对当事人进行拘传?如果当事人认为"拘传"错误,以何种途径予以救济?此外,相关法律规范虽然规定了当事人对罚款、拘留决定不服的救济途径,但就实践情况来看,因适用罚款和拘留的条件和程序比较模糊,当事人申请复议的案件获得"改正"结果的屈指可数。笔者以"责令退出法庭"为主题词,选择"民事案件"和"决定书",共得 45 个结果。其中,"复议决定书"共 24 份。对 24 份复议决定书逐一进行梳理,发现只 3 份决定书认为法院的处罚不符合法律规定,予以"撤销"②或"纠正"。③ 尽管如此,但是法院在复议时判定处罚"错误"的标准也不明晰。有法院认为,"案中,某某添作为原告当事人,经法庭传票传唤未到庭,其委托诉讼代理人两次变更诉讼请求,尚未构成违反法庭规则,其是否隐瞒重要事实,需要法庭调查查明,依法判决,亦不属于违反法庭规则的行为。综上所述,锦江区人民法院对某

---

① 见《黑龙江省鹤岗市中级人民法院(2020)黑 04 民终 470 号民事裁定书》。
② 见《山东省济南市中级人民法院(2019)鲁 01 司惩复 1 号复议决定书》。
③ 见《四川省成都市中级人民法院(2018)川 01 司惩复 18 号复议决定书》《河北省唐山市中级人民法院(2019)冀 02 司惩复 1 号复议决定书》等。

某添予以罚款5000元的处罚,缺乏事实与法律依据,依法应予以纠正。"①有法院认为,"申请人韩志永在相关案件的审理过程中从事的行为影响了法庭秩序,但经责令退出法庭后,亦主动承担了自己的错误,且一审法院亦对其进行了训诫。鉴于申请人能够认识到自己的错误,且并未实际影响到法院对案件的审理,故对其提出的复议申请,本院予以支持。"②显然,当事人及其他诉讼参与人遭遇"错误"制裁的判定条件不明且救济途径受阻,虽在一定程度上可以威慑其遵守庭秩序,但其与法治国家的基本理念似有背离。

综上所述,作为民事诉讼法律责任制度"集中"表达的强制措施在司法适用中存在诸多问题,乱象丛生。透过现象看本质,有必要对强制措施适用乱象背后的深层原因进行探讨。

第三节 民事强制措施运行不畅的原因分析

任何法律制度只有在司法实践中被理解和运用,才能成为真正的法律规范。通过上文分析,我们不难发现民事强制措施的运行现状在一定程度上出现了立法预期与实践效果的背离,③尤其是绝大多数法官不愿意适用强制措施。究其原因,除了学界对妨害民事诉讼强制措施的性质仍未形成共识,强制措施制度本身有欠完善等因素外,司法人员害怕影响办案效率,担心当事人信访,害怕影响案件调解等,也是该制度运行不畅的要因。④

一、民事诉讼强制措施的性质不明且功能定位偏差

事物的性质主要是由其基本特点决定,即它的本质属性。客观地讲,一项制度的性质决定其功能定位。由鉴于此,探讨民事强制措施制度的性质,对于研究它的功能定位十分必要。

(一)民事强制措施的性质不明

时至今日,我国对妨害民事诉讼的强制措施是否具有制裁性的问题在立法上尚

---

① 见《四川省成都市中级人民法院(2018)川01司惩复18号复议决定书》。
② 见《河北省唐山市中级人民法院(2019)冀02司惩复1号复议决定书》。
③ 郭翔:《论民事诉讼中的罚款——立法预期与实践效果的背离及修正》,载《当代法学》2013年第1期。
④ 关于这方面的论述,参见安琪:《P市法院民事强制度措施适用调研报告》,辽宁大学2015年硕士论文,第9页;张平:《从民事诉讼强制措施逆向选择之评析——以中部某省784件相关案件为蓝本》,载《湘江青年法学》2015年第1期。

无定论,学理上亦是观点各异,甚至于意见相左。① 统合学理观点,关于强制措施的性质主要有强制、教育说,制裁说和混合说。而强制、教育说曾一度占有通说地位。持这一观点的学者认为,从法律性质上讲,对妨害民事诉讼强制措施是一种对妨害民事诉讼行为人所采取的一种带有约束性和教育性的强制手段。② 持这一观点的学者认为,强制手段是法律制裁,而是制止违法行为并教育行为人改正错误的一种手段。③《北京大学法学百科全书》对强制措施与法律制裁进行了界分:法律制裁是根据一定的实体法律规范对违反实体法的行为人所作出的处罚;而民事诉讼强制措施则是根据《民事诉讼法》的相关规定对妨害民事诉讼秩序的行为人采取的一种临时性强制手段。④ 持混合说的学者认为,强制措施是对妨害诉讼行为人采用的一种带有制裁性的强制教育手段。⑤ 如有学者认为,训诫、责令退出法庭、拘传等是一般妨害诉讼行为采取的强制措施,是教育手段;罚款、拘留是对严重妨害行为所采取的制裁措施,而且是程序上的制裁。⑥ 长期以来,将强制措施视为强制教育手段在学理一度占有通说地位。在受多方面条件的制约,不尽如人意的法治环境中,法律制度改革抑或法律程序的操作都只能追求一种相对的合理,不能企求尽善尽美。⑦ 既然强制措施是强制教育手段,那么,采取强制措施须以行为人实施了妨害诉讼的违法行为为前提,而且,法官在采取责令退出法庭、拘传、罚款、拘留这些强制措施前,都要"事先"对妨害行为人进行批评教育,责令其具结悔过。在人们将强制措施定位为强制教育手段的时代背景下,强制措施的制裁性特点必然难以彰显,其功能定位也会与法律责任制度有所偏离。

(二)强制措施的功能定位偏差

在强制教育说的影响下,民事诉讼强制措施的制度功能被定位为,排除诉讼中的妨害,教育行为人听从法庭指挥,遵守诉讼秩序、履行法律规定的义务,从而保证民事

---

① 学理上关于民事强制措施的制裁性,归纳起来主要有三种观点:第一种观点认为强制措施不具有制裁性;第二种观点认为强制措施是具有制裁性的强制手段;第三种观点认为强制措施具有制裁性。
② 江伟,肖建国主编:《民事诉讼法》(第七版),中国人民大学出版2015年版,第260页;赵钢,占善刚,刘学在:《民事诉讼法》(第三版),武汉大学出版社2015年版,第215页。
③ 杨荣新主编:《民事诉讼法教程》,中国政法大学出版社1991年版,第191页。
④《北京大学法学百科全书》编委会编:《北京大学法学百科全书》,北京大学出版社2001年版,第90~91页。
⑤ 柴发邦主编:《民事诉讼法学新编》,法律出版社1992年版,第267页。
⑥ 何文燕主编:《民事诉讼法学》,湖南人民出版社2001年版,第247页。
⑦ 龙宗智:《论司法改革中的相对合理主义》,载《中国社会科学》1999年第2期。

诉讼的正常进行。① 强制教育说的要义有二：一方面是对当事人进行强制；另一方面是对当事人进行教育，二者相辅相成。暂且不论该学说对强制措施的性质认识有失偏颇，但从其"强制""教育"的功能来看，也难具操作性。而且，过分强调强制措施的"强制性"和"教育性"，还可能使强制措施的功能在一定程度上发生异化。就教育功能而言，有学者认为，只有妨害人实施了妨害诉讼的违法行为，且经批评教育后仍拒不承认错误的，法院才不得不采取强制措施。一旦行为人改正错误，妨害民事诉讼的障碍得以排除，法官可不再采取强制措施；已经决定采取强制措施的，可根据情况予以变更。② 例如，法官在决定拘留期限后，如果被拘留人承认并改正错误，可以不适用拘留措施或提前解除拘留措施。这种适用强制措施以批评教育为前置程序做作法，在当前司法实践中鲜有可操作性，有碍强制措施功能的发挥。就强制功能而言，强制措施的"强制"常常被当作威慑或惩戒措施来适用。

正因为我们一直将强制措施定位为强制教育手段，法院自然而然地将适用强制措施视为其司法行政之权能。为了解决"执行难"，拘留和罚款措施被当作解决执行问题的有效强制手段，部分法院甚至将强制措施与执行措施混同使用，以"罚""拘"代"执"现象不绝于耳。③ 更有甚者，法院以"拘"促"执"，采取拘留措施迫使被执行人履行义务的"拘留逼债"现象比较普遍。显然，强制措施已然偏离了对妨害民事诉讼违法行为进行制裁的特性。近年来，虽然法院的司法行政权迅速发展壮大，但其仍难以"强制"、甚至难以威慑民事诉讼违法行为。这也印证了立法者希冀通过扩大人民法院司法行政职权来保护司法秩序的初衷难以实现，司法实践中违法诉讼行为层出不穷也印证强制措施功能定位的偏差。强制措施功能定位的偏差，直接影响其功能的有效发挥，致使制度本身难以良性运行。

二、强制措施的相关规定欠完善

统合现行《民事诉讼法》之规定，关于强制措施的条文只有9个，《民诉法解释》也只有20个条文。这些条文虽然规定了强制措施的适用条件和程序，但因条文数量有限，内容比较笼统，大多数条文仅具抽象的指导意义。

---

① 《北京大学法学百科全书》编委会编：《北京大学法学百科全书》，北京大学出版社2001年版，第90~91页。
② 唐德华：《民事诉讼法立法与适用》，中国法制出版社2002年版，第142页。
③ 例如，河南省三门峡市刘某某因违反交通法规被处以罚款200元的处罚，经法院送达执行通知书后仍拒不履行缴纳罚款义务，此后在陕州区人民法院开展的"崤函执行风暴"执行行动中，该法院对刘某某处以司法拘留。参见《拒缴250元交通违法罚款"老赖"被司法拘留》，资料来源：http://big5.chinaso.com/big5/hn.chinaso.com/dyp/detail/20170909/1000200033078121504920260863619881_1.html，访问日期：2019年8月30日。

（一）相关立法关于强制措施的适用条件规定不明

我国现行《民事诉讼法》第111条至第114条将适用强制措施的情形进行了列举和概括性的规定，各种强制措施的适用条件被概括性地规定在同一条文中。[①] 抽象规定与具体规定相结合的立法方式使各种强制措施的适用范围比较模糊。立法者如是规定的目的是，给予法官在适用强制措施时较大的自裁量权，便于根据具体的妨害行为，灵活地适用强制措施。然而，任何事物都有两面性，制度设置似乎也不例外。正因为各种强制措施的适用条件"混同"，法官在强制措施种类的选择上，有了"看菜吃饭"的机会。有学者对某法院适用民事强制措施的情况进行实证研究后，得出的结论是，该院对妨害民事诉讼行为制裁所采取的强制措施从多到少的顺序排列，依次为拘留、训诫、罚款、责令退出法庭、拘传。[②] 这在一定程度上反映了法官对强制措施的偏好：法官往往偏好于比较好用的拘留和训诫措施；罚款、拘传及责令退出法庭在实践中不被法官"青睐"。以罚款措施为例，即便立法明定某种妨害行为可以适用罚款措施，法官在"选择"强制措施时有可能弃罚款而择其他。因为，法官不得不考虑被罚款人承受罚款的能力。在我们统计的裁判文书中，被罚款决定人以有履行能力的银行等单位机构居多，这在一定程度上似乎能够说明这一问题。而且，这一结果与某些个案研究结果也基本相符。[③]

事实上，现有法律规范对各种强制措施的充要条件未有进一步明确的规定。当事人和其他诉讼参与人的妨害行为达到何种程度即可以适用强制措施，各种强制措施是否有比较明确的界限，各种强制措施是否与妨害行为一一对应。这些问题在现行法律规范中都缺乏具体规定和必要的解释，致使法官在该当采取何种强制措施时

[①] 具体包括：逾期提供证据，拒不说明理由或者理由不成立的；违反法庭规则的；哄闹、冲击法庭，侮辱、诽谤、威胁、殴打审判人员，情节较轻的；伪造、毁灭重要证据，妨碍人民法院审理案件的；以暴力、威胁、贿买方法阻止证人作证或者指使、贿买、胁迫他人作伪证的；隐藏、转移、变卖、毁损已被查封、扣押的财产，或者已被清点并责令其保管的财产，转移已被冻结的财产的；对司法工作人员、诉讼参加人、证人、翻译人员、鉴定人、勘验人、协助执行的人，进行侮辱、诽谤、诬陷、殴打或者打击报复的；以暴力、威胁或者其他方法阻碍司法工作人员执行职务的；拒不履行人民法院已经发生法律效力的判决、裁定的；恶意串通，企图通过诉讼、调解等方式侵害他人合法权益的；恶意串通，通过诉讼、仲裁、调解等方式逃避履行法律文书确定的义务的；有关单位拒绝或者妨碍人民法院调查取证的；有关单位接到人民法院协助执行通知书后，拒不协助查询、扣押、冻结、划拨、变价财产的；有关单位接到人民法院协助执行通知书后，拒不协助扣留被执行人的收入、办理有关财产权证照转移手续、转交有关票证、证照或者其他财产的；其他拒绝协助执行的，等等。

[②] 张平：《从民事诉讼强制措施逆向选择之评析——以中部某省784件相关案件为蓝本》，载《湘江青年法学》2015年第1期。

[③] 有学者对某法院2008—2012年适用罚款的情况进行了统计，结果发现该院五年间适用罚款的案件只有40件，而且95%案件是对企业组织、单位的罚款。

常常对理由"讳"而不"言"。例如,有法官在判决书中陈明,"审理中,原告黄宗彬因利用私刻的上海市浦东新区海湾新城居民委员会印章,伪造其经常居住地证明,妨碍本院审理案件,本院依法对其作出了罚款2000元的罚款决定。"①其对理由的表述为"妨害本院审理案件"。至于对妨害本院审理案件是否有采取罚款措施的必要,则无详细说明。相较于判决书而言,罚款决定书是专门针对罚款措施的文书,"本院认为,高文锋提交的证据足以影响案件事实的认定,应予采纳,但是该证据并非新的证据,高文锋能够在一审中提交但是由于其自己的原因未予提交,造成一审判决被二审法院改判。高文锋的行为妨害了民事诉讼活动的顺利进行,应依法予以处罚。"②在该决定书中,法官对逾期举证作了说明,但法院就该逾期举证行为为何可以适用罚款而不是适用训诫,未有必要的说明。相较于判决书和决定书而言,复议决定书在理由的说明上更为简单,例如,"当事人不听从审判长劝诫,随意发言、起立、拍打桌面,违反法庭规则,浙江省建德市人民法院鉴于其情节较轻,对其处于罚款二千元,并无不当"。③ 客观地讲,当事人实施妨害民事诉讼行为,有的是因为不能较好地管理自己的情绪,在法庭上吵闹、打架,或怒对法官;有的是因为不能较好地理解诉讼行为的意义。这些"违法行为"大多与适用训诫,责令具结悔过等强制措施的条件相同,难怪有当事人认为自己的行为不足以被处以罚款。④ 由于各种强制措施的充要条件不明,很容易造成法官选择性执法,而且还会导致被处罚者在面临制裁时无法有效地保护自己的合法权利。

此外,现行法律规范就妨害行为人主观上是否需具有妨害的故意也无明确规定,致使法官在实践中的理解各异。有法官认为,行为人妨害了审判工作的正常活动,就可以对其采取强制措施,这里的行为包括作为和不作为,但其行为人主观上必须是故意而不是过失。⑤ 有法官认为,"无论行为人主观是否存在过错,只要在客观上造成了妨碍民事诉讼的后果,均符合处罚的条件。据此,对于中原银行股份有限公司舞阳支

---

① 见《上海市浦东新区人民法院(2014)浦民一(民)初字第14204号判决书》。
② 见《山东省德州市中级人民法院(2016)鲁14民终818号罚款决定书》。
③ 见《浙江省杭州市中级人民法院(2015)浙杭民复字第2号复议决定书》。
④ 代理人余利平在庭审中录音当庭被发现。代理人认为,"事情发生后,当庭向主审法官说明开庭时在阅看变更合议庭成员通知书,未留意宣布的法庭纪律并当庭承认错误,不是明知故犯,主动要求删除录音,主审法官说要取证不予删除并暂扣了手机,当庭接受了训诫、写了具结悔过书……依情节其不是明知故犯,当庭承认错误并向全体参与人道歉,主动提出删除录音。接受法庭的训诫并当庭写了具结悔过书。原审法院已依法作出了处分",请求撤销罚款决定。复议法院认为,"余利平当庭没有具结悔过,为此原审法院对其予以训诫,后余利平专写具结悔过书。上述事实表明余利平的行为已严重妨害民事诉讼活动,根据有关法律规定,本院认为原审法院对其予以罚款5000元并无不当。"见《湖北省武汉市中级人民法院(2017)鄂01民制复1号复议决定书》。
⑤ 唐德华:《民事诉讼法立法与适用》,中国法制出版社2002年版,第142页。

行关于其主观并无过错不应承担责任的抗辩意见,本院不予支持。综上所述,原审法院对申请复议人中原银行股份有限公司舞阳支行给予罚款的处罚并无不当,但考虑到冻结数额较低,而罚款数额偏高的情况,对罚款数额作适当调整……一、撤销山东省淄博市博山区人民法院(2015)博商初字第514-2号罚款决定。二、对中原银行股份有限公司舞阳支行罚款200 000.00元"。①

综上所述,正因相关法律规范对各种强制措施的适用条件规定比较粗疏,法院在适用强制措施时,大多对原因叙述比较简单抽象。笔者并不否定决定书相较于判决书而言,其内容具有简略之特性。但是,作为一种涉及当事人相关权利的文书,明确说理依据,说明理由是任何一份裁判文书不可忽视的环节。

(二)强制措施无具体的适用标准

其一,罚款数额的确定无具体标准。尽管《民事诉讼法》对罚款上限的规定已经考虑到被罚款人经济能力会有所不同,且区分个人和单位分别设置,但是,现有法律规范没有顾及不同案件中不同妨害行为的罚款上限也应当有差别这一更细微的要求。并且,《民事诉讼法》没有对罚款金额与妨害行为危害程度之间的关系作明确规定,司法解释对此未有进一步的解释说明,最高人民法院更无指导性案例对此作出指引。根据《民诉法解释》第193条规定,"人民法院对个人或者单位采取罚款措施时,应当根据其实施妨害民事诉讼行为的性质、情节、后果,当地的经济发展水平,以及诉讼标的额等因素,在民事诉讼法第一百一十五条第一款规定的限额内确定相应的罚款金额。"然而,这一规范仅具有抽象的指导意义。至于行为性质、情节和后果与罚款数额成何种比例,该规范也语焉不详。特别是,该条文要求法院在作出罚款决定时应考虑当地经济发展水平和诉讼标的额等因素。但是,法官在适用罚款措施时,该如何考虑当地经济发展水平,罚款数额与诉争标的额之间有何种关系等,该条文均无详细说明。即使有学者主张罚款数额要遵循合比例原则,②但对于其中的比例如何确定也无具体建议。正因为如此,有法官认为,"罚款系人民法院为了维护司法权威,针对当事人提供虚假证据、妨碍案件审理,而作出的司法制裁措施。民事诉讼法规定,对单位的罚款金额,为人民币五万元以上一百万元以下。在确定罚款数额时,法院需要衡量的是妨碍司法行为的情节,以及该行为造成的后果等因素,并非仅仅根据案件标的来决定。本案中,一审法院根据泰源公司妨碍司法行为的情节,在民事诉讼法规定的罚款下限作出五万元的罚款决定,并无不当。泰源公司以案件标的仅为两万为由,认

---

① 见《山东省淄博市中级人民法院(2015)淄民复字第3号复议决定书》。
② 谢绍静,占善刚:《比例原则视角下我国民事诉讼罚款制度的立法完善——以〈〈民事诉讼法〉修改决定〉增加罚款数额为切入》,载《内蒙古社会科学(汉文版)》2013年第3期。

为一审法院罚款五万元不当的复议理由亦不能成立。"[1]

其二,强制措施无比例原则作指引。实践中,未区分严重程度,在强制措施中优先选择适用较重的司法拘留措施。在民事强制措施中,罚款与拘留是两项比较严厉的制裁措施,罚款针对的是财产,拘留针对的是人身。就严厉程度来说,针对人身的惩罚性措施肯定要比针对财产的惩罚性措施严厉。[2] 按照制裁与妨碍行为相当原则,使用严厉程度较低的措施能达到制裁目的的,就不使用严厉程度较高的措施。按照这一逻辑,严厉程度较低的制裁措施较严厉程度较高的措施的使用率应当要高。但是,因为《民事诉讼法》对各种强制措施的适用条件未有明确规定,实践中出现了严厉程度较低的罚款措施的适用率远比严厉程度较高的拘留措施适用率低的情形(见表3-13)。

表 3-13 调研法院在民事执行程序中适用拘留和罚款措施的具体情况

单位:人

时间	2015 年	2016 年	2017 年
罚款	10	3	0
拘留	261	476	242

由表3-13可以看出,在民事执行程序中,拘留措施的适用相较于罚款措施占了绝对多数。根据相关法律规定,罚款、拘留的适用情形基本相同,仅就其严重程度不同而区分适用,然而对同样的行为,不论严重程度如何,实践中往往选择更严厉的拘留措施而避开罚款措施的适用,这种避轻就重、一律拘留的做法具有很强的任意性。相关法律、司法解释对可适用司法拘留措施的情形进行了相应的规定,但对各种情形对应的处罚强度没有进行更加细致、明确的规定,导致执行法官在适用强制措施时具有很大的随意性。

(三)强制措施的适用程序和追诉程序欠完善

其一,强制措施的适用程序欠完善。强制措施的功能之一在于及时制止、制裁妨害民事诉讼的行为。但是根据现行《民事诉讼法》第116条规定,罚款、拘留应当用决定书,且必须经院长批准。如是规定的理由是,罚款、拘留是对被处罚人的财产权和人身权限制,是比较严厉的强制措施,设定由院长批准之程序,可避免被处罚人遭受违法的罚款和拘留。[3] 这就从根本上否定了具体办案的审判员和负责执行的执行员

---

[1] 见《安徽省合肥市中级人民法院(2018)皖01司惩复1号复议决定书》。
[2] 夏俏骅:《民事执行中惩罚性措施应用研究》,载《经济与社会发展》2009年第9期。
[3] 全国人大常委会法制工作委员会民法室编著:《中华人民共和国民事诉讼法解读》,中国法制出版社2012年版,第318页。

根据案件中的妨害情形独立适用罚款、拘留的可能性。① 但在司法实践中,为了"防止时过境迁,达不至适用强制措施的效果,"主审法官、庭长和主管副院长成为"决定"罚款和拘留措施的实权派。司法人员权责的配置在很大程度上影响程序规则的生长环境,并在很大程度上决定着程序制度的基本设计。特别是,在当前推行主审法官负责的情形下,恪守罚款和拘留措施由院长批准决定,难免使罚款、拘留程序的立法和实践变成"两张皮"——立法上规定两种措施由院长批准决定;实践中则是由主审法官"操作",庭长、主管副院长认可,院长只是事后再次确认罢了。

其二,强制措施的追诉程序欠完善。根据《最高人民法院关于对因妨碍民事诉讼被罚款拘留的人不服决定申请复议的期间如何确定的批复》之规定,"不服人民法院作出的罚款、拘留决定的人,可在接到决定书之次日起 3 日内,向作出决定的人民法院提出书面申请,要求上一级人民法院复议,或直接向上一级人民法院申请复议。"不服决定人并非按照前述批复申请复议,而是在向原审法院提起执行异议申请,在执行异议中一并请求撤销该罚款决定,原审法院裁定驳回。② 不服决定人仍不服,向唐山市中级人民法院申请复议,中级人民法院的复议结果为维持原审法院的裁定。不服决定人还不服,又向河北省高级人民法院申诉。河北省高级人民法院受理申诉后,裁定"关于大连银行北京分行对罚款的异议由本院移送唐山市中级人民法院依据《中华人民共和国民事诉讼法》第一百一十六条的规定进行审查。"③现行法律规范赋予当事人对罚款决定不服的救济程序为"向上一级人民法院申请复议",但在司法实践中,不服决定人历经了向执行异议之诉法院、上一级法院(中级人民法院)和上级人民法院(高级人民法院)申请复议的过程。各级法院受理当事人的复议,虽不失内部监督之必要性,但是纵容当事人如此操作,难免给人以程序错乱之嫌。在复议法院看来,作出罚款决定的法院与被罚款人是否进行有效沟通,④作出罚款决定的法院是否核实了

---

① 郭翔:《论民事诉讼中的罚款——立法预期与实践效果的背离及修正》,载《当代法学》2013年第1期。
② "2015 年 7 月 6 日,本院向大连银行北京分行送达协助执行通知书、协助冻结存款通知书,大连银行北京分行拒签并于 2015 年 7 月 7 日将本院冻结的款项转移。本院于 2015 年 7 月 6 日作出(2015)开民执字第 332-334 号罚款决定书,因大连银行北京分行不履行法院生效裁定,对大连银行北京分行罚款 100 万元。大连银行北京分行于 2015 年 7 月 7 日向本院提出执行异议申请,请求法院终止对国泰公司在大连银行北京分行保证金冻结的执行程序并撤销罚款决定……大连银行北京分行拒不协助办理冻结手续,理应受到处罚。故驳回大连银行北京分行的异议。"见《河北省唐山市开平区人民法院(2016)冀 0205 民初 749 号判决书》。
③ 见《河北省唐山市开平区人民法院(2016)冀 0205 民初 749 号判决书》。
④ "本院认为,复议申请人哈尔滨市财政局作为协助执行人,对于法院依法作出的民事裁定及相应执行措施有协助执行义务,其行为已经构成妨害民事诉讼,但哈尔滨市财政局主张法院执行与其配合执行程序上存在沟通不畅问题,且其承诺将继续配合法院履行协助义务以追回损失,本院认为其复议申请应予支持。依照《中华人民共和国民事诉讼法》第一百一十六条之规定,决定如下:撤销聊城市中级人民法院(2014)聊商初字第 172 号罚款决定书。"见《山东省高级人民法院(2015)鲁商复议字第 2 号复议决定书》。

被处罚人,①相关程序步骤是否规范等,均是民事罚款措施的必要程序步骤。例如,一审法院认为当事人任意处分查封财产,对其处以 80 万元罚款。受理复议申请的法院则认为,一审法院送达民事保全的裁定程序不合法,②保全措施未实际实施,执法行为有瑕疵。申请复议人的行为不属于擅自转移已被查封、冻结财产的行为。原审罚款决定书不当,依法应予撤销。③ 另外,在执行第三人到期债权的程序中,第三人已经依法对该到期债权向法院提出异议。该院为查明债权数额及质量损失而要求第三人提供充分证据材料,即是对异议的实质审查,违反了相关程序法律之规定。④ 此外,一审法院作出处罚决定的理由是被处罚人虚假诉讼,而复议法院认为,"原审法院系在再审申请审查程序中对其进行处罚,在尚未作出再审裁判,案件事实尚未确认的情况下,原审法院以其行为构成虚假诉讼为由所作的罚款决定不当",决定撤销罚款决定。⑤ 正如有法官在访谈中所言:"采取罚款措施并非我们的目的,只要当事人认识到错误,具结悔过,我们一般不会执行罚款决定"。⑥

长期以来,由于学理上对民事诉讼强制措施性质认识偏颇,司法实践缺乏科学的理论指导,加之《民事诉讼法》对强制措施规定欠完善,以致部分法官在适用强制措施时,"怕"字当头,畏首畏尾:"一怕采取强制措施后,造成当事人产生对立情绪,激化矛盾;二怕当事人周围的群众、干部不支持法院工作,当事人的亲朋好友来法院纠缠不休;三怕当事人不服处理决定,而使审理案件困难增加;四怕当事人在院外对承办人进行报复。"⑦由于强制措施功能定位欠明,适用尚不完善,法官选择性执行法的现象时有发生,部分法官有时偏重教育、沟通,有时偏重制裁惩戒。民事诉讼强制措施是民事诉讼法律责任制度的集中表达,但通过上文分析,我们不难发现民事强制措施的运行中出现了立法预期与实践效果的背离。⑧ 究其原因,除了学界对妨害民事诉讼的

---

① "一审法院未能有效核实单位负责人(法定代表人)对辞去法定代表人职务的案外人予以处罚,后经申请复议时对罚款决定予以撤销。"见《河南省开封市禹王台区人民法院(2017)豫 0205 民初 353 号判决书》。
② 复议法院认为,审判人员将财产保全的民事裁定书张贴于被申请人警卫室窗户玻璃上并拍下了照片,以此作为送达依据,不符合法定程序。
③ 见《山东省德州市中级人民法院(2014)德中立民复字第 1 号复议决定书》。
④ 见《山东省淄博市中级人民法院(2017)鲁 03 司惩复 1 号复议决定书》。
⑤ 见《江苏省南京市中级人民法院(2014)宁民制复字第 1 号复议决定书》。
⑥ 2018 年,我们在 L 法院调研时,一位受访法官向我们陈述,采用罚款措施的目的在于让当事人认识到自己的行为错误,并改正自己的错误。
⑦ 沈宗灵:《论法律责任与法律制裁》,载《北京大学学报(哲学社会科学版)》1994 年第 1 期。
⑧ 郭翔:《论民事诉讼中的罚款——立法预期与实践效果的背离及修正》,载《当代法学》2013 年第 1 期。

强制措施性质仍未形成共识,且对该制度未有足够的重视外,①相关法律规范欠完善也是其要因。因此,重构民事诉讼法律责任制度首先应从理论上明确民事诉讼强制措施的性质,并在制层面完善强制措施的具体适用条件和程序规范。

三、司法人员对适用强制措施顾虑重重

如前文所述,民事诉讼法律责任制度既有维护民事诉讼法秩序的价值,又具有彰显诉讼公正和效率的价值,但是这三种价值在民事诉讼司法过程中,对于民事诉讼强制措施等诉讼法律责任制度的适用,有时可能会产生冲突。法官为排除妨害民事诉讼的行为,对当事人或其他诉讼参与人的违法诉讼行为进行制裁,有可能影响案件的审理进程,影响案件的诉讼效率。特别是,在严格的审限制度下,法官对于适用强制措施难免有所顾忌。毕竟,适用强制措施于大多数情形下会消耗一定的时间和精力。这是法官们不愿意适用强制措施,特别不愿意适用责令退出法庭措施的要因。责令当事人或其他诉讼参与人退出法庭,在一定程度上有利于彰显对当事人的制裁,维护民事诉讼法秩序,但当事人或其他诉讼参与人被责令退出法庭,可能影响案件事实的查证,进而可能影响案件的公正审理;而且当事人被令退出法庭,势必影响诉讼效率,导致诉讼的延期审理,甚至可能造成违反审限的结果。这些都是司法人员不愿意承担的额外责任。如果放纵当事人或其他诉讼参与人违法诉讼行为,就有可能影响诉讼的公正,亦可能破坏对良好的司法秩序。总之,当民事诉讼法律责任本身欠完善,而且无明确的学理指导时,法官对当事人适用强制措施,唯恐被处罚者上访或利用其他非正常手段干扰案件的审理,而且还可能影响案件以调解方式结案。在面对当事人或其他诉讼参与人的违法诉讼行为时,无健全的民事诉讼法律责任制度作指引,法官难免迷惘。

强制措施运行不畅从侧面反映,诉讼法律秩序的维护和公正价值的体现,不可能只依赖于某一种法律责任形式,而是需要一套有体系且各种责任形式相互补充的法律责任制度。因此,梳理各法律规范中的民事诉讼法律责任制度并加以整合,在《民事诉讼法》中重新建构法律责任制度十分重要。

---

① 主要形成了强制、教育说,制裁说和混合说。长期以来,由于我们对民事诉讼强制措施性质在认识上尚存在片面性,以致适用强制措施时,往往"怕"字当头,缩手缩脚。主要是一怕采取强制措施后,造成当事人产生对立情绪,激化矛盾;二怕当事人周围的群众、干部不支持法院工作,当事人的亲朋好友来法院纠缠不休;三怕当事人不服处理决定,而使审理案件困难增加;四怕当事人在院外对承办人进行报复。陈桂林、宋秀山:《在民诉中应正确适用强制措施》,载《法学杂志》1990年第3期。

第四章　建构我国民事诉讼法律责任制度的理路

法律制度的具体设计乃一项相当复杂的工程,不仅要考虑到该项制度在相关理论层面上的逻辑自治性,而且更要注意到其在司法实践中的可操作性。民事诉讼责任制度作为保障民事诉讼权利实现和民事诉讼义务履行的法律手段,是民事诉讼法律体系中的一项重要制度。它的体例设置是否科学,直接关系到整个民事诉讼法体系的合理性与完整性。基于前文对民事诉讼法律责任独特性的认识,同时兼顾我国民事诉讼法律责任制度立法和司法之现状,构建我国民事诉讼法律责任体系既要兼顾民事诉讼法自身逻辑,又要吸收和总结其他国家和地区民事诉讼法律责任的立法经验,①更要考虑该制度与其他相关制度的衔接性。

第一节　建构民事诉讼法律责任制度具有必要性和可行性

一个科学完善的法律体系,不仅需要有比较系统的法律规则,而且还必须要有一个科学的法律责任制度予以保障。随着社会经济的发展,民事诉讼法律责任制度不仅是必要的,而且在当前情形下进行重构也是可行的。

一、建构民事诉讼法律责任制度具有必要性

民事诉讼领域的司法秩序,不能仅仅停留在妨害民事诉讼行为侵害客体的意义,而应站在民事诉讼法基本价值的高度来使用。民事诉讼秩序是秩序价值在民事诉讼领域的延伸,对民事诉讼价值主体而言具有十分重要的意义。一是民事诉讼秩序直接构成民事诉讼价值主体基本需求的内容。民事诉讼秩序本身所具有的安全、自由、平等和效益等意义是民事诉讼价值主体对民事诉讼秩序的直接需求产生的重要原因。民事诉讼秩序使得民事诉讼参与主体能够在民事诉讼法律规则的指引下,实施有利于己方的民事诉讼行为,并通过对程序违法行为的制裁,为民事诉讼主体提供内在的安全保障。二是民事诉讼秩序是民事诉讼实体价值实现的前提基础。法院严格按照民事诉讼法律规定的程序审理民事案件,为依法、正确、及时地保护当事人合法

---

① 以德国为例,在其民事诉讼法中,针对那些破坏诉讼秩序的行为所规定的罚金、特别费用以及直接强制等惩罚手段都被称为民事诉讼法律制裁。

权益,需要良好的诉讼秩序为保障,这就要求案件当事人和其他诉讼参与人正确行使诉讼权利、履行诉讼义务,并对干扰和破坏诉讼秩序之行为予以强制规制。民事诉讼程序的有序程度越高、民事诉讼程序规则的法定性越强、民事诉讼行为的合法性越大,就越有利于案件真实的发现和民事实体法的正确适用。当然,重构民事诉讼法律责任制度除了具有价值层面的必要性外,还具有现实必要性:

(一) 现行的民事诉讼法律责任制度未成体系

业内周知,民事诉讼是由法院、当事人以及其他诉讼参与人所实施的一连串"诉讼行为"[①]组成的。我国《民事诉讼法》及民事诉讼法理对于何谓"诉讼行为",其成立要件为何等问题均无明文规定,遑论对民事诉讼行为性质、分类等问题的深入研究。[②]虽然现行《民事诉讼法》及相关司法解释中,不乏民事诉讼法律责任制度的相关内容,但因这些内容过于分散,且各种责任形式的适用条件尚不明晰,其在司法实践中尚难发挥应有的制裁功能。在我国民事诉讼实践中,法官(法院)控制并指挥着民事诉讼程序的运行。法官作为民事诉讼程序的主持者和指挥者,有权力也有义务从实体上查明案件事实,明晰当事人之间的权益之争;同时,法官还有权力和义务确保诉讼程序的顺利进行,正确处理审判权与诉权的关系。例如,当事人所为的取效性诉讼行为[③]是否发生诉讼法上的效力,往往取决于法官的诉讼行为。如果法官消极不作为,当事人取效性行为就难以发生诉讼法上的效果,从而会影响甚至损害当事人的合法权益。从诉权与审判权的关系来看,法官在行使审理裁决权时,对当事人负有依法进行审理裁决的义务。我国《民事诉讼法》在赋予法官审理裁决权的同时虽然设定了法

---

① 域外及我国台湾地区民事诉讼法学关于诉讼行为的含义多从与民事实体法律行为比较的角度进行定义,多数学者认为,诉讼行为是由法院、当事人、诉讼关系人所为的足以发生诉讼法上效果的行为。见李淑明:《民事诉讼法:通常诉讼程序》(上),台湾元照出版公司2016年版,第510页;诉讼行为指诉讼主体实施的构成诉讼程序,并促进诉讼程序发展的行为。有学者认为,诉讼行为应具备当事人能力、诉讼能力和诉讼实施权等要件。见姜世明:《民事诉讼法基础理论》,台湾元照出版公司2006年版,第109页。

② 在我国台湾地区民事诉讼法理中,当事人的诉讼行为按不同的标准可分为单方行为、双方行为;与效性诉讼行为和取效性诉讼行为;法院的诉讼行为分为判决、裁决、处分和指挥行为,亦有观点认为法院诉讼行为分为裁判、诉讼指挥和送达行为,并针对不同的行为,为当事人设置抗告、异议、上诉等不同的救济方式。参见吕太朗:《民事诉讼法》,台湾元照出版公司2016年版,第247页。

③ 民事法律行为与民事诉讼行为最大的区别在于:民事法律行为只关乎私权主体,即民事主体;因有公权力机关法院的介入,当事人的诉讼行为有时不仅关乎当事人本身,而且还可能关乎司法资源分配等国家和社会利益,民事诉讼行为可分为予效性行为和取效性行为。取效性诉讼行为是指不能单独直接因当事人的行为而获得诉讼行为之效果,必须有法院对该诉讼行为为一定帮助行为才能发生法律效果,如当事人事实上的主张和提出证据行为。参见陈荣宗,林庆苗:《民事诉讼法》(中),台湾三民书局2005年版,第439页。

官的相应义务①,但《民事诉讼法》偏偏忽视了法官的诉讼法律责任。如若我国《民事诉讼法》对法官违反程序法的行为缺乏相应的诉讼法律责任约束,那么民事诉讼法律责任制度在逻辑结构上必然会缺乏自洽性。

　　加之,我国民事诉讼法律责任制度的构成要件尚不明晰,大多数民事诉讼法律责任的主客观要件在立法上未有具体规定,而且具体法律责任形式的适用条件亦不完善。以罚款措施为例,由于相关法律规范将罚款措施的适用条件(适用范围)采概括和列举并列之立法方式,并将该责任方式与其他责任方式混同在一个条文中。这在很大程度上模糊了罚款措施的适用条件,致使相同案件适用罚款的情形有别,人们难免形成法官随意适用罚款措施之印象。此外,作为程序性制裁措施,发回重审的适用条件也颇具争议。《民事诉讼法》和《民诉法解释》就"严重程序违法"采取列举和兜底之规定。其中,对"其他情形"如何把握尚无具体标准。而且,作为发回重要件的"基本事实不清"也需进一步厘清,尽管《民诉法解释》就基本事实作出界定,但就"基本事实不清"和"事实不清"之区别尚无进一步说明。法官诉讼法律责任在民事诉讼法中缺位,现有民事诉讼法律责任制度的构成要件不明,具体法律责任形式的适用条件不清,从不同程度表明我国民事诉讼法律责任制度尚未体系化,难怪有学者认为我国现行民事诉讼法律责任制度只是一种自在性的法律责任制度。②

　　事实上,中国法治化进程离不开"法制程序化",而"法制程序化"的关键是诉讼程序。只有当诉讼法的独立地位和独特价值得到承认和尊重,诉讼法与实体法一样具有不可违反的法律尊严时,"法制程序化"才不会沦为空话。德国学者赫尔维格认为"民事诉讼法若不将诉讼欺诈视为违法而加以禁止,吾等将因过去、现在有此民事诉讼法而感到羞愧"。③ 而这一切的实现,既离不开传统观念的变革,又离不开法学理论的反思和重建,更离不开一系列程序制度(包括诉讼法律责任制度)的切实保障。在诉讼制度设计中,借用富勒的话,它不是以要求最大限度实现人类能力的"愿望的道德",而应当以规定有序社会成立所必不可少的基本原则及对违反者的惩罚的"义务的道德"为目标。④ 对于处于法律中枢地位的诉讼程序而言,关键是要有自己的法律

---

①　法官应当履行的义务有:在立案审查阶段,法院对符合立案条件的案件有立案的义务,在受理案件之后诉讼进程中,法院有保障当事人诉权得以实现的义务,有落实回避制度、审级制度的义务,有释明义务等。

②　廖永安,熊英灼:《论我国民事诉讼法律责任制度之构建》,载《烟台大学学报(哲学社会科学版)》2007年第1期。

③　Hellwig, Lehrbuch des Deutschen Zivilprozeßrechts, Ⅱ. Band, 1907, S. 41ff. 赫尔维格还认为,判决基于违反真实之基础于法发现之公益有所侵害。转引自姜世明:《民事诉讼中当事人之真实义务》,《东吴法律学报》2005年第十六卷第三期,第146页。

④　L. L. Fuller. The Morality of Law, 2nd, ed. (1969).

责任制度,以缩减恣意专断对自由的侵害,确保当事人获得公平对待。如果在制度层面对诉讼主体的违法或不当行为无相应之法律责任,就不能阻遏在诉讼上违反相关义务的行为。因此,如何从制度层面和理论上对民事诉讼法律责任的责任类型、构成要件、追责程序、救济程序等问题予以明确的界定,显得十分迫切和重要。

(二)民事诉讼强制措施难以有效制裁诉讼违法行为

大量的事实表明,在司法实践中,妨害民事诉讼的违法行为不绝于耳。虚假诉讼屡禁不止,虚假陈述似家常便饭,当事人铤而走险、伪造证据,案外人拒不履行协助义务等违法现象比比皆是。然因诸般原因,民事诉讼强制措施对妨害民事诉讼行为难以有效应对。有法官虽然"重视"拘留、罚款等强制措施,但在诸多场合,他们只是将这些强制措施作为保障案件审理和执行的有效手段,而非立足于对妨害行为的法律制裁。即便强调强制措施的法律制裁性,重塑其价值和功能,仅依凭五种强制措施,也恐难担制裁违法诉讼行为之大任。要因是,强制措施的适用对象仅限于当事人和其他诉讼参与人,而对作为诉讼行为主体之一的法官难有作为。如果不重构民事诉讼法律责任制度,必然使法官的违法审判行为落于民事诉讼法律制裁之外。

而且,强制措施难以有效应对当事人的不诚信行为。民事诉讼作为一种化解矛盾纠纷的最后一道防线,亦是民事权益的一种救济方式,其目的在于保障当事人的合法权益,维护社会秩序的和谐稳定。从这一层面来讲,民事诉讼庭审秩序是司法秩序的基本和核心内容,也是法律秩序的有机组成部分。任何当事人在利用民事诉讼方式救济其合法权益时,必须遵守一定的诉讼秩序。放任当事人违法诉讼行为不管,势必扰乱诉讼秩序,使正常的庭审程序难以为继。另外,无论是社会经济活动还是在法律领域,效率都至关重要,诉讼能够解决当事人之间不可自行解决的问题,但诉讼一样也会存在成本,我国的司法资源是宝贵而有限的,诉讼中运用法律处理案件应当以获得最大效益为基础。当事人不诚信的诉讼行为占用了有限的司法资源,导致一些真正需要救济的权利没有得到有效快速的救济,显然是造成了司法资源的无端浪费,损害了司法权威,造成不良的社会影响。因此,对不诚信的诉讼行为予以规制需要有系统民事诉讼法律责任制度予以应对。

以人民调解协议的履行为例。毋庸置疑,人民调解协议能否得到全面履行,是衡量人民调解纠纷效果和人民调解组织权威大小的重要因素。作为社会正义的最后一道防线,人民法院无论从优化社会治理结构、促进矛盾纠纷源头化解的角度,还是化解自身"案多人少"矛盾角度考虑,都应当把人民调解组织权威建设作为自己的一项重要工作内容,保障合法的调解协议得到全面遵守。① 为了提升人民调解组织的权

---

① 刘国承:《一位指导法官视野中的人民调解》,载《人民调解》2018年第10期。

威,巩固调解成果,对当事人任意反悔的行为予以惩戒就显得十分必要。对当事人任意反悔的行为予以惩戒的最佳手段是让任意反悔者承担法律上的不利后果。因为,对不诚信当事人进行惩戒,是解决司法领域信用缺失问题极为迫切和关键的举措。既然《若干规定》和《人民调解法》肯认了人民调解协议具有法律约束力——等于或高于民事合同的法律效力,①那么,作为法律适用主体的法官至少应坚持《合同法》鼓励民事主体在达成调解协议后诚实信用。因此,当事人在人民调解协议中约定有担保履约责任的,法官应责令反悔人民调解协议的当事人承担违约责任。更为重要的是,相关法律规范须规定任意反悔人民调解协议的当事人应承担的违约责任等不利后果。因为,只有科以不履行人民调解协议的当事人承担某种后果,才能促进对人民调解协议的自觉履行,树立人民调解的权威性与公信力。②当事人在人民调解协议中没有约定担保责任的,法官可根据诚实信用原则,让任意反悔者承担法律上的不利益。就反悔人民调解协议致诉案件审理对象的确定而言,若让渡权利者一方任意反悔人民调解协议而起诉的,作为其违背诚信原则的不利后果,除人民调解协议的内容有无效或可撤销之情形外,应当限定原告只能就人民调解协议进行诉讼。一则彰显人民调解协议的法律约束力,二则使原告真正感受到因反悔而带来的诉讼请求上的"不利益"。相关立法还应规定,"在任意反悔人民调解协议致诉案件的审理中,法院可以责令任意反悔者承担对方当事人因诉讼而支付的必要费用",以进一步明确对反悔者的制裁。如若法院对任意反悔者不加制裁,势必使不诚信的当事人占了便宜,这与法律保护权利之价值取向相悖,也难祛学理上"调解乃权利者让渡权利"之诟病,更与百姓朴实的公平正义观不合。

暂且避开目前法律责任分类是否科学、合理的问题,依据一般法理,违法诉讼行为理应受到相应的法律制裁。因此,在作为现行民事诉讼法律责任制度集中表达的强制措施运行不畅的情形下,重新构建民事诉讼法律责任制度具有现实必要性。

二、建构民事诉讼法律责任制度具有可行性③

如前文所述,建构我国民事诉讼法律责任制度具有深厚的法理基础,一是法律规范逻辑结构的完整性所需。民事诉讼法律规范只有具备法律制裁(法律责任),才能满足法律规范完整性要求。二是民事诉讼权利义务的统一性。通常,权利的实现依赖于义务的履行,如果义务得不到切实履行,权利保障可谓堪忧。而且,在法学范畴

---

① 调解协议是否等同于合同在学理上不无争议。参见江伟、廖永安:《简论人民调解协议的性质与效力》,载《法学杂志》2003年第2期。

② 赵钢:《人民调解协议的效力辨析及其程序保障》,载《法学》2011年第12期。

③ 关于可行性论证,主要参考李喜莲:《也论民事诉讼法律责任制度》,载《法学评论》2014年第6期。

中,既然将义务理解为引起法律责任的可能性,那么违反诉讼义务的主体就要承担法律责任或接受一定的法律后果。因此,民事诉讼法在强调保障当事人诉讼权利的同时,也要有完备的诉讼责任制度,以督促诉讼法律关系主体切实履行其所负的义务。三是程序自治对法律责任强制的依赖性。法律责任的强制与程序自治在程序法的运行中总是呈现出此消彼长的发展态势。民事诉讼法律责任制度的缺失或者运行不畅,必然导致民事诉讼程序"自治"的效果欠佳。因此,立法者和民事诉讼法学者在致力于民事诉讼程序自治性建构的同时,同样需要考虑如何完善民事诉讼法律责任制度,以强制实施既有的程序立法并严惩程序违法行为。在现行《民事诉讼法》中确立民事诉讼法律制度具有可行性。

（一）民事诉讼法律责任的独特性已日益突显

通常,一项法律制度的生成和有效运行须同时具备两个要件：一是该法律制度具有一般法律制度的规则性；二是该法律制度具有自身的优越性或曰独特性。[①] 当然,探讨民事诉讼法律责任制度的独特性显然需从其概念入手。因为概念乃是我们认识事物的工具和理论研究的先导,如果概念的本质属性不明,在此基础上建构的制度也就成了空中楼阁。具体到民事诉讼法律责任,它是作为本文研究对象的一个核心概念,其在目前的民事诉讼法学教材中鲜有提及。在学术探讨中,主要有以下几种观点：有学者认为,"所谓民事诉讼法律责任,是指民事诉讼法律关系主体和其他有关人员在民事诉讼活动中违反民事诉讼法而必须承担的程序上的不利后果,简称民事诉讼责任。"[②]另有学者认为,"民事诉讼法律责任是指民事诉讼主体因违反民事诉讼法所设定的程序义务而依照民事诉讼法应当承担的程序性不利法律后果。"[③]还有学者认为,"民事诉讼法律责任是指在民事诉讼中,人民法院及其审判人员、执行人员和书记员、检察机关及检察人员、诉讼参加人、其他诉讼参与人以及协助执行人、旁听人员及案外人违反民事诉讼法的规定,不当行使民事诉讼法规定的职权或权利,不当履行民事诉讼法规定的职责或义务,或者实施其他影响民事诉讼活动正常秩序的行为而应当承担的不利法律后果。"[④]笔者认为,上述概念虽在民事诉讼法律责任主体和内容的界定上有所不同,但在"民事诉讼法律责任是一种独立的责任,即诉讼法上的不利后果"之性质认识上则基本达成了共识。这种程序法上的制裁方式"蕴含着'违反程序规则即宣告结果无效'或者'违反公平游戏规则的结果不具有正当性'等纯粹程序

---

① 笔者认为,优越性是制度更替的要件之一,独特性则是制度"安身立命"的要件之一。
② 曹洪文,吴斌：《论民事诉讼法律责任确立的缘由》,载《湖南师范大学社会科学学报》2001年第S2期。
③ 田平安,罗健豪：《民事诉讼法律责任论》,载《现代法学》2002年第2期。
④ 郑志锋：《论我国民事诉讼法律责任制度之构建》,载《长春教育学院学报》2013年第4期。

主义的思维方式。"①也就是说,民事诉讼法律责任的主要内容是宣告违法行为不具有法律效力,不产生预期的法律效果。显然,民事诉讼法律责任的独立性是指其不以在民事实体上是否违法作为前提条件,只要行为人违反了民事诉讼法律义务,就要承担否定性的不利后果。民事诉讼程序所具有的相对独立的工具价值和完全独立的内在价值,使得民事诉讼程序能够也应该独立于实体而存在。因此,与实体违法必须承担法律责任一样,民事诉讼程序违法也完全应该承担相应的法律责任。毕竟,程序法与实体法一样具有强制性和规范性。程序法作为一种行为模式也被反复适用,当这种行为模式被违反时,也应当有相应的法律后果。② 毕竟,在现代法治的理念普照之下,偏重和强调程序独立价值的程序本位主义理念越来越被普遍接受。③

(二)民事诉讼强制措施制裁性之证成因应时代需求

"要想深刻地理解一种规矩或制度、一种法律准则或一种道德准则,就必须尽可能地揭示出它的最初起源……即使与生俱来的独特属性并不能必然地决定它如何发展,那些属性也肯定要深刻地影响到其发展的方方面面。"④其实,在民事诉讼法立法过程中,关于是否有必要规定强制措施,各界人士一直不乏争论。主张《民事诉讼法(试行)》规定强制措施的主要理由是,不少人法制观念十分淡薄,有的甚至是无法无天。在审判实践中,当事人传唤不到庭,哄闹冲击法庭,拒不执行人民法院生效判决,作伪证、伪造证据的情形比较严重。如果对前述行为不采取相应的强制措施,法院的审判活动就无法顺利进行,当事人和其他诉讼参与人的合法权益就很难得到保护。因此,对扰乱和妨害诉讼秩序的人采取相应的强制措施是十分必要的。⑤尽管有反对的声音,⑥但是强制措施还是在《民事诉讼法(试行)》中得以规定下来。

1991年《民事诉讼法》制定,以及在其后续的修改中,我国一直保留并不断完善民事强制措施。在连续40年的改革过程中,我国政治、经济体制改革向纵深发展,并且成效显著。法治建设与政治、经济体制改革相辅相成、休戚与共。⑦强制措施的完善不仅是对一个国家的司法观念、司法工作方法的完善过程,更是对社会经济、政治建

---

① 陈瑞华:《程序性制裁理论》,中国法制出版社2010年版,第146页。
② 孙笑侠:《法律程序剖析》,载《法律科学》1993年第6期。
③ 汤维建等著:《民事诉讼法全面修改专题研究》,北京大学出版社2008年版,第6页。
④ [法]爱弥儿·涂尔干:《乱伦禁忌及其起源》,汲喆、付德根、渠东译,上海人民出版社2006年版,第3页。
⑤ 唐德华:《民事诉讼法立法与适用》,中国法制出版社2002年版,第143~144页。
⑥ 在起草《民事诉讼法(试行)》时,对于要不要把罚款作为一种强制措施,讨论更为激烈。部分参与起草工作的人员认为,不应规定罚款措施,理由是"罚少了起不到作用,罚多了群众负担不起,执行起来困难"。见唐德华:《民事诉讼法立法与适用》,中国法制出版社2002年版,第154页。
⑦ 张文显:《人民法院司法改革的基本理论和实践进程》,载《法制与社会发展》2009年第3期。

设及转型的回应。客观地讲,民事诉讼强制措施制度孕育于计划经济体制下。于其产生的社会背景下,强制措施的性质是行政教育手段,立法宗旨在于保障良好的审判秩序。有学者认为强制措施与民事制裁、行政制裁、刑事制裁不同,强制措施是一种排除妨害的强制性手段,其主要功能不在于惩罚,而在于教育妨害人。① 有学者认为民事诉讼中使用司法拘留的目的是为了排除妨害,只要排除了妨害行为,就达到了适用民事拘留措施的最终效果。② 如前文所述,强制措施属于保障性强制手段还是制裁性强制手段长期无统一认识。保障性措施旨在排除妨害,以保障诉讼程序顺利进行,其应该适用于"事情尚有亡羊补牢之余地且非不合作者本人莫属来完成的场合",并不适用于"事态已无可挽回只能对不合作者施予惩罚之际"③。而惩罚性措施则要求违法行为一定要受到处罚,即使行为已经不再阻碍程序的进程,行为人仍然要受相应的处罚。我们认为,在当前推进依法治国的法治化治理背景下,强制措施理应回归其司法制裁之本性。毕竟,使违法行为者承受法律上的不利后果是强制措施的真正使命。换言之,只要行为实施了违法诉讼行为,不管其是否事后改正,均应受到相应的制裁。唯有如此,才能发挥法律规范的指引功能,才能确保司法秩序和司法权威,实现不断提高司法的公正和效率,更好地满足人民群众日益增长的司法需求。肯定强制措施的法律制裁性,才能从制度上、程序上对其加以完善,最终使该制度契合维护审判秩序、保障当事人合法权益之民事诉讼制度目的。

就现有的五种强制措施来看,其无一不是针对逃避民事诉讼义务或滥用民事诉讼权利的违法行为而采取的强制性惩罚措施。尤其是拘留措施,制裁性更为明显。因为,"司法拘留实质上都是对已经妨碍了诉讼活动顺利进行的人所施加的惩罚和制裁"④。根据社会主义法制原则的要求,对于任何违法者的违法行为,为了维护法律的尊严和权威,皆应依法追究其法律责任,并给以相应的法律制裁。例如,在执行程序中,对于已经实施的妨害执行的行为,如转移财产、对执行人员造成伤害等,这些都是已经发生且不可补救的行为,对被执行人适用拘留措施主要目的是为了让其对自己的违法行为承担一定的法律责任,受到一定的制裁。因为,"在维护司法权威时必须想办法在最大限度内用尽所有可行的制裁手段,其效果绝不能只是无关痛痒的,而一定要能够做到'立竿见影'的排除妨害并遏制此类行为不再发生。不仅要让不合作者立即改变自己的行为,更要在他的心头留下难以磨灭的震慑,从此不敢越雷池半步。"⑤

---

① 张婷编著:《民事诉讼法学》,中国商务出版社2006年版,第116页。
② 张明哲:《谈谈正确适用民事诉讼中的拘留措施》,载《法律适用》1988年第6期。
③⑤ 李响:《秩序与尊严——民事诉讼强制措施重构刍议》,载《法治研究》2011年第8期。
④ 程荣斌,王新清主编:《刑事诉讼法》,中国人民大学出版社2016年版,第210页。

毕竟,秩序是法律的最重要、最基本的价值。① 对于国家(政府)来说,首要的问题是建立一个合法的公共秩序。也正是从这一层面上看,民事诉讼强制措施乃一种法律制裁,②即妨害民事诉讼强制措施的外在表现形式是对违法者进行法律制裁,其内在的本质是依据民事诉讼法之规定对违法行为人的一种惩罚。民事诉讼强制措施的制裁性体现在三个方面:一是"并处"所体现的惩罚性;二是单位违法个人受罚所体现的制裁性;三是与刑事处罚的相关性。③ 客观地讲,"无论违法者的行为触犯的是实体法规范还是程序法规范,只要此种行为侵害了法律所保护的一定的社会关系,其行为的危害性达到了必须运用国家强力予以惩罚的程度,违法者就必须承担相应的法律责任……这就是民事诉讼强制措施属于法律制裁的根本所在。"④ 即便是持混合说的学者,也承认强制措施是对妨害诉讼的行为人所采用的一种带有制裁性的强制教育手段。⑤ 显然,《民事诉讼法》规定强制措施的目的在于维护良好的审判秩序,毕竟,人类可以无自由而有秩序,但不能无秩序而有自由。⑥ 如果没有具体秩序充当坐标系统,法实证论就无法区分法与不法,或是客观性和主观性恣意。⑦

(三)"正当程序"理念已逐渐为人们所接受

不可否认,我国长期以来只强调程序的外在工具价值,认为程序是确保实体公证的工具,它本身所具有的独立于裁判结果的价值往往被忽略。然而,随着西学东渐,为西方国家所重视的立基于"自然正义"之上的现代程序法,以及在宪法性原则基础上逐渐产生和发展起来的"正当法律程序"逐渐为我国国民所接受。这些原则对于推动我国程序法律制度的建立和完善起着极其重要的基础性作用。虽然,我国程序本位观念的培育和形成经历了一个较长的过程。随着民事诉讼法学研究的深入,民事诉讼法与民事实体法的关系被重新认识。民事诉讼纯粹为当事人私人之间的争诉之结论不断遭受质疑,同时认为民事诉讼法是规范和调整民事诉讼中各诉讼主体的诉讼活动和由此产生的权利义务关系的法律,是为了解决民事纠纷和帮助权利人实现

---

① 关明凯:《法律的三维透视:对法的价值、规则、事实的统一性研究》,法律出版社2007年版,第42页。
② 田平安:《正确适用民事诉讼的强制措施》,载《现代法学》1984年第2期;苏建清:《民事诉讼中的强制措施》,载《法学杂志》1999年第5期。
③④ 苏建清:《民事诉讼中的强制措施》,载《法学杂志》1999年第5期。
⑤ "对一般妨害诉讼行为采取的强制措施是教育手段,如训诫、责令退出法庭、拘传等,而对于严重妨害行为所采取的措施,如罚款、拘留则是程序上的制裁。"见何文燕主编:《民事诉讼法学》,湖南人民出版社2001年版,第247页。
⑥ [美]塞缪尔·亨廷顿:《变革社会中的政治秩序》,李盛平、杨玉生等译,华夏出版1998年版,第8页。
⑦ [德]卡尔·施密特:《论法学思维的三种模式》,苏慧婕译,中国法制出版社2012年版,第82页。

其请求权的法律,它与民事实体法的关系绝不是"助法"与"主法"的关系。毫无疑问,民事诉讼法具有自己的独立价值。目前,虽然我国宪法尚未对正当法律程序作出明确的规定,但为贯彻正当程序之基本理念,许多民事诉讼法学教材已将正当程序作为民事诉讼法的核心价值观念加以解释。"初学者在观念上务必确立一项基本的价值判断准则,那就是以正当程序或程序正义作为民事诉讼程序的基准性、终极性价值目标和价值取向,任何程序制度的设立都必须符合正当程序的要求。"①随着一批又一批法科学生步入社会,正当程序观念正在不断地为人们所接受。关于这一点,也可从专业化的司法队伍和程序本身的正义性已成为当前人们对司法的基本要求这一个方面得到证明。在当前的法治背景下,民事诉讼程序的制度化、法律化已普遍为人们所期盼。正当程序理念为人们所接受,从而既为重构民事诉讼法律责任制度奠定了坚实的理论基础,同时也为诉讼法律责任制度获取社会包容性铺平了道路。

(四)有效整合现有法律规范亦具有可操作性

如前文所述,我国民事诉讼法律责任制度在现行立法中虽远未完善,但在相关章节中仍有零散规定。除此之外,《宪法》更为我国整个法律责任和法律制裁制度的构建和运行提供了指导原则,该法第5条规定:"一切违反宪法和法律的行为,必须予以追究。任何组织或者个人都不得有超越宪法和法律的特权。"与此同时,《人民法院组织法》《法官法》《人民法院审判人员违法审判责任追究办法(试行)》等对法官"故意违反与审判工作有关的法律、法规,或者因过失违反与审判工作有关的法律、法规造成严重后果的"行为,亦在承担何种审判责任上作了相应规定;《国家赔偿法》还对违法审判应承担何种国家赔偿责任作了规定,等等。简而言之,在现有规范的基础上和《民事诉讼法》的框架内对民事诉讼法律责任制度进行完善,不但所需成本较低,而且具有现实的可操作性。

第二节 民事诉讼法律责任的立法体例

法律责任的立法体系,各国不尽相同。以强制措施为例,立法体例主要有两种不同的模式:一种是分散立法模式,即将不同的强制措施分别规定在相应程序中。如法国对不出庭作证之证人的传唤,德国对证人强制作证的措施,均规定在第一审程序中;另一种是集中立法模式,即将各种强制措施予以专章规定,如苏联和我国民事诉讼法。为了维护民事诉讼程序的有序进行,我国现行《民事诉讼法》对当事人及其他诉讼参与人在民事审判活动中违反民事诉讼法的行为,规定了程序性制裁与实体性

---

① 江伟,肖建国主编:《民事诉讼法》(第六版),中国人民大学出版社2013年版,第4页。

制裁并重的综合性强制措施。从这种意义上讲,有学者认为我国的民事诉讼法律责任制度已略具雏形并具有自身的一些特点。① 客观地讲,学者们对我国民事诉讼法中的"对妨害民事诉讼的强制措施"之性质尚无定论,即便认可其就是民事诉讼法律责任制度,其不管是于科学的立法理念而言,还是于科学的责任制度体系而言,均有诸多不足。笔者主张,我国民事诉讼法律责任应该独立成章,形成相对完整的民事诉讼责任体系,以突出民事诉讼法律责任的重要性。具体而言,重构民事诉讼法律责任制度宜对现行散落的条文加以整合,将《民事诉讼法》第十章的章名由"对妨害民事诉讼的强制措施"改为"民事诉讼法律责任",以统合各种诉讼法律责任形态。具体理由如下:

一、契合我国法律责任制度的立法模式

法律制度是历史的产物,烙着一国政治、经济和文化的印记,具有十足的"地域性"特点。我国作为一个法制后发国家,曾一度以借鉴、移植西方法制为发展路径。但在最近十余年相继颁行的一系列重要法律规范中,存在诸多具有"中国元素"的法律制度。② 我们需要在运用体系化思维方法梳理民事诉讼制度的基础上,建构起对中国的民事诉讼立法、民事诉讼实践具有解释力的中国特色诉讼法律责任体系。

(一)与其他实体法律责任的立法体例保持一致

业内周知,我国《民法通则》和《民法典》均突破了大陆法系将民事责任规定在债权编之立法体例,采用以专章规定民事责任。我国《刑法》和《行政法》也采专章对法律责任进行规定。事实上,以专章规定法律责任之立法模式,经过长期的法制宣传教育和司法实践已为广大人民群众和法律工作者普遍接受和熟悉。因此,把"民事诉讼法律责任"作为专章进行规定,既可以与其他法律责任的立法体例保持一致,又能满足民事诉讼法自身需要。法律规范的基本逻辑关系是权利、义务、责任。义务为"当为",主要靠当事人自觉履行,责任是违反义务之结果,主要靠国家强制力强制履行。民事诉讼法律关系离不开法律责任制度的保护。民事诉讼法规定各诉讼主体的民事诉讼权利、民事诉讼义务,诉讼主体不履行民事诉讼义务就要承担民事诉讼法上的不利后果。以专章规定民事诉讼法律责任能够体现民事诉讼法律规范设定权利、义务和责任的基本逻辑,矫正现行《民事诉讼法》对法院授权过多,而强调责任不足之局

---

① 廖永安,熊英灼:《论我国民事诉讼法律责任制度之构建》,载《烟台大学学报(哲学社会科学版)》2007年第1期。

② 在民事实体法中,如《合同法》中关于法定解除权产生条件的规定;《物权法》中关于物权变动模式的规定;《侵权责任法》中关于侵权责任承担方式多样化的规定以及关于多元损失分配机制的规定;在刑事法律规范中的认罪认罚从宽制度等。

面,同时,在立法体例上与现有实体法律责任制度的立法体例一脉相承。诉讼法之理论及规定,固然应有其独自之考虑,而不必一味追随实体法之规范,然而以实现实体法秩序及权利为其重要功能的诉讼法,如因其在法律责任制度上之设计运作而产生破坏或混乱实体法秩序之结果,则将使利用诉讼制度的人们无法接受而丧失对司法之信赖。

(二)在民事诉讼立法中彰显"中国元素"

《民法通则》虽出台于我国法制建设初期,但该法的立法体例不乏创新之处。特别是民事责任一章的设立因应了当时的社会现实需求,以"民事责任"之专章统一违约责任、侵权责任及其他违反民事义务的责任,彰显了中国民法的特色。[①] 民事诉讼法律责任单独列为一章进行规定,继受民事实体法之立法传统,使民事诉讼法与实体法一样具有较为系统的法律责任制度,可进一步发扬中国法制建设的特色。同时,将民事诉讼法律责任以专章进行规定,在一定程度上可以改变长期以来民事诉讼法无法律责任的直观印象,矫正"重实体,轻程序"的传统观念。而且,将民事诉讼法律责任单独成章也将是我国法制建设的一项创举,这一大胆创新是基于我国国情和时代背景的需要进行的。随着时间的推移,中国特色法律体系需要不断创新,以保证法律的有效性和适用性。

二、有利于民事诉讼法律责任制度的有效运行

制度的目的在于有效运行。要实现这一目标,已经制定的制度本身必须是科学的、合理的。专章规定民事诉讼法律责任制度便于法律职业者集中学习掌握,进而推动该制度的有效施行。

(一)易于职业共同体熟悉掌握

我国不乏学者主张,应将民事诉讼法律责任规定在具体制度和程序中。如有学者认为,"妨害民事执行行为的强制措施应当从妨害审判行为的强制措施中分离出来,并入到民事执行程序中去"。理由是,"妨害民事执行行为的强制措施与强制执行措施实际上处于同一程序中,具有相同的制度功能。人为地将妨害民事执行行为的强制措施与强制执行程序分割开来,不仅影响执行程序实体功效的充分发挥,而且在理论逻辑上也难以自圆。"[②]这位学者还主张,"如果将来我国制定单独的民事强制执行法,那么关于妨害民事执行行为的强制措施的内容,可以规定在民事强制执行法

[①] 刘士国:《论民法总则之民事责任规定》,载《法学家》2016年第5期。
[②] 胡夏冰:《妨害民事执行行为强制措施立法模式的选择》,载《人民法院报》2011年6月22日,第008版。

中"。笔者认为,将诉讼法律责任统一进行规定,不会削弱某种具体责任方式的功能,更不会将责任方式与具体程序制度人为割裂。相反,根据民事责任制度的立法经验,集中性立法最大的好处在于法律共同体能够熟悉掌握各种责任方式和其具体的适用条件,有利于发挥各种责任方式的功能;可以引导民事诉讼法律关系主体强化自觉履行法定或者约定义务的意识,预防并制裁违反民事诉讼义务的行为,切实保护当事人的合法权益,维护司法秩序。

(二) 有利于诉讼法律责任制度的统一适用

由于民事诉讼立法没有专章规定对违法行为应当承担的诉讼法律责任,曾一度使人们步入"违反民事诉讼法的行为无须承担法律责任"的误区。[①] 学理上,一些学者也认为民事诉讼强制措施不是法律制裁。一项法律制度是否需要通过以"专章"的形式来设立,主要是根据制度本身的重要性和适用取舍。民事诉讼法律责任的章节和条款内容的设置,主要是从《民事诉讼法》及其他相关法中已有的内容中提取,并适当予以增补、完善,具体条文内容主要围绕诉讼法律责任的构成要件进行。专章规定民事诉讼法律责任制度可以明确实体法律责任和程序法律责任的具体内容。民事诉讼责任与民事诉讼违法行为不可分割。就民事诉讼活动而言,其应当包括法院的审判行为和当事人的诉讼行为。设定民事诉讼法律责任既要考虑责任形式,又要考虑具体的责任主体。体例结构、立法技术所决定的民事诉讼法律责任的内容尤为重要。以专章集中规定,能够兼容前述各种要求。尤其是,诉讼法律责任的构成要件在专章进行统一规定,可以保证不同主体应承担的诉讼法律责任的统一性和法科学性,使各种责任形式有统一的适用规则。更为重要的是,可以改变现行民事诉讼法律责任因长期被淹没在少量条文中而被弱视的境况,彰显诉讼法律责任制度的重要性。

三、有利于丰富民事诉讼法学理论

有学者认为,民法总则专章规定民事责任可以彰显民法理论研究的进步性。相比之下,我国民事诉讼法律责任为学者理解、接受尚需时日,以专章规定更能引起学界的重视,更能够推动民事诉讼法学研究。

(一) 有利于推动学界进一步关注民事诉讼法律责任

"法学复兴始于历史法学,法学昌明始于注释法学。"以专章规定民事诉讼法律责任可以推动学界进一步关注、探讨民事诉讼法律责任制度的内容;进一步辨析"诉讼义务""诉讼法上的负担""诉讼法律责任"等概念;不断丰富民事诉讼法律责任的内

[①] 苏建清:《民事诉讼中的强制措施》,载《法学杂志》1999年第5期。

涵。尤其是,对民事诉讼法律责任的构成要件进行注释研究,可以不断丰富民事诉讼法学理论成果,为进一步完善立法提供智力支持。立法与理论研究密切关联。专章设置民事诉讼法律责任制度既需要学术研究贡献力量,又为学术研究提供丰富的素材,研究视角更为集中,成果也更具针对性。

(二) 有利于充实民事诉讼法学理论

专章规定民事诉讼法律责任制度必须涉及"民事诉讼法律行为""民事诉讼法律关系""民事诉讼法律责任追诉程序"等概念。自然会刺激民事诉讼法学者进一步研究民事诉讼行为理论、民事诉讼法律关系理论、民事诉讼法律责任形态等问题。前述理论的丰富和完善,可以丰富民事诉讼法学理论体系,充实民事诉讼法学理论内容,进一步推动法学教育和法律职业的发展,促进民事诉讼法学的体系化发展。

第五章　民事诉讼法律责任制度的具体内容设计

专章规定的民事诉讼法律责任,须有以抽象方式提取的各程序环节中关于民事诉讼法律责任内容最大"公因式"的立法技术。而且,"汇聚"起来的法律责任制度内容必须是诉讼法律责任共同的且重要的东西,应对各程序环节具有"普适性"。这就要求我们必须精心设计这一章的具体内容。法律关系是人与人之间的法律纽带。①无论就法律适用还是法学研究而言,"法律关系"都是一个核心概念。民事诉讼法律责任制度内容的设置也应围绕"民事诉讼法律关系"来展开,②具体内容用"规范"方式来表现,摒弃所有脱离"规范"的口号或者政治性宣誓。

第一节　规范法官的诉讼法律责任

法官作为行使审理裁判权和诉讼指挥权的法定主体,对民事诉讼程序的规范化运作发挥至关重要的作用。虽然社会各界,特别是司法机关本身对法院或法官程序违法行为的危害性早有认识,③但是在应对法官违法行为方面尚未寻找到合理的方法。事实上,社会各界(包括立法机关和司法机关)对法院或法官违法审判行为的危害性有最基本的预判力——不仅有损程序的权威和公正,还会侵犯当事人或其他诉讼参与人的合法权益。如若法官违法审判行为无相应法律责任规制,那么民事诉讼程序正常运行的理想就会落空,保障当事人合法权益也将变成"口号"。因此,明确法院或法官的民事诉讼法律责任是健全民事诉讼法律制度最为关键的一环。在整合现有法律规范的前提下,进一步明确审判人员应当承担的诉讼法律责任,健全民事程序法律责任、民事实体赔偿责任、司法行政责任和刑事责任的立法体系,使民事诉讼法律责任能集中规定在《民事诉讼法》中。

---

① ［德］迪特尔·梅迪库斯:《德国民法总论》,邵建东译,法律出版社 2000 年版,第 51 页。
② 学理上关于民事诉讼法律关系的学说众说纷纭,主要有"一面关系说""两面关系说""三面关系说""法律关系状态说""多面关系说""审判关系和争讼法律关系说"等学说。其中,占有通说地位的乃多面说,具体包括:三面关系说、法律关系状态说、审判关系和诉争关系说等。这些学说的共性是,民事诉讼法律关系是法院与当事人和其他诉讼参与人所形成的各类法律关系以及当事人和其他诉讼参与人相互之间所形成的法律关系。
③ 20 世纪 90 年代,司法机关针对法官违法行为出台的错案责任追究制,表明司法机关已经意识到并积极回应司法违法行为的决心。

一、充实法院(法官)的程序性法律责任

整合《民事诉讼法》《民诉法解释》等相关法律规范关于法官程序性法律责任的内容,明确法官程序性责任的具体类型,使之系统化。其一,宣告法官违反程序法的诉讼行为无效。应当全面贯彻"违反程序规则即结果不正当或无效"的纯粹程序正义理念,对违反民事诉讼程序规则的程序法律行为应认定不产生其预期法律效果。上级法院可以撤销下级法院的违法裁判,当事人可因法官的违法行为无效而申请程序回复。例如,若法院送达行为不符合程序法之规定,则不发生送达效力。若当事人因法院送达行为违法而错过上诉期,其便可以申请回复原状以求救济,即回复上诉程序。[①] 因为,当事人有不少诉讼权利必须经由法院作为或不作为才能够实现,故若对法官的违法审判行为不加规制,诉讼程序和审判结果的公正性即会因此受到威胁,当事人的诉讼权利乃至实体权利也就难以保障。其二,明确程序重作的各种要件。从立法上进一步明确程序重作的"程序违法"要件,明确一般程序违法和严重程序违法的界限。通过司法解释对"严重"二字进行合理解释。在保留相关法律规范列举的"严重"程序违法行为外,应针对司法实践中普遍存在的人民法院或法官恶意规避管辖等地方保护主义行为、滥用简易程序、违法送达以及严重超审限办案等程序违法诉讼行为纳入程序重作之诉讼法律责任的适用范围。此外,对程序重作的实体要件进行必要的解释。我们认为,作为程序重作条件的"基本事实不清"中的"基本事实"应当与"法律要件事实"同义。民事诉讼法应当以"要件事实"清楚与否作为程序重作的实体判断标准,一则乃因德国、日本等民事诉讼立法、学理和实践中普遍使用"要件事实"之概念;二是乃因要件事实系实体权利的成立要件。同时,为尊重当事人处分权,是否要求法院承担程序重作之诉讼法律责任,理应赋予当事人选择权,即当事人可以选择原审法院程序重作,也可以选择与原审法院同级的其他法院予以程序重作,甚至还可以请求上级法院对"要件事实"不清案件行使二审裁判权,以内部监督的方式矫正一审法院的违法诉讼行为或消极不作为。

二、充实法院(法官)诉讼中的实体法律责任

其一,整合《法官法》及其司法解释、《民事诉讼法》及其相关司法解释、《人民法院监察部门调查处理案件暂行办法》《人民法院工作人员处分条例》等法律法规或司法解释中有关法官惩戒的规定,吸收《法官法》等法律规范中关于法官责任的具体内容,以系统规定法官的实体性行政责任,并具体明确各种行政责任(实体性法律责任之

---

① 陈荣宗,林庆苗:《民事诉讼法》(中),台湾三民书局2005年版,第393~394页。

一)的适用条件。

其二,整合《国家赔偿法》《最高人民法院关于审理民事、行政诉讼中司法赔偿案件适用法律若干问题的解释》《刑法》等相关规定,吸收借鉴《国家赔偿法》《刑法》等法律规范中关于司法赔偿责任的合理内容。审判权的不当行使会给当事人或案外人造成一定的民事实体权益损害,应当明确法官因故意或重大过失实施违法审判行为所应承担的国家赔偿责任,刑事责任等。

三、科学设置法官的个人责任

法官既然拥有审判的权力,那么就须承担相应的责任和义务。若法官故意实施程序违法行为,损害了当事人合法权益,即应当根据行为性质对该法官给予警告、记过、记大过、降级、撤职、开除等处分。"当法官从天国降身尘世,我们看到,他也是人;为了赋予其判决以价值,我们开始在司法过程的更为精确的机制中找寻某些保障措施,以确保每个判决总将是理性而非恣意行为的产物。"①依据法理,法律程序既是行为模式(步骤和方式),又是对权力的约束机制。然而现实一再表明,在中国特有的国情下,缺乏制裁性的程序约束机制并不能有效地约束审判权力,故而有必要对故意违反程序法的法官个人设定必要的法律责任。显然,相对于实体法律制裁所具有的促使普通民众遵守实体法的功能而言,诉讼法律责任(程序性制裁)则有督促国家公权力机构如法院等遵守法律的意义。毕竟,"党中央号召公安、检察、法院和一切国家机关,都必须依法办事。由此可见,这里所说的追究法律责任,特别着重的是国家机关工作人员。"②

第二节 完善当事人和其他诉讼参与人的诉讼法律责任

以诉讼法律关系为核心来设置诉讼法律责任制度的内容具有天然的逻辑自洽性。在民事诉讼中,当事人行使诉权与行使审判权的法院之间形成了审判法律关系,并与对方当事人形成争诉关系。当事人违反程序法的行为主要可分为两个方面:一是违反与审判权相对的诉讼义务的行为;二是违反与对方当事人诉讼权利相对应的诉讼义务的行为。违反审判权相对义务的主要法律责任为,程序失权或重作等程序责任,以及被采取强制措施或承担相应的刑事责任,可以通过进一步完善民事诉讼强制措施,并整合现有的关于驳回起诉、举证失权制度、缺席判决以及宣告诉讼行为无

---

① [意]皮罗·克拉马德雷:《程序与民主》,翟小波,刘刚译,高等教育出版社2005年版,第5页。
② 杨玉清:《关于法律责任的几个问题》,载《法学研究》1957年第1期。

效等须由当事人承担的不利后果之种种规定,规制当事人的程序违法行为。鉴于后一种情形关涉当事人双方的权利义务,因此,一方当事人不履行相应诉讼义务时,应向对方承担相应的法律责任,这种责任既可以是民事侵权责任,也可以是行为无效等程序法上的责任。充实当事人及其他诉讼参与人的诉讼法律责任应从以下两方面着手:

一、完善民事诉讼强制措施

现行民事诉讼法律责任制度将当事人应负的法律责任主要归结为五种强制措施。但是,实践表明,五种强制措施的适用条件尚不明晰,适用程序也欠规范。因此,在设置民事诉讼法律责任制度时,对强制措施应予以完善。我们认为,在当前法治背景下,应当废除责令退出法庭,[1]并对责令退出法庭、拘传、罚款和拘留四种强制措施予以完善。[2] 具体建议如下:

(一)明确各种强制措施的适用条件

《民事诉讼法》规定强制措施的目的在于消除妨碍民事诉讼法庭审理的行为,使违反法庭规则的诉讼参与人承担相应的法律责任。如前文所述,罚款、拘留措施在司法实践中运行不畅的要因是其适用条件不明,因此,在建构体系化的诉讼法律责任时,应明确各种强制措施的具体适用条件。合理设置强制措施的适用条件,必须符合比例原则的内涵,根据违法行为的轻重程度,分别适用警告、训诫、罚款、拘传、拘留等措施,当事人扰乱法庭秩序情节严重,且采取其他强制措施难以遏制其违法诉讼行为的,则对其适用责令其退出法庭之措施,形成应对不同情形的递进式体系。笔者认为,对于原被告责令退出法庭之前,法官应当先行警告或训诫,如若警告、训诫之后,当事人继续实施违反法律行为的,法院才能适用对其责令退出法庭的措施。这种递进式的法律规定,意在强调法庭在对行为人破坏法庭秩序的认定时必须设置必要的边界,各种强制措施的适用需要合乎维护法庭秩序的目的性和必要性,同时,也要兼顾被处罚的行为的基本诉讼权利。

首先,需要对各种妨害诉讼行为的危害程度予以细化规定,区分各种强制措施适

---

[1] 主张废除责令退出法庭这一强制措施的主要理由是,该强制措施不具有可操作性,具体参见本文第三章"我国民事诉讼法律责任制度运行现状"的第一节"民事诉讼强制度措施的运行现状";此外,有学者在调研中发现,某P市法院2012—2014年无适用责令退出法庭措施的案件(参见安琪:《P市法院民事强制度措施适用调研报告》,辽宁大学2015年硕士论文);另一调查研究数据表明,某法院2008—2012年只有2件适用责任退出法庭的案件(参见张平:《从民事诉讼强制措施逆向选择之评析——以中部某省784件相关案件为蓝本》,载《湘江青年法学》2015年第1期),这也从侧面证明没有保留该项强制措施的必要。

[2] 训诫类似于"批评",对当事人的不当行为予以批评,促使其矫正是执掌审理裁判权的法官应当拥有的权能,常适用于一些情节轻微的违法诉讼行为。

用条件的界限。有学者提出利用分格技术对现有法律规定的处罚幅度进行二次细分,①即将"法律要件"加"量罚"的分格技术②运用到违反法庭规则妨害行为上,"分格"须与"法律要件"结合在一起,搭建强制措施"决定"的形成路径。具体而言,将妨害民事诉讼行为划分为轻微、一般、严重三大类,每一类均对应不同的强制措施,三大类又细分为九小类。③承办法官在适用罚款措施时仍有一定的自由裁量权,同时法官又不会感觉适用法律困难。以罚款措施为例,笔者认为,我国在建构民事诉讼法律责任时,可以借鉴这种分格技术,并由最高人民法院在司法解释中对民事罚款的幅度作出具体规定。

其次,设置弹性的罚款数额。在废除责令退出法庭这种措施后,罚款将成为适用性仅次于训诫的强制措施。为了避免随意罚款和选择性罚款的现象,理应对不同的妨害行为规定弹性的罚款数额。域外不乏实行弹性罚款标准的规定,例如,美国对持续性违法行为可采用按日计算罚款数额,以加强对行为人的制裁;④日本《民事诉讼法》根据不同的妨害行为采用不同的罚款幅度,并按照妨害行为对诉讼进程影响的大小规定不同的罚款上下限。⑤ 分别规定不同妨害行为罚款的上下限,能够控制法官决定罚款金额时的范围,从而引导法官正确处理妨害行为。结合我国国情,不妨将违法诉讼行为分为以经济利益为导向和不以经济利益导向两种。对不以经济利益为导向的违法诉讼行为,如违反法庭规则、扰乱法庭秩序、逾期举证、证明妨害等,设定较低罚款幅度;明显以经济利益为导向的违法诉讼行为,如恶意诉讼企图侵占他人财产的行为,恶意转移、隐藏财产行为,拒不执行具有金钱给付义务的判决裁定,以及在财产性诉讼中恶意毁灭、伪造重要证据等违法或不当诉讼行为等,则设置较高的罚款幅度。针对不同的行为规定弹性的罚款数额区段,既可体现责任与违法行为危害性相当的原则,又可对法官起到比较明确的指引作用。此外,还应明确罚款数额与诉争标的额的关系。一般而言,诉争标的额较大,当事人铤而走险实施违法诉讼行为的可能性更大,违法诉讼行为的危害性也较大。因此,对于诉争标的额较大的案件,对当事人适用的罚款数额应当要高,具体可以参照诉讼费用的负担标准来确定。例如,行为人为了获取非法利益实施虚假诉讼、串通逃避执行等妨害审判、执行秩序行为,对其

---

①③ 张平:《从民事诉讼强制措施逆向选择之评析——以中部某省784件相关案件为蓝本》,载《湘江青年法学》2015年第1期。

② 余凌云:《游走在规范与僵化之间——对金华行政裁量基准实践的思考》,载《清华法学》2008年第3期。

④ 陈太清:《美国罚款制度及其启示》,载《安徽大学学报(哲学社会科学版)》2012年第5期。

⑤ 参见日本《民事诉讼法》第192条:"证人没有正当理由而不出庭时",法院可处10万日元以下罚款;第225条:"第三人不服从提出文书命令时",法院可处20万日元以下罚款。

第五章 民事诉讼法律责任制度的具体内容设计

罚款应与诉讼请求数额以及逃避执行数额挂钩,根据不同妨害行为的性质,设置弹性的罚款数额。最后,确立制裁与妨害行为相当原则,明确规定适用拘留措施的法定情形。由于拘留是限制人身自由的较严厉的制裁措施,对其适用条件应由立法明确加以规定,对"情节严重"这一兜底条款尽可能进行具体规定,避免法官避轻就重任意适用拘留措施。此外,区分各种妨害诉讼行为的严重程度,处以相应期限的拘留。针对不同类别、不同程度的妨害行为规定不同期限的拘留。可以在规定拘留适用情形时,一并规定制裁期限。只有确立法律责任与妨害行为严重程度相当的原则,才能进一步遏制任意适用拘留措施的问题,做到审慎合理地运用。

(二)规范各种强制措施的适用对象

第一,规范拘传的适用对象。虽然有学者对《民诉法解释》将拘传对象扩大到原告充满了担忧和不安,甚至有学者主张废除拘传制度。[①] 但从民事拘传制度功能实现的角度进行分析,这一制度不是完全没有存在的必要性和合理性。需要思考的问题是如何甄别拘传的适用对象,构建既不过分、又与实际相适应的民事拘传制度。秉持对特定妨害民事诉讼行为的诉讼法律关系主体必要制裁与当事人自由处分相平衡的理念,笔者主张从以下三个方面来甄别拘传的适用对象:

其一,取消民事拘传适用特定原告的规定。《民诉法解释》将拘传的适用对象扩大到原告,违背了不告不理之法理,与司法的消极性和被动性不符。民事诉讼规律表明,没有谁比当事人更关心自己的诉讼利益。依据私法自治之法理,当事人对自己的实体权利和诉讼权利有积极处分或消极处分的自由。民事拘传制度的立法宗旨无外乎确保法院查明案件事实,以便在事实清楚的基础上适用法律。如果因为原告不到庭而导致案件事实无法查明,法院按照撤诉处理即可。在原告委托诉讼代理人出庭的情况下,如果原告委托的诉讼代理人举证不能导致原告方主张的事实真伪不明时,原告方也要承担败诉责任。显然,原告出庭与否,与不能查清案件基本事实的法律后果之承担没有必然关系。因此,即便是案件基本事实不清,也没有必要将原告拘传到庭。从另一层面讲,对无正当理由不到庭的原告按撤诉处理,不会导致原、被告双方诉讼权利的失衡,亦不会损害民事诉讼的内在价值。我国现行的民事拘传制度在理念上秉承和体现了事实探知绝对化这一职权主义诉讼模式。客观地讲,原告无正当理由不到庭,只是其懈怠行使诉讼权利的反映,是原告消极处分自己诉讼权利的体现。在此情形下,若认可法院有采取强制措施强令原告出庭的权力,只能彰显我国民

---

① 学界对民事拘传制度的指责主要集中在拘传的效果不佳,法院有偏袒原告之嫌等问题上。而这主要是法律适用问题,并不能在价值或功能上彻底推翻该制度存在的必要性。此外,从比较法的视角考察,也无法得出应当废除民事拘传制度的结论。

事诉讼法较强的职权主义、职权探知主义的色彩,最终导致当事人处分权原则的虚置。这相较于域外各国民事诉讼立法而言,无疑是一种历史的倒退。

其二,民事拘传限制性地适用于特定被告。拘传是一种强制措施,对人身有一定的强制性,因此必须对其进行严格限制。按照现行《民事诉讼法》之规定,被告无正当理由不到庭可分为两种情形:一是必须到庭的被告不到庭,二是并非必须到庭的被告不到庭。对于后者,仍可视为当事人对自己权利的处分,如果要强调被告对民事诉讼程序顺利进行的协助义务,只要依法规定被告有答辩的义务即可。因为,被告依法履行了答辩义务,即使其不出庭应诉,法官也可以从原、被告的诉答状中归纳出争议焦点,依凭原告单方的陈述和"辩论",也能进行缺席判决。[①] 学界近乎一致认为,对于必须到庭的被告可以适用拘传,这里的关键点在于如何界定必须到庭的被告。笔者认为,在民事审理程序中,必须到庭的被告仅限于两类:一是负有赡养、抚育、抚养义务的被告,二是确认身份关系案件的被告。理由如下:其一,赡养、抚育、抚养是具有一定人身关系的人们之间的法定义务。义务人往往是在不履行法定义务的情形下才成为被告,强制这些案件的被告到庭参加审判,对被告不履行法定义务的行为进行批评教育,有助于判决内容的及时履行。其二,确认身份关系的案件(如离婚案件、收养关系、亲子关系等案件)往往涉及当事人之间的身份关系。法院判决解除抑或维持当事人之间的身份关系对当事人的生活具有深远影响。因此,对这类案件的被告,法院应当强制其到庭"表态",不宜简单适用缺席判决。此外,对于必须到庭接受询问的被执行人或者被执行人的法定代理人或负责人,无正当理由不到庭,也可以适用拘传。相较于民事审判程序而言,执行程序是落实当事人之间已经确定的权利义务的程序。被执行人作为义务人,若拒不协助法院执行,难以落实权利人的合法权益。因此,法院对于应当到庭接受询问的被执行人或者被执行人的法定代理人或负责人采取拘传之强制措施并无不当。

其三,民事拘传可扩大适用于必须到庭作证的证人。证人是指知道案件事实情况并向法院和当事人提供证言的人。在大陆法系国家和地区,民事诉讼贯彻直接言词原则。有鉴于此,绝大多数大陆法系国家和地区的相关法律将证人出庭作证规定为一项义务。《日本民事诉讼法》第194条规定:"凡传唤之证人,皆须投到传唤之受诉法院或受命推事前,此原则也。"《韩国民事诉讼法》第303条规定:"受韩国审判权管辖的自然人均有作为证人的义务。"《法国民法典》第10条也规定:"任何人均有义

---

① 原则上,缺席判决只需要对原告的诉讼请求和理由以及证据的合法性和真实性进行审查和核实,而无须对整个案件事实进行调查。但实际上,受事实探知绝对化理念影响,法官在审理案件时,如果条件允许(案件压力不大,有足够的时间和精力的情况下),法官仍然会对案件的事实进行调查,直到自己认为事实清楚为止。

务为司法提供协助,以查明事实真相。"鉴于证人具有不可替代性,故而在证人无正当理由不出庭作证时,前述国家的《民事诉讼法》规定对证人可以适用拘传。① 我国现行《民事诉讼法》第72条规定:"凡是知道案件情况的单位和个人,都有义务出庭作证。"关于民事拘传是否适用于证人,在制定1982年《民事诉讼法(试行)》时曾有过争论。一种意见认为,鉴于目前证人不愿出庭作证的现象比较严重,有些案件在证人(唯一证人)不出庭作证的情形下无法及时解决,此时可以对证人适用民事拘传。另一种意见认为,证人不出庭的原因很复杂,如果强制证人到庭而证人不作证,反而影响审判工作的进行,故而认为拘传证人利少弊多。客观地讲,我国民事司法实务对证人出庭作证存在较强的需求,但与此强烈需求形成鲜明对比的是,我国证人出庭率较低。针对这一现象,有学者从比较法的角度指出我国民事拘传对象应该适用于证人和鉴定人。② 笔者认为,证人作为民事诉讼法律关系主体之一,其出庭作证从根本上说不是为当事人提供法律服务,而是协助法院查明案件事实。从这种意义上讲,证人出庭作证是其负担的一项公法上的义务。必须出庭作证的证人无正当理由拒不出庭,是其对国家承担义务的违反。违反法定义务理应受到法律制裁,故而对必须出庭作证的证人适用拘传具有合理性和正当性,这也是世界各国拘传制度存在的基本法理依据。而且,就我国而言,在立法上明确对必须到庭的证人可以适用拘传,可以有效缓解我国民事诉讼中证人出庭作证难的问题。有必要说明的是,鉴定意见在我国民事诉讼中也是重要的证据类型,鉴定人亦有出庭的义务。然而,鉴于鉴定人具有可替代性,故而不宜对其适用拘传。

第二,规范责令退出法庭强制措施的适用对象。如前文所述,依据相关法律规范之规定,责令退出法措施的适用对象具有多元性,其既可以适用于旁听的案外人,也可以适用当事人、诉讼代理人、证人等诉讼参与人。为维系民事诉争案件两造到庭之对审结构,确保法院作出公平、适正的裁决,实现当事人的合法听审权,民事诉讼立法鼓励双方当事人于庭审期日到庭并在受诉法院前积极地进行攻击防御。如若当事人在被责令退出法庭且无诉讼代理人的情形下,法院对受诉案件按撤诉处理或进行缺席判决,实际上"剥夺"了当事人参与法庭辩论的权利。从诉讼胜败角度而言,其法律后果(不利后果)远远大于罚款和拘留,难怪当事人视法院责令退出法庭后的"按撤诉

---

① 有必要说明的是,文中提及的大陆法系国家和地区的民事诉讼法规定,在对证人适用拘传这一强制措施前,先对证人科以一定数额的罚款。此种罚款的适用不能免除证人出庭作证的义务,即对证人予以罚款后,其仍然拒绝出庭作证的,可强制拘传其到庭。事实上,受日本民事诉讼法影响的1935年《中华民国民事诉讼法》第303条也有类似规定,即"证人受合法之传唤无正当理由而不到场者,法院得以裁定科五十元以下之罚锾。证人已受前项裁定仍不遵传到场者,得再科一百元以下之罚锾并得拘提之。"

② 周洪江:《比较法视野下的民事拘传制度》,载《民事程序法研究》2014年第2期。

处理"为"程序违法",并以此为由申请上诉和再审。① 尤其是,在二审程序中,若当事人被责令退出法庭后,法院按当事人撤回上诉处理,这无异于剥夺当事人的审级利益,阻断当事人二审救济的途径。因为,当事人于庭审中违反法庭纪律,已然经过了上诉期,如果此时按撤回上诉处理,那么一审裁决就发生效力,当事人再无二审之救济机会。事实上,有裁判文书表明,当事人经传票传唤,在一审中无正当理由未到庭参加诉讼,一审法院依法缺席判决后,当事人提起上诉并在二审程序中提出相关证据;二审法院认为为查明本案事实,当事人必须到庭,就相关证据进行核对,于是依据相关法律规范撤销一审的"缺席判决",并将案件发回重审。② 有鉴于此,为了保障当事人的听审权和法庭辩论的权利,对于当事人应当慎用责令退出法庭。在特定情形下,对于严重违反法庭秩序的当事人可以适用罚款措施来代替责令退出法庭。如此,一则可以保障当事人的法庭辩论权,二则不致使庭审程序难以为继。

(三) 规范民事罚款和拘留措施的适用程序

首先,赋予当事人适用罚款措施的程序启动权。相较于拘留而言,罚款措施不涉及限制当事人人身自由的问题,其适用的情节相对较轻。因此,在当前实行主审法官负责制的背景下,由主审法官审查、决定罚款措施的适用具有合理性。被处罚者与法院对是否能够适用罚款措施的标准认识不一的要因在于启动主体的单一性,即罚款只能由法院启动。事实上,妨害诉讼行为侵犯的不仅是良好的司法秩序,有时还直接或间接侵犯了对方当事人的合法权益。法院作为司法秩序的守护人对违法行为人依法适用罚款措施无可非议,然而,责任的实现如果忽视当事人的"诉权"或申诉权,是难以想象的。毕竟,诉权是联结私权和公权的纽带,没有诉或申诉的责任追究机制只能是行政化。妨害诉讼行为是否能够适用罚款、该处多少罚款金额、听取受损害方当事人申诉和妨害行为人的申辩非常必要。这些程序对于只决定结果的法院不具有现实操作性。

其次,赋予承办法官适用罚款的决定权,废除院长批准决定程序。大量的实践证明,法官批准决定的程序往往具有滞后性和形式性。罚款事实理由的论证说理,罚款数额的确定等涉及罚款作出的基本事项均由承办法官决定乃不争的事实。因此,在当前司法改革推行主审法官负责制的背景下,直接赋予主审法官以决定适用罚款的权力,一则有利于突显适用罚款措施的及时性,二则可以更好地确保罚款程序的实质化,与"让审理者裁判"的理念相一致。

---

① "申请人出具推荐书、委托书刘再军、刘青山为代理人,二审开庭时法官责令退出法庭,以申请人无正当理由未到庭按撤回上诉处理,裁定书采取邮件送达,审判程序违反法律规定。"见《宁夏回族自治区银川市中级人民法院(2015)银民申字第94号民事裁定书》。

② 见《甘肃省甘南藏族自治州中级人民法院(2021)甘30民终67号民事裁定书》。

最后,严格院长对拘留措施的决定权。拘留是限制人身自由的强制措施,为了确保其适用的正当性,《民事诉讼法》规定了须由院长批准决定的程序要求。法官应严格控制拘留的法定适用条件,对严重妨害民事诉讼的行为,主审法官应全面收集相关证据材料,由独任法官或合议庭合议后,报院长批准决定。合议讨论时应重点审查拘留的适用条件、具体事实理由。除情况紧急,必须立即采取拘留措施的情况外,都应先报请院长审批决定。

二、细化当事人之间的诉讼法律责任

当事人或其他诉讼参与人作为民事诉讼法律关系不可或缺的主体,其违法诉讼行为(不履行诉讼义务或不诚实地为诉讼行为),可能损害对方当事人或其他诉讼参与人甚至案外人的合法民事实体权益,因此,对当事人或其他诉讼参与人的违法诉讼行为也应设定相应的诉讼法律责任。鉴于我国现行《民事诉讼法》及相关司法解释对当事人和其他诉讼参与人的诉讼法律责任规定较为粗疏,有必要在重构民事诉讼法律责任制度时进一步明确和细化。当事人的诉讼义务源自诉讼法律关系,原、被告乃民事诉讼当事人之基本构造,所以法律关系不仅存在于利用国家诉讼程序的各当事人与法院之间,亦存在于原、被告(当事人)彼此之间。一方当事人违反诉讼义务而损害相对方合法权益的,对方当事人有责问之权利。[①] 经相对方当事人行使责问权后,当事人仍不履行相应诉讼义务的,即应承担诉讼法上的不利后果,也即诉讼法律责任。如前文所述,当事人或其他诉讼参与人因违法诉讼行为而导致的不利后果既有程序性的,也有实体性的。一般情形下,程序性不利后果可能造成实体权益的损害。但是,我国现有的民事诉讼法律责任体系乃建立在以刑事法律责任、民事实体法律责任和司法行政法律责任为主的实体法律责任基础上,程序性法律责任尚不完善。值得注意的是,民事诉讼程序解决的是私权纠纷,当事人对自身的权利在法律规定的范围内有处分权,故而在诉讼法律责任的设计上,应考虑程序违法行为与实体正义及诉讼效率的实现之间的关系,有层次地安排当事人违反程序法行为的法律后果。为了便于理解,笔者主张遵循民事诉讼程序流程来设计当事人之间的诉讼法律责任。

其一,在起诉阶段,应将被告按期答辩规定为一项义务,若被告不履行按期答辩之义务,即应承担按原告起诉状所作判决之不利法律后果。[②] 正如有学者所说:"被

---

① 责问权是域外民事诉讼法学中比较重要的概念,即一方当事人违反诉讼程序时,相对方可以提出异议。当事人行使责问权的目的在于,督促违反程序的当事人及时矫正自己的违法行为,以保护自己的合法权益。

② 如在实行强制答辩制度的国家,若被告不答辩,法院将以原告的诉求和事实理由为基础作出判决。

告是否按期提交答辩状固然是其对自身诉讼权利加以处分的表现,但它实际上还直接关涉到原告一方是否能够借此及时地了解被告的抗辩要点并据此进一步做好相应的出庭准备,尤其重要的是,它更关涉受诉法院能否迅速及时地确定双方当事人之间的争议焦点从而为正确地指挥诉讼以及提高庭审效率奠定坚实的基础等更深层次的问题,"因此,"与其说被告按期提交答辩状是其所享有的一项诉讼权利,毋宁认为它是被告应尽的一项诉讼义务。"① 从立法上明确被告按期答辩为一项义务,并规定相应的诉讼法律责任,既有利于贯彻实现当事人地位平等之基本原则,保护原告对被告答辩意见的了解权,又有利于提高庭审效率。

其二,在审前准备阶段,应明确双方当事人按期举证之义务及逾期举证的诉讼法律责任。众所周知,审前程序的主要功能是明确争点,固定证据。因此,双方当事人在规定的举证期限内有及时向对方开示证据的义务,如果一方当事人逾期举证,即应承担证据不被采纳,或被训诫、罚款之诉讼法律责任。依《企业破产法》第 15 条之规定,自人民法院受理破产申请的裁定送达债务人之日起至破产程序终结之日,债务人的有关人员有列席债权人会议并如实回答债权人的询问的义务。债务人的有关人员经人民法院传唤,无正当理由拒不列席债权人会议,或者拒不陈述、回答,或者作虚假陈述、回答的,是扰乱和妨碍作为司法程序的破产程序正常进行的行为。债务人的有关人员经人民法院传唤,无正当理由拒不列席债权人会议的,或者对债权人会议提出的问题拒不陈述、回答,或者作虚假陈述、回答的,人民法院可以依照《民事诉讼法》的有关规定对其采取相应的强制措施。

其三,在开庭审理阶段,应明确双方当事人出庭参加诉讼的义务(对席审判原则之要求)及真实陈述义务,并规定当事人违法不到庭或不真实陈述的相应法律责任。法庭审理阶段,双方当事人有辩论的权利,同时也有诚实实施诉讼行为,真实地、全面地陈述案件事实以促进诉讼顺利进行的义务。② 原告不到庭或中途退庭,被告提起反诉的,或被告无正当理由拒不到庭的,应当承担法院按一方当事人之主张(综合考虑证据)缺席判决之诉讼法上的不利后果。此外,在证据认定环节,也应当结合举证期限之相关规定,对当事人不诚信的诉讼行为进行有效规制。例如,在有证据证明一方当事人持有某项证据且无正当理由而拒不提供时,如果对方当事人主张该证据的内容不利于证据持有人,即可推定该主张成立,此乃当事人承担的诉讼法律责任,即诉讼法上的不利益。

---

① 赵钢:《对被告应诉行为的定性分析》,载《法学评论》1999 年第 6 期。
② 我国台湾地区有学者称之为"当事人事案解明协力义务",参见沈冠伶:《民事证据法与武器平等原则》,台湾元照出版公司 2007 年版,第 12~19 页。

申言之,只有在立法上明确规定当事人之间的法律责任,特别是强化程序性法律责任,如规定虚假诉讼行为的侵权责任、逾期答辩失权责任、逾期举证失权或接受训诫、罚款责任,伪造证据责任,证明妨碍、送达、滥用程序异议权的侵权责任和程序无效责任等,才能有效地规范当事人的诉讼行为。总结司法实践中的经验和民事诉讼程序流程设置当事人和其他诉讼参与人的诉讼法律责任,有利于真正起到惩罚与威慑并重之功效,有利于指引当事人和其他诉讼参与人正确评价自己的诉讼行为,不断规范自己的诉讼行为,实现法律责任制度的指引、评价功能。

三、明确其他诉讼参与人的诉讼法律责任

民事诉讼作为解决当事人纠纷的一项程序与制度,目的在于解决当事人之间的纠纷,维护社会和谐。因此,诉讼主体自然为与案件有直接利害关系的原告与被告方,特殊情况下也包括第三人。但是,毋庸置疑的一点是,一桩纠纷通过诉讼方式化解离不开其他诉讼参与人的协助与支持,如法院正确认定事实离不开证人的如实作证;少数民族、外国或聋哑当事人与法官、其他当事人之间的沟通与交流需要翻译人员起桥梁作用。而由于这些人员并未与案件有直接利害关系,故被称为案外人。案外人是否应承担相应民事诉讼法律责任,这个问题在司法实践中不无争议。从诉讼法律关系的角度来看,案外人与诉争事实并无法律上的责任与关系,因此从形式正义的角度来看,案外人不应当承担与其无关的法律责任。然而,在诸多案例中,法院往往因案外人拒不履行协助义务而对其采取强制措施,案外人通常以自己与案件无利害关系为由申请复议。鉴于民事诉讼乃公权力机关(法院)解决私权纠纷的活动,因此当事人、其他诉讼参与人与法院之间事实上形成的是审判关系,因此基于服从公共利益(司法资源合理分配和使用)和追求案件实体正义要求,案外人对法院审判纠纷负有协助义务。也就是说,诉讼参与人与诉讼结果虽然不存在直接的利害关系,但他们参与诉讼可以协助法院和当事人查明案件事实,他们也是诉讼法律关系的主体之一,在诉讼中享有一定的诉讼权利,同时也承担一定的诉讼义务。那么,为了更好地实现诉讼正义、化解当事人之间的争端、实现司法公信力,需要重构诉讼参与人的法律责任,明确其他诉讼参与人的诉讼义务,使其承担相应的法律责任。

(一)充实证人具结责任

民事诉讼中价值取向之一是发现事实,当事人需要收集并出示证据来证明自己所主张的事实,证人证言就是一类重要的证据。然而,在实践中证人证言却存在着可信度低的问题,证人作虚假陈述的情况时有发生,[①]证人不受信任,没有发挥其应有的

[①] 《出庭作伪证 证人受拘留罚款》,载《市场信息报》2016年6月1日第A15版。

事实证明作用。为打击虚假作证、增加证言可信度、提高证言的证明功能,2015年1月30日发布的《最高人民法院关于适用〈中华人民共和国民事诉讼法〉的解释》(以下简称《民诉法解释》)第119条首次规定了保证书制度,即证人作证需要签署保证书。而后在2020年5月1日正式施行的《最高人民法院关于民事诉讼证据的若干规定(法释〔2019〕19号)》(以下简称《证据新规》)第71条又在上述"保证书制度"的基础上进一步规定了"证人具结制度",不仅要求证人在作证之前签署保证书,并在法庭上宣读保证书的内容,由此我国初步建立了证人具结制度。

《证据新规》中规定的证人具结制度是在以往民事审判实践中,对证人出庭作证程序及形式有益探索基础上的完善,其特点在于明确了不履行"证人具结制度"规定的程序后果及证据采信规则。其以形式上的严肃性、程序上的规范性及适用上的必须性对证人作证起到一定约束和警醒的作用。具体表现为,第一,证人出庭作证首先签署《证人具结书》。要求证人面对国徽宣读《证人具结书》,通过《证人具结书》对证人心理产生威慑,尽量剔除证人作证时的主观因素影响,保证证人陈述的真实性。第二,由法官向证人发放证人权利义务告知书。以书面形式告知证人出庭作证的权利义务及作伪证所要承担的法律后果,让证人知晓在作证时该陈述什么。第三,证人不签署《证人具结书》不得作证。将具结作为证人出庭作证的必经程序,证人拒绝具结的,意味着证人不对自己陈述的真实性进行保证,不得进行作证。[①] 证人具结制度能够保证庭审的透明、公正性,而且有助于规范庭审程序、强化庭审功能,进一步提升审判公信力。但是,该制度在我国尚处于萌芽阶段,尚存在需要完善的地方。具体而言,第一,具结制度主体不明,对于未能出庭作证、未经庭审质证的证言,如通过书面证言、视听传输技术或者视听资料等方式作证的证言,该类证人未出庭多基于健康原因、路途遥远等"正当理由",而对于其该类证言应否由证人进行具结的问题,目前法律规定并未作出明确规定。第二,证人拒绝具结后果不明,根据《证据新规》的规定,证人拒绝签署或者宣读保证书的,不得作证,并自行承担相关费用。但是判定证人应否受法律制裁需要明确以下两个问题:一是对于因特殊原因不能亲自出庭的证人,可以规定由当地法院工作人员组织进行保证书的签署与具结;二是基于追求案件真实的目的,对于拒绝签署或宣读保证书的证人不应当否定其证人资格。"不得作证"应当限缩理解为其证言的真实性受疑,法官可以将其作为认定案件事实的辅助资料。因为,在我国证人出庭率本来就比较低的情形下,若因证人不签署或宣读保证书而否定其证人资格的话,会更加打击证人出庭的积极性。具结制度的目的是提高证人证

---

① "滑县法院通过要求证人签署《证人具结书》规范证人出庭作证程序"来自河南省滑县人民法院网,访问地址:http://hnhxfy.hncourt.gov.cn/public/detail.php?id=1010,最后访问时间:2021年7月2日。

言的可信度,遏制伪证行为,以保障民事诉讼审理程序的正常进行。因此,只有加大对做伪证等妨害民事诉讼行为的处罚力度,方能够达到该目的。

(二)完善鉴定人的法律责任制度

民事诉讼中涉及专业性的事项需要具备一定专业知识的当事人进行鉴定,对该事实或证据作出具有专业性的意见。鉴定人作出的专业性意见对于法官正确认定事实具有举足轻重的作用。因此可以看出,鉴定人在民事诉讼中亦扮演着非常重要的角色。在2012年以前,我国相关法律规范将鉴定人作出的具有专业性的意见称为"鉴定结论",表明了我国立法与司法界对其结论真实性、专业性以及正确性的肯定与依赖,意味着法院一般情况下不会对该份结论产生质疑。但是,随着司法实践的发展,人们逐渐发现,"鉴定结论"并非"准确、中立、公正"的代名词,其在很大程度上带有人的主观性。由此可见,2012年《民事诉讼法》将"鉴定结论"修改为"鉴定意见",确立了"鉴定意见"需要接受质证认证的程序机制,与此相适的程序规则是鉴定人在必要情形下必须出庭接受当事人的质询。随着审判中心主义与审判对抗制改革的发展,法官认定事实的主要场所由过去的查看案卷转换为庭审现场,其所作出的判决结果的资料都应当来自于庭审过程中当事人双方的陈述、申辩、举证与质证。法院审理裁决案件需要"以事实为依据、以法律为准绳"。一些专业性事实需要由专业人员进行评价。鉴定意见是由鉴定人就某些专业问题作出意见性结论。其对法官认定案件事实具有比较重要的"参考"价值。但因鉴定人员水平参差不齐,可能发生对同一事实或证据所作出的结论不一的情况。更为重要的是,由于诸般原因,鉴定人故意作出不公正虚假鉴定的情形时有发生。因此,相关法律规除对鉴定制度的内容予规范充实外,①明确鉴定人的法律责任非常重要。例如,2019年《证据规则》第32条规定:"鉴定开始之前,人民法院应当要求鉴定人签署承诺书。承诺书中应当载明鉴定人保证客观、公正、诚实地进行鉴定,保证出庭作证,如作虚假鉴定应当承担法律责任等内

---

① 2019年出台的《证据新规》第32-42条对鉴定制度的具体内容予以规定,具体包括,第一,鉴定人的选择由当事人先行协商为原则,协商不成再由法院指定。第二,鉴定人如实鉴定义务的确立。鉴定开始前,人民法院应当要求鉴定人签署承诺书。鉴定人故意作虚假鉴定的,人民法院应当责令其退还鉴定费用,并根据情节进行处罚。第三,鉴定材料需要进行质证,经法院准许,鉴定人可对当事人进行询问。第四,鉴定人应如期完成鉴定,未如期提交鉴定书应当退还鉴定费用。第五,规定了鉴定书的主要内容,并且规定鉴定书应由鉴定人签名或者盖章,并附鉴定人相应资格证明。第六,对鉴定意见提出异议规则的确立。当事人对鉴定书的内容有异议的,应当在人民法院指定期间内以书面方式提出。对于当事人的异议,人民法院应当要求鉴定人作出解释、说明或者补充。人民法院认为有必要的,可以要求鉴定人对当事人未提出异议的内容进行解释、说明或者补充。当事人在收到鉴定人书面答复后仍有异议,人民法院应当通知当事人缴纳鉴定人出庭费用并通知鉴定人出庭。第七,规定了重新鉴定、自行委托鉴定以及鉴定意见撤销的规则。上述规定具体化了鉴定意见以及鉴定人的提出、审查以及采纳程序与要求,但是仍然需要对鉴定人出庭的相关规定予以完善。

容。鉴定人故意作虚假鉴定的,人民法院应当责令其退还鉴定费用,并根据情节,依照民事诉讼法第一百一十一条的规定进行处罚。"如果缺乏对违法鉴定行为缺乏相应的法律规则,鉴定意见的正确性将难以保证。

(三)明确翻译人员的法律责任

民事诉讼的最终目的是定纷止争,而纠纷的发生与解决建立在语言与文字的交流上。民事纠纷总是各式各样的,民事活动的当事人常常会发生在使用不同语言、文字的当事人之间。因此,民事诉讼也会涉及多种语言当事人纠纷的解决。例如,涉及外文翻译的案件(书面、口头),涉及少数民族文字语言翻译的案件,涉及聋哑人员聋哑语翻译的案件,等等。少数民族、外国、聋哑当事人的起诉、陈述、辩论、证人证言、鉴定意见等,主要通过书面文字或者口头语言实现,如果他们的语言本意被翻译错误,可能导致法官认定事实错误。因此,在涉及上述人员的民事案件中,翻译人员发挥着重要作用。然而,我国目前对诉讼中的翻译人员①的违法行为该当追究何种法律责任尚欠明确。现行《民事诉讼法》仅规定了翻译人的回避问题,以及诉讼参与人对翻译人进行侮辱、诽谤、诬陷、殴打或者打击报复是属于妨碍民事诉讼的行为。除此之外,再无其他规定。其次,翻译人(含翻译单位)未被纳入法院管理程序,无具体的翻译人名册,法院对于翻译人(含翻译单位)资质的审查更是无从谈起。② 最后,对于翻译人的犯罪行为,刑法将其归类为伪证罪。但是,根据刑法的本质和机能,翻译人的伪证行为不应只限于"在刑事诉讼中",刑法设定伪证罪所保护的客体是国家正常的司法秩序和公民的权利,而民事诉讼、行政诉讼中翻译人的伪证行为同样对国家的司法秩序和公民的权利产生危害。刑事诉讼、民事诉讼、行政诉讼均是国家司法活动的重要部分,应当平等保护。同时民事诉讼法规定了诉讼参与人妨碍民事诉讼的行为,但对于翻译人的违法行为却没有加以规定,再加上目前审判工作中尚无因翻译人的违法犯罪行为有重大影响案件发生,导致人们对翻译人的违法行为、犯罪行为的认识不够,导致法律对翻译人的伪证行为的威慑力不足。③

关于我国民事诉讼中翻译人法律责任制度的设置,可以借鉴《俄罗斯民事诉讼法典》的规定,第一,明确翻译人员费用的负担。《俄罗斯民事诉讼法典》第 95 条第 1 款

---

① 法院内部未参照司法鉴定程序设立指定或选择翻译人的程序,翻译人被排除在司法委托、当事人选择的范围外,翻译人员一般由审判人员自行选定,这与之前审判人员自行操作鉴定、评估工作如出一辙。因此,对翻译人的法律地位问题,应当有一个明确的规定,在法院内部管理中,可以参照司法鉴定制度,对翻译人设立必要的规范和管理程序,明确其人员的遴选条件、范围和程序,确保司法翻译的公开性和公正性。

② 一些基层法院由案件承办人自己找翻译人。翻译人(含翻译单位)的翻译水平、能力难以保证。这对审判员来讲是无奈之举,一是案件审理的需要,二是翻译人未纳入司法人员管呈范围之内。

③ 朱剑:《翻译人法律地位规定的完善》,载《江苏法制报》2014 年 9 月 23 日第 00C 版。

规定,民事诉讼中的证人、鉴定人、专家、翻译人员出庭的,应当补偿他们因出庭而产生的交通费、住宿费和差旅费。第 97 条第 1 款规定,向证人和翻译人员支付的费用应当按照他们所履行的职责给付,翻译费和翻译人员因出庭而产生的必要费用应当使用预算资金支付;第 2 款规定,由俄罗斯联邦政府规定证人和翻译人员付费的程序和金额。① 第二,规定由当事人提出翻译人员为主,法院指定为补充的翻译人员选择机制。《俄罗斯民事诉讼法典》第 162 条第 1 款规定,案件的当事人有权提出翻译人员的候选人。事实上,由当事人提出翻译人员的人选更加有利于当事人陈述、辩论、质证等,一来当事人选定的翻译人员大多数为当事人所熟悉的或熟悉当事人用语习惯的翻译人员,因此其对于当事人的意思能够更加准确的进行转述。二则由当事人选择的翻译人员负责案件的翻译工作能够一定程度上打消当事人对诉讼程序的疑惑与敌对情绪,让其能够信任诉讼程序以及诉讼结果。第三,明确翻译人员故意逃避履行翻译义务的责任。《俄罗斯民事诉讼法典》第 162 条第 4 款规定,法官事先向翻译人员说明其故意作不正确的翻译,应当承担《俄罗斯联邦刑法典》所规定的责任,翻译人员逃避到庭或者逃避履行义务的,可处 1000 卢布以下的罚金。第 168 条第 1 款规定,在证人、鉴定人、专家或者翻译人员不到庭时,法官应当听取当事人的意见,并作出继续审理案件或者延期审理案件的裁定;第 2 款规定,法官传唤的证人、鉴定人、专家或者翻译人员无正当理由未到庭的,可处以 1000 卢布以下的罚金。在涉及以上三类只有翻译人员参与才能够开始并且继续诉讼程序的纠纷中,翻译人员参与并且履行翻译义务对于纠纷的处理具有重要作用。而且诉讼程序的开启需要法官、当事人以及其他诉讼参与人付出时间、精力与金钱投入,而如果翻译人员无正当理由不出庭,或者出庭但不履行翻译义务,那么诉讼程序很可能因为缺乏有效沟通与交流而被迫中止,此时诉讼程序的中止就意味着前期投入的浪费。那么规定对造成损害直接责任人——翻译人员进行处罚具有正当性,而且也能够对翻译人员正确履行翻译义务起到警诫作用。

当然,一项法律制度得以有效运行,制度本身必须具有独特性或优越性。诉讼责任制度的有效运行以诉讼法律关系主体之间明确的分工、恰当的权利义务配置以及清晰的责任范围为前提,民事诉讼法律责任制度的设计不仅要反映立法者"程序自治"的意志,还须考量执法者(法官)职能的有效发挥和当事人诉权的正常行使。因此,我们在设计其他诉讼参与人法律责任的同时,应当明确其义务的限度与边界。证人有如实作证的义务,银行等机构有协助法院查询、冻结当事人存款的义务,翻译人员有准确传达意思的义务,鉴定人有作出独立、公正、中立鉴定意见的义务。根据法

---

① 庞晓:《俄罗斯少数民族诉讼参与人翻译权的保障》,载《人民法院报》2020 年 9 月 25 日第 008 版。

律义务必须履行之法理，负有协助义务的案外人在拒不履行协助义务时应承担相应的诉讼法律责任。但是，需要明确的是，义务的履行也需要与其权利成正比，不能够对案外人规定重于其权利的义务。因此，在重构民事诉讼法律责任时，应当考量案外人与本案的协助关系，确定案外人范围不能过于宽泛。而且，还必须设置相应的通知或告知程序，以免与案件事实无利害关系的案外人错误承担责任。比如，就当前的民事实践来看，主要是须尽快明确证人和诉讼代理人的诉讼责任。如明确证人有出庭作证的义务，当事人应当承担证人出庭作证的相关费用，如果违反相关义务则应承担相应的不利后果。唯有着眼于整个民事诉讼法律制度，综合其他法律责任，方能使重构的诉讼法律责任制度有效运行。

第六章　民事诉讼法律责任的构成要件与实践验证

从凯尔森的"不法行为"与"法律制裁"的逻辑关系出发，作为规范性概念的法律责任应包含价值、规范与事实三要素，具体表现为"责任的根据"与"归责""救济权关系""强制"三个层面，这三者是法律责任概念的基础构造。① 对程序性违法行为予以识别与宣告，进而对违法主体施以实质威慑和制裁，应当明晰民事诉讼法律责任的根据或归责要件。唯有对诉讼法律责任的构成要件进行科学论证和架构，才能确保该法律责任制度的科学性和实效性。民事诉讼法律责任的构成要件也称民事诉讼法律责任的根据，主要是回答根据什么来确定民事诉讼法律责任的问题，也就是要回答构成民事诉讼法律责任的基本依据。这是追究和适用民事诉讼法律责任的关键所在，也是民事诉讼法律责任的理论与实践中的核心内容。

第一节　民事诉讼法律责任的构成要件

关于法律责任的构成要件，学界有多种观点。有学者认为，法律责任的成立是以角色责任、因果责任和能力责任为要件或基础。② 有学者认为，法律责任的构成要件是法律责任必备的客观要件和主观要件的总和，具体包括行为、心理状态（主观故意和过失）、损害事实和因果关系。③ 有学者则认为，法律责任构成要件乃违法行为构成要件，其无须考量"主观过错"问题，违法行为的构成要件只有主体要件，客观行为要件，行为与损害结果之间的因果关系要件。④ 尽管学者们对法律责任的构成要件有不同的理解和表述，但均认为，行为（包含行为主体的适格性）、损害后果及行为与损害后果之间的因果关系应当是法律责任不可或缺的构成要件。

---

① 余军，朱新力：《法律责任概念的形式构造》，载《法学研究》2010年第4期。
② 角色责任说明主体的某种法律地位对于法律责任的意义，它说明了处于特定法律关系中的主体所应履行的义务，主体对这些义务的违反是法律责任发生的前提；因果责任为法律提供客观归咎的事实依据；能力责任则是法律责任中主观归责的机制 See, H. L. A. Hart, Varieties of Responsbility, 83 Law Quaterly of Review 364(1967). 转引自，余军，朱新力：《法律责任概念的形式构造》，载《法学研究》2010年第4期。
③ 赵震江，付子堂：《现代法理学》，北京大学出版社1999年版，第488～491页。
④ 翁文刚：《法律责任的构成要件与承担条件应予区分》，载《法商研究》2001年第2期。

探讨民事诉讼法律责任的构成要件,必须坚持"以事实为根据,以法律为准绳"之辩证唯物主义法律原则,同时根据建立科学的民事诉讼法律责任理论体系的要求,对实践中的典型诉讼法律责任的构成情况作出综合性的概括。当然,由于诉讼参与人角色担当不同,诉讼违法行为种类繁多,实践中的诉讼法律责任的构成状况绝非千人一面。因而,要对民事诉讼法律责任的根据问题作出总体性描述与回答也不是轻而易举的事情。有鉴于此,我们只能着眼于法律责任构成的一般规律和主要差别,对民事诉讼法律责任的构成要件作一般性探讨。相较于实体责任而言,民事诉讼法律责任具有自身的特殊性。这种特殊性缘于民事诉讼乃公法调整私权纠纷的活动,其既涉及国家公权力的运行规律,又涉及当事人处分权的行使与责任自负等诸多方面。因此,我们在探讨民事诉讼法律责任构成要件时,除了考虑实体法律责任所应当考量的"义务""职责"与"法律责任"之间的逻辑关系外,还应考虑"诉讼行为"与"负担"这一特殊关系。以举证失权这一程序无效之诉讼法律责任为例,在构成要件上,有的法院可能会考虑内容、行为、后果、原因、主观及保障六个方面的因素,① 有的法院可能会考察对象、当事人的可归责性、逾越适当时期、逾期行为与诉讼迟延之间的因果关系五个方面的因素。② 因此,我们在探讨民事诉讼法律责任构成要件时,既要考虑法律责任的一般构成要件,又要兼顾民事诉讼法律责任本身的特殊性。③ 遵循一般法理,且为论述方便,我们仍将诉讼法律责任的构成要件大体概括为四个方面,即主体、主观过错、不法行为或损害事实、因果关系④。

一、民事诉讼法律责任的主体要件

关于法律责任主体的范围,学理上尚未形成通说。⑤ 一般而言,真正意义上的法律主体是以其能够对自己的行为负责为前提。⑥ 从这种意义上讲,责任主体是指因违反法定或约定义务而有能力承担法律责任的人,包括自然人、法人和其他社会组

---

① 刘显鹏:《民事诉讼当事人失权制度研究》,武汉大学出版社 2013 年版,第 76 页。
② 沈冠伶:《民事证据法与武器平等原则》,台湾元照出版公司 2007 年版,第 291 页。
③ 例如,研究民事诉讼法律责任须重点分析妨碍民事诉讼程序进行的因果关系要件、证明妨碍中的主观故意要件以及民事诉讼违法行为承担法律责任的或然性问题等。
④ 结合民事诉讼法律责任的特点,对于"因果关系",将在第二节"民事诉讼法律责任构成的实证检验"中进行探讨。
⑤ 有学者将法律责任主体等同于违法主体,即"违法主体必须是具有责任能力的自然人和依法设置的法人",具有理解、辨认自己行为的能力和控制自己行为能力的人,认为并不是任何人实施了危害行为就能构成违法,只有达到了责任能力和具有责任能力的人才能成为违法主体。参见胡贵忠:《违法行为构成要件新论》,载《中共四川省委党校学报》2001 年第 3 期。
⑥ 胡玉鸿:《法律主体论纲》,载《法治现代化研究》2016 年第 1 期。

织。违法行为人必须具有法定责任能力,才能够承受法律归责。法律责任主体的范围大多取决于现行法律的具体规定。民事诉讼是法院和当事人、其他诉讼参与人为审理民事案件,解决民事纠纷所进行的一系列活动。民事诉讼法是调整民事诉讼活动的行为规范。在民事诉讼基本构造中,民事诉讼主体①是法院和双方当事人。因此,在我国的民事诉讼法律关系理论研究中,通说认为民事诉讼法律关系的内容主要包含审判法律关系和争讼法律关系。从这层意义上,诉讼主体是民事诉讼法律责任的主要主体。但是,民事诉讼毕竟有公权力机关法院的介入,鉴于公权力消耗涉及"公益",为有效利用公共资源,一般民众对公权力的有效行使具有协助义务。因此,除了诉讼主体外,通常还有与诉争案件无直接利害关系的人为了协助法院有效解决纠纷而参与到民事诉讼中来,从而与法院和当事人形成一定的权利义务关系。这种关系也是诉讼法律关系中应有的内容。这就意味着只要参与到民事诉讼程序中的主体,都有可能成为民事诉讼法律责任主体,包括法院、当事人及其他诉讼参与人等。

(一)法官等司法人员是当然的民事诉讼法律责任主体

民事诉讼程序是参与该程序的法官、当事人及其他诉讼参与人所必须一体遵循的规程。"人民法院是国家审判权的行使机关,在整个诉讼过程中,拥有指挥权和裁判权,它的诉讼行为对诉讼程序的发生、变更和消灭,起着决定性的作用。"②我国《宪法》和《民事诉讼法》均有"人民法院独立行使审判权"之规定。在民事诉讼中,法院依照法律规定对民事案件享有独立进行审判,不受行政机关、社会团体和个人干涉之权能。在民事诉讼过程中,独任法官或合议庭的诉讼指挥行为、审理和裁决行为直接影响甚至决定个案当事人的民事诉讼权益和实体权益,影响民事诉讼活动的顺利进行。为了更好地推进各级法院各项工作的有序推进,在当前司法改革背景下,一些法院结合其实际情况制定了具体的考核办法,以 H 省高级人民法院为例,该院 2018 年底出台了基层人民法院的考核指标,其中"执法办案"作为考核的重点内容,占比 66%(见表 5-1)。

---

① 民事诉讼主体与民事诉讼法律关系主体是两个不同的概念,前者是指在民事诉讼基本三角形构造中不可或缺的基本主体;后者是指参与民事诉讼活动中,形成权利义务关系的主体。这两概念在范畴上具有包含关系,民事诉讼法律关系主体包括诉讼主体。
② 纪文波主编:《公安行政诉讼理论与实践》,湖南出版社 1991 年版,第 30 页。

表 5-1　H 省基层人民法院考核指标① 　　　　　单位：分

考核内容			分值
执法办案（66 分）	司法公正（11 分）	民事、行政一审案件上诉率	2
		一审案件改判发回重审率	3
		生效案件改判发回重审率	2
		案件质量评查	4
	司法效率（18 分）	法定审限内结案率	3
		案件收结比	4
		长期未结案件情况	3
		简易程序适用率	2
		院长、庭长办案情况	2
		员额法官人均结案数	4
	司法效果（11 分）	案卷移送情况	2
		立案信访工作	5
		社会公众评价	4
	重点工作（19 分）	执行工作情况	15
		春雷行动	2
		扫黑除恶工作	2
	司法公开（7 分）	电子卷宗工作	1
		审判流程信息公开工作	2
		庭审网络直播工作	2
		裁判文书上网工作	2

由表 5-1 可以看出，"办案"是 H 省高级人民法院考核基层法院的重点内容，具体包括：司法公正、司法效率、司法效果、执行工作和司法公开。我国民事诉讼程序规则虽然在一定程度上不乏法定主义的种种约束力，然因诸般原因，我国现行的民事诉讼模式仍未脱离法官等司法人员占主导地位的职权主义之窠臼。参与者之间"既配合又牵制"的程序运作机制尚未完全形成，我国民事诉讼程序"自治"的功能在当前的诉讼环境下难以自发形成。由于司法人员在诉讼程序中占主导地位，消除诉讼主体间角色紧张，确保民事诉讼程序顺利推进尚须借助法律责任制度来保障完成。也就是说，在我国尚未形成诚信机制的情形下，确保程序参与者享有自由、平等行使权力和权利的同时，也需明确程序参与者的诉讼义务和法律责任，以最大限度地限制程序恣意。具体而言，应将法官、人民陪审员、审判委员会委员、助理审判员、书记员等行使

---

① 资料来源于 H 省高级人民法院，该考核指标共分三个部分：党的建设（25 分）；执法办案（66 分）；司法政务（9 分）。

司法权和司法辅助事务的司法人员纳入民事诉讼法律责任主体范围,对法官的审理裁决行为及其他司法人员的司法辅助行为进行规范和限制,并规定相应的法律责任,以防止其滥用权力或懈怠诉讼管理,以保障民事诉讼程序公正高效地运行。譬如,根据《中华人民共和国人民陪审员法》(以下简称《陪审员法》)第3条规定,人民陪审员依法享有参加审判活动、独立发表意见等权利。由此可见,人民陪审员在履职过程中与法官同职同权,就案件的事实认定和法律适用发表独立的意见。① 既然《陪审员法》赋予人民陪审员与法官相同的权力,理应在明确人民陪审员职责的同时,规定人民陪审员的法律责任,以确保其依法行使职权,恪尽职守,确保司法公正。此外,在民事诉讼中,书记员和法官助理也充当着重要的角色。书记员的具体工作是做好开庭准备,宣布法庭纪律,担任记录工作,完成法官交办的其他事务性工作等;法官助理的主要工作是,"在法官指导下负责审查案件材料、草拟法律文书等审判辅助事务"。② 相较于法官的审理裁判职能,书记员和法官助理承担的大多是司法辅助性事务。但是,诉讼无小事,审前准备、庭审中记录、草拟法律文书等工作均可能影响案件的公正裁判。③ 故而,应当从立法上规范书记员和法官助理的诉讼行为,明确其违法诉讼行为的法律责任。

值得注意的是,实施民事诉讼行为的主体和民事诉讼法律责任的承担主体也可能不完全一致。从学理上分析,司法人员是诉讼法律责任的当然主体,但像域外法官享有豁免权一样,我国法官因职权行为而造成的损失也是由国家承担赔偿责任。因此,法官在民事诉讼过程中代表国家行使审判权(实施审理裁判行为和诉讼指挥行为)时,倘若其审理裁判行为违反了相关法律规定,该法官是否承担相应的诉讼法律责任(承担法律责任的主体是谁)还须具体分析,不能一概而论。

(二)民事诉讼当事人是民事诉讼法律责任的主要主体

依民事诉讼学理,当事人是指因自己享有或支配、管理的民事权益受到侵害或与他人发生争执,以自己的名义请求人民法院行使审判权以解决该民事纠纷的人及相对方。④ 在我国民事诉讼立法中,当事人具体包括原告、被告、诉讼第三人、共同诉讼人和诉讼代表人。依据私法自治之法理,当事人是民事诉讼不可或缺的主体,当事人及其诉讼参与人的诉讼行为有力地影响着民事诉讼的进程和状态。民事诉讼程序的

---

① 《人民陪审员法》第21条:"人民陪审员参加三人合议庭审判案件,对事实认定、法律适用,独立发表意见,行使表决权。"第22条:"人民陪审员参加七人合议庭审判案件,对事实认定,独立发表意见,并与法官共同表决;对法律适用,可以发表意见,但不参加表决。"
② 见《人民法院组织法》第48条第一款。
③ 正是因为书记员处理事务也关乎公正,故而书记员也被纳入回避人员的范围。
④ 赵钢,占善刚,刘学在:《民事诉讼法》(第三版),武汉大学出版社2015年版,第93页。

启动、推进、终结与当事人的诉讼行为息息相关。在民事诉讼中，当事人应如何为诉讼行为，又负有何等程序上的义务，直接关系到民事诉讼程序能否有序推进。为充分保障当事人的合法权益，《民事诉讼法》赋予当事人广泛的诉讼权利，①同时，作为一般法律规范，《民事诉讼法》也为当事人设定了诸多诉讼法律义务。因为，民事诉讼因公权力机关法院的介入，不再是当事人（原、被告）之间的一面关系，而是关乎国家司法资源的分配的多面诉讼法律关系。

我国民事诉讼诚实信用原则的要义是各民事诉讼主体应当公正、诚实、善意地行使与实施民事诉讼行为。② 由于诉讼原则比较抽象，学者们主张将诚实信用原则的内容具体化为各种义务，以使该原则具有可操作性。如我国台湾地区学者许仕宦教授认为，"新法③所定诉讼促进义务，系基于当事人对于他造所负依诚信原则进行诉讼之义务及对于国家所负促进诉讼之公法上义务……在民诉法上应肯认诉讼促进之要求"。④ 傅郁林教授认为："按照民事诉讼的目的、结构和逻辑，当事人的诚信义务具体分为三个层次：在诉讼目的的层面上，当事人负有基于善意目的进行诉讼的义务；在事实陈述和证明的层面上，当事人负有真实义务和证明协力义务；在诉讼进程的层面上，当事人负有诉讼促进或程序合作义务。"⑤鉴于法律义务必须履行之法理，诚信义务的作用在于禁止当事人为以下行为：禁止当事人恶意创设诉讼状态；禁止当事人为矛盾诉讼行为；禁止当事人长期不行使对方当事人对其产生依赖或信赖的某项权能；⑥禁止当事人滥用诉讼权能。⑦ 此外，当事人诚信义务还体现在诉权的行使，管辖权、审判权的确定，证据提出，判决理由等诸多方面。例如，当事人不得滥用管辖异议权，⑧不得违法骗取法院的管辖权，不得无理由申请法官回避，不得故意妨害民事诉

---

① 民事诉讼是解决私权纠纷的方式，当事人在法律规定的范围内享有起诉权、委托代理人的权利、申请法官回避的权利、自愿选择调解结案的权利、对法院调解协议予以反悔的权利、上诉权、申请再审权、申请执行权等。
② 《民事诉讼法学》编写组，宋朝武主编：（马工程教材）《民事诉讼法学》（第二版），高等教育出版社2018年版，第58页。
③ 指我国台湾地区2000年修改的"民事诉讼法"。
④ 许仕宦：《逾时提出之驳回与责问权之行使》，载《月旦法学教室》2003年第5卷第3期，第14～15页。
⑤ 傅郁林：《论民事诉讼当事人的诚信义务》，载《法治现代化研究》2017年第6期。
⑥ 例如，双方当事合意不上诉，致使当事人对不上诉产生信赖。若一方当事人再行上诉，即为程序失权。
⑦ 在德国的司法实务中，若原告提起诉讼之目的仅在于刁难被告，属于违反诚信之行为，欠缺权利保护之必要。
⑧ "本院认为，当事人行使诉讼权利应当遵循诚实信用原则。重庆淘沙公司明知民事诉讼管辖的法律规定，仍对本案提出管辖权异议，滥用民事诉讼程序性权利，是一种不诚信的表现，造成司法资源的浪费，妨害审判活动进行，依法应予以处罚。"见《福建省厦门市湖里区人民法院（2020）闽0206司惩2号决定书》。

讼程序的正常进行,不得恶意妨碍送达,不得滥用或妨碍证明程序,等等。将当事人诚信原则的精神内核解释成具体诉讼义务的好处是,如若当事人虚假进行诉讼或调解,违反诉讼义务,则可以直接对其追究民事诉讼法律责任,对其违法诉讼行为及时进行规制,①以发挥强制措施的威慑力。以逾期提供证据为例,一方当事人逾期提供证据既是对另一方当事人应负的诉讼促进义务的违反,又是对法院(国家)所负的促进诉讼之公法上义务的违反。对逾期举证人违反诉讼促进义务的制裁,所保护的利益既包括对方当事人的合法权益,又包括诉讼制度设计者(国家)及其他潜在利用诉讼制度的人的利益。故而,对违反诉讼义务的当事人的制裁,不仅是为保护对方当事人的利益而设,而且考虑到国家司法资源合理分配和司法秩序所蕴含的利益。

(三) 其他诉讼参与人也可能成为诉讼法律责任的主体

在一些案件中,民事纠纷的解决离不开其他诉讼参与人的协助。其他诉讼参与人通常是指除当事人外,参与民事诉讼的案外人,也称为民事诉讼协助主体。其他诉讼参与人虽然与民事诉讼结果没有直接的利害关系,但因其负有协助国家公权力机关(法院)审理民事纠纷的义务,在特定条件成就时也可能承担民事诉讼法律责任。

其一,证人等诉讼参与人所负的义务及其可能承担的法律责任。现行《民事诉讼法》第63条规定了八类证据,其中"证人证言""鉴定意见"②均是重要的法定证据。证人是指知道案件事实情况并向法院和当事人提供证言的人。《民事诉讼法》第79条规定,当事人可以申请人民法院通知专家辅助人出庭,就鉴定人作出的鉴定意见等提出专家意见。根据证据的学理分类,这两种证据均为言词证据,其证据资格和证明能力一方面取决于这些证据形成的手段、方式和程序的法律性;另一方面又与形成这些证据的主体品格不无关系。据我国现行《民事诉讼法》之规定,知道案件情况的单位和个人,都有出庭作证的义务。既然证人有出庭如实作证的义务,鉴定人有出庭陈述鉴定意见、接受询问的义务,那么当事人和鉴定人违反相关诉讼义务时,应当承担相应的民事诉讼责任。证人和鉴定人违反诉讼义务时虽也是诉讼法律责任承担主体,但正如前所述,基于证人作证的公法属性、案件事实认定的客观需要,以及证人保护制度发展水平等因素考量,可以对必须到庭的证人适用拘传;基于鉴定人及其鉴定意

---

① 《民事诉讼法》第112条:"当事人之间恶意串通,企图通过诉讼、调解等方式侵害他人合法权益的,人民法院应当驳回其请求,并根据情节轻重予以罚款、拘留;构成犯罪的,依法追究刑事责任。"

② 在司法实践中,有些案件事实所涉及的信息往往会需要借助有专业知识的人士的帮助。鉴定人主要是根据超出一般常识范围的那部分专门知识,对其所在领域的专门知识作出理解与分析,用以弥补法官对专门领域的专业问题的认识不足;相较于一般的认证而言,鉴定意见具有较高的可靠性和准确性,是法官重要的定案依据之一。2012年《民事诉讼法》修改决定将1991年《民事诉讼法》中的"鉴定结论"改为"鉴定意见"。

见的可替代性,暂不宜对其适用拘传。

其二,诉讼代理人的义务及其可能承担的民事诉讼法律责任。民事诉讼中的诉讼代理人乃代理当事人为具体诉讼行为的人,包括法定诉讼代理人和委托诉讼代理人。根据"代理"一词的要义,诉讼代理行为的法律后果应由当事人承担。根据现行《民事诉讼法》第58条之规定,律师、基层法律工作者等可以担任代理人。代理人违法执业可能承担的责任包括刑事责任、民事责任伦理惩戒风险。我国《律师法》和《律师职业道德和执业纪律规范》对律师的执行活动进行了规范。一般而言,代理人负有保守秘密、不得拖延案件处理等义务。例如,诉讼代理人未在法定举证期限内提交证据而导致的逾期举证的不利后果由当事人承担;经特别授权的诉讼代理人未在法定期间内提起管辖异议,未在法定期内提起上诉等不利后果也应当由当事人承担。但是,代理人实施的与委托授权无关的违法诉讼行为,则应视为代理人的个人行为。例如,代理人为获得胜诉结果而实施的伪造证据行为、向法官行贿行为,在庭审中实施的妨害诉讼秩序的行为等。代理人所为的超越代理权限的违法诉讼行为,由代理人本人承担相应的法律责任。①

其三,案外人虽然与民事诉讼的结果无直接关联,但因他们对诉讼程序的进行亦负有普通公民(或者单位)的协助义务,其所实施的某些行为对民事诉讼的进程也会产生一定的影响,因此,民事诉讼中案外人实施了违反民事诉讼法的行为也需要承担相应的民事诉讼法律责任。例如,旁听人员在开庭时违反法庭纪律、扰乱法庭秩序的,该旁听者则可能会被处以训诫或责令退出法庭之强制措施;如果旁听人员在庭审过程中严重违反法庭纪律,例如辱骂或威胁审判人员,则该旁听人员可能受到罚款甚至拘留处罚。此外,在民事执行程序中,互有协助义务的案外人若拒不履行协助义务,或者在被执行人授意下殴打执行工作人员,可以对该案外人予以罚款,甚至可以拘留、移送有关机关追究刑事责任。

结合民事诉讼之实然状态,笔者将法院、当事人及其他诉讼参与人和案外人三类群体分别界定为民事诉讼法律责任承担的"当然"主体、"主要"主体、"可能"主体。这由民事诉讼之公法特性和解决私权纠纷之本质决定的,民事诉讼的三角形构造决定了其诉讼主体只能是法院和当事人。与此相应,其主要的诉讼法律关系主体也应是

---

① 根据《人民法院报》2000年5月23日报道,广东省南海市人民法院判决南海市律师事务所"因代理律师未履行诉讼代理义务致使当事人错过申请执行期限"赔偿当事人损失的相关经济利益。资料来源:http://www.fsou.com/html/text/art/3356111/335611116_5.html,访问日期:2019年8月30日;2012年"乌木案"当事人在上诉期间要求解除与四川华敏律师事务所的案件委托代理协议,称代理律师在代理期间未积极履行代理义务,未积极寻找证据,整理案子,并推诿拖延其工作职责,直接导致案件败诉。资料来源:http://legal.china.com.cn/2014-02/17/content_31502271.htm,访问日期:2019年8月30日。

法院和当事人,故而法律责任的承担主体也应是为诉讼行为的诉讼主体。

二、民事诉讼法律责任构成的主观要件

法律责任构成的主观要件也称为心理状态,是指行为主体的主观过错,包括故意和过失。① 故意乃行为人"明知故犯",即行为人已经预见到自己的行为将发生侵害他人权益的结果而希望或者放任危害结果的发生。过失是行为人应当预见或能够预见到自己的行为会发生某种危害后果而没有预见,或已经预见但轻信可以避免。就法律责任的承担而言,具体行为应依赖于行为主体的认知能力和对行为的控制能力。换言之,不具有认知能力和控制能力的主体所为的行为,不能产生相应的法律效力。正如黑格尔所说:"人们只能以我所知道的事况归责于我。"②如若行为人对自己行为所涉的法律规定、法律意义和结果等缺乏认识或者只有模糊不清的认识,那么其所为行为就不能发生相应的法律效力。

(一)违法审判行为的主观要件

行为人的主观要件,即行为人的主观心理态度往往通过其意思表示和具体行为反映出来。传统民法理论以"意思"和"表示"的着重点不同,将当事人的行为分为意思主义和表示主义。③ 与一般民事法律责任的主观构成要件相同,民事诉讼主体主观上是否具有过错也是其在诉讼中承担法律责任的要件之一。例如,《人民法院审判人员违法审判责任追究办法(试行)》第3条规定:"违法审判责任,应当依据违法事实、行为人的法定职责、主观过错以及违法行为所产生的后果确定。"鉴于审判职权的行使具有自身的特殊性,目前对何为违法审判行为尚无明确的界定标准。通常,审判者的权能有二:一是判断权,二是裁决权。司法判断,是法官基于对法律规范的掌握和遵循三段论之裁判逻辑,对具体案件事实进行认定的诉讼活动。④ 虽然我们强调同案同判,但具体案件的审理并非生产工厂的流水作业,每一案件的裁决难有唯一正确答案。法官对法律规则的理解、释读,对案件事实的采信等,与其个人认知息息相关。法官的经验积累,个人认知、情绪,时间压力等内外部因素都有可能影响法官对案件

---

① 赵震江,付子堂:《现代法理学》,北京大学出版社1999年版,第489页。
② [德]黑格尔:《法哲学原理》,张企泰译,商务印书馆1961年版,第121页。
③ 所谓意思主义,是指当行为人的内心意思和表示行为不一致时,以行为人的内心意思为准的观点。该理论主张,意思表示解释的目的仅在于发现或探求行为人的真意,这应当从行为人的主观方面着手。所谓表示主义,是指行为人的有效意思仅能通过外在表示来识别,至于其真实内在意思如何,则无关紧要;为了维护交易安全,保护相对人的合法权益,法律仅应确认行为人外在表示的意思效力。
④ 案件审理一般遵循"获得案件事实→择取法律规范→解释法律规范→对法律规范与案件事实的价值和逻辑关系进行内心确信→形成判决"的推理过程,见梁慧星:《裁判的方法》,法律出版社2003年版,第164页。

事实的判断。毕竟,"让法官在步入法庭之前,在门外检视自己的私人生活,这是很困难的。尤其棘手的是,让他在自身中区别开个人偏见和先在的同情——这两者都谋求以中立的外衣来掩盖自己"。① 因此,认知判断某一案件中法官在不同情形下是否属于违法审判,这就要结合法官主观过错来进行判定。也就是说,法官违法审判行为在其主观故意或重大过失下发生,才追究其诉讼法律责任,这与相关司法文件的精神相吻合。② 法官承担诉讼法律责任(司法责任)的前提是,其有承担诉讼法律责任的构成要件,即主观上具有故意或重大过失,但如何考察司法行为背后的心理状态,往往要借助于具体行为。根据《最高人民法院关于完善人民法院司法责任制的若干意见》(法发〔2015〕13 号)(以下简称《司法责任制若干意见》),法官为违法审判行为,且造成严重后果的,推定法官主观上具有故意或重大过失。换言之,违法审判行为责任人只有在主观上有故意或重大过失的状态下才承担违法审判责任。

(二)当事人违法诉讼行为的主观要件

就当事人而言,现行《民事诉讼法》对需承担诉讼法律责任的某些诉讼行为规定了主观要件。一般而言,当事人之违法诉讼行为若需承担相应法律责任,行为人主观须具有故意或重大过失。例如,滥用诉讼权利(滥用管辖异议权)须以当事人主观上有"明知"受诉法院有管辖权而滥用管辖异议权之故意。③《民诉法解释》第 102 条规定:"当事人因故意或者重大过失逾期提供的证据,人民法院不予采纳……"实践中,法院在考量当事人逾期提供证据行为的法律后果时,往往要考虑当事人主观上是否存在逾期提供证据的故意或重大过失。④ 事实上,对妨害民事诉讼的各种行为是否采取强制措施须考量行为人主观上是否具有过错。例如,法院对当事人拒不到庭或未经许可中途退庭的行为是否适用强制措施,除了要考虑该行为是否发生妨害民事诉讼审判程序的危害后果外,还要考虑当事人主观上的过错。但是,鉴于民事诉讼程序本身具有法定性,故绝大多数违法诉讼行为承担法律责任是否需要行为人具有主观

---

① 〔意〕皮罗·克拉玛德雷:《程序与民主》,翟小波,刘刚译,高等教育出版社 2005 年版,第 29 页。
② 2016 年 7 月 28 日,中办、国办发布《保护司法人员依法履行法定职责规定》,法官非因故意违法或重大过失造成严重后果的,不承担错案责任。
③ "本院认为,上述两个案件均系不动产损害赔偿纠纷,应适用专属管辖的法律规定;且在本院之前审理的同一系列案件中,被告福州福银高速公路南连接线工程建设有限责任公司就以同一理由对本院的管辖权提出异议,均被一、二审法院驳回。因此,被告福州福银高速公路南连接线工程建设有限责任公司对上述两个案件应由本院专属管辖的情形是明知的,其提起管辖权异议申请是滥用诉讼权利的行为,造成了司法资源的浪费,妨害民事诉讼的正常进行,明显违反了诚实信用原则。"为教育当事人,培养诚信的诉讼秩序,决定对滥用管辖异议权的当事人处 10 万元罚款。见《福建省闽侯县人民法院(2017)闽 0121 司惩 1 号决定书》;类似案件,见《福建省厦门市湖里区人民法院(2020)闽 0206 司惩 2 号决定书》。
④ "本院就逾期举证的原因向申请人进行了询问,并对其因主观原因未能及时举证从而造成司法资源损失进行了训诫。"见《北京市第一中级人民法院(2014)一中民再终字第 07891 号民事判决书》等。

上的故意或过失,则由法官根据具体情形来判定。以当事人申请财产保全是否有错误为例,有法官认为,关键是看申请人是否尽到了合理注意义务。只要申请人基于现有事实和证据提出诉讼请求,并确实尽到了一个普通人的合理注意义务,即使法院判决最终没有支持或仅支持其部分请求,也不能认定财产保全申请有错误;只有申请人出于故意或者重大过失,致使诉讼请求与法院生效判决产生不合理的偏差,该差额诉讼请求范围内的财产保全申请才属于有错误。① 也有法官认为,申请人在案件起诉时对案件败诉的风险具有预见的可能性,其基于对判决结果的过于自信而申请财产保全,表明其主观上存在过错。② 笔者认为,当事人基于对诉讼结果的错误认识而申请"超额"保全对方当事人的财产,虽然该当事人最后的诉讼结果可能与保全财产的数额存在一定的差距,并不能以此判定该当事人"申请财产保全有错误",理由是,其主观上并不存在超额保全的故意或恶意。必须提及的是,因民事诉讼程序具有法定性,诉讼主体的某些行为是否发生诉讼法上的不利后果,并非完全要求其主观上具有故意或过失,如当事人不在法定上诉期内提起上诉,则发生当事人丧失上诉权的不利后果,这种不利后果并不考量当事人主观上是否具有过错。

三、民事诉讼法律责任的客观要素

违法行为是法律责任产生的前提,确认民事诉讼法律责任必须确立民事诉讼违法行为的构成要件。根据德国和日本的民事诉讼法理,诉讼行为可以表述为能够引起诉讼上的法律效果发生的行为。③ 民事诉讼中各主体的诉讼行为乃民事诉讼程序的重要内容。各种诉讼行为交错交织,在诉讼程序中形成相互关系的行为链锁,使得民事诉讼程序本身富有活力和生命力。诉讼行为与法律行为的区别在于,法律行为

---

① 见《江苏省盐城市中级人民法院(2014)盐民终字第 2352 号判决书》,该案入选《最高人民法院公报》2016 年第 6 期。

② 见《北京市第三中级人民法院(2015)三中民终字第 12215 号判决书》,该案的论证理由是:"申请人申请是否有错误,也应该从其主观因素和客观效果两个方面来考量。申请人申请财产保全处于主动的地位,而被申请人则处于被动的地位,只能被动接受保全后果。因此,依据公平、合理的原则,申请人在申请保全时应基于现有的证据,在主观上尽到合理审慎的注意义务。虽然远洋公司辩称其在前案起诉时涉案工程尚未结算,也无法预见法院最后支持金额,但作为正规专业建工企业,远洋公司起诉前充分掌握涉案项目施工情况及相关工程资料,且就涉案争议与正鹏公司曾进行过数次磋商,故其在起诉时完全有条件依据工程资料及与正鹏公司磋商情况等相关证据对自身请求进行合理估算,并据此提出相应保全申请。而两审法院作出的生效判决所支持数额与远洋公司起诉数额差额达 4 600 000 余元之多,可见其起诉诉求虚高。客观效果上看,法院依据远洋公司的申请也对正鹏公司账户中的 9 500 000 元进行了冻结。因此远洋公司在申请财产保全时未尽到合理审慎义务,存在过错,其对于正鹏公司因财产保全所受损失应予以赔偿。"

③ [日]伊藤真:《诉讼程序》,载[日]竹下守夫、伊藤真:《注释民事诉讼(3)》,有斐阁 1993 年版,第 22 页。

没有得到实施或已实施的法律行为缺乏有效要件之间,在效果上不存在区别;然而,诉讼行为如果欠缺法律要件,法院必须就此加以审理并作出具体的判断。可见,诉讼行为的内容、形式等方面的要件与法律行为之要件泾渭分明。① 我国民事诉讼学理对诉讼行为一般只在民事诉讼法律关系理论稍有提及,这与民事诉讼程序以当事人、法院、及其他诉讼参与人的诉讼行为构成民事诉讼程序的理论基础之本质不相契合。因为,离开诉讼主体的诉讼行为,民事诉讼程序就难以有效运转。民事诉讼行为根据一定的标准可进行以下分类:一是依民事诉讼法律关系主体不同,可分为当事人的诉讼行为、法官等司法人员的诉讼行为及其他诉讼参与人的诉讼行为;根据民事诉讼行为的法律性,可分为合法的诉讼行为和违法的诉讼行为,前者乃符合诉讼法规定的诉讼行为,后者乃违反诉讼法禁止性规定的行为。此外,民事诉讼行为还可分为作为和不作为。② 众所周知,民事诉讼程序乃法院与当事人之间,当事人相互之间对话沟通的程序结构。在如此结构中,当事人和法院应如何为诉讼行为,又负有何等程序上的义务,则是本课题探讨的重要内容。

(一)违法审判行为

法院作为主要诉讼法律关系主体之一,享有诉讼指挥权和审理裁决权。具体而言包括指挥诉讼程序的正常运行,操作具体的程序内容、指挥法庭调查和法庭辩论、审理查明案件事实、依法作出裁决等。法院的违法诉讼行为可以归纳为两类:一是违反《民事诉讼法》具体条文内容的违法诉讼行为,例如,法院违法立案或不立案,错误追加当事人,管辖错误,违反回避制度,合议庭组成不合法,未经合法传唤缺席判决,对非法证据未予排除,③违反审限之规定,未依法送达法律文书等。二是违反民事诉讼法的基本原则精神的违法诉讼行为。依法理所释,法律原则乃法律规范的重要内容。鉴于民事诉讼基本原则贯穿民事诉讼立法和司法的始终,法官违反民事诉讼基本原则精神的行为也是违法行。譬如,法院违背当事人自愿原则而强制调解,违背处分权原则禁止当事人合法行使或放弃权利等。

(二)当事人及其他诉讼参与人的违法诉讼行为

当事人的诉讼行为是民事诉讼的重要组成部分,因此必须在民事诉讼法规定的

---

① 江伟主编:《民事诉讼法学原理》,中国人民大学出版社 1999 年版,第 265 页。
② 何文燕教授将审判人员的违法行为称为变质审判行为,是与正当审判行为相对的不正当的、不合法的审判行为,包括作为与不作为两种形态。具体参见何文燕:《民事诉讼法研究文集》,湘潭大学出版社 2013 年版,第 148~149 页。
③ 2003 年因一家房地产公司与医院签订建房合同并最终产生纠纷牵扯出的武汉市中院设计副院长、副庭长在内的 13 名法官涉嫌受贿案,多名法官在办案中与当事人等内外勾结,贪污受贿、滥用职权,最终涉案法官受到立案侦查和刑事拘留。资料来源:http://www.people.com.cn/GB/14576/15177/2294108.html,访问日期:2019 年 8 月 30 日。

范围内依法行使相应的诉讼权利以及履行相应的诉讼义务。违法行为乃是对法定规范设定的义务的违反。诉讼法上的义务来自于诉讼法法律关系。诉讼法律关系不仅存在于利用国家诉讼程序的当事人之间,也存在于当事人与法院之间。民事诉讼法律关系的基本构造是等腰三角形关系。基于民事诉讼法关系所产生的诉讼义务主要包括交纳诉讼费用义务、诚实为诉讼行为之义务、到庭参加诉讼义务、文书提出义务等。近年来,学理上主张当事人负有真实完全义务、具体化义务、诉讼促进义务、事案解明义务。此外,当事人还可以通过诉讼契约另行意定诉讼义务。按照诉讼程序流程可将当事人的违法行为归为以下四类:其一,滥用起诉权。这是当事人实施最为普遍的一种违法行为,主要包括当事人无正当理由任意起诉,或冒用他人姓名随意起诉,或对同一事实重复起诉,或是利用诉讼进行大肆宣传、恶意损害对方当事人名誉等。其二,违反期间和期日之规定的违法诉讼行为。期间与期日制度乃民事诉讼的保障性制度之一。期间和期日制度是链接当事人与法院,以及当事人相互之间诉讼行为的纽带。期间制度的主要功能在于约束民事诉讼法律关系主体在规定的期日内完成诉讼行为,以提高诉讼效率。我国《民事诉讼法》规定了各种具体的期间和日期内容,如当事人在提交答辩状期间可以提出管辖异议,不服一审判决的上诉期为15日,不服一审裁定的上诉期为10日等。但实践中,当事人违反期间制度的诉讼行为比较常见。其三,妨碍民事诉讼法庭秩序的违法行为。作为诉讼主体之一的当事人为使自己利益最大化,为规避法律责任而虚假陈述、伪造证据的行为泛滥,扰乱法庭秩序的行为亦非鲜见。例如,依据对《民事诉讼法》相关规定的理解,训诫、责令退出法庭这两种强制措施的适用对象,应当是实施了妨害民事诉讼的行为但情节轻微尚不足以采取罚款、拘留措施的当事人或其他诉讼参与人。其四,拒不执行生效法律文书的行为。裁判文书一旦发生法律效力,便具有国家强制力和普遍约束力。但因诸般原因,司法实践中,当事人拒不履行法院裁判文书的现象层出不穷。

有必要说明的是,依德日法理,当事人诉讼行为的规范类型大体可分为负担(Last)规范与义务(pflicht)规范。负担性规范一般只是对当事人行为进行一定的评价,而非法律制裁。例如,德国法上的当事人可自行决定是否为举证行为,如果当事人不为举证行为,就其行为性质而言并非违法行为,故而该消极地不举证行为无须承担法律制裁。我国有学者称之为"民事诉讼当事人的自我责任",并且认为对于当事人的这一行为,法律没有必要过问和干预。①

(三)其他诉讼参与人的违法诉讼行为

如前文所述,证人、鉴定人、协助执行人员等均负有协助当事人及法院查明案件

---

① 李浩:《民事诉讼当事人的自我责任》,载《法学研究》2010年第3期。

事实及协助法院执行的义务,在特定情形下,这些主体也参与到民事诉讼程序中。域外一些国家,证人出庭作证负有确保其诚实作证的宣誓义务。[①] 我国相关立法虽然未明确规定证人出庭作证义务,但三大诉讼法均要求证人出庭作证,而且规定了证人出庭作证的具结制度。然而,司法实践中的现状是,有的证人明确表示自己不愿意出庭作证,有的证人虽然出庭但不愿提供与案件相关的证言,有的证人所作证言前后矛盾等。事实上,证人拒绝出庭乃是对国家司法协助义务的违反,而不真实的证人证言可能严重干扰诉讼程序、影响审判结果。同理,鉴定人出具的鉴定意见作为一种法定证据类型,鉴定人就负有出庭接受当事人质询的义务。如果鉴定人经法院通知拒不出庭作证,或违背职业道德和执业纪律进行鉴定等,都会严重影响鉴定意见的可靠性。此外,民事诉讼中案外人实施的违法行为主要是妨害民事案件的审理和执行,如在庭审过程中,案外人在法庭任意走动,不遵守法庭秩序,随意指责、谩骂当事人,辱骂法官或其他工作人员,或故意冲撞执法人员阻碍执行,拒不执行协助义务等。

民事诉讼法律责任的构成要件还须考虑损害事实。就当事人角度而言,当事人进行诉讼的目的是为了获得对自己有利的诉讼结果,而能否得到预期的结果也同当事人的行为密切相关。既然程序的进行与诉讼的结果均与当事人的行为存在难以割舍的联系,当事人就应当对其行为造成的损害事实承担责任。损害事实是构成法律责任的必要条件,行为只有在致使他人损害时才能承担相应的法律责任。一般而言,民事诉讼行为承担法律责任也需有一定的损害发生,具体包括对方当事人诉讼成本的增加,诉讼秩序遭到破坏等。如一方当事人滥用诉权,致使对方当事人因应诉而遭受金钱等诉讼成本的损失,应当由滥用诉权者承担损失;如果当事人的合法起诉被法院拒绝,则是法院侵犯了当事人的合法起诉权,当事人可以采取投诉的方式追究立案人员的责任;当事人或其他诉讼参与人在诉讼过程中哄闹、冲击法庭,扰乱法庭秩序,即是对法院审判权的一种侵害。就法院角度而言,法院行使诉讼指挥权和审理裁决权旨在解决民事纠纷、维护私法秩序,进而保护当事人的私权。法院的诉讼行为如若违反相关法律的强制性规定,定然破坏司法秩序,有损司法权威,也会在一定程度上损害当事人的合法权益。因此,在一定程度上,民事诉讼法律责任的构成还须考量具体的损害后果。

从本质上讲,民事诉讼程序的基础,乃是由法院、当事人及其他诉讼参与人的各

[①] 《美国联邦证据规则》第603条规定:"作证前要求每个证人声明如实提供证词,通过宣誓或虽不宣誓但以某种旨在唤醒证人良知和加深证人责任感的方式进行。"参见《美国联邦民事诉讼规则证据规则》,白绿铉、卞建林译,中国法制出版社2000年版,第220页。

种诉讼行为来构建的。离开了上述主体的诉讼行为,民事诉讼程序便无法正常运行。因此,必须进一步完善民事诉讼法律关系理论和诉讼行为理论,并在其中适当突出民事诉讼法律责任的独特性与重要性。同时,还应对相关法律规范中关涉程序违法的法律责任进行整合,以便使民事诉讼法律责任成为既具独立性,同时又与实体法律责任相协调的法律责任制度。

第二节 民事诉讼法律责任的构成要件及实践验证

法律责任制度的主要功能在于制裁违法行为,实现法律规范的指引功能。近年来,虚假诉讼现象频现,不仅破坏社会诚信,严重侵害案外人合法权益,也扰乱了正常的诉讼秩序,损害司法权威和司法公信力。正因如此,李浩教授将虚假诉讼视为对民事诉讼秩序最具"杀伤力"的妨害民事诉讼行为。[①] 虚假诉讼对国家法治秩序、司法权威以及他人的合法权益造成侵犯,一直为各部门高度重视。近年来,最高法院和最高检察院都在积极探索有效措施,以防范和制裁虚假诉讼行为。再者,因证据在诉讼中具有核心地位,[②]当事人伪造证据、逾期提出证据等不诚信现象也是频频发生。随着民事诉讼模式的转型,相关法律规范对当事人适时提出证据提出了具体要求,设置了举证时限制度。然因诸般原因,当事人逾期提出证据的现象时有发生。以解决私权纠纷为目的的民事诉讼对当事人逾期提供证据的行为,在立法规范处于追求诉讼效率和实体公正之间取舍不定,故而对逾期提出证据行为如何设置适用要件成为难题。更为重要的是,当前的立法、学理及司法实践对虚假诉讼和逾期提出证据行为追究法律责任的构成要件均有一定程度的涉及。有鉴于此,本课题以虚假诉讼行为和逾期提出证据行为承担民事诉讼法律责任的构成要件为分析对象,探讨诉讼法律责任构成要件在司法实践中是否具有可操作性。

一、虚假诉讼的定义及归责之构成要件

为了应对层出不穷的虚假诉讼(含虚假调解)[③]行为,2012 年《民事诉讼法》将虚假诉讼(含虚假调解)纳入民事诉讼强制措施制裁的范围内。[④] 2015 年《民诉法解释》

---

① 李浩:《虚假诉讼与对调解书的检察监督》,载《法学家》2014 年第 6 期。
② 俗有"打官司"就是"比证据"之说法。
③ 下文若不作特别说明,虚假诉讼均包括虚假调解情形。
④ 《民事诉讼法》第 112 条:"当事人之间恶意串通,企图通过诉讼、调解等方式侵害他人合法权益的,人民法院应当驳回其请求,并根据情节轻重予以罚款、拘留;构成犯罪的,依法追究刑事责任。"

第 144 条①、第 190 条②,以及《关于审理民间借贷案件适用法律若干问题的规定》(以下简称《民间借贷规定》)第 19 条③、第 20 条④对虚假诉讼的相关问题进行了具体规定。2016 年,最高人民法院发布《关于防范和制裁虚假诉讼的指导意见》,对虚假诉讼的构成要素等若干问题进行了规定。当事人(包括有关单位)及诉讼代理人有《民事诉讼法》第 112 条规定的虚假诉讼行为的,根据具体的情形应当承担以下法律责任:驳回请求;根据行为情节轻重和危害程度,予以罚款、拘留;情节严重构成犯罪的,依法追究刑事责任。尽管我国对虚假诉讼的规制已经纳入立法,但学理上关于虚假诉讼的概念界定则尚无通说观点。目前为止,学者对于虚假诉讼的定义依然众说纷纭。学术研究大多离不开对特定概念的探讨,毕竟 概念在"特定价值之承认、共识、储藏"方面发挥着重要作用。这种作用体现在概念使特定价值构成特定文化的一部分,从而"产生减轻后来者为实现该特定价值所必需之思维以及说服的工作负担。"⑤探讨虚假诉讼归责之构成要件必然离不开特定的价值判断,因此,在对其构成要件进行提炼和验证前,有必要厘定虚假诉讼的概念内涵及外延。

(一)虚假诉讼概念之厘定

2012 年修订《民事诉讼法》时,立法者采用了"虚假诉讼"这一概念。立法者对虚假诉讼的含义分别从狭义和广义上进行解释。狭义上的虚假诉讼是指"当事人之间恶意串通,企图通过诉讼、调解等方式侵害他人合法权益的行为";广义上的虚假诉讼"还包括单方伪造证据、故意将被告拖入诉讼等情形。"⑥学者们对"虚假诉讼"的认识莫衷一是。有学者认为这一概念包含当前语境下的冒名诉讼、虚假诉讼和恶意诉讼以及刑法学和犯罪学意义上的诉讼欺诈;⑦还有学者以"恶意诉讼"来称呼虚假诉讼

---

① 《民诉法解释》第 144 条:"人民法院审理民事案件,发现当事人之间恶意串通,企图通过和解、调解方式侵害他人合法权益的,应当依照民事诉讼法第一百一十二条的规定处理。"

② 《民诉法解释》第 190 条:"民事诉讼法第一百一十二条规定的他人合法权益,包括案外人的合法权益、国家利益、社会公共利益。第三人根据民事诉讼法第五十六条第三款规定提起撤销之诉,经审查,原案当事人之间恶意串通进行虚假诉讼的,适用民事诉讼法第一百一十二条规定处理。"

③ 根据《民间借贷规定》第 19 条之规定,人民法院应当严格审查民间借贷发生的原因、时间、地点、款项来源、交付方式、款项流向以及借贷双方的关系、经济状况等事实,综合判断是否属于虚假民事诉讼。

④ 根据 2015 年 6 月出台的《民间借贷规定》第 20 条之规定,当事人、诉讼参与人或者其他人(含单位)恶意制造、参与虚假诉讼,人民法院应当依法对相关责任人予以制裁。

⑤ 黄茂荣:《法学方法与现代民法》,中国政法大学出版社 2007 年版,第 72 页。

⑥ 全国人大常委会法制工作委员会民法室编著:《中华人民共和国民事诉讼法解读》,中国法制出版社 2012 年版,第 302 页。

⑦ 任重:《论虚假诉讼:兼评我国第三人撤销诉讼实践》,载《中国法学》2014 年第 6 期。

现象。① 当然,也有学者肯定"虚假诉讼"概念。② 前述关于虚假诉讼定义的主要区别在于该概念的外延范围。纪格非所主张的"虚假诉讼"概念范围最广,不仅包括"无中生有"的虚假诉讼,还包括伪造证据这类单纯地妨害民事诉讼的行为。汤维建、宋朝武所主张的"恶意诉讼"概念范围居中,仅包括"无中生有"的虚假诉讼。张卫平、任重、洪冬英三位学者的观点与立法、司法部门的意见一致,他们所主张的"虚假诉讼"概念范围最小,仅指当事人双方"恶意串通进行的虚假诉讼(虚假调解)"。起初,民事诉讼领域的"虚假诉讼"最初是司法人员的一种体悟,他们将诉讼实践中的种种不诚信行为作为一种社会现象进行讨论。"虚假诉讼"只是司法实务部门对相关案件的归纳总结。他们将当事人或其他诉讼参与人实施的虚构诉讼主体,虚构事实或者隐瞒、伪造证据的行为均归结为"虚假诉讼"。按照这样描述,可以用"虚假诉讼"几乎可以将所有民事诉讼当事人的不诚信行为囊括其中。③ 鉴于"虚假诉讼"行为如此频繁,笔者以"虚假诉讼"以及被视为不诚信的逾期提出据行为作为分析对象,对民事诉讼法律责任的构成要件进行实证检验,这就具有一定的代表性和足够的说服力。为了进一步探视虚假诉讼概念的内涵和外延,笔者以"《中华人民共和国民事诉讼法》第一百一十二条"为法条检索路径在中国裁判文书网上进行检索,时间设置为2017年1月1日至2017年12月31日,④得相关文书202份,除去重复和无效案例,与"虚假诉讼"密切相关的文书共164份。⑤ 在前述文书中,既有单方虚假诉讼⑥,又有双方恶意串通

---

① 学界以"恶意诉讼"称呼虚假诉讼现象的较为有代表性的学者有汤维建、宋朝武、蔡虹、廖中洪等,具体参见蔡虹:《恶意诉讼:修改后民诉法着意规制》,载《检察日报》2012年10月22日,第003版;宋朝武:《新〈民事诉讼法〉视野下的恶意诉讼规制》,载《现代法学》2014年第6期;廖中洪:《"恶意诉讼"立法规定与规制的技术及其原理——兼评〈民事诉讼法〉第112条规定的合理性》,载《甘肃政法学院学报》2016年第2期;郝晶晶:《论恶意诉讼应有的实体法规制——以程序法规制及其不足为基点》,载《暨南学报(哲学社会科学版)》2014年第10期。

② 以"虚假诉讼"概念描述虚假诉讼现象的代表性学者有张卫平、纪格非、洪冬英、任重等,参见张卫平:《诉讼公正与效率的双重提升:泛论〈民事诉讼法〉的修改》,载《国家检察官学院学报》2011年第5期;纪格非:《民事诉讼虚假诉讼治理思路的再思考——基于实证视角的分析与研究》,载《交大法学》2017年第2期;洪冬英:《论虚假诉讼的厘定与规制——兼谈规制虚假诉讼的刑民事程序协调》,载《法学》2016年第11期;任重:《论虚假诉讼:兼评我国第三人撤销诉讼实践》,载《中国法学》2014年第6期。

③ 纪格非:《民事诉讼虚假诉讼治理思路的再思考——基于实证视角的分析与研究》,载《交大法学》2017年第2期。

④ 因为该部分内容完成于2018年6月,故而检索时间选取了2017年度,检索时间为2018年8月6日。

⑤ 其中,一审案件37份,二审案件18份,再审案件109份。

⑥ 其中在一审37个有效案例中,涉及单方虚假的诉讼有13件;二审的20件有效案例中,涉及单方虚假的诉讼有9件;再审的109件案例中,涉及单方虚假诉讼的有5件。

型虚假诉讼①。就单方进行的虚假诉讼而言,法院大都是根据《民间借贷规定》第20条转而间接适用民事诉讼法第112条之规定。② 客观地讲,《民间借贷规定》的出台,避免了单方虚假诉讼"无法可依"的局面。但是,从法律位阶来看,在《民事诉讼法》未对单方虚假诉讼行为予以规定的情形下,该司法解释难免有越位之嫌。

从学界与司法实践的情况来看,《民事诉讼法》只对双方当事人恶意串通型的虚假诉讼作出规定显然是不合理的。至于当时为何对当事人单方以虚构事实和伪造证据等形式进行的虚假诉讼未予规制,立法者也未说明具体的理由。在张卫平教授看来,虚假诉讼是指虚构法律关系或者法律事实,意图借用民事诉讼程序达到侵犯案外人合法权益目的违法诉讼行为。③ 虚假诉讼侵害的对象仅限于案外人,理由是,被侵

---

① 案例1:胡某分别于2011年1月16日、1月25日与唐某签订《胡某与唐某关于东海项目股权转让共识》《股权转让协议》,约定胡某退出乐成公司日常经营管理。其中,《胡某与唐某关于东海项目股权转让共识》系周某起草,周某亦曾自认对《股权转让协议》知情,且周某自2010年10月31日至2011年1月31日受聘于乐成公司,对胡某转让股权及乐成公司总经理聘用须经乐成公司股东会决议等事宜均应知晓。周某明知胡某不具有对外代表乐成公司聘请总经理的权限,仍与之签订《总经理聘用合同》,双方恶意串通的意图明显。周某无证据证明其曾实际履行乐成公司总经理职责,持无效的《总经理聘用合同》,意图通过诉讼方式要求乐成公司向其支付55万元工资、20万元违约金并缴纳各项保险金,侵害了乐成公司合法权益。见《最高人民法院(2017)最高法司惩复3号复议决定书》。

② 单方虚假诉讼的表现多种多样,有欲借诉讼把赌债、贿赂款"洗白"的;有的为实现债权虚构事实把担保人作为债务人起诉;有把已被作出生效判决的债权债务关系中的借条重新作为证据要求债务人再次清偿借款的;有冒充他人名义要求侵权赔偿的;有把已经收到清偿借款的借条进行变造要求债务人再次进行清偿的;有为获得自有资产执行拍卖款项冒充他人名义起诉自己医院的。现偶举几例:案例1:原审被告公交公司的驾驶员孙某驾驶该公司所有的16路公交车行驶至本市某路段时,因避让前方车辆,致使正常行走的原审原告张某受伤,造成其腰2椎体压缩性骨折。原审被告公交公司的委托代理人徐斌在未取得原审原告张某的授权下,私自以原审原告张某的名义聘请田某作为原审原告张某的委托代理人,以原审原告张某的名义提起诉讼,原审法院判决原审被告保险公司为向原告张某支付赔偿款。后检察院向原审法院发出再审检查建议书,法院再审判决认为被告公交公司的委托代理人徐某通过虚假授权,委托原告诉讼代理人田某的方式提起本案的虚假诉讼,其行为不仅违背了民事诉讼应当遵循的诚实信用原则,也扰乱了正常的诉讼秩序,侵害了他人的合法权益,被告公交公司的委托代理人徐某以原告名义提起诉讼请求,不具有真实性,依法应予驳回,故原审判决有误,应予撤销。见《九江市浔阳区人民法院(2016)0403民再3号判决书》。案例2:广济医院的股东陈氏兄弟为达到参与广济医院房地产拍卖款分配的目的,捏造了广济医院向赵超英借款的事实,并假借赵超英的名义在起诉广济医院时向法院提交了其伪造的借条、对账单等证据材料。原审以调解结案后,人民检察院发出再审检察建议书,再审判决认为本案是一起虚假诉讼案件,本院作出的民事调解书依法应予以撤销并驳回赵超英的诉讼请求。见《江苏省扬州市中级人民法院(2017)苏10民再4号判决书》。案例3:原告陈某隐瞒了本案诉争借款协议书与另一案借条系同一笔借款的事实,意图使法院就同一借款再次作出判决,侵害被告徐某的合法权益,已构成虚假诉讼。法院认为一方当事人通过虚构事实或者隐瞒真相、伪造证据等手段,提起诉讼,意图使法院做出错误判决,侵害另一方当事人的合法权益的,构成虚假诉讼。最终法院判决驳回陈海平的全部诉讼请求。见《福建省漳浦县人民法院(2016)闽0623民初3165号判决书》。

③ 张卫平:《中国第三人撤销之诉的制度构成与适用》,载《中外法学》2013年第1期。

害的当事人在诉讼中有比较充分的制度保障,面对恶意加害方虚构事实和伪造证据的行为,其可以及时进行较为充分的防御。①司法机关也认为,"对于一方存在虚假起诉或者恶意起诉情况的,可以通过举证、质证、对方抗辩等方式予以排除,这属于事实认定问题,现有的民事诉讼程序完全可以解决,不需要通过纳入虚假诉讼范畴进行规制。"②尽管学理界和司法实践部门均列举了应当将单方当事人虚假诉讼行为排除于虚假诉讼的理由,并陈述了应对单方当事人侵害相对方当事人权益之虚假诉讼行为的具体措施,但从二者的论证结果来看,似乎又未否认单方当事人可构成虚假诉讼之现实。就我们检索的结果而言,当事人单方虚假的诉讼案件大多是通过再审程序加以解决的,有的甚至通过刑事判决和再审检察建议才得以纠正。普通的一审程序与二审程序在遏制和规制单方当事人虚假诉讼方面均未能发挥有效作用。③在具体案件审理程序中,因一方当事人虚假诉讼而使自己权益受损的当事人虽然也参与了诉讼,但却未能很好地维护自身合法权益,最终不得不通过再审维权。所以,无论是双方恶意串通的虚假诉讼、单方制造的虚假诉讼,其行为表现形式均为虚构并不存在的民事法律关系或法律事实。虚假诉讼与当事人单纯为了胜诉,伪造或变造证据使得法院作出有利于己方裁判的妨害民事诉讼的行为有共性,也有区别。共性是,二者均扰乱了司法秩序。二者的主要区别在于,当事人之间是否存在真实的民事纠纷。从诉权角度来看,提供虚假证据的妨害诉讼行为,纵使当事人提供了虚假证据,但是其有诉之利益,法院必须受理并作出裁判,需要制裁的是妨害诉讼的行为。当事人"无中生有"的虚假诉讼,表明其根本不存在民事纠纷,法院审理这些案件不仅浪费司法资源,甚至可能成为当事人用以侵害他人权益的工具。所以,虚假诉讼应当包括"无

---

① 例如,我国民事诉讼中的答辩制度、质证制度以及上诉制度等一系列法律制度都给予受害方较为充分的程序保障,受侵害的当事人利用前述制度足以避免对方当事人以虚构事实和伪造证据为基础作出的错误生效裁判。任重:《论虚假诉讼:兼评我国第三人撤销诉讼实践》,载《中国法学》2014 年第 6 期。

② 参见《〈最高人民法院关于防范和制裁虚假诉讼的指导意见〉的理解与适用》,资料来源:http://www.dffyw.com/faxuejieti/ss/201702/42171.html,访问日期:2019 年 8 月 30 日。

③ 例如,原审被告徐某向案外人朱某借款 200 万元,朱某通过原审原告李某将 200 万元借款从浦发银行转给徐某。徐某归还借款后,朱某称徐某之前帮黄某担保的 300 万元未归还,拒绝归还该 200 万元的借条。后经多次讨要,朱某通过彩色复印原借条后,将该借条复印件通过案外人项某交给徐某。随后,朱某在徐某出具的格式借条上先后分别于实为担保人的方某、项某、季某的签名前,擅自加注"借款人①②③"字样,将原约定的担保人身份变更为共同借款人,后由李某在借条上出借人的空白处写上自己的姓名。李某依该变造的借条,以季某等人为被告起诉并骗取了法院判决。上级法院作出刑事判决书认定朱某、李某犯诈骗罪,检察院对本案提起抗诉,上级法院指定原审法院重审,再审判决认为原审判决系原审原告李某与案外人朱某通过变造制作主要证据、提起虚假诉讼的方式取得,判决书认定事实、适用法律均有错误,依法应予撤销,并驳回原审原告李某的诉讼请求。见《浙江省丽水市莲都区人民法院(2016)浙 1102 民再 2 号判决书》。

中生有"的虚假诉讼,具体包括双方制造的虚假诉讼(包括一方当事人与另一方当事人的时任法定代表人恶意串通)和单方制造的虚假诉讼。由此可见,从司法实践来看,虚假诉讼的外延更接近于汤维建教授与宋朝武教授所提出的概念,即仅指"无中生有"的虚假诉讼。从有效遏制虚假诉讼行为,保护国家正常的司法秩序和他人的合法权益而言,笔者赞同广义的虚假诉讼概念,即包括双方串通和单方恶意制造的虚假诉讼。由此出发,本文在相关立法对虚假诉讼之构成要件已有初步规定的基础上,立足于实证案例来进一步验证民事诉讼法律责任的构成要件。

为了有效规制虚假诉讼行为,明确行为主体应承担的相应法律责任,2012年《民事诉讼法》将虚假诉讼纳入其中。立法者在阐释虚假诉讼概念的同时对虚假诉讼行为承担法律责任的条件进行了解释和说明。他们认为,虚假诉讼行为者承担法律责任须满足以下几个条件:其一,虚假诉讼的责任主体是当事人和其他诉讼参与人,①单位也可以成为虚假诉讼的主体。其二,恶意串通是构成虚假诉讼的主观要件。双方当事人主观上具有为虚假诉讼行为的故意:一则是双方当事人在主观上恶意串通,系双方共谋行为;二则是当事人双方明知为虚假诉讼行为会损害他人的合法权益仍然实施。② 其三,客观上当事人串通实施了虚假诉讼行为。双方当事人串通为虚假诉讼行为,即当事人将严肃的带有国家强制性的司法审判程序和自主解决纠纷的调解作为侵犯他人合法权益的手段。一般而言,当事人的主观故意状态通过具体行为来推定。其四,虚假诉讼侵害了他人的合法权益。相关司法解释将"他人合法权益"中的"他人"解释为:"诉讼外的特定或者不特定对象,而非作为当事人的原告、被告";将"合法权益"解释为既包括物权,也包括债权、知识产权在内的法律保护的民事权益;"他人合法权益"在权利类型上包括案外人的权益、国家利益和社会公共利益。③显然,立法者是立足于虚假诉讼乃当事人之间合谋串通,虚构事实提起诉讼,侵害他人合法权益之行为基础上,对其构成要件进行"说明"的。尽管立法者对虚假诉讼的概念和构成要件作出说明,但虚假诉讼概念最早源于司法实践。故而,总结司法实践

---

① 根据最高人民法院发布的《最高人民法院关于防范和制裁虚假诉讼的指导意见》之规定,虚假诉讼行为的主体除当事人外,还可能是其他诉讼参与人,具体包括诉讼代理人,鉴定人,鉴定机构等。诉讼参与人承担的具体责任形式包括训诫、罚款、拘留等妨碍民事诉讼强制措施;虚假诉讼侵害他人民事权益的,参与人应当承担赔偿责任。例如,鉴定机构、鉴定人参与虚假诉讼的,可以根据情节轻重,给予鉴定机构、鉴定人训诫、责令退还鉴定费用、从法院委托鉴定专业机构备选名单中除名等制裁,并应当向司法行政部门或者行业协会发出司法建议。

② 全国人大常委会法制工作委员会民法室编著:《中华人民共和国民事诉讼法解读》,中国法制出版社2012年版,第302页。

③ 沈德咏主编:《最高人民法院民事诉讼法司法解释理解与适用》(上),人民法院出版社2015年版,第526页。

经验中关于虚假诉讼的认定标准,远比单纯逻辑推理更具说服力。有鉴于此,本文试图从实证的角度去接近纷繁复杂的虚假诉讼现象,主要涉及民事审理程序,具体包括一审程序、二审程序和再审程序。

(二)司法实践中关于虚假诉讼构成要件之"检验"

结合司法实践,虚假诉讼可分为单方虚假诉讼的情形和双方恶意串通的情形。从民事之诉的三要素来看,虚假诉讼之"虚假"大致可能分为诉的主体虚假、诉讼请求(诉的标的)虚假以及诉的理由虚假。诉的主体虚假,在司法实践中通常表现为冒名诉讼;诉讼请求虚假,在司法实践中主要表现为虚构权利根据或实体法律关系;诉的理由虚假主要表现为伪造证据等。事实上,虚假诉讼也是妨害民事诉讼审理的行为,就其法律责任构成要件而言,实践中认定虚假诉讼行为通常要符合四个条件:

1. 主体要件

实践中,虚假诉讼行为的责任主体通常是"当事人"。① 首先,当事人是虚假诉讼行为的主要责任主体。《民事诉讼法》关于虚假诉讼的规定特别强调"当事人"这一主体要件。根据现行《民事诉讼法》第112条规定,当事人双方恶意串通进行虚假诉讼或调解,故意侵犯他人合法权益的行为,称为虚假诉讼行为。该法条规定的当事人,"泛指要求法院保护民事权利或者法律关系、受法院裁判约束的起诉方、被诉方"。② 这里的诉讼行为包括一方当事人虚假诉讼行为,如虚假陈述、伪造证据进行诉讼;也包括双方当事人恶意串通的情形。有必要说明的是,冒名诉讼中的冒名者虽是以他人名义进行诉讼,但其在虚假诉讼中亦属于"当事人",其实施的诉讼有可能是真实发生的案件事实,冒名者侵犯了被冒名者的对诉讼事件的处分权;也有可能是冒名者虚构案件事实,这两类案件在司法实践中均被归为虚假诉讼,冒名者被视为虚假诉讼中的当事人承担相应的诉讼法律责任,如驳回起诉。其次,在特定情形下,其他诉讼参与人也是虚假诉讼行为的责任主体。例如,在司法实践中,有法院认为,本案所涉一方当事人与另一方当事人的法定代表人恶意串通,企图通过诉讼方式损害另一方当事人的合法权益,《民事诉讼法》对此种情形虽未规定相应的强制措施,但鉴于此种情形与《民事诉讼法》第112条规定的"当事人之间恶意串通,企图通过诉讼、调解等方式侵害他人合法权益"具有事实构成上的类似性和妨害民事诉讼的同质性,原审人民法院类推适用该条规定,对为虚假诉讼行为者处以罚款决定,并无不当,予以维持。③

2. 主观要件

从主观要件上看,虚假诉讼行为人在主观上须存在进行虚假诉讼的"故意"。在

---

① 虚假诉讼的当事人有可能是单位。
② 江必新:《〈中华人民共和国民事诉讼法〉修改条文解读与应用》,法律出版社2012年版,第200页。
③ 见《最高人民法院(2017)最高法司惩复3号复议决定书》。

司法实践中,当事人的主观状态往往难以直接证明,法官们通过当事人或其他诉参与人实施的客观行为来推定其主观上是否有过错。如在单方当事人提起的虚假诉讼中,其主观故意主要是通过伪造证据、虚假陈述等行为来推定;在双方当事人串通进行的虚假诉讼中,其主观故意常常通过当事人双方的"共谋"或"恶意串通"来反向证明。例如,原审原告融信源公司在成立时为了验资需要而向第三人借款,公司为了还款并作平公司内部账务,伪造了诉状中所述的借款合同、担保合同、最高额抵押合同等。再审法院在查清前述事实后,认为"本案中融信源公司和万华天居公司在法定代表人为同一人的情况下,伪造借款合同、担保合同等,企图达到不正当目的,且案件当事人对借款事实的诉辩明显不符合常理,该情节符合《最高人民法院关于审理民间借贷案件适用法律若干问题的规定》第十九条关于虚假民间借贷诉讼的定义。根据《最高人民法院关于审理民间借贷案件适用法律若干问题的规定》第二十条的规定,经查属于虚假民间借贷诉讼……"①综观全案,再审法院是通过当事人所为的虚假诉讼行为认定当事人主观上具有恶意,进而认定该案为虚假民间借贷诉讼。

在我们收集的 26 起双方当事人恶意串通型虚假诉讼中,虽然所有的裁判文书都引用了《民事诉讼法》第 112 条作为裁判依据,然而法院在裁判说理中并非将所有案件直接认定为虚假诉讼。②究其原因,乃在于证明当事人主观上存在串通故意尚有一定的难度。法院只有在直接查明了当事人存在虚假的诉讼行为,或者证明当事人的虚假行为的证据比较充分时,才能综合全案来推定当事人主观上存在故意。当事人主观上存在故意的虚假诉讼行为,法院才会认定为虚假诉讼。值得一提的是,在我们检索的案件中,有 1 件一审原本没有认定为虚假诉讼,二审改判认定为虚假诉讼的案件。该案中,原告与被告恶意串通制造虚假的交通事故,故意骗取另一方被告即保险公司的理赔费用。一审法院判决后,作为共同被告的保险公司提起上诉。在二审过程中,因被告保险公司拿到原告在交通事故发生之前进行诊疗的关键证据,并证明了原被告之间根本不存在交通事故。二审法院审理后认为:"当事人应当依据客观事实向法院提起诉讼,如果虚构事实的,应当承担不利的法律后果。本案中,根据本院已经查明的事实,可以认定黎乐乐伙同王加祥及案外人齐某通过虚构事实、隐瞒真相的方式欺骗交警部门出具交通事故认定书,并据此向原审法院提起诉讼。而王加祥并非导致黎乐乐受伤的实际侵权人,黎乐乐所主张的交通事故也未实际发生,故黎乐乐诉请要求王加祥及平安保险公司进行赔偿并无事实依据,不应予以支持。原审法院

---

① 见《新疆生产建设兵团奎屯垦区人民法院(2016)兵 0701 民再 5 号判决书》。
② 基于证明标准原因而驳回原告诉讼请求的有 4 起,而直接认定为虚假诉讼的有 21 起,还有 1 件以存在虚假诉讼可能为由驳回了原告诉讼请求。

判决所依据的事实并非客观,本院依法予以撤销。同时,黎乐乐与王加祥的行为构成诉讼欺诈,本院予以严厉遣责,并将另行对参与制造虚假诉讼的黎乐乐、王加祥、齐某做出处罚决定。"①在该案中,二审法院通过查证原告与另一被告虚构诉讼的行为,从而认定该案为虚假诉讼,并予以改判。

3. 虚假诉讼行为

当事人需通过诉讼、调解等方式为虚假诉讼,这里的"调解"仅指法院主持下的调解,不包括其他形式的调解。如再审法院认为原审判决书"系原审原告李俊乐与案外人朱港春通过变造制作主要证据、提起虚假诉讼的方式取得",即法院认为当事人的诉讼请求所依据的事实完全是虚构的,以至于无继续审判的必要故认定为虚假诉讼。②又如,再审法院认为,原审原告睿恒置业有限公司与原审被告赵某之间不存在真实交易的情况下,原审原告睿恒公司通过虚构房屋买卖合同的事实,向法院提起诉讼,并用法院调解方式撤销房产备案登记,其行为是以合法形式掩盖非法目的,获取非法利益,构成虚假诉讼。③再如,广济医院的股东陈氏兄弟为达到参与广济医院房地产拍卖款分配的目的,捏造了广济医院向赵超英借款的事实,并假借赵超英的名义在起诉广济医院时向法院提交其伪造的借条、对账单等证据材料。原审以调解结案后,人民检察院发出再审检察建议书、再审判决认为本案是一起虚假诉讼案件,本院作出的民事调解书依法应予以撤销并驳回赵超英的诉讼请求。④将司法实践中被法院认定为虚假诉讼的案件与未被法院认定为虚假诉讼的案件进行比较,我们不难发现,当事人虚构事实,积极伪造证据等案件,大都被法院认定为虚假诉讼。对于虚假陈述行为,而未伪造证据材料的案件,法院大都以原告主张未达到诉讼证明标准为由驳回诉讼请求,一般不会认定为虚假诉讼。

---

① 见《上海市第二中级人民法院(2017)沪02民终211号判决书》。
② 见《浙江省丽水市莲都区人民法院(2016)浙1102民再2号判决书》。
③ 如2012年9月,睿恒公司为缓解资金紧张,公司经理马某安排公司员工找到赵某,在赵某实际并未缴纳首付款,也没有购房意愿的情况下,睿恒公司与赵某签订了虚假的商品房买卖合同。合同第6条付款方式及期限约定"首付房款已付清,剩余房款办理银行按揭贷款"。后睿恒公司将该合同在房产交易管理处进行备案。睿恒公司与赵某签订购房合同的目的是为了从银行办理按揭贷款,并由睿恒公司使用和偿还。因银行把关严格,该贷款并未获得通过。为了回笼资金,睿恒公司准备将房屋进行出售,但因购房合同在房管局已经备案,无法再与其他购房人签订购房合同。睿恒公司需要与赵某一起到房管局解除购房合同并撤销房屋备案登记。因不符合房管局规定的撤销购房合同备案的要求,睿恒公司决定通过诉讼方式撤销购房合同备案登记,于2013年3月15日提起诉讼并获取法院作出的民事调解书。最终法院向房管局下达协助执行通知书将备案的购房合同予以撤销。睿恒公司通过该方式竟先后向法院提起了46起虚假诉讼。见《河南省安阳市北关区人民法院(2017)豫0503民再33号判决书》。
④ 见《江苏省扬州市中级人民法院(2017)苏10民再4号判决书》。

4. 侵害他人合法权益

业内周知,立法者确立虚假诉讼的初衷是保护正常司法秩序。《民事诉讼法》第120条中的"侵害他人合法权益"中的"他人",一般指特定或不特定的案外人。[①]法院在描述虚假诉讼的构成要件时,一般认为虚假诉讼的行为人目的是侵害他人的合法权益,而"他人"是指诉讼外的不特定对象。事实一再证明,双方串通虚假诉讼,侵害的不仅仅是案外人的合法权益,在有多个当事人的情形下,有时还侵犯了某些当事人的合法权益。如原告刘冬宁与被告刘影系兄妹关系,被告刘影与被告龚文斌于2015年6月29日离婚,双方就离婚财产分割发生争议并诉至法院,被告刘影为能多分得夫妻共同财产,以虚构夫妻债务为目的,与原告刘冬宁恶意串通制造虚假诉讼。[②]而最高人民法院在描述虚假诉讼的构成要件时,认为虚假诉讼的行为人目的是侵害他人的合法权益,而"他人"是指诉讼外的不特定对象,显然本案侵害的是诉讼中被告的合法权益。这也直接显示了《民诉法解释》第190条限定"案外人"之缺陷。

通过实践案例分析,我们认为,虚假诉讼构成要件或者说虚假诉讼行为的承担要件有三:一是法律责任主体是为虚假诉讼行为(包括冒名诉讼)者,及其他参与为虚假诉讼行为的诉讼参与人。二是行为人主观上存在恶意串通的故意;三是客观上存在伪造、变造证据,或者指使、贿买、胁迫他人作伪证等虚构事实的诉讼行为。至于虚假诉讼行为是否侵害他人合法权益这一要件,我们认为不能成为其承担诉讼法律责任的构成要件。理由有二:一是在虚假诉讼的目的方面,最高人民法院认为不要求虚假诉讼的当事人必须对他人造成实际的侵害,即使未造成实际侵害,虚假诉讼的行为也应当按照民事诉讼法第112条进行处罚;[③]二是根据《民诉法解释》第190条规定,《民事诉讼法》第112条规定中的"他人合法权益",包括案外人的合法权益、国家利益、社会公共利益,此解释涵盖范围之广已经使该要件成为虚设,因为任何一起虚假诉讼案件都不可能逃出此范围。大量实践表明,虚假诉讼只要求查明当事人之间通过虚构案件事实制造诉争的权利义务关系,并存在恶意串通即可,至于是否侵害其他人的权益则并不重要。因为,从民事诉讼法的公法性质来看,规制恶意诉讼的目的不仅在于保护他人的合法权益免受虚假诉讼的侵害,更在于减少虚假诉讼案件对司法资源的浪费,降低虚假诉讼对司法公信与权威的损害。

二、逾期提出证据承担法律责任的构成要件及实践验证

自20世纪90年代始,学者们近乎一致地认为,我国民事诉讼法没有规定证据适

---

① 王胜明:《中华人民共和国民事诉讼法释义:最新修正版》,法律出版社2012年版,第269~270页。
② 见《四川省成都市武侯区人民法院(2017)川0107民初696号判决书》。
③ 江必新:《〈中华人民共和国民事诉讼法〉修改条文解读与应用》,法律出版社2012年版,第200页。

时提出主义制度是个重大缺陷。学者们指出证据随时提出主义破坏了民事诉讼公平原则,是造成诉讼效率低下的要因,并主张以证据适时提出主义取而代之。① 为了回应实务界和学理界的要求,2001年最高人民法院出台的《关于民事诉讼证据的若干规定》在第34条中首次规定了逾期举证失权制度。② 十余年的实践证明,"证据适时提出主义"相较于"证据随时提出主义"的优势比较明显。③ 于是,2012年全面修改《民事诉讼法》时,在该法第65条中规定了"当事人及时提出证据义务"。2015年最高人民法院出台的《民诉法解释》第101条、102条对"及时提出证据义务"和"逾期举证的法律后果"进一步予以解释,使逾期举证制度完成了由司法解释上升为立法的过程,其内容进一步得以充实。

失权是规制逾期提供证据的制裁方式之一,是由法律设定的,对于不遵守举证期限提交证据资料的当事人的一种制裁。立法者将其解释为当事人不履行"及时提出证据"义务而承担的法律责任,即"当事人违反及时提供证据义务的,根据不同情形应当承担一定的法律后果。"④及时提出证据义务要求当事人应当根据诉讼进行情况,在合理、适当的期间内对自己的主张提供证据。客观地讲,《民事诉讼法》规定当事人及时提出证据义务具有以下重要意义:一是有助于实现程序公正。在民事诉讼中如若一方当事人滥用"证据突袭"随时提出证据,对方当事人势必需要再花时间收集对抗证据、进行论证和法庭辩论,于当事人攻击防御方法而言有失公平。相反,若规定适时提出证据,可以从根本上保证当事人充分地就对方当事人的主张和证据进行辩论和质证,贯彻民事诉讼平等原则。二是有利于提高民事诉讼效益。规定当事人适时提出证据义务,可以遏制当事人通过随时提出证据以达到拖延诉讼的目的,既为当事人节省时间和金钱成本,也能通过集中审理方式达到提高诉讼效率之目的。实证调研成果亦表明,适时提出证据制度"对于规范当事人举证、加快诉讼进程具有积极

---

① 左卫民,陈刚:《证据随时提出主义评析》,载《法学》1997年第11期。
② 《关于民事诉讼证据的若干规定》第34条规定:"当事人应当在举证期限内向人民法院提交证据材料,当事人在举证期限内不提交的,视为放弃举证权利。对于当事人逾期提交的证据材料,人民法院审理时不组织质证。但对方当事人同意质证的除外。当事人增加、变更诉讼请求或者提起反诉的,应当在举证期限届满前提出。"该条文在2019年修正《民事诉讼证据的若干规定》时被删除。
③ 1991年《民事诉讼法》对当事人的举证期限未作明确规定,实践中存在以下弊端:一是当事人滥用举证权利,实施"证据突袭",损害诉讼公平和司法公正;二是给对方当事人增加不必要的诉讼负担和成本;三是严重影响诉讼效率;四是浪费有限的审判资源,损害了法院裁判的稳定性和权威性。见全国人大常委会法制工作委员会民法室编著:《中华人民共和国民事诉讼法解读》,中国法制出版社2012年版,第169页。
④ 全国人大常委会法制工作委员会民法室编著:《中华人民共和国民事诉讼法解读》,中国法制出版社2012年版,第170页。

意义"。①问题是,目前有学者在讨论逾期举证失权制裁时,指出逾期举证失权制度在实践中遭遇一定程度的抵制,导致法院对证据失权的适用趋于宽松和灵活,从而得出该制度在司法实践的博弈中逐步被边缘化之结论。②问题是,如何评判法院对逾期举证失权的态度"宽松"抑或"严格"?法院对逾期提出证据予以法律制裁的判断标准为何?回答这些问题,对制裁逾期提出证据行为的构成要件进行研究就显得非常必要了。

(一)逾期举证失权的构成要件

一般而言,一项制度的功能定位决定着该制度的具体程序构造。在不同制度功能的指引下,该制度的程序"设置"定然有别。业内周知,民事诉讼的目的在于创造法的安定性,并期待判决之裁判内容与实体法律状态保持一致。毕竟,任何有利于促进诉讼公正和提高诉讼效率的制度对法院和当事人都具有难以抗拒的诱惑力。我国逾期举证失权制度无论是在立法上还是在司法实践中,均经历了由严格失权到相对缓和的制裁过程。这种变化与该制的立法宗旨抑或说价值目标的抉择不无关系。事实上,逾期举证失权制度在一定程度上承载着追求诉讼效率和发现真实确保公正的双重价值。③ 2001 年《证据规则》确立逾期举证失权制度之初,其隐含着试图通过严格的逾期举证失权之制裁达到提升诉讼效率之目的。实际上,驳回逾期提出的证据(攻防方法),在一定程度上是以牺牲实体正义为成本或代价的,即使在实体法上本应胜诉之当事人因其逾期提交了的证据失权而遭遇败诉。经过十余年的实践验证后,这种严格的失权制度与我国民众追求发现案件真实以实现实体公正的朴素正义观不相吻合。于是,2012 年《民事诉讼法》在第 65 条规定"及时提出证据"义务的同时,在一定程度上柔和了逾期举证失权的法律制裁。尤其是,2015 年《民诉法解释》第 102 条细化了缓和"失权"后果的条件;2019 年修正《证据规则》时,删除了逾期举证失权制度。可见,是否将特定逾期攻防予以驳回之决定,实际上是权衡诉讼公正与效益为两种存在冲突利益的结果。④ 上述演变过程表明相关司法解释已经开始重新审视逾期

---

① 这方面的实证研究,参见韩俊:《举证时限实务问题探讨》,载丁巧仁主编:《民事诉讼证据制度若干问题研究》,人民法院出版社 2004 年版,第 144~145 页;四川省成都市中级人民法院课题组:《〈关于民事诉讼证据的若干规定〉执行情况的调研报告》,载《人民司法》2006 年第 10 期;纪格非、刘佳洁:《〈民事证据规定〉实施效果的实证考察与分析》,载《中国司法》2007 年第 10 期;安徽省高级人民法院民一庭:《〈关于民事诉讼证据的若干规定〉施行情况的调研报告》,载《人民司法》2007 年第 15 期。

② 吴泽勇:《民事诉讼证据失权制度的衰落与重建》,载《中国法学》2020 年第 3 期。

③ 我国台湾地区 2000 年"民事诉讼法"采"证据适时提出主义"的同时,对当事人课以"诉讼促进义务",即在诉讼准备程序提出具体、特定之攻击防御方法以明确争点,否则将蒙受遭法院驳回期逾期提出攻击防御方法之不利益。

④ 许士宦:《逾时提出之驳回与责问权之行使》,载《月旦法学教室》2003 年第 3 期,第 77 页。

举证失权制度的立法目的和功能。《民诉法解释》第102条采纳虽已逾期但与案件"基本事实"有关的证据之规定,已然表明立法者在追求诉讼效率的同时,兼顾着发现真实之实体公正。在此情形下,如何调和实体正义与诉讼程序效率(诉讼促进),或者说在促进诉讼及时进行追求诉讼效率的同时避免因逾期举证失权而牺牲实体正义,这与科学确定逾期举证失权的构成要件不无相关。

近年来,我国持续进行民事审判方式改革,逐步推动民事诉讼模式由职权主义向当事人主义的转型。① 正在深入进行的司法改革的基本动向之一是,诉讼资料搜集和提出由法院之职责向当事人自行负担转移,也即当事人对自己的主张自行负担诉讼资料的搜集和提出义务。② 现行《民事诉讼法》第65条确立了逾期举证的法律后果——失权、训诫和罚款三种制裁方式,并在归责程序上增加了责令当事人说明理由之要求。2015年《民诉法解释》第102条对逾期举证失权的主观要件予以规定,同时将与"案件基本事实有关"的逾期证据排除在失权范围之外,从而使"重要证据不失权"之规则得以普遍化。③ 具体而言,如果当事人故意或重大过失逾期提交的证据与案件的基本事实有关,则对该逾期提交的证据不予"失权"之制裁,而代之以训诫或罚款之制裁;④如果当事人故意或重大过失逾期提交的证据与案件基本事实无关,则该证据因不再予以质证而失权。逾期举证失权作为一种法律制裁制度,其基本价值取向直接影响法院对是否施以失权制裁的解释和操作,进而影响诉讼结果的胜负,与当事人的诉讼权利和实体权益关系重大。故而,在对逾期提出证据的行为予以制裁时,该行为在主客观上应当具有可归责性。我国台湾地区于2000年修正的"民事诉讼法"时确立了逾期举证失权制度。台湾地区"民事诉讼法"虽然未明确规定逾期举证失权的构成要件,但司法实践在适用该制度时依然遵循责任法定原则:当事人具备意图延滞诉讼之主观意,客观上有重大过失逾期人提攻击防御方法之行为,且碍于诉讼及时终结之情形等要件时,法院得驳国回其所为攻击防御方法之提出。⑤ 有学者在解析失权制度构成要件时总结了当事人失权(主要指逾期提出攻击防御方法)制度的六大构成要件,即失权对象(内容)、逾期行为、造成诉讼延期的法律后果、主观过错、行

---

① 张卫平:《转制与应变——论我国传统民事诉讼体制的结构性变革》,载《学习与探索》1994年第4期。
② 传统的马锡五审判方式也要求法院在"查明事实、分清是非"基础上促使当事人达成调解,法院需要深入现场调查取证掌握案情。参见段文波:《庭审中心视域下的民事审前准备程序研究》,《中国法学》2017年第6期,第205页;廖浩:《诉讼调解瑕疵救济制度的理论反思与重构路径》,《西南民族大学学报》(人文社会科学版)2018年第12期,第98页。
③ 吴泽勇:《民事诉讼证据失权制度的衰落与重建》,载《中国法学》2020年第3期。
④ 因逾期举证导致对方增加交通、住宿、就餐、误工、证人出庭作证等必要费用,应予以赔偿。
⑤ 黄国昌:《逾时提出攻击防御方法之失权制裁:是"效率"还是"公平"?》,载《台大法学论丛》2008年第37卷第2期。

为与后果的因果关系以及法院的充分阐明。① 作为失权制度的主要内容,逾期举证之证据失权之失权对象比较明确,其主要是当事人围绕自己主张的事实所提出的证据。借鉴我国台湾地区关于逾期举证失权制度的实践经验,笔者认为,我国逾期举证失权的构成要件也应为四个方面,即逾期举证的行为、主观过错、致使庭审迟延的结果以及行为与结果之间的因果关系。

(二)逾期举证失权构成要件的实践验证

众所周知,民事诉讼本质的特点是以公权力解决私权纠纷(民事纠纷)。民事纠纷具有三大特点:一是产生纠纷的原因是违反民事实体法的规定;二是民事纠纷的主体地位具有平等性;三是民事纠纷主体具有处分权,包括纠纷解决方式的选择权和解决纠纷过程中的实体处分权。德国学者 Flume(富鲁美)认为"个人基于自己的意思,自律地形成法律关系之原理称为私法自治,私法自治乃人类的自我决定一般原理的一部分。此原理在基本法上不但属于法律程序,而且承认其为法律秩序中实现的价值之基本权。虽然此私法自治的原理在各个法律秩序中实现的程度各自不同,而且在各个法律秩序的发生过程中,该原理的妥当性亦有所差异,但若无私法自治,即无法律秩序的存在。"②作为基本原理的私法自治亦是民事诉讼程序发展过程的重要"法律秩序"。正因为如此,民事诉讼的基本规律是充分彰显于解决私权纠纷中尊重当事人自治的特点。当事人是否提出证据以及于何时提出证据,在一定程度上乃当事人自由处分的结果。但是,民事诉讼是一种公力救济,其在兼顾私法自治的同时,更要考虑司法资源作为公共资源的有效利用和分配。同时,民事诉讼平等原则精神内涵在于使双方当事人有公平接近事实和证据的机会。一方当事人逾期提出攻击防御方法③的弊端可以从两个面向观察:一是从法院代表的公权机关之公益立场观之,逾期提出证据造成不必要的司法资源浪,并影响一般民众平等利用诉讼资源的机会与权利;一是从双方当事人的立场观之,当事人双方除了受"程序上的不利益"(即不必要之劳力、时间、费用之支出)外,还包括平等进行攻击防御的程序权,即逾期提供证据使对方当事人在诉讼策略上遭遇突袭和诉讼资料遗失的风险。为了有针对性地探讨司法实践中关于逾期举证失权之构成要件的"判定",笔者以"逾期举证"为主题词,选择"民事案件"和"决定书",共得 65 份裁判文书,剔除重复和无法显示的文书,

---

① 刘显鹏:《民事诉讼当事人失权制度研究》,武汉大出版社 2013 年版,第 11 页。

② Flume, Allgenmeiner Teil des buergerlichen Rechts Bd. II Dás Rechtsgeschaeft, 3. Aufl. ,1979 § 2. S. 23ff. 转引自雷万来:《诉讼上自认之法理及其效力》,载《民事诉讼法之研讨》(九),三民书局有限公司 2000 年版,第 128 页。

③ 如果当事人于第二审提出新的攻击防御方法,则既不影响第二审程序终结,不耗费司法资源或影响其合理分配,则不属于逾期之列。

得有效文书 56 份。① 56 份决定书中有处罚决定书 21 份,复议决定书 35 份。对 56 份决定书逐一进行梳理,不难发现,法院判定逾期提供证据是否失权的主要依据如下:

1. 有逾期提出证据的行为

在 56 份决定书中,不管法院对逾期提出的证据是否判定为失权,其作出处罚决定的前提是当事人未在法定举证时限内提交证据。其中有 30 份文书②表明当事人未在一审举证时限内提出证据,这其中包括当事人对法院认为需要鉴定的专业性问题经法院释明未仍在一审举证期限内申请鉴定的情形。这些案件当事人于二审程序中提出形成于一审程序开始前的证据或者在二审程序中才申请鉴定的行为,而这些证据又与案件的基本事实有关。对于当事人未在一审程序中提出证据或申请鉴定,而在二审程序中提出证据或申请鉴定的,大多数法院将其认定为逾期提出证据的行为。例如,"(2020)最高法知民终 862 号案一审诉讼过程中,在法院工作人员现场勘验被诉侵权设备时,新辉公司法定代表人黄日远指示技术人员远程作废勘验对象的运行密码;随后,新辉公司其他工作人员又拒绝法院工作人员采取手动等其他替代方式来运转设备以供勘验,造成一审法院未能勘验到被诉侵权设备的实际运行情况和相关技术特征。同时,在一审法院明确要求新辉公司就被诉侵权设备的运行情况和技术特征承担举证责任的情况下,新辉公司拒绝履行上述举证义务,一审法院在此基础上依法支持专利权人屹成公司提出的被诉侵权设备技术方案落入涉案专利权利要求保护范围的主张,判令新辉公司停止侵权、赔偿损失。新辉公司收到对其不利的一审判决后,向本院提起上诉,为展示被诉侵权设备的技术特征,在二审诉讼过程中提交了设备运转视频,屹成公司亦认可该视频的真实性,本院据此重新认定案件事实,并对一审判决予以改判。"③

另有 26 份文书仅表明当事人虽在一审中提出了证据,但未在一审规定的举证时限内提出证据。这一情形是否被判定为"逾期",不同法院的态度有别。受苏联民事诉讼理论的影响,我国一度在发现案件真实的理念下奉行职权主义模式。时至今日,"虽然我国民事审判方式改革趋向是从超职权主模式向当事人主义与法院职权主义兼容模式,但部分人民法院审理民事案件时,仍存在既核实当事人提供的证据,又直接收集并审查当事人未提交的证据,甚至超越当事人诉讼请求、事实和理由,对当事争议焦点以外的事实进行主动审查的超职权主义倾向。"④

---

① 检索时间为 2021 年 6 月 20 日。
② 如《中华人民共和国最高人民法院(2015)民一复字第 3 号复议决定书》《中华人民共和国最高人民法院(2019)最高法司惩复 7 号复议决定书》《福建省高级人民法院(2020)闽司惩复 4 号复议决定书》等。
③ 见《中华人民共和国最高人民法院(2021)最高法知司惩 1 号决定书》。
④ 沈德咏主编:《最高人民法院民事诉讼法司法解释理解与适用》(上),人民法院出版社 2015 年版,第 596 页。

2. 主观上有过错

因《民诉法解释》第 102 条对逾期提出证据受法律制裁的主观要件进行了规定，故而 56 份决定书均陈述了当事人逾期提供证据在主观上存在"故意"或"重大过失"，其中，有的文书直接以"过错"或"恶意"来表述。法院对当事人逾期提出证据主观故意或重大过失的判断一般采取"推定"的方式，即当事人有逾期提出证据的行为，且无法说明"正当理由"或"作出合理解释"的，由此推定当事人主观上有逾期的故意或重大过失。特别是，当事人于一审程序中不及时提出证据，不申请鉴定或在法官的释明后拒绝申请鉴定的，在二审中提出形成于一审举证时限前的证据或在二审中申请鉴定，致使案件发回重审或改判的，法院会采纳与基本事实有关的证据，同时也会认定当事人在主观上具有逾期提出证据的过错（故意或重大过失）。例如，"铜城公司于本案二审诉讼期间提交的《工程决算书》《建筑安装工程决算书》等证据与案件基本要件事实有关。上述证据 2017 年 12 月即已形成，证据形成时间早于一审法院通知铜城公司举证日期，铜城公司有机会且有可能在举证期限届满前向一审法院提交。宏泰公司是否变更诉讼请求不影响铜城公司就本案基本要件事实进行举证。铜城公司未于一审开庭前提交上述证据且不能对逾期原因作出合理解释，主观上具有过错。"[①] 又如，"二申请人理应知道并履行自己的诉讼义务，但其既未出庭应诉答辩，也未提交相关证据，且不向法庭说明合理理由或者申请延长期限。二申请人在二审中才向法院提交证据构成逾期举证，其主张因'等待法院作出管辖权异议裁定而错过举证期限和开庭日期'，与事实不符，其对逾期举证存在主观过错。"[②] 再如，"该《补充协议》系由诺亚融易通（芜湖）小额贷款有限公司持有，但其在一审中能够提交却不提交，致使一审未能查清相关案件事实。二审法院据此撤销原判，将案件发回重审。"由此判定"诺亚融易通（芜湖）小额贷款有限公司逾期举证的故意客观存在。"[③]

3. 发生了妨碍法院有效审理案件的结果

在 56 份文书中，法院大多论述了逾期举证行为具有妨碍民事审判活动正常进行的后果。例如，有法院认为，当事人陈国田在收到一审法院向其送达的起诉状、证据、传票等诉讼材料后，无正当理由拒不到庭参加诉讼，也未提交书面的质辩意见，在一审败诉后提出上诉，在二审中对案涉工程的合同主体、工程量价均提出异议，并申请鉴定。"鉴于陈国田在一审中放弃质辩，因此，其在二审中对讼争工程量和工程款申请鉴定，依法属于其应承担的举证责任。因陈国田逾期举证，妨碍人民法院审理案

[①] 见《中华人民共和国最高人民法院（2019）最高法司惩复 7 号复议决定书》。
[②] 见《中华人民共和国最高人民法院（2015）民一复字第 3 号复议决定书》。
[③] 见《安徽省高级人民法院（2020）皖司惩复 3 号复议决定书》。

件,浪费司法资源",福建省厦门市中级人民法院依法决定对陈国田罚款 4 万元,并无不当。① 又如"轩尼诗公司在顺德法院要求提交卫某提成标准、提成计算系数相关证据时拒不提交,且无正当理由未在顺德法院指定期限内按要求就龙江项目合同真实性问题作出书面回复,直到向佛山中院上诉时才将包括龙江项目合同原件在内的大量与卫某提成标准等相关的材料作为新证据提交,属于逾期提交证据,客观上影响了案件事实的认定,降低了诉讼效率。"②

值得一提的是,为了进一步贯彻落实民事诉讼诚实信用原则,进一步防范当事人进行诉讼欺诈,2019 年修正的《民事诉讼证据规则若干规则》第 63 条规定当事人真实完整陈述义务。真实义务接近于真诚义务,指当事人就其内心所认为真的事实加以完整陈述。真实义务是当事人相对于法院和对方当事人所负的诉讼法上的义务。设置真实义务的制度目的是防止诉讼诈欺,促进诉讼程序公正进行。真实义务之"义务"内容体现在制裁诉讼欺诈外,还有避免当事人滥诉,以及在一定程度上要求当事人协助法院发现真实的内容。如果一方当事人未尽事案解明之协力义务,导致对方当事人在事证偏在的情形下无法于第一审程序中适时地提出攻击防御方法的,应本于保障当事人程序上平等权之理念,允许该对方当事人于第二审补充提出新的事实和证据,以实现攻击防御方法上的平等。

综上所述,民事诉讼法律责任是一种严格的法律责任,涉及当事人的人身权利和财产权利,理应具备相应追责条件时,方能对当事人苛责。同时,民事诉讼本身乃程序规范,追究民事诉讼责任还需遵循一定的程序规则。

---

① 见《福建省高级人民法院(2020)闽司惩复 4 号复议决定书》。
② 见《广东省高级人民法院(2019)粤司惩复 12、13 号复议决定书》。

第七章　民事诉讼法律责任追责程序之完善

自古以来,人们关于正义理论和程序问题的讨论一直没有停止过。"如果我们要实现有节度的自由、有组织的民主、有保障的人权、有制约的权威、有进取的保守这样一种社会状态的话,那么,程序可以作为其制度化的最重要的基石。"① 毕竟,程序具有开放的结构和紧缩的过程,其一方面可以维持法的稳定性(安定性)和自我完结性;另一方面却容许选择的自由,使法律系统具有更大的可塑性和适应能力。而且,随着程序的展开,参加者越来越受"程序上的过去"的拘束,制度化的契机也由此形成。"程序"一词作为法学中的概念,主要体现为按照一定的次序、方法和手续作出决定的过程。在诉讼之场域中,程序通常指司法过程。要使诉讼法律责任得以落地,也必须建构"程序性"制裁审查机制。我们称为诉讼法律责任的追责(究)程序,是指解决程序性法律责任的审理裁决程序,即通过一定程序来解决有关诉讼法律责任存否的争议,并作出具有法律拘束力的裁决程序。

第一节　我国民事诉讼法律责任追责程序之现状

现行《民事诉讼法》对民事诉讼法律责任缺乏专门的规定,这种现象不仅使诉讼法律责任制度的内容不尽完善,而且现有的追责程序亦显粗略和空缺。完善民事诉讼法律责任制度,不仅要充实诉讼法律责任制度的内容,更要完善具体法律责任追究程序。当然,要构建完备的诉讼法律责任追究程序,必须了解我国现行民事诉讼法律责任追究程序的现状。唯有找准其存在的症结,方能对症下药,构建科学的追责程序。如前文所述,具有制裁性的妨害民事诉讼强制措施虽然还存在诸多不足之处,但不可否认的是,其是我国民事诉讼责任制度的重要内容,且具有一定的代表性。因此,对现有的民事诉讼法律责任追究程序加以梳理,定然会以各种强制措施的适用为分析对象。稍加分析,我们不难发现散落在各章中的追责程序尚存在以下问题:

一、民事诉讼法律责任追究程序整体上欠完备

纵观民事诉讼法的相关规定,诉讼法律责任追诉程序与诉讼法律责任制度一样

---

① 季卫东:《法律程序的意义——对中国法制建设的另一种思考》,中国法制出版社2004年版,第15页。

尚不健全。一方面,训诫、责令退出法庭这两种责任形式的适用条件不清,适用程序不明。现行《民事诉讼法》将训诫、责令退出法庭这两种强制措施的适用对象和适用条件与罚款和拘留的适用条件混同,即诉讼参与人或其他人具有《民事诉讼法》第111条至第114条规定的情形的,可以处以训诫、责令退出法庭、罚款或拘留。四种强制措施的适用条件模糊不清,法院对实施妨害民事诉讼程序行为的当事人、其他诉讼参与人于何种情形下适用训诫和责令退出法庭之强制措施,无明确清晰的法律依据。而且,训诫和责令退出法庭措施应当依循何种程序进行,相关法律规范亦语焉不详,致使司法实践中,法院在适用责令退出法庭措施的"程序"操作不一:有的以训诫或警告为前提,有的直接责令诉讼参与人退出法庭。另一方面,拘传、罚款、拘留这三种强制措施虽有相应的追诉程序,但其程序规范极不完善。拘传以教育、责令当事人到庭为原则,程序规范比较简单。适用拘传的条件是,当事人经两次传票传唤无正当理由仍不到庭的情形。① 也就是说,必须依法到庭的被告或债务人经两次传票传唤,且经批评教育仍不改正的,可以采取强拘传措施,法警于特定情形下可使用刑具。如若法院未践行前述程序规则,则其可能承受因程序违法而发回重之诉讼法律责任。② 罚款和拘留的适用条件基本相同,诉讼参与人或其他人具有《民事诉讼法》第111条至第114条规定的情形的,法院可以根据情节轻重予以罚款或拘留。从现行《民事诉讼法》具体条文内容来看,法院应依据诉讼参与人或负有协助义务的案外人实施的具体妨害行为的危害程度及情节轻重来选择具体的强制措施。但是,《民事诉讼法》对适用罚款和拘留措施的妨害行为未进行界分,而且适用罚款和拘留措施程序规范亦基本相同,即罚款和拘留均由院长决定。虽然罚款和拘留措施有一定的程序规范,但因相关制度对院长该当按照何种程序进行决定则缺乏明确规定。这就为审判人员"自由"适用罚款和拘留措施留下了较大空间。比较普遍的现象是,实践中常常出现罚款和拘留措施之决定程序异化或无程序之现象。

就其他民事诉讼法律责任方式而言,因其定性不明,且长期被实体法律责任所遮

---

① 《中华人民共和国企业破产法》第126条规定:"有义务列席债权人会议的债务人的有关人员,经人民法院传唤,无正当理由拒不列席债权人会议的,人民法院可以拘传,并依法处以罚款。债务人的有关人员违反本法规定,拒不陈述、回答,或者作虚假陈述、回答的,人民法院可以依法处以罚款。"该法没有规定经两次传票传唤之程序要件,但根据《企业破产法》无特别规定适用《民事诉讼法》之原理,对债务人拘传也应遵循民事诉讼法规定的程序。

② "本院认为,上诉人杨春圹与被上诉人戴德勇对案涉机械设备所有权存在重大分歧,均未能提供充分证据证实其主张,需原审被告王志强到庭才能查明案件事实。故原审被告王志强属必须到庭的被告,依法应当进行两次传票传唤,无正当理由仍拒不到庭的,可以拘传。一审法院经一次邮寄传票,王志强拒收退回,一审法院未第二次进行传票传唤,导致本案基本事实未查清……",据此,二审法院撤销一审判决,将案件发回重审。见《湖南省湘西土家族苗族自治州中级人民法院(2020)湘31民终1275号民事裁定书》。

蔽，即便诉讼法律责任偶尔得以体现，也是借助于实体法律责任追诉程序完成的。例如，当事人恶意申请公示催告，损害利害关系人利益的，受损的利害关系人可以提起诉讼的方式保护自己的合法权益。利害关系人起诉的目的并非追诉当事人的程序性法律责任，而是追诉自己的票据利益。至于对恶意申请公示催告行为的惩戒，一般不在利害关系人的考虑之内。如果能够对恶意申请人进行程序法上的制裁，这种制裁也只能伴随实体权益（不当得利之诉）的追诉程序来实现。又如，法官违法诉讼行为所承担的责任大多体现为行政处罚或刑事责任，其追责程序均依据相应实体法的规定。

二、民事诉讼责任的追责主体和裁决主体单一

如前文所述，民事诉讼法律责任大多依附于实体法律责任，故而其追究程序不由自主地依附于实体法律责任的追究程序。诉讼法律责任旨在保障民事诉讼程序顺利进行，其强制保障性多于制裁性。根据民事诉讼由当事人和法院构成的"等腰三角形"之基本构造，即使追究当事人及其他诉讼参与人的诉讼法律责任，法院既是追究诉讼法律责任的启动主体，又是追究诉讼法律责任的决定主体。例如，民事诉讼强制措施的适用，均由法院决定。另外，由于法律责任之承担需通过相应的"司法"程序，故而追究法官的违法审判责任，也只能通过司法程序由法院主导。

近年来，随着司法改革不断深入，司法责任制成为司法改革过程中的"牛鼻子"。为了牵住这一牛鼻子，2016年7月，中央深改组审议通过了《关于建立法官、检察官惩戒制度的意见（试行）》。依据该司法文件，各级法院成立了追究法官违法审判责任的具体机构——法官惩戒委员会——作为追究法官责任的裁决主体。[①] 当前，相关法律规范已系统规定了追究法院或法官司法责任的具体条件，[②]并将各级法院的监察部门

[①] 我国与法官惩戒有关的规定多散见于法律以外的规范性文件。法官惩戒委会员作为法官违法审判责任的追责主体地位仅在最高人民法院的规范性文件中被提及，各级法院设立法官惩戒委员会已是不争的事实。

[②] 1998年，最高人民法院颁布《人民法院审判人员违法审判责任追究办法（试行）》及《人民法院审判纪律处分办法（试行）》，确立了错案责任追究制度，明确了违反立案、回避、审级等程序问责标准，以及故意违法作出错误裁判或过失造成严重后果的实质裁判标准，同时列举了泄露国家秘密、私会当事人、介绍律师、违规收费、侵吞案款等行为失当标准。随着2001年《中华人民共和国法官职业道德基本准则》及2005年《法官行为规范（试行）》相继出台，将违反法定程序、随意拖延办案以及违反司法公开、回避制度等作为程序问责标准，并将因主观臆断、超越职权、滥用职权、玩忽职守等造成的结果错误作为裁判问责标准，同时将徇私舞弊、兼职营利、以权谋私、盛气凌人、不当交往、干预案件等作为行为违法标准。2015年9月，《司法责任制若干意见》出台，将隐匿、毁损证据、隐瞒案情、违背合议制、违法减刑假释等列为程序违法标准，将故意违法或重大过失造成严重后果作为裁判违法的事由，并将贪污受贿、徇私舞弊、枉法裁判、私自办案、违反纪律规定接受请客送礼或不当交往等作为行为失当的依据。

作为启动追究法官司法责任的主体。[①] 监察部门初步认定存在违法审判行为的,则启动司法惩戒程序。尽管相关法律规范对法官责任的追责主体和判断主体进行了界分,但就追责程序的启动主体而言显得力量单薄。毕竟,法官违法审判行为关乎当事人等利害关系人的利益,只能由法院内部的监察部门启动责任追究程序,其追责渠道确实比较狭窄、单一。

相较于法官的违法审判责任而言,当事人和其他诉讼参与人的诉讼责任追责主体比较明确,即不管是承担实体法律责任,还是承担诉讼法律责任,均由审理具体案件的法院(法官)来追责,有利害关系的当事人无权启动法律责任的追责程序。而且,追究当事人及其他诉讼参与人的诉讼法律责任,乃由审理具体案件的法官作为裁断者,即便该法官与违法诉讼行为有利害关系。[②] 总体来说,不管是追究法官的违法审判责任,还是追究当事人或其他诉讼参与人的诉讼法律责任,均由法院(法官)来启动。追究民事诉讼法律责任的启动主体和裁决主体的单一化,难免造成民事诉讼审判权失范等弊端。[③]

三、民事诉讼法律责任追责程序的行政化色彩较浓

《民事诉讼法》虽然明确了违法诉讼行为的追责主体和部分责任方式的追究程序,[④]但是,现有的诉讼责任追究程序的设置完全按照行政化处理方式。最高人民法院在《关于对因妨害民事诉讼被罚款拘留的人不服决定申请复议的期间如何确定问题的批复》(1993〔法民字第 7 号〕)中指出,"不服人民法院作出的罚款、拘留决定的人,可在接到决定书之次日起三日内,向作出决定的人民法院提出书面申请,要求上一级人民法院复议,或直接向上一级人民法院申请复议。"[⑤]具体而言,承办法官对具体妨害诉讼行为人采取罚款或拘留措施的,必须将具体材料报送主管庭长,由庭长报送院长批准决定。而且,对当事人、其他诉讼参与人的违法诉讼行为进行追责时,被处罚者无法参与法官的"决定"过程。无独有偶,法官审判责任的有无,也是由法官惩戒委员会调查决定。具体而言,追究法官违法审判责任的程序是:法官惩戒委员根据调查情况审查认定法官是否违反审判职责,审查认定法官实施违法审判行为时主观

---

① 根据《司法责任制若干意见》的规定,各级法院监察部门系受理、调查违法审判行为的主体。监察部门在接到当事人举报、人大、政协以及媒体的监督或投诉后,报请院长提交审委会讨论。
② 大多数情形下,具体案件的审理法官是妨害民事诉讼行为的裁判者和具体强制措施的决定者。
③ 王健:《民事诉讼法律责任研究》,西南政法大学 2015 年博士论文,第 121 页。
④ 现行《民事诉讼法》对当事人、其他诉讼参与人的违法诉讼行为主要是采取强制措施以示惩戒,在现有的强制措施中只有拘传、罚款和拘留有程序规定。
⑤ 该批复已于 2012 年 1 月 1 日起被废止。

上是否存在故意或者重大过失,在此基础上提出审查意见;相关法院根据法官惩戒委员会的意见,作出惩戒决书定。被惩罚的法官在"调查"期间无法参与其中。① 也就是说,无论是对当事人、诉讼参与人的违法诉讼行为采取强制措施,还是对违法审判行为进行惩戒,均由决策者(制裁者)单方面决定,被处罚人和相对方当事人一般不参与其中。② 显然,现行民事诉讼法律责任追责程序具有典型的行政化色彩。

四、民事诉讼法律责任追责程序缺乏相应的监督机制

现行民事诉讼法律责任的追责程序没有独立的监督、制约机制。一般而言,程序的运行离不开监督,因为离开必要的监督,权力就有被滥用的可能。虽然,最高人民法院和一些地方法院追究违法审判责任③或当事人的诉讼责任时设置了相应的内部监督方式。④ 遗憾的是,现行民事诉讼法律责任追究程序尚无必要的外部监督。从监督的意义来看,监督对象主要是违法的诉讼行为,《民事诉讼法》第 14 条规定,检察机关监督的对象是诉讼行为。然而,我国检察机关对当事人妨害民事诉讼行为大多无法进行直接监督。民事诉讼法律责任追诉程序也无检察监督之规则。缺乏外部监督的程序机制往往存在诸多缺陷。任何一种"自己追责、自己监督"的方式,难免陷入自我监督的逻辑困局,毕竟,自我监督对追责程序的适当性、违法性之审查效果难以服众。2016 年施行的《最高人民法院关于人民法院在互联网公布裁判文书的规定》第 3 条第 8 项规定,对妨害诉讼行为作出的拘留、罚款决定书等应当在互联网公布。裁判文书上网是我国司法改革的重要内容,是公众监督司法的又一窗口。然而,暂且不说这只是一种大众化的、事后监督,仅就其效果而言,也只是软性监督。毕竟,普罗大众

---

① 《司法责任制若干意见》第 34 条至第 37 条,规定了"违法审判责任追究程序",即一般由院长、审判监督部门或者审判管理部门提出初步意见,由院长委托审判监督部门审查或者提请审判委员会进行讨论,经审查初步认定有关人员具有本意见所列违法审判责任追究情形的,人民法院监察部门应当启动违法审判责任追究程序。人民法院监察部门应当对法官是否存在违法审判行为进行调查,认为应当追究法官违法审判责任的,应当报请院长决定,并报送省(区、市)法官惩戒委员会审议。

② 当然,相关责任主体承担的是实体法律责任,则由法院按照刑事诉讼或民事诉讼程序的相应程序规范追究其法律责任。

③ 例如,最高人民法院要求各级人民法院应当认真落实党风廉政建设主体责任和监督责任,自觉接受纪律监督、法律监督、舆论监督和社会监督,不断提高公正裁判水平。各级人民法院内部应当充分发挥司法巡查、事务督察、廉政监察员等功能作用,组织人事、纪检监察、审判管理部门与审判业务部门应当加强协调配合,形成内部监督合力。全面梳理办案流程、审限管理等关键节点,分析研判每个节点可能存在的办案风险,加强审判执行活动风险监控智能预警,促进司法廉政风险早发现、早预警、早处置。见《最高人民法院关于进一步全面落实司法责任制的实施意见》。

④ 例如,江苏省宿迁市泗洪县人民法院《关于执行程序中适用司法拘留措施的若干规定》第 14 条规定"采取司法拘留措施是否违法,是否应追究相关人员责任,由本院监察室进行调查确认"。资料来源:http://sqshfy.chinacourt.gov.cn/article/detail/2018/07/id/3378214.shtml,访问时间:2019 年 8 月 30 日。

难以顾及"事不关己"的裁判文书。更何况,大量的决定书因各种原因至今没有在中国裁判文书网上公开。决定书不上网或不完全上网,无当事人、普通民众难以了解罚款和拘留决定的正确与否,无形中折损了公众对民事诉讼强制措施适用情形的监督权。

第二节 民事诉讼法律责任追责程序存在问题的原因

制度是历史的产物,任何一种法律制度的生成或者缺位都有其深刻的历史原因。现行民事诉讼法律责任追责程序存在上述问题的原因是多方面的,既有法律制度本身的不健全,也有学理上和实践部门的不重视,具体细述如下:

一、民事诉讼法律责任制度本身尚不健全

如前文所述,受诸般原因影响,现行《民事诉讼法》没有像实体法那般规定"诉讼法律责任"制度。诉讼法律责任制度的缺失,立法者自然而然不会着墨于该制度设计相应的责任追究程序。虽然可以将对妨害民事诉讼行为的强制措施定性为诉讼法律责任的内容,但因其"初心"乃是保障性措施或制度,多侧重于说服教育及纠正错误。尤其是训诫和警告,因其带有较强的教育意义,在制裁程序的设置上无任何规定也就不足这怪了。即使是限制人身自由的拘传制度,因其教育意义远远大于惩戒,故在程序设置上多侧重教育:须经两次传唤当事人,当事人经两次传唤仍不到庭时,还须跟当事人做思想工作,对其批评教育后仍不出庭的,方可采取拘传措施。况且,现有的追责程序应对的大多是对被处罚对象实体责任的追究,鲜有顾及实现程序性诉讼法律责任问题。即便有,也是粗疏有余,程序性规范不足。也就是说,现有的追责程序鲜有产生诉讼法上的效果,程序规则无法基于被制裁者的不同违法行为而作出相应的调整,且缺乏应有的拘束力和威慑力。加之,我国法官奉行大陆法系"从法规出发型"的诉讼传统,在法无明文规定的情形下,对违法诉讼行为进行追责的程序规范缺失或不足似乎也是在情理之中。

更有甚者,现有的追责程序缺乏相应的程序保障。稍加分析,我们不难发现,我国诉讼法律责任追责程序具有较为浓厚的行政化色彩。被处罚对象和其他利害关系人(如对方当事人)不能参与追责程序中,难以保障处罚结果的客观、公正性。现有的追责程序虽奉行行政化决策方式,不管是对当事人、其他诉讼参与人及案外人的违法诉讼行为进行制裁,还是对法官的违法审判行为进行惩戒,都是采取行政化"审查"方式。被处罚对象和利害关系人不能参与程序之中,而且,这种行政化决策方式没有引入行政诉讼程序比较成熟的"听证"程序,被制裁者没有任何表达自己意见的机会,难

以行使其应当行使的陈述权、举证权、辩解权、异议权等诉讼权利。这种缺乏程序保障，仅凭法官单方面决定的追责程序，一方面易导致违法者在面临制裁时无法有效地保护自己的合法权利；另一方面很容易造成决定制裁者滥用制裁权，而且还可能使决策者选择性执法，很难保证所认定之诉讼法律责任的公正性和适当性。

二、学理上对诉讼法律责任相关问题论证尚不充分

民事诉讼法律责任既是民事诉讼无法回避的实践问题，又是一个重要的理论问题。从实践层面来看，民事诉讼法律责任是评价我国民事诉讼法体系和实效的重要尺度之一，也是民事诉讼法制建设完备的重要标志。从理论层面看，民事诉讼法律责任是民事诉讼法学领域的一个重要范畴，是民事诉讼法学研究无法回避的一个基本问题。然而，我国民事诉讼法学界对诉讼法律责任的研究，较之于该论题的重要性而言，却是极为不够的。其中，民事诉讼法律责任的追责程序远未引起法学界的应有关注和重视。

在我国学理上，囿于法律责任在立法层面属实体法之专利，一向注重注释法学研究的我国学者普遍对诉讼法律责任鲜有探及，即便有学者关注，也是研究时间不长，理论成果不多。在刑事诉讼法学界，陈瑞华教授对"程序性制裁"进行了深入研究，但民事诉讼法学者对其呼应者寥寥无几，这一现象至今仍在持续。囿于学理研究热情、研究广度和深度受限，民事诉讼法律责任认识论、本体论和价值论尚无系统阐释。加之，我国民事诉讼法学对于民事诉讼法由实质诉讼法和民事诉讼程序法组合而成之本质缺乏深刻认识，对民事诉讼法律关系理论的核心概念——"诉讼行为"尚无深入探讨，在缺乏法律关系理论和行为理论指导的背景下，建构理想的民事诉讼法律责任制度尚属难题，遑论建构科学的民事诉讼法律责任追究程序。

此外，民事诉讼法律责任乃因民事诉讼违法行为损害正常的司法秩序或损害相对方当事人的利益而产生。在大多数情形下，民事诉讼法律责任主要在于规则当事人违反司法秩序的行为，追究程序性法律责任之程序相较于解决争诉案件的诉讼程序而言，在一定程度上处于依附性，依附于民事诉讼审理程序而产生。我国学理上对于处于附属地位的程序规范（如证据保全程序、财产保全程序等）的性质在学理上尚无明确定性，因此，其程序构造该依何种样式进行也无定论。因学理上对民事诉讼法律责任制度缺乏深入研究，对民事诉讼强制措施的定性欠准确，民事诉讼法律责任追诉程序一度在学理上处于空白状态，至今尚无相关学术成果。在将强制措施视为强制教育手段的背景下，学理上关于强制措施制度的研究对象，自然而然聚焦于强制措施的适用条件和程序步骤。相较于适用程序而言，探讨强制措施适用条件的学术成果要丰富得多。在无法律规范指导，且无相应理论指导的情形下，诉讼法律责任制度

及其追责程序均比较淡化。追责程序淡化,追责过程中纵有权利受到侵害,其救济程序或纠错程序更加空洞也就不足为怪了。至今,民事诉讼强制措施适用条件和程序有误,当事人除申请复议外,尚无其他救济措施,这与我国立法上无明确诉讼法律责任制度,学理上无相应理论指导之现状不无关系。更有甚者,立法上无具体规定,导致司法实践部门在对待违法诉讼行为时难免迷惘,法官们在追究当事人诉讼法律责任时顾虑重重。

三、司法实践无暇顾及

客观地讲,诉讼法律责任追究程序属于司法裁判过程中"派生"的程序,①主要是针对诉讼过程中的违法诉讼行为。在"案多人少"的现实情形下,法官在按期结案的时间高压下本已苦不堪言,对于当事人或其他诉讼参与人的妨害诉讼行为,"快刀斩乱麻"快速决定处理乃绝大多数法官的本能反应。对于伴随案件审理而产生的法律责任追究"程序",自然是越快越好。客观地讲,法官们的办案压力使他们已然无暇顾及诉讼法律责任追诉程序的缜密与否。更有甚者,民众对"违法诉讼行为""诉讼法律责任"等概念和理念都比较陌生,立法上对相关诉讼法律责任制度的规定又比较粗疏。在学理上无成熟理论指导,立法上无法可依的现实背景下,即便实践中发生了违法诉讼行为,法官们的惯性思维是:熟能忍时,则不予追究;熟不能忍时,则罚款、拘留了事。在程序操作上,大多是"快刀斩乱麻"。因为,从各种考核指标来看,法官的工作重点是及时审结手头的案件,而不是追究当事人妨害诉讼行为的诉讼法律责任。

总体而言,我国诉讼法律责任追责程序(程序性裁制程序)一直只是实体性裁制的附属品,不管是在立法上还是在司法实践中都未能引起足够的重视。② 以训诫和责令退出法庭两种责任形式为例,训诫是指对于违反法庭规则情节显著轻微的人,通过批评教育的方式,责令其改正或不再重犯的强制措施。在诉讼程序中,训诫通常由合议庭或者独任审判员决定,由审判长或者独任审判员以口头方式当庭进行。训诫虽然也是强制措施之一,从理论上讲应当具有制裁违法诉讼行为的意义,有利于保障庭审活动顺利进行,但因相关法律和司法解释对训诫的适用条件和适用程序没有作出具体明确的规定,故而该措施在司法实践中实际发挥的制裁意义不大。责令退出法庭是指在开庭审理过程中,对扰乱法庭秩序、违反法庭规则的当事人或其他诉讼参与人,强制其退出法庭以制裁其违法诉讼行为所采取的一种具有强制性、制裁性的措

---

① 程序性裁判常被视为审判中的审判,乃因为它是发生在某实体性裁判过程中的裁判程序。见陈瑞华:《程序性制裁理论》,中国法制出版社2010年,第281页。
② 吴英旗,崔柏,张燕:《民事诉讼法律责任初探》,中国政法大学出版社2013年版,第126页。

施。根据《民事诉讼法》相关规定，凡是有违反法庭规则的人（包括当事人、其他诉讼参与人、案外人），均可适用责令退出法庭这一强制措施。但问题是，如果责令当事人退出法庭，势必会导致案件审理活动无法正常进行，势必增加法院司法资源的更多投入和无辜当事人诉讼成本的增加；如果是责令证人、鉴定人、专家辅助人等退出法庭，可能影响案件事实的查明。可以想象的是，不管在何种情形下适用责令退出法庭，其结果必然是影响案件事实的查明，甚至导致诉讼程序的迟延和诉讼成本增加。正因为如此，实践中法官几乎不适用责令退出法庭措施，遑论相应的法律责任追究程序了。

第三节 健全民事诉讼法律责任追责程序的具体构想

新一轮司法改革涉及司法责任制、法官员额制、省以下法院、检察院人财物集中统一管理等诸多内容，但是，"以案件超期积压、生效裁判执行困难和司法不公正、司法腐败为表象的司法困境在改革近期并没有获得人们预期的实质性改变。"①人们甚至担忧以司法责任制度和法官员额制度改革为核心内容的新的审判权运作方式可能会加重司法腐败等问题。从最高人民法院发布的司法文件来看，②人们的这种担心不无道理。事实上，在主审法官负责下，脱离内部监督，且权责尚不清晰时，法官权力恣意行使和肆意扩张的空间难以限制。遗憾的是，我国民事诉讼程序中缺乏专门的程序性问题司法审查机制。因此，完善法官审判责任制度和追责程序，特别是明确完善法官民事诉讼法律责任的追究主体和追责程序是法院完成"中国化"改造不可逾越的过程。此外，作为民事诉讼主体之一的当事人之诉讼行为适法，对程序的正常进行也至关重要。因此，适时对当事人的违法行为进行制裁，也是程序规范化运行不可或缺的要件。毕竟，法律责任制度是其他制度、程序落实的保障，如果没有健全的诉讼责任追究程序，法律的威慑性、指引功能就会被弱化。

作为法律内在根据的法理，法律原则为法律规则体系的建构和法律制度的运行提供了正当性根据。③民事诉讼法律责任追责程序的建构也须遵循一定的原则。民事诉讼法律责任的原则，是指在实施或追究民事诉讼法律责任过程中所必须遵循的

---

① 杨翔：《法院机制的中国化过程及其影响》，载《法学杂志》2019年第7期。

② 《最高人民法院关于进一步全面落实司法责任制的实施意见》第2条规定："要着力破解司法责任制改革中存在的职能分工不明、审判责任不实、监督管理不力、裁判尺度不一、保障激励不足、配套机制不完善等突出问题，健全完善权责明晰、权责统一、监管有力、运转有序的审判权力运行体系，不断提升司法责任制改革的系统性、整体性、协同性，确保改革落到实处、见到实效。"

③ 王奇才：《作为法律之内在根据的法理》，载《法制与社会发展》2019年第5期。

第七章 民事诉讼法律责任追责程序之完善

基本准则。在任何一种法律责任的实施或追究过程中,均会涉及该法律责任的依据,具体包括法律责任的主体、构成法律责任的违法行为、损害后果等问题。因此,在确定民事诉讼法律责任的原则时,也应考其责任根据的方方面面。否则,所谓的原则可能难以周全。基于前述问题的考虑,我们认为,民事诉讼法律法律责任之追责程序应当奉行以下几项原则:

首先,法律责任法定原则。民事诉讼法律责任法定原则主要解决民事诉讼法律责任的根据问题。作为大陆法系国家中一员,我国法律实践亦奉行实定法事先规定之规则,民事诉讼须"以法律为根据"。民事法律责任也是法律规范中事先规定的。那么,对责任主体实施和追究法律责任就必须依法进行。也就是说,对责任主体是否应当追究诉讼责任,追究何种法律责任,以及依何种程序追究法律责任等,都必须严格依《民事诉讼法》及相关法律规范的规定。任何诉讼法律关系主体都有权拒绝承担非法律明文规定的法律责任,同时,任何实施和适用诉讼法律责任的主体都无权向任何责任主体实施和追究法无明文规定的责任。我国《民事诉讼法》也应确立责任法定原则,因为采取和实行责任法定原则是建构和巩固社会主义法律体系的必然要求。目前,我国的社会主义法律体系已基本建成。社会主义法律体系建构包括科学立法和严格执法。依法治国就是落实"有法可依、有法必依、执法必严、违法必究"四个方面内容。民事诉讼法律责任在制度层面确定后,"有法必依""违法必究"就成了诉讼法制建设的关键问题之一。而要真正在民事诉讼实践中做到"有法必依",就必须在处理各种案件时严格遵循责任法定原则。民事诉讼法律责任追究必须符合法定的构成条件,依法定程序并遵循相应法律规定进行。

其次,法律责任适当原则。适当原则也称为违法行为与法律责任相适应的原则,是指对相应责任主体追究诉讼法律责任是必要的、适当的,也即违法诉讼行为与诉讼法律责任是相均衡的。具体而言,是指诉讼法律责任的性质、种类及责任轻重都应当与责任主体的违法行为及其造成的后果之性质和轻重等相适应,它表明了法律责任的尺度与违法行为之间的对应关系及是否"合比例"的问题。法律责任适当原则的要义中,对责任主体进行追责必须控制在合理的限度内,责任形式与违法行为之间保持合理的平衡,一方面把责任人的责任规制在必要限定内,实现责任与行为相适应;另一方面确保责任追究能迅速、充分得到实现。民事诉讼法律责任追责程序遵循适当原则是民事诉讼追求程序公正和实体公正之价值的基本要求。根据程序公正原则,法律责任应与违法行为相适应乃不言自明的要求。违法行为与法律责任相适应的本意,是指法律责任的严厉性应与违法行为的严重性相适应,意味着类似的违法行为应追究相同或相似的法律责任。从实体公正看,违法行为与法律责任相适应原则包含有以下内容:一是有责当究,无责不究。因为追究法律责任是法律责任概念的基本要求之一,是违法行为的法律后果,追究法律责任必须以违法行为(或法律规定的某种特定法律事实的发生)为前提,有责任才有追究的必要;二是轻责轻究,重责重究。违法行为与法律责任相适应的主要内容是"责当其行",亦即法律责任的严厉性应该充分反映违法行为的严重程度。

民事诉讼法律责任追责程序遵循法定原则和适当原则是民事诉讼程序的基本要求。具体到程序设置上,应当从以下几个方面着手:

一、完善民事诉讼法律责任的追究主体

一般而言,法律责任的追究主体包括追究责任的启动主体和追究责任的裁决主体。在诉讼法律责任追究程序中,科学的法律责任追究主体是确保启动程序和裁判程序公正的前提。具体而言,在构建民事诉讼法律责任制度时,应根据具体的法律责任形式,从立法上明确追责程序的启动主体,例如,虚假诉讼(含虚假调解)可由具有利害关系的案外第三人作为追责程序的启动主体;伪造证据等违法诉讼行为,可由受到损害的相对方当事人启动追责程序;违法审判行为引起的司法赔偿责任,可由当事人提起民事司法赔偿申请程序,即首先向赔偿义务机关提出,赔偿义务机关逾期作出决定或当事人对决定有异议的,可向上一级法院赔偿委员会申请复议;违法审判行为引起的审判责任,可由当事人向法院惩戒委员会进行投诉,启动对违法审判行为的追责程序,[①]等等。就民事诉讼程序性责任而言,应尽可能赋予当事人对相关裁定或决定上诉或申请复议的权利,赋予案外人相应的程序异议权等。赋予具有利害关系的当事人或其他诉讼参与人以追责程序的启动权具有以下现实意义:

其一,明确民事诉讼法律责任追究程序的启动主体,是彰显现代程序理念的基本要求。据考察,域外一些国家在民事诉讼法律责任追究程序的启动主体方面,相关立法除规定了法院可依职权启动追责程序外,还规定了有利害关系的当事人或其他诉讼参与人可启动责任追究程序。[②] 赋予利害关系人启动追责程序的权利符合现代程序理念,赋予并保障当事人的程序选择权(启动权),是凸显当事人程序主体性地位的必要举措。尤其是,对当事人程序主导权和程序参与权的充分尊重,是立法者在设计

---

① 《司法责任制若干意见》第34条规定:"需要追究违法审判责任的,一般由院长、审判监督部门或者审判管理部门提出初步意见,由院长委托审判监督部门审查或者提请审判委员会进行讨论,经审查初步认定有关人员具有本意见所列违法审判责任追究情形的,人民法院监察部门应当启动违法审判责任追究程序。"

② 例如,美国《联邦民事诉讼规则》规定了当事人申请的追究程序;美国律师协会拟制的《法官惩戒程序示范规则》中关于法官惩戒程序的启动。

民事诉讼制度时应考虑的首要问题。① 由法官依职权启动对当事人及其他诉讼参与人诉讼法律责任的追究程序,在审判逻辑上并不矛盾。毕竟审理法官对当事人及其他诉讼参与人的程序违法行为情形最为熟知,而且对违法诉讼行为进行制裁本身是法官维护法庭秩序的天然职责。但是,如果当事人、其他诉讼参与人就对方当事人是否应承担诉讼法律责任与法官有分歧,或者法官自身诉讼法律责任的承担涉及当事人利益,或者一方当事人诉讼法律责任的承担涉及另一方当事人时,仅由受案法院依职权"启动"或"不予追究"来决定违法者的诉讼法律责任,就有失公允了。实质上,当事人通常是民事诉讼程序违法行为的受害者,对民事诉讼过程中存在的程序违法行为也很清楚,特别是,在关乎自己切身利益的情形下,利害关系人具有启动民事诉讼法律责任追究程序的迫切需求和正当性②。毕竟,程序参与意味着公民能够自主地主宰自己的命运,确保公民在对自己切身利益攸关的问题上进行自主性自决。③ 赋予具有利害关系的当事人、其他诉讼参与人对民事诉讼法律责任追究程序的启动权,是对其程序主导权和程序参与权的充分尊重,是现代正当程序理念的内在要求。因此,通过立法赋予当事人或其他诉讼参与人对民事诉讼法律责任追究程序的启动权十分必要。

其二,完善民事诉讼法律责任追究程序启动主体是完善司法过程的应有之义。在反映现代民主国家宪法原则的司法过程中,每个司法过程都必须有双方当事人。④ 在司法过程中,推动程序的力量和提高程序效力的有力保障是"辩论原则"。当事人在法官面前并非消极服从,他们既需履行诉讼义务,同时也应有受保护的诉讼权利。法官从来不是司法过程的唯一角色,赋予当事人或其他诉讼参与人启动追究诉讼法律责任的权利,才能有效开启当事人与法官的对话、沟通与交流。因为对民事诉讼法律责任的追究也涉及审查、裁决问题,也是司法的过程。⑤ 司法过程从来不是独白,它是建议和回答的提出和采纳,是起诉与答辩、攻击与防御、主张与反驳的互动。古老的格言是,"三人成讼"。正因为如此,《司法责任制若干意见》第34条规定:"各级人民法院应当依法自觉接受人大、政协、媒体和社会监督,依法受理对法官违法审判行为的举报、投诉,并认真进行调查核实。"事实上,如果缺乏相关利害关系人参与到诉讼法律责任追责程序中,现代司法过程就不可能存在。

---

① 李祖军:《契合与超越:民事诉讼若干理论与实践》,厦门大学出版社2007年版,第6页。
② 吴英旗,崔柏,张燕:《民事诉讼法律责任初探》,中国政法大学出版社2013年版,第36页。
③ 陈瑞华:《程序正义论——从刑事审判角度的分析》,载《中外法学》1997年第2期。
④ [意]皮罗·克拉玛德雷:《程序与民主》,翟小波,刘刚译,高等教育出版社2004年版,第54页。
⑤ 蒋惠岭:《论法官惩戒程序之司法性》,载《法律适用》2003年第9期。

二、规范民事诉讼法律责任追究程序的裁决主体

(一) 彰显裁决主体的司法性

诉讼法律责任乃因违法诉讼行为而应承担的不利后果。就当事人或其他诉讼参与人而言,当其违法诉讼行为应受制裁时,现行《民事诉讼法》规定由审理具体案件的法官对其诉讼法律责任进行裁决。也即,当事人、其他诉讼参与人的诉讼法律责任的裁决主体是审理具体案件的法官。这一规定具有一定的合理性,因为审理具体案件的法官对妨害诉讼行为的具体情况最为熟悉,由他们对违法者进行制裁可以彰显法律制裁的及时性。但是,一律由审理具体案件的法官来"追诉"违法诉讼行为的诉讼法律责任又难免有失公正性,特别是当具体违法行为与审理法官具有利害关系时,法官的中立性和公正性更加难以保证。更何况追责程序带有较大的行政化色彩,当事人未参与到具体的裁决程序中。

时下,相关法律规范规定了对法官责任的裁决主体是法官惩戒委员会。[①] 虽然,相关规范要求改变过去法官惩戒工作完全按"行政化"运行、与一般公务员惩戒程序相同的做法,但因种种原因,法官惩戒委员会的裁决程序仍然具有十足的行政性,故而备受学界诟病。[②] 针对现行追责程序的"行政化"问题,学者们献计献策。有学者认为,对于法官的惩戒应实行双轨制,即将法官的违法审判行为和违纪行为进行界分,对法官的业内违法审判行为予以司法惩戒,对于业外涉及违背职业伦理规范的行为则以纪律惩戒。[③] 也有学者主张,法官诉讼法律责任可由法官惩戒委员会进行惩戒,但应还原"惩戒程序"的司法性,理由是,依法独立行使审判权的法官即便要受到处理和制裁,他也必须获得公正的审判。[④] 事实上,关于追究法官诉讼法律责任的主体和程序,域外诸多国家已经有比较成熟的经验。例如,美国联邦法官的惩戒由巡回区的司法委员会进行审理,[⑤]而该司法委员会是由部分巡回区上诉法官、部分地区法院法

---

① 2016年10月12日,最高人民法院、最高人民检察院发布《关于建立法官、检察官惩戒制度的意见(试行)》第3条第一款规定:"法官、检察官惩戒工作由人民法院、人民检察院与法官、检察官惩戒委员会分工负责。"第4条第一款规定:"在省(自治区、直辖市)一级设立法官、检察官惩戒委员会。"

② 实际上,对被惩戒者的权利保障程度还比不上对被行政处罚者的保障。因为对于行政处罚不服者还可以申请司法审查,而对于这种司法惩戒不服者,基本上没有实质性的救济机会。

③ 关于法官违法行判行为和违纪行为的双轨惩戒,参见陈铭强:《法官惩戒双轨制探析——以对"两个意见"的文本分析为线索》,载《法治论坛》2018年第4期;李杨:《法官惩戒标准的审思与定位——以默顿功能分析范式为视角》,载《法律适用》2017年第7期。

④ 蒋惠岭:《论法官惩戒程序之司法性》,载《法律适用》2003年第9期。

⑤ 司法委员会负责审核所属法官的不良行为报告,建议对受控法官的不良行为进行处分等,见最高人民司法改革小组编,韩苏林编译:《美英德法四国司法制度概况》,人民法院出版社2002年版,第145~148页。

官组成的法官代表机构。德国则设置了法官职业纪律审判法院(庭),专门负责审理法官违法行为的案件,联邦最高法院设立职务法庭,各州亦设立职务法庭,就法官惩戒和其他事项进行裁判。日本地方法院、简易法院的法官惩戒由高等法院组成合议庭审理;高等法院、最高法院的法官惩戒由最高法院组成合议庭审理。法国则在以总统为主席的高等司法委员会中专门设立"法官管理委员会"审理法官惩戒案件(由最高法院院长主持审理)。① 笔者认为,关于法官违法审判行为的裁决主体应当是由专业法官组成的法官惩戒委员会,法官惩戒委员应当按照司法程序对法官的违法审判行为进行审查裁决。作为前提要件,有必要对法官的违法审判行为和违纪行为进行必要界分,违纪行为交由相应的司法行政部门按照行政化程序处理,违法审判行为则应按照司法程序进行裁决。② 法官和法官惩戒委员会作为诉讼法律责任的追究主体,其裁决程序应当以司法性取代行政性。

(二)确保裁决主体的中立性

由于追究对象的特殊性——当事人、其他诉讼参与人或者有违法审判行为的法官,每一个主体与裁决主体似乎有某种关联。因此,裁决主体应当保持中立性。

就当事人、其他诉讼参与人的诉讼法律责任追究而言,作为裁决主体的法官应当是受诉法院的非本案审理法官。在充分借鉴域外先进立法经验的基础上,我国民事诉讼法律责任追究程序裁决主体应当重新组成合议庭或由其他法官独任进行裁决,应适用回避规定。理由是:由受诉法院的其他法官来裁决当事人或其他诉讼参与的违法行为是否应承担相应的诉讼责任,可以确保公正性。毕竟,当事人或其他诉讼参与人的违法行为有可能侵犯审理法官的利益,例如侮辱法官、冲击法庭等行为,如果由审理法官对当事人的违法行为进行裁决,则该裁决法官有既当运动员,又当裁判员之嫌。如果由受诉法院的其他法官来裁决,则可以最大限度地保持中立性,而且不减司法权威。其次,由受诉法院的其他法官来进行裁决,也有利于本案审理的顺利进行。对违法诉讼行为的制裁,除了保障民事诉讼程序顺利进行外,还应当使违法行为受到相应的制裁,彰显法律本身的权威性。由审理法官对违法行进行裁决,不仅使当事人或其他诉讼参与对裁决的公正性产生怀疑,而且可能会影响本案审理的进程。另辟蹊径,由受诉法院的其他法官裁决,既能确保中立性和公正性,又有利于本案顺利进行。

就法官惩戒委员会而言,其作为裁决主体,也应确保中立性,即应当独立于行政、

---

① 审理法官惩戒案件只是"法官管理委员会"的职能之一。
② 2017年以来,公开报道的涉嫌违法违纪被查处的员额法官有广东省高级人民法院原执行局局长许佩华、江苏省南京市栖霞区人民法院原院长王睿、四川省内江市中级人民法院原院长熊晓平等,遗憾的是,对这些法官的惩戒程序在报道中均有意规避。

司法和立法等机关,且与违反法官职业伦理义务的法官以及投诉主体不存在利害关系。①借鉴外国法官惩戒制度的经验,并结合我国司法实践,建立独立于立法机关、行政机关和法官任职的司法机关的法官惩戒委员会非常必要。

其一,法官惩戒委员会机构设置。从国外的法官惩戒立法来看,常设性、独立性以及专业性为许多法治发达国家法官惩戒机构的特点,如美国的特别惩戒法庭、德国的纪律法院以及法国的最高司法委员会等,维持其正常运作的经费通常由国家单独作出预算。为了符合我国国情以及满足惩戒机构常设性、独立性和专业性的特点,可以将我国的法官惩戒委员会设置成常设机构,其经费可由中央财政统一预算、拨款。

其二,法官惩戒委员会组成人员。法官惩戒委员会在组成人员上也可借鉴域外成熟经验,其中,美国州法院的惩戒人员组成和德国法官职业纪律审判法院有一定的借鉴性。例如,美国加州的司法官资格委员会组成人员为州最高法院选任的司法官5人,州律师会长会议选任的律师2人,州长经州上院的推荐或同意选任的非法律职业者2人,这样的组成有利于法官惩戒的独立;而德国法官纪律审判法院人员均由各地法遴选的法官组成,这些法官因来自不同的法院,在一定程度上能够保持公正性。根据我国国情及国际法官协会《司法独立最低标准》的法官惩戒机构组成应以法官为多数的要求,笔者主张借鉴德国经验较妥,即各级法院法官惩戒委员会的委员由不同层级不同地区遴选的5~7名法官组成,理由是,法官惩戒委员会审查的对象是法官的违法审判行为,对该行为的判断需要一定的专业知识,由同行法官进行判断比其非同行人员更具有客观性;另外,虽然法官惩戒委员均由法官组成,但因其来自不同地区、不同层级,这些法官与当事法官能够保持中立性。法官惩戒委员会应设置在各级法院之中,作为独立于各业务审判庭的专门审理机构,并设置相应的工作人员负责惩戒委员会的日常管理工作。惩戒委员会合议庭由日常管理工作人员从法官库中选取组成,法官惩戒委员会行使各类程序违法行为的调查权和审理裁决权。当下的法官惩戒工作格局,实际上,是把法官是否违反审判职责的认定权交由专业的法官惩戒委员会来行使,而其他违法违纪行仍按法律及纪律规定查处。

三、建构诉讼法律责任追责程序

司法性的另一本质特点是其程序性,即任何司法决定都必须依照法定的、公平合理的程序作出。不管是对当事人违法诉讼行为进行追究,还是对法官的违法审判行

---

① 联合国《关于司法独立的基本原则》、司法独立第一次世界大会《司法独立世界宣言》以及国际律师协会《司法独立最低标准》要求法官惩戒机构应当为永久性法庭或委员会,其组成应以法官为多数,且应当独立于行政机关。因此,依法设立独立的法官惩戒机构不仅是现阶段国内司法环境的迫切要求,也是法官惩戒国际司法准则的要求。

为予以惩戒,都须遵循相应的司法程序。有学者认为,程序性裁判是法院专门针对诉讼自身所产生的程序性纠纷所进行的裁判。程序性裁判是刑事诉讼中的一项重要制度,包括程序性制裁的启动方式、程序性裁判者、裁决程序(程序性听证和程序性证明规则)和司法救济等要素。① 鉴于诉讼法律责任的追究乃司法审判过程中"派生"出来的程序,故而在具体程序的设计上仍要兼顾原审判程序的主体地位,其程序步骤及裁决方式相较于审理裁判程序应更为简易。具体而言,民事诉讼追责程序应当包括以下步骤:

(一) 追责程序的启动

为论述方便,在追责程序的设置上仍以诉讼主体进行界分。对当事人及其他诉讼参与人的追责程序,应当由利害关系人申请或者法院依职权启动。追责程序主体和启动方式应当有先后顺序。原则上,在诉讼程序中,对当事人或其他诉讼参与人是否需要进行追责,应当由法官依职权启动追责程序,法官未予追责,而利害关系人认为应当追究当事人诉讼法律责任的,可以向受诉法院申请或申诉。对于法官违法审判责任的追究,原则上应当由利害关系人向法院投诉或举报,根据《司法责任制若干意见》的规定,各级法院监察部门系受理、调查违法审判行为的主体。监察部门在接到当事人举报、人大、政协以及媒体的监督或投诉后,报请院长提交审委会讨论,初步认定存在违法审判行为的,启动司法惩戒程序。对与案件审理无关,违反职业伦理规范之行为的惩戒,由监察部门核实后报请院长提交审委会讨论决定。决定适用纪律惩戒程序的,由监察部门直接作出处分。除非决定弹劾法官职务,否则无须经惩戒委员会作出裁决,对监察部门作出决定不服的,可向上级监察部门申诉。

(二) 法律责任的审查、决定程序

对当事人或其他诉讼参与人的诉讼法律责任的追究,应当设置相应的调查、辩论环节,允许涉案当事人或其他诉讼参与人对自己的违法行为进行辩论。必要时,可以举行听证程序,邀请利害关系人——当事人、其他诉讼参与人或涉案法官参与听证,法官在充分调查的基础上,如果认为当事人或其他诉讼参与的违法诉讼行为应当承担相应诉讼法律责任,则应当作出承担相应责任的裁决;如果法官认为当事人或其他诉讼参与人的违法诉讼行为尚不需制裁,则作出不予处罚的决定。

对于法官的违法审判行为则由法官惩戒委员会进行调查、审议。法官惩戒委员会具有调查取证权,其审查程序应当允许当事法官进行陈述、辩论、举证。必要时,也应设置听证程序,法官惩戒委员会可以邀请律师、法学专家等专业人士参与听证,并发表自己的意见。如果法官违法审判行为的惩戒程序由监察机构启动,则由监察机

---

① 陈瑞华:《程序性制裁理论》,中国法制出版社 2010 年版,第 281~287 页。

构承担当事法官审判行为违法之举证责任,如若监察机关举证不能,则法官惩戒委员会应当作出当事法官无须承担法律责任的决定,如果证明违法审判行为的证据确凿,则应作出当事法官承担具体法律责任的决定。

四、完善当事人权利受侵的救济程序

由于法院的裁判典型地体现了由程序所产生的既定力和自缚性,①因此,由程序产生的错误,必须经由程序救济,民事诉讼法律责任的追究也应当如此。对违法行为追究诉讼法律责任通过司法程序加以救济有其必然性。然而,我国现行《民事诉讼法》关于诉讼法律责任的追究程序不甚完备,救济程序更是粗疏有加。

(一)追责程序中当事人权利受侵的救济机制的现状及问题

第一,诸多民事诉讼法律责任形式未设救济途径。如上文所述,现行《民事诉讼法》关于训诫、责令退出法庭这两种责任形式没有规定相应的追诉程序,更毋庸说救济途径了。正因为训诫措施无具体的追诉程序和救济程序,司法实践中,法官适用训诫措施易于造成审判人员与妨害民事诉讼行为人发生正面争执,甚至更严重的冲突。②无程序地适用法律责任,难以树立司法权威。另外,关于程序性无效及程序侵权问题的程序救济亦无明确规定。例如,因法官违反法定程序而发回重审之诉讼责任,当事人对于该程序重作责任无任何救济程序,当事人对于发回重审的案件无异议权和选择审理法院的处分权。对于非法证据排除之诉讼法律责任,当事人既不能参与非法证据排除的程序环节之中,对于法院予以排除的"非法"证据亦无具体程序救济,当事人不得不诉诸实体权利的救济程序一并救济其程序性权利,依赖实体权利救济对错误追究诉讼法律责任之程序进行纠正。

第二,行政化的权利救济程序——复议制度——未能有效发挥救济功能。现行《民事诉讼法》第 116 条规定:"罚款、拘留应当用决定书。对决定不服的,可以向上一级人民法院申请复议一次。"《民诉法解释》第 185 条规定:"被罚款、拘留的人不服罚款、拘留决定申请复议的,应当自收到决定书之日起三日内提出。上级人民法院应当在收到复议申请后五日内作出决定,并将复议结果通知下级人民法院和当事人。"但在司法实践中,当事人通过复议得到救济的案件数量有限。例如,当事人于 2018 年民事诉讼程序中申请复议决定书共计 13 份,通过复议程序予以撤销的只有 3 份(见表 7-1)。以逾期举证被处罚款的决定书为例,当事人申请复议的案件共 37 件,其中

---

① 季卫东:《法律程序的意义——对中国法制建设的另一种思考》,中国法制出版社 2004 年版,第 30 页。

② 胡夏冰、陈春梅:《对妨害民事诉讼的强制措施的修法建议》,载《广西政法管理干部学院学报》2011 年第 4 期。

通过复议决定书撤销或改变处罚决定的有12份，占比为32.4%。

表7-1 2014—2018年当事人就民事审理程序中的罚款决定申请复议的情况统计

单位：份

时间	罚款决定书	申请复议	复议结果		
			维持	撤销	变更
2014年	34	26	20	4	2
2015年	33	23	16	5	2
2016年	10	6	5	1	0
2017年	14	6	4	2	0
2018年	21	13	10	3	0

另外，《关于建立法官、检察官惩戒制度的意见（试行）》第11条规定，当事法官不服惩戒决定的，可向作出决定的法院申请复议，并有权向上一级法院申诉。① 但从目前运行实况来看，前述行政化救济方式的权利还只停留在纸面上，因为实践中并没有完备的、与之相应的制度设计和配套规定，被处罚的当事人、其他诉讼参与人及当事法官对自身权利受到侵害或者对处理不服时要获得救济，仍不无困难。②

（二）追责程序中当事人权利受侵之救济机制存在问题的原因

时下，当事人被处以罚款、拘留强制措施的救济途径的是申请复议。显然，我国民事复议制度是借鉴行政复议的结果，③带有较浓厚的行政色彩，其救济的范围非常有限。复议制度的立法宗旨在于通过快捷高效的行政化处理方式，及时消除当事人或者其他利害关系人的不满，适时解决与程序相关的诸问题，实现保障民事诉讼程序有序进行的目的。当事人就罚款、拘留决定申请复议时，复议法院以何种方式审查民事复议申请，现有法律规范未有规定，裁判文书网上公开的复议决定书亦未有提及。当然，在少量复议决定文中有"组织召开听证会"之表述。事实上，在复议程序中，除法院采取听证程序外，复议申请人很难参与其中。复议法院按照行政化程序对处罚法院的决定进行书面审查，并此基础作出复议决定。复议法院只通过书面"审理"来判断处罚法院的决定适法与否，与民事诉讼直接审理原则相悖。此外，由上级法院"书面"复议，因无法合理吸收当事人的意见，故难以避免法院系统之间"官官相护"的

---

① 《关于建立法官、检察官惩戒制度的意见（试行）》第11条规定："当事法官、检察官对惩戒决定不服的，可以向作出决定的人民法院、人民检察院申请复议，并有权向上一级人民法院、人民检察院申诉。"
② 根据笔者对法官的访谈得知，尽管罚款决定书载明当事人有权向上一级法院申请复议，但有的当事人不知道如何进行复议救济。通常法官会以不执行罚款为条件要求当事人提交认错材料并在笔录上认错签字，当事人出于已经签字认错以及罚款并未实际执行考虑，不愿提起复议。
③ 见《山西省高级人民法院（2017）晋司惩复5号复议决定书》。

嫌疑。尤其是,在当事人请求复议法院召开听证程序被拒绝时,①其对复议结果的不满更加浓烈。

(三) 完善追责程序中当事人权利受侵的救济机制

法彦有云,"有侵害就有救济"。我国《民事诉讼法》规定的民事复议制度对于防止和纠正法官的违法或不当司法行为,保护当事人的合法权益具有重要意义。但是,复议制度内容非常粗疏。该项制度在当事人受错误追责时,未能发挥有效的救济。如苏力教授所说:"即使一个总体上说来是有用、有益的制度也不是万能的,不存在只有好处没有缺点的制度。"②现行诉讼法律责任的救济程序在整个诉讼法律责任制度尚不完备的前提下存在问题也是可以理解的,关键是,我们如何在现有制度背景下对其予以完善,以真正发挥诉讼法律责任制度之制裁、指引等功能。张卫平教授曾经说过,在修改《民事诉讼法》的过程中,除了应关注《民事诉讼法》中具体制度规定的非适应性和不合理性外,还应当充分注意民事审判、民事诉讼的理念和诉讼体制问题,否则旧的理念和体制将严重制约《民事诉讼法》的修改,乃至制约、影响修改后的《民事诉讼法》的适用。③ 我们认为,对诉讼法律责任追责程序中当事人权利受侵的救济机制之完善应当与民事诉讼制度的价值目标以及制度建构的总体理念密切相关。与民事诉讼制度整体的价值目标相一致,在完善权利救济机制的过程中同样需要有效衡平公正价值与效率价值之间的关系,④以实现救济效益的最大化。为实现这一目标,在完善权利救济机制的过程中应遵循以下几项基本原则:

其一,及时原则。及时原则体现了民事诉讼法律责任追责程序的基本价值要求。诉讼法律责任追责程序依附于民事审理程序,其与民事诉讼审理程序有密切联系的程序规则,效率是民事诉讼责任追责程序的最高追求。因此,民事诉讼法律责任追责程序要尽量在较短的期间内完成,尽可能地迅速对违法行为进行追究。

其二,适度救济原则。所谓适度救济,是指救济机制应当与具体程序的本质特性相适应,并与作为救济对象的权利之性质和重要性程度相匹配。首先,"有侵害即有救济"旨在强调救济的充分性和对应性,但救济的充分性不等于救济的同一化,更不

---

① 例如,复议申请认为,"根据《最高人民法院关于庭审活动录音录像的若干规定》,人民法院开庭审判案件应当对庭审活动全程录音录像,若申请人存在原决定书中所指的辱骂、打耳光、推倒诉讼参加人的行为,应有录音录像视频证据存在,但申请人至今未看到上述视频证据,故申请召开听证会撤销原决定书。"但复议法院未采纳申请人意见,见《贵州省贵阳市中级人民法院(2020)黔01司惩复4号复议决定书》;类似案例见《宁夏回族自治区高级人民法院(2018)宁司复1号复议决定书》。

② 苏力:《制度是如何形成的》,北京大学出版社2007年版,第55页。

③ 张卫平:《事实探知:绝对化倾向及其消解——对一种民事审判理念的自省》,载《法学研究》2001年第4期。

④ 李浩:《民事诉讼程序权利的保障:问题与对策》,载《法商研究》2007第3期。

等于过度救济,其基本前提是要确保救济方案的针对性。其次,适度救济原则还要求有效规制滥用救济机制的行为,避免因过分夸大侵害与救济之间的对应关系而放纵对救济机制的滥用,避免司法资源的浪费等消极后果。再者,适度救济还要求救济具有必要性。在健全民事诉讼法律责任追责程序时,在程序设置上是否配置救济机制、配备何种救济机制,均应取决于当事人受侵害的权利性质和价值,受到具体侵害的程度,以及因受错误追责而造成的实际后果等问题。对于在追责过程中因追责程序不规范受到侵害,但未造成实质后果或后果甚微的情形,可以优先考虑效率价值和司法资源的优化配置而不提供救济机制;对于能够通过民事复议之救济机制进行救济的情形,就不应提供控告、上诉等救济机制,以避免司法资源的浪费。

遵循前述原则,在制度上除健全民事诉讼复议制度外,还应从两个层面对当事人权利受侵救济机制予以完善:一是建立相应的诉讼法律责任的追究程序和救济程序,如明确训诫、发回重审、非法证据排除等诉讼法律责任的追诉程序和救济程序,使法官在适用这些法律责任时有法可依。应明确各种法律责任的适用条件、程序启动主体,明确相应的程序步骤及相应的救济措施;二是在健全民事复议之救济程序的同时,以司法救济替代行政化方式,增加当事人申诉、控告等救济途径。具体而言:

第一,完善当事人申诉、控告机制。纵观法律制度发达史,要实现对当事人权利的最大维护,为司法独立提供制度保障,就必须给被处罚的当事人提供较为可靠的救济程序。任何人的合法权利受到侵犯时都有权获得帮助,这是法律普适性的要义所在。因而,在诉讼法律责任的适用中,当事人的权利救济也非常重要。业内周知,要撬动救济程序的大门,必须赋予利害关系以救济权,包括实体性权利和程序性权利。其中,程序性权利体现为申诉和控告权。只有赋予利害关系申诉、控告权,才有可能启动救济程序。前文所述的域外经验中,诸多国家在法官惩戒程序中赋予法官以申诉或上诉的权利,例如,美国部分州规定州法院的法官不服法官行为调查委员会的制裁,可以向州最高法院上诉或者由特殊法院受理这类案件,上诉法院的首席法官对委员会作出的决定不服,可以上诉到联邦司法会议。[①] 我国相关法律规范规定,被处罚的当事人有申请复议的权利,但这种申请复议权只限于罚款、拘留和法院的违法审判行为被惩戒的情形。控告权作为公民的基本权利之一,是指公民对任何国家机关及其工作人员的违法失职行为,有向有关机关进行揭发和指控的权利。在民事诉讼中,对于违法适用民事诉讼法律责任的行为,赋予利害关系人以控告权,赋予当事人向法官惩戒委员会就法官的违法审判行为进行控告的权利;赋予当事法官就侵犯其合法权益的违法行为向司法机关进行控告的权利,有利于正确适用诉讼法律责任,确保司

---

① 周道鸾主编:《外国法院组织与法官制度》,人民法院出版社2000年版,第21页。

法权威。同时,完善的控告机制,可以保障各诉讼主体的合法权益,也可以使诉讼法律责任的追究程序有序地运行。相关法律规范虽然规定,申诉权和控告权是公民对自身权利受到侵害或者对处理不服时的一种救济权利,但这种权利也仅仅存在于法律条文中,事实上,并没有与之相应的制度设计和配套规定。换言之,申诉权和控告权形同虚设。在我国现有的错案追责制度中,法官一旦被认为办理了错案,并没有十分有效的权利救济方式,往往只能接受惩处,现实中也很难找到法官行使申诉权和控告权的资料。因此,应从法官的申辩机制、申诉机制以及控告机制出发明确规定法官权利的救济机制,保护法官的合法权益。

第二,完善当事人陈述、申辩机制。如前文所述,在域外实践中,大多数国家采用司法或类司法的诉讼法律责任追诉程序和救济程序。以法官惩戒程序为例,域外大多数国家采用司法审理方式来审查、裁决法官的违法审判行为。在审理过程中一般会赋予当事人陈述、申辩、举证等权利,当事法官在惩戒程序中有充分为自己辩护的权利,对其审判行为是否违法予以比较公正的判断,以此来保护法官不被冤枉。德国甚至规定,在审理法官违法行为案件时,受审法官可以委托一名律师一同出庭,为当事法官进行申辩。① 我国现行法律并没有赋予被处罚的当事人以陈述、申辩权,行政化的单方审查复议程序使当事人不能介入到复议程序之中,更不能充分地陈述自己的意见,从而不利于当事人合法权益的维护。因而,在建构我国诉讼法律责任制度时,应当进一步健全诉讼法律责任制度的救济程序,应当在赋予当事人申诉权、控告权的同时,充实救济程序:应当引入听证程序,充实庭审辩论权,赋予被处罚人(当事人、其他诉讼参与人、当事法官等)以陈述权和申辩权,允许当事人对法官或法官惩戒委员会的决定异议,为其诉讼行为的合法性陈述理由、辩论举证。

"政府结构和政府功能在很大程度上影响着程序规则的生长环境,并因此在很大程度上决定着程序制度的基本设计。"②在我国司法制度环境中,我们建构民事诉讼法律责任制度和具体的追究、救济程序的最终目的是,要建确保案件处理经得起法律和历史的检验;而且对当事人追究责任,特别是因法官依法履职行为的问责,必须有相应的权利保护机制。③

---

① 吴英旗,崔柏,张燕:《民事诉讼法律责任初探》,中国政法大学出版社2013年版,第143页。
② [美]米尔伊安·R.达玛什卡:《司法和国家权力的多种面孔》(致中国读者的引言),郑戈译,中国政法大学出版社2004年版,第1页。
③ 李少平:《全面推进依法治国背景下的司法改革》,载《法律适用》2015年第1期。

结　语

在本课题研究中,我们是根据"法律规范的构成要素"这一核心概念来分析民事诉讼法律责任的。这一概念是本课题证成民事诉讼法应当具有自己的法律责任制度的基本依据,也是我们理解民事诉讼法律责任之形式结构、实质内容和价值目的不可或缺的。为了使研究民事诉讼法律责任的目的更为清晰,本课题还紧紧围绕"公正"和"秩序"两种法的基本价值进行论证,并尝试着在每一章节中尽可能彰显民事诉讼法律责任制度与这两种价值之间的关系,特别是,诉讼法律责任在促进和保障民事诉讼秩序(司法秩序)和彰显程序公正和实体公正等方面确实体现了民事诉讼法的价值追求,而且该制度本身与法的总体秩序和公正价值之间亦存在着诸多重要的联系与重叠交叉现象,鉴此,司法"秩序"和"公正"在本课题研究中被用来作为证成民事诉讼法律责任制度价值功能的两大基石。当民事诉讼法规范履行其调整诉讼行为而运用一般规则、标准和原则时,秩序和公正则常被用来衡量其价值功能的最低要求。有序和安全被视为民事诉讼程序所追求和一种实质性价值,亦即社会关系中的正义所必须设法增进的东西。在这种视角下,民事诉讼法律责任制度乃民事诉讼法律规范不可或缺的内容,它所关注的乃是如何保护人们在诉讼程序中免受各种不法侵害。

如果说作为本课题研究对象的"民事诉讼法律责任"可以被理解为民事诉讼程序性法律责任和民事诉讼中的实体法律责任的"综合体"的话,其目前的状况也许只能被视为处于一种"非制度化"的过程之中。的确,民事诉讼法律责任因其本身特殊性,短期内尚难形成一套具有普遍性和统一性的构成要件。但是,目前不同法院在适用民事诉讼强制措施的条件和程序操作上各行其是的现状,要求在程序内部形成要素大致都能够相互耦合或自洽的基础上,重新建构真正具有普适意义和比较明确的诉讼法律责任制度。毕竟,诉讼法律责任的制度化对于实法治的价值及作用是显而易见的。提及制度化,我们往往希望尽快地在规则的宏观层面上找到或形成某种理想的立法模式,而且这种立法模式将能从上至下地有效控制微观的、具体的诉讼法律责任的运作,即在任何情形下,诉讼法律责任都能够获得普遍的一体遵循,这也符合一般民众对于制度的合理期待。不过,作为本课研究的着眼点,我们更想强调的是微观层面,即体现在日常程序运作中的法律责任制度。为了实现这一目标,本课题紧紧围绕民事诉讼主体之诉讼行为而展开,从实证层面观察分析了现行民事诉讼法律责任制度的运行现状及其存在的具体问题,分析了具体民事诉讼法律责任制度存在问题的原因,并尝试着提出重构民事诉讼法律责任制度的具体方案。相信本课题关于民事诉讼法律责任的论证已经足以表明,在司法秩序缺乏制度保障,违法诉讼行为横行以及应付这些问题的其他制度乏力等复杂困难的局面下,民事诉讼法法律责任应当被置于更为广阔的治理结构背景下加以讨论。必须明确的是,诉讼法律责任的制裁功能不同于行政权力从上到下的控制与渗透。因此,在现行的可以称之为民事诉讼法律责任的某些制度在司法运行中尚不能有效发挥其法律责任之制裁性功能时,我们对行政化的诉讼法律责任追责程序进行必要的改造或矫正也就显得非常重要了。

本课题研究与一般研究的传统做法一样,或许受某些必要性的限制,在探讨民事诉讼法律责任时,笔者采纳一种有选择的和侧重某些取向的研究进路。尽管在本课题研究中,我们力求避免片面性和教条主义,但是我们论证民事诉讼法律责任制度的必要性、法律责任制度的运行现状,乃至尝试建构民事诉讼法律责任制度时,仍将重点集中那些为我们时代所应予特别关注和优先予以考虑的方方面面。总之,我们试图在本课题研究中展现诉讼法律责任制度在中国语境下"过去、现在和将来",并竭力解读民事诉讼法律制度在民事诉程序法中的嬗变转型,以及伴随这一过程始终的矛盾与张力,通过建构民事诉讼法律责任制度来证成民事诉讼法本身科学与成熟发展的可能路径。但是,由于本人学识有限,对本课题的研究虽有深入思考,但一些结论仍显单薄乏力,而且诸多内容难免存在"挂一漏万"之弊端。总体而言,本课题研究只能是探讨民事诉讼法律责任之理论框架的一次初步尝试。当实务界在习惯性操作方法的形成与规则上的表达这两个方面为诉讼法律责任制度生成提供了相当的基础,同时学术界也有了相应的研究积累时,通过立法来建构民事诉讼法律责任制度的工作就应当提上日程了。

参 考 文 献

一、中文著作

1. 陈瑞华.程序性制裁理论.北京:中国法制出版社,2010.
2. 吴英旗,崔柏,张燕.民事诉讼法律责任初探.北京:中国政法大学出版社,2013.
3. 陈桂明.程序理念与程序规则.北京:中国法制出版社,1999.
4. 季卫东.法律程序的意义——对中国法制建设的另一种思考.北京:中国法制出版社,2004.
5. 周永坤.规范权力——权力的法理研究.北京:法律出版社,2006.
6. 刘显鹏.民事诉讼当事人失权制度研究.武汉:武汉大学出版社,2013.
7. 吴英旗.民事诉讼义务研究.北京:中国政法大学出版社,2012.
8. 顾培东.社会冲突与诉讼机制.北京:法律出版社,2004.
9. 李文革.虚假诉讼研究.北京:中国社会科学出版社,2020.
10. 周道鸾.外国法院组织与法官制度.北京:人民法院出版社,2000.
11. 贺卫方.司法的理念与制度.北京:中国政法大学出版社,1998.
12. 肖建国.民事诉讼程序价值论.北京:中国政法大学出版社,2000.
13. 章武生等.司法公正的路径选择:从体制到程序.北京:中国法制出版社,2010.
14. 梁慧星.裁判的方法.北京:法律出版社,2012.
15. 江必新.辩证司法观及其应用.中国法制出版社,2014.
16. 李建明.冤假错案.北京:法律出版社,1991.
17. 江必新.良善司法的制度逻辑与理性构建.北京:中国法制出版社,2014.
18. 范卫国.虚假诉讼检察监督实践问题研究.厦门:厦门大学出版社,2020.
19. 潘念之主编:法学总论.知识出版社,1981.
20. 张宏生,章若龙主编:西方法律思想史.北京:北京大学出版社,1983.
21. 《法学辞典》编辑委员会:法学辞典(增订版).上海辞书出版社,1984.
22. 《中华法学大辞典(简明本)编委会》编:中华法学大辞典(简明本).北京:中国检察出版社,2003.
23. 孙国华主编:法学基础理论.北京:中国人民大学出版社,1987.
24. 熊先觉等编选:中国司法制度资料选编.北京:人民法院出版社,1987.
25. 梁治平.法意与人情.深圳:海天出版社,1992.
26. 孙国华主编:法理学教程.北京:中国人民大学出版社,1994.
27. 张文显主编:法理学.北京:法律出版社,1997.
28. 朱景文.现代西方法社会学.北京:法律出版社,1994.
29. 张仲秋.中西法律文化比较研究.南京:南京大学出版社,1999.

30. 赵震江,付子堂.现代法理学.北京：北京大学出版社,1999.
31. 张文显.法哲学范畴研究(修订版).北京：中国政法大学出版社,2001.
32. 郭道晖.法理学精义.长沙：湖南人民出版社,2005.
33. 胡玉鸿.司法公正的理论根基——经典作家的分析视角.北京：社会科学文献出版社,2006.
34. 高其才.法理学.北京：清华大学出版社,2007.
35. 孙国华主编.马克思主义法理学研究——关于法的概念和本质的原理.北京：群众出版社,1996.
36. 张恒山.义务先定论.济南：山东人民出版社,1999.
37. 张根大.法律效力论.北京：法律出版社,1999.
38. 付子堂.法律功能论.北京：中国政法大学出版社,1999.
39. 杜飞进主笔：法律价值论.西安：陕西人民出版社,1992.
40. 卓泽渊.法的价值论.北京：法律出版社,2006.
41. 杨立新,张步洪编.司法侵权损害赔偿.北京：人民法院出版社,1999.
42. 《北京大学法学百科全书》编委会编.北京大学法学百科全书.北京：北京大学出版社,2001.
43. 苏力.制度是如何形成的.北京：北京大学出版社,2007.
44. 吕世伦主编.当代西方理论法学研究.哈尔滨：黑龙江美术出版社,2018.
45. 北京政法学院民事诉讼法教研室编.中华人民共和国民事诉讼法讲义.北京：法律出版社,1983.
46. 马原,唐德华主编.民事诉讼法的修改与适用.北京：人民法院出版社,1991.
47. 柴发邦主编.民事诉讼法学新编.北京：法律出版社,1992.
48. 常怡主编.民事诉讼法学(修订版).北京：中国政法大学出版,1996.
49. 杨荣新主编.民事诉讼法教程.北京：中国政法大学出版社,1991.
50. 王锡三.民事诉讼法研究.重庆：重庆大学出版社,1996.
51. 江伟编.民事诉讼法学原理.北京：中国人民大学出版社,1999.
52. 张晋藩.中国民事诉讼制度史.成都：巴蜀书社,1999.
53. 谭兵主编.民事诉讼法学.北京：法律出版社,2004.
54. 田平安主编.民事诉讼法原理.厦门：厦门大学出版社,2005.
55. 张婷编.民事诉讼法学.北京：中国商务出版社,2006.
56. 何文燕,廖永安主编.民事诉讼法学专论.湘潭：湘潭大学出版社,2011.
57. 刘家兴,潘剑锋主编.民事诉讼法学教程.北京：北京大学出版社,2013.
58. 赵钢,占善刚,刘学在.民事诉讼法.武汉：武汉大学出版社,2015.
59. 张卫平.民事诉讼法(第三版).北京：中国人民大学出版社,2015.
60. 董少谋主编.民事诉讼法学(第三版).北京：法律出版社,2017.
61. 江伟,肖建国主编.民事诉讼法(第八版).北京：中国人民大学出版社,2018.
62. 《民事诉讼法学》编写组,宋朝武主编.(马工程教材)民事诉讼法学(第二版).北京：高等教育出版社,2018.

63. 叶自强.民事诉讼制度的变革.北京：法律出版社,2001.
64. 程荣斌,王新清主编.刑事诉讼法.北京：中国人民大学出版,2016.
65. 唐德华.民事诉讼法立法与适用.北京：中国法制出版社,2002.
66. 汤维建等.民事诉讼法全面修改专题研究.北京：北京大学出版社,2008.
67. 唐德华主编.新民事诉讼法条文释义.北京：人民法院出版社,2008.
68. 全国人大常委会法制工作委员会民法室编.中华人民共和国民事诉讼法解读.北京：中国法制出版社,2012.
69. 王胜明主编.中华人民共和国民事诉讼法释义：最新修正版.北京：法律出版社,2012.
70. 江必新.《中华人民共和国民事诉讼法》修改条文解读与应用.北京：法律出版社,2012.
71. 江必新主编.新民事诉讼法理解适用与实务指南.北京：法律出版社,2012.
72. 沈德咏主编.最高人民法院民事诉讼法司法解释理解与适用(上、下),北京：人民法院出版社,2015.
73. 江必新主编.新民诉法解释法义精要与实务指引.(上、下).北京：法律出版社,2015.
74. 杜万华主编.最高人民法院民事诉讼法司法解释实务指南.北京：中国法制出版社,2015.
75. 张卫平.程序公正实现中的冲突与平衡——外国民事诉讼研究引论.成都：成都出版社,1993.
76. 齐树洁.民事上诉制度研究.厦门：厦门大学出版社,2006.
77. 徐昕.论私力救济.北京：中国政法大学出版社,2005.
78. 李祖军.民事诉讼目的论.北京：法律出版社,2000.
79. 佟柔主编.中国民法学·民法总则.北京：中国人民公安大学出版社,1990.
80. 王宝发.民法债权原理与新论.天津：南开大学出版社,1999.
81. 蔡桂生.构成要件论.北京：中国人民大学出版社,2015.
82. 陈慰星.选择中的正义：民事诉讼当事人行为选择的法经济分析.北京：社会科学文献出版社,2015.
83. 纪文波主编.公安行政诉讼理论与实践.长沙：湖南人民出版社,1991.
84. 丁巧仁主编.民事诉讼证据制度若干问题研究.北京：人民法院出版社,2004.
85. 占善刚,胡辉.民事司法的理论与实务.北京：中国政法大学出版社,2016.
86. 刘勉义,蒋勇.行政听证程序研究与适用.北京：警官教育出版社,1997.
87. 刘荣军.程序保障的理论视角.北京：法律出版社,1999.
88. 吴英姿.作为人权的诉权理论.北京：法律出版社,2017.
89. 李祖军.契合与超越：民事诉讼若干理论与实践.厦门：厦门大学出版社,2007.
90. 江国华.常识与理性：走向实践主义的司法哲学.北京：生活·读书·新知三联书店,2017.
91. 程燎原、王人博.赢得神圣——权利及其救济通论.济南：山东人民出版社,1998.
92. 熊秉元.正义的成本：当法律遇上经济学.北京：东方出版社,2014.
93. 陈刚.证明责任法研究.北京：中国人民大学出版社,2000.
94. 闫庆霞.当事人民事诉讼主张研究.北京：法律出版社,2013.
95. 张越.法律责任设计原理.北京：中国法制出版社,2010.

96. 中共中央文献研究室编.习近平关于全面依法治国论述摘编.北京：中央文献出版社,2015.
97. 关明凯.法律的三维透视：对法的价值、规则、事实的统一性研究.北京：法律出版社,2007.
98. 张卫平.民事诉讼回归原点的思考.北京：北京大学出版社,2011.
99. 王甲乙,杨建华,郑健才.民事诉讼法新论.台北：台湾三民书局.
100. 邱联恭主编.民事程序法之理论与实务.台北：台湾三民书局,2004.
101. 陈荣宗,林庆苗.民事诉讼法.台北：台湾三民书局,2005.
102. 许士宦.证据搜集与纷争解决.台北：新学林出版公司,2005.
103. 姜世明.民事诉讼法基础论.台北：台湾元照出版公司,2006.
104. 沈冠伶.民事证据法与武器平等原则.台北：台湾元照出版公司,2007.
105. 黄茂荣.法学方法与现代民法.北京：中国政法大学出版社,2007.
106. 吕太朗.民事诉讼法.台北：台湾元照出版公司,2016.
107. 蔡炯燉.法官伦理规范与实践.台北：五南出版社,2014.

二、中文译著

1. [德]黑格尔.法哲学原理.张企泰译.北京：商务印书馆,1961.
2. [奥]凯尔森.法与国家的一般理论.沈宗灵译.北京：商务印书馆,2017.
3. [美]塞缪尔·亨廷顿.变革社会中的政治秩序.李盛平,杨玉生等译,北京：华夏出版社,1998.
4. [法]爱弥儿·涂尔干.乱伦禁忌及其起源.汲喆,付德根,渠东译.上海：上海人民出版社,2006.
5. [德]尤尔根·哈贝马斯.重建历史唯物主义.郭官义译.北京：社会科学文献出版社,2000.
6. [德]迪特尔·梅迪库斯.德国民法总论.邵建东译.北京：法律出版社,2000.
7. [德]卡尔·斯密特.论法学思维的三种模式.苏慧婕译.北京：中国法制出版社,2012.
8. [美]米尔伊安·R.达玛什卡.司法和国家权力的多种面孔.郑戈译.北京：中国政法大学出版社,2004.
9. [日]谷口安平.程序正义与诉讼.王亚新译.北京：中国政法大学出版社,2002.
10. [日]新堂幸司.新民事诉讼法.林剑锋译.北京：法律出版社,2008.
11. [日]伊藤真.民事诉讼法.曹云吉译.北京：北京大学出版,2019.
12. [日]竹下守夫.日本民事执行法理论与实务研究.刘荣军,张卫平译.重庆大学出版社,1994.
13. [日]棚濑孝雄.纠纷的解决与审判制度.王亚新译.北京：中国政法大学出版社,2004.
14. [日]小野清一郎.犯罪构成要件理论.王泰译.北京：中国人民公安大学出版社,2004.
15. [日]兼子一、[日]竹下守夫.民事诉讼法(新版).北京：法律出版社,1995.
16. [日]中村英郎.新民事诉讼法讲义.陈刚,林剑锋,郭美松译.北京：法律出版社,2001.
17. 日本民事诉讼法典.曹云吉译.厦门：厦门大学出版社,2017.
18. [德]卡尔·拉伦茨.法学方法论.陈爱娥译.北京：商务印书馆,2003.
19. [德]奥特马·尧厄尼希.民事诉讼法(第27版).周翠译.北京：法律出版社,2003.

20. [德]汉斯-约阿希姆·穆泽拉克.德国民事诉讼法基础教程.周翠译.北京：中国政法大学出版社,2005.
21. [德]茨威格特,克茨.比较法总论.潘汉典等译.北京：中国法制出版社,2017.
22. 德国民事诉讼法.丁启明译.厦门：厦门大学出版社,2016.
23. 德意志联邦共和国民事诉讼法.谢怀栻译.北京：中国法制出版社,2001.
24. [苏]塔瓦涅茨.判断及其种类.宋文坚、麻保安译.北京：生活·读书·新知三联书店,1958.
25. [苏]C.C.阿列克谢耶夫.法的一般理论（上册）.黄良平、丁文琪译.北京：法律出版社,1988.
26. 俄罗斯联邦民事诉讼法·执行程序法.张西安、程丽庄译.北京：中国法制出版社,2002.
27. 俄罗斯联邦民事诉讼法典.黄道秀译.北京：中国人民公安大学出版社,2003.
28. [法]孟德斯鸠.论法的精神.许明龙译.北京：商务印书馆,2016.
29. [英]丹宁勋爵.法律的正当程序.李克强等译.北京：法律出版社,1999.
30. [法]皮埃尔·布迪厄,[美]华康德.实践与反思：反思社会学导引.李猛,李康译.北京：中央编译出版社,1998.
31. 法国新民事诉讼法典.罗结珍译.北京：中国法制出版社,1999.
32. [英]罗杰·科特威尔.法律社会学导论.潘大松等译.北京：华夏出版社,1989.
33. [美]E.博登海默.法理学：法律哲学与法律方法.邓正来译.北京：中国政法大学出版社,2004.
34. [美]本杰明·N.卡多佐.法律的成长 法律科学的悖论.董炯,彭冰译.北京：中国法制出版社,2004.
35. [美]迈克尔·D.贝勒斯.法律的原则——一个规范的分析.张文显等译.北京：中国大百科全书出版社,1996.
36. [美]罗纳德·沃德金.认真对待权利.信春鹰,吴玉章译.上海：上海三联书店,2008.
37. [美]罗尔斯.正义论.何怀宏等译.北京：中国社会科学出版社,1988.
38. [美]埃尔曼.比较法律文化.贺卫方、高鸿钧译.北京：生活·读书·新知三联书店,1990.
39. [美]约翰·罗尔斯.正义论.谢延光译.上海：上海译文出版社,1991.
40. [意]皮罗·克拉马德雷.程序与民主.翟小波,刘刚译.北京：高等教育出版社,2005.

三、中文期刊

1. 赵义娟.民事案件中的程序违法现象及其措施.载《贵州审判》1998年第1期.
2. 王国征.我国民事诉讼司法实践问题及原因探析.载《东方论坛》1998年第1期.
3. 张汝申,王乃伦.民事审判中违反法定程序的认定.载《人民检察》1999年第11期.
4. 吴英姿.民事诉讼程序的非正常运作——兼论民事诉讼法修改的实践理性.载《中国法学》2007年第4期.
5. 陈桂明,刘萍.民事诉讼中的程序滥用及其法律规制.载《法学》2007年第10期.
6. 田平安,罗健豪.民事诉讼法律责任论.载《现代法学》2002年第2期.
7. 刘后务.《民事诉讼法》增设"法律责任"一章的必要性探析.载《韶关学院学报（社会科学版）》2004年第5期.

8. 廖永安,熊英灼.论我国民事诉讼法律责任制度之构建.载《烟台大学学报(哲学社会科学版)》2007 年第 1 期.
9. 杜飞进.试论法律责任的若干问题.载《中国法学》1990 年第 6 期.
10. 李巍.论法的国家强制性.载《政法论坛》1993 年第 4 期.
11. 周永坤.法律责任论.载《法学研究》1991 年第 3 期.
12. 张光博,张文显.以权利和义务为基本范畴重构法学理论.载《求是》1989 年第 10 期.
13. 袁岳.诉讼法律责任论.载《学习与探索》1991 年第 3 期.
14. 李颂银.论诉讼法上的法律责任.载《法商研究》1998 年第 1 期.
15. 赵秉志,王新清.对妨害民事诉讼行为刑事制裁之探讨.载《河北法学》1998 年第 1 期.
16. 许少波.论否定性法律后果的立法设置——以救济当事人民事诉讼权利为主的考察.载《法学评论》2005 年第 1 期.
17. 陈刚.民事实质诉讼法论.载《法学研究》2018 年第 6 期.
18. 纪格非.民事诉讼虚假诉讼治理思路的再思考——基于实证视角的分析与研究.载《交大法学》2017 年第 2 期.
19. 古力,余军.行政法律责任的规范分析——兼论行政法学研究方法.载《中国法学》2004 年第 5 期.
20. 黄忠顺.民事程序性制裁理论的基础性构建.载《内蒙古社会科学(汉文版)》2012 年第 2 期.
21. 李鹏.胡塞尔现象学的本体论差异问题.载《吉林大学社会科学学报》2019 年第 4 期.
22. 余军,朱新力.法律责任概念的形式构造.载《法学研究》2010 年第 4 期.
23. 廖永安.论当事人诉讼权利与法院审判权力的对立统一.载《湘潭大学学报(哲学社会科学版)》1999 年第 3 期.
24. 梁慧星.论民事责任.载《中国法学》1990 年第 3 期.
25. 王敏远.论违反刑事诉讼程序的程序性后果.载《中国法学》1994 年第 3 期.
26. 王伦刚,刘思达.从实体问责到程序之治——中国法院错案追究制运行的实证考察.载《法学家》2016 年第 2 期.
27. 李颂银.我国法律责任制度若干疑难问题探析.载《现代法学》1998 年第 1 期.
28. 傅郁林.司法责任制的重心是职责界分.载《中国法律评论》2015 年第 4 期.
29. 李鹤贤,刘志强.司法责任追究的三个原则.载《人民司法(应用)》2017 年第 22 期.
30. 王伦刚,刘思达.从实体问责到程序之治——中国法院错案追究制运行的实证考察.载《法学家》2016 年第 2 期.
31. 蒋开富.正当性的语义学与语用学分析.载《广西社会科学》2005 年第 5 期.
32. 李喜莲.也论民事诉讼法律责任制度.载《法学评论》2014 年第 6 期.
33. 谭世贵,黄永锋.诉讼效率研究.载《新东方》2002 年第 Z1 期.
34. 汤维建.论司法公正的保障机制及其改革.载《河南省政法干部学院学报》2004 年第 6 期.
35. 李浩.论举证时限与诉讼效率.载《法学家》2005 年第 3 期.
36. 李喜莲.民事拘传适用对象的再甄别——以《民诉法解释》第 174 条为靶标.载《法律科学》2016 年第 5 期.

37. 叶向东.完善我国民事诉讼法中拘传的立法思考.载《法学评论》1993年第3期.
38. 张永泉,徐侃,胡浩亮.我国民事拘传制度的缺陷及其完善.载《法律适用》2009年第9期.
39. 陈兆同.民事拘传的适用条件及应注意的问题.载《人民司法》1990年第4期.
40. 田平安.正确适用民事诉讼的强制措施.载《现代法学》1984年第2期.
41. 谭卓明.民事拘传的条件和程序.载《人民司法》1987年第11期.
42. 邹含青.对我国《民诉法》大幅上调罚款金额之质疑.载《公民与法(法学版)》2014年第4期.
43. 谢绍静,占善刚.比例原则视角下我国民事诉讼罚款制度的立法完善——以《民事诉讼法修改决定》增加罚款数额为切入.载《内蒙古社会科学(汉文版)》2013年第3期.
44. 占善刚.民事诉讼中罚款之检讨.载《法商研究》2013年第6期.
45. 李喜莲.财产保全"申请有错误"的司法考量因素.载《法律科学》2018年第2期.
46. 江伟,赵金山.简论民事诉讼法与实体法的关系.载《法学杂志》1998年第6期.
47. 李浩.民事诉讼当事人的自我责任.载《法学研究》2010年第3期.
48. 孙笑侠.法律程序剖析.载《法律科学》1993年第6期.
49. 孙光瑞.对河北省一年来贯彻执行人民法院组织法的几点体会.载《法学研究》1956年第1期.
50. 马锡五.关于当前审判工作中的几个问题.载《法学研究》1956年第1期.
51. 田平安、杜睿哲.程序正义初论.载《现代法学》1998年第2期.
52. 白文生.人民法院在民事诉讼中违法行使审判权的分析及对策.载《天中学刊》2001年第1期.
53. 陈刚.支持起诉原则的法理及实践意义的再认识.载《法学研究》2015年第5期.
54. 张卫平.事实探知:绝对化倾向及其消解——对一种民事审判理念的自省.载《法学研究》2001年第4期.
55. 杨荣新.试谈民事诉讼法的中国特色.载《政法论坛》1983年第4期.
56. 赵钢.回顾、反思与展望——对二十世纪下半叶我国民事诉讼法学研究状况之检讨.载《法学评论》1998年第1期.
57. 苏建清.民事诉讼中的强制措施.载《法学杂志》1999年第5期.
58. 蔡彦敏.对民事诉讼中强制措施性质的一点异议.载《法学评论》1987年第6期.
59. 官印.禁止任意拘留:人身自由保障的司法实践.载《学习论坛》2017年第2期.
60. 龙宗智.论司法改革中的相对合理主义.载《中国社会科学》1999年第2期.
61. 夏俏骅.民事执行中惩罚性措施应用研究.载《经济与社会发展》2009年第9期.
62. 郭翔.论民事诉讼中的罚款——立法预期与实践效果的背离及修正.载《当代法学》2013年第1期.
63. 沈宗灵.论法律责任与法律制裁.载《北京大学学报(哲学社会科学版)》1994年第1期.
64. 陈桂林,宋秀山.在民诉中应正确适用强制措施.载《法学杂志》1990年第3期.
65. 刘国承.一位指导法官视野中的人民调解.载《人民调解》2018年第10期.
65. 江伟,廖永安.简论人民调解协议的性质与效力.载《法学杂志》2003年第2期.
66. 赵钢.人民调解协议的效力辨析及其程序保障.载《法学》2011年第12期.

67. 曹洪文,吴斌.论民事诉讼法律责任确立的缘由.载《湖南师范大学社会科学学报》2001年第S2期.
68. 郑志锋.论我国民事诉讼法律责任制度之构建.载《长春教育学院学报》2013年第4期.
69. 张文显.人民法院司法改革的基本理论和实践进程.载《法制与社会发展》2009年第3期.
70. 张明哲.谈谈正确适用民事诉讼中的拘留措施.载《法律适用》1988年第6期.
71. 李响.秩序与尊严——民事诉讼强制措施重构刍议.载《法治研究》2011年第8期.
72. 刘士国.论民法总则之民事责任规定.载《法学家》2016年第5期.
73. 胡夏冰.妨害民事执行行为强制措施立法模式的选择.载《人民法院报》2011年6月22日,第008版.
74. 杨玉清.关于法律责任的几个问题.载《法学研究》1957年第1期.
75. 余凌云.游走在规范与僵化之间——对金华行政裁量基准实践的思考.载《清华法学》2008年第3期.
76. 周洪江.比较法视野下的民事拘传制度.载《民事程序法研究》2014年第2期.
77. 赵钢.对被告应诉行为的定性分析.载《法学评论》1999年第6期.
78. 翁文刚.法律责任的构成要件与承担条件应予区分.载《法商研究》2001年第2期.
79. 胡玉鸿.法律主体论纲.载《法治现代化研究》2016年第10期.
80. 傅郁林.论民事诉讼当事人的诚信义务.载《法治现代化研究》2017年第6期.
81. 李浩.虚假诉讼与对调解书的检察监督.载《法学家》2014年第6期.
82. 任重.论虚假诉讼:兼评我国第三人撤销诉讼实践.载《中国法学》2014年第6期.
83. 宋朝武.新《民事诉讼法》视野下的恶意诉讼规制.载《现代法学》2014年第6期.
84. 廖中洪."恶意诉讼"立法规定与规制的技术及其原理——兼评《民事诉讼法》第112条规定的合理性.载《甘肃政法学院学报》2016年第2期.
85. 郝晶晶.论恶意诉讼应有的实体法规制——以程序法规制及其不足为基点.载《暨南学报(哲学社会科学版)》2014年第10期.
86. 张卫平.诉讼公正与效率的双重提升:泛论《民事诉讼法》的修改.载《国家检察官学院学报》2011年第5期.
87. 纪格非.民事诉讼虚假诉讼治理思路的再思考——基于实证视角的分析与研究.载《交大法学》2017年第2期.
88. 洪冬英.论虚假诉讼的厘定与规制——兼谈规制虚假诉讼的刑民事程序协调.载《法学》2016年第11期.
89. 张卫平.中国第三人撤销之诉的制度构成与适用.载《中外法学》2013年第1期.
90. 左卫民,陈刚.证据随时提出主义评析.载《法学》1997年第11期.
91. 吴泽勇.民事诉讼证据失权制度的衰落与重建.载《中国法学》2020年第3期.
92. 四川省成都市中级人民法院课题组.《关于民事诉讼证据的若干规定》执行情况的调研报告.载《人民司法》2006年第10期.
93. 纪格非、刘佳洁.〈民事证据规定〉实施效果的实证考察与分析.载《中国司法》2007年第10期.
94. 安徽省高级人民法院民一庭.《关于民事诉讼证据的若干规定》施行情况的调研报告.载

《人民司法》2007 年第 15 期.
95. 张卫平.转制与应变——论我国传统民事诉讼体制的结构性变革.载《学习与探索》1994 年第 4 期.
96. 杨翔.法院机制的中国化过程及其影响.载《法学杂志》2019 年第 7 期.
97. 王奇才.作为法律之内在根据的法理.载《法制与社会发展》2019 年第 5 期.
98. 蒋惠岭.论法官惩戒程序之司法性.载《法律适用》2003 年第 9 期.
99. 陈瑞华.程序正义论——从刑事审判角度的分析.载《中外法学》1997 年第 2 期.
100. 张卫平.事实探知:绝对化倾向及其消解——对一种民事审判理念的自省.载《法学研究》2001 年第 4 期.
101. 李浩.民事诉讼程序权利的保障:问题与对策.载《法商研究》2007 第 3 期.
102. 李少平.全面推进依法治国背景下的司法改革.载《法律适用》2015 年第 1 期.
103. 李喜莲,黄帅.恶意申请公示催告的成因及对策.载《湘潭大学学报(哲学社会科学版)》2016 年第 1 期.
104. 黄国昌.民事诉讼法的制高点——进入一个博大精深的美丽殿堂.载《月旦法学教室》2011 年第 100 期.
105. 姜世明.民事诉讼中当事人真实义务.载《东吴法律学报》2005 年第 3 期.
106. 许士宦.逾时提出之驳回与责问权之行使.载《月旦法学教室》2003 年第 3 期.

四、报刊文章

1. 亦言.拘留"故意拖延诉讼"者没依据.载《检察日报》2004 年 9 月 8 日,第 8 版.
2. 以提高司法公信力为根本尺度坚定不移深化司法体制改革.载《人民日报》2015 年 3 月 26 日,第 1 版.
3. 常怡.提高民事诉讼效率的革新.载《人民法院报》2013 年 5 月 9 日第 005 版.
4. 莫纪宏.司法解释不具有"普遍"的法律效力.载《学习时报》2010 年 10 月 18 日,第 05 版.
5. 秦峰.司法解释在法律体系中的地位及完善.载《人民代表报》2010 年 11 月 27 日,第 003 版.
6. 杨庆祥.司法解释权点滴谈.载《人民法院报》.2004 年 1 月 11 日.
7. 胡夏冰.妨害民事执行行为强制措施立法模式的选择.载《人民法院报》2011 年 6 月 22 日,第 008 版.
8. 陈东升.齐奇代表建议刑法应增加藐视法庭行为罪.载《法制日报》2009 年 3 月 12 日,第 1 版.
9. 出庭作伪证 证人受拘留罚款.载《市场信息报》2016 年 6 月 1 日,第 A15 版.
10. 朱剑.翻译人法律地位规定的完善.载《江苏法制报》2014 年 9 月 23 日,第 00C 版.
11. 庞晓.俄罗斯少数民族诉讼参与人翻译权的保障.载《人民法院报》2020 年 9 月 25 日,第 008 版.

五、学位论文

1. 王健.民事诉讼法律责任研究.西南政法大学 2015 年博士论文.
2. 徐德臣.民事诉讼程序性制裁机制研究.西南政法大学 2015 年博士论文.

附　　录

表1　相关法律规范对诉讼法律关系主体违法民事诉讼行为制裁的规定

违法行为	法律责任	法律条款
必须到庭的被告经两次传票传唤,无正当理由拒不到庭	拘传	《民事诉讼法》第109条
诉讼参与人、其他人违反法庭规则的	训诫、责令退出法庭、罚款、拘留	《民事诉讼法》第110条
哄闹、冲击法庭,侮辱、诽谤、威胁、殴打审判人员,严重扰乱法庭秩序的	情节严重,追究刑事责任;情节较轻,罚款、拘留	
伪造、毁灭重要证据,妨碍人民法院审理案件;以暴力、威胁、贿买方法阻止证人作证或者指使、胁迫他人作伪证的;隐藏、转移、变卖、毁损已被查封、扣押的财产,或者已被清点并责令其保管的财产,转移已被冻结的财产的;对司法工作人员、诉讼参加人、证人、翻译人员、鉴定人、勘验人、协助执行的人,进行侮辱、诽谤、诬陷、殴打或者打击报复的;以暴力、威胁或者其他方法阻碍司法工作人员执行职务的;拒不履行人民法院已经发生法律效力的判决、裁定的	可根据情节轻重予以罚款、拘留;构成犯罪的,依法追究刑事责任	《民事诉讼法》第111条
恶意串通,企图通过诉讼、调解等方式侵害他人合法权益	人民法院应当驳回其请求,并根据情节轻重予以罚款、拘留;构成犯罪的,依法追究刑事责任	《民事诉讼法》第112条
被执行人与他人恶意串通,通过诉讼、仲裁、调解等方式逃避履行法律文书确定的义务的	人民法院应当根据情节轻重予以罚款、拘留;构成犯罪的,依法追究刑事责任	《民事诉讼法》第113条
有义务协助调查、执行的单位拒不履行协助义务的	可以对其主要负责人或者直接责任人员予以罚款;对仍不履行协助义务的,可以予以拘留;并可以向监察机关或者有关机关提出予以纪律处分的司法建议	《民事诉讼法》第114条

续表

违 法 行 为	法律责任	法律条款
当事人对鉴定意见有异议或者人民法院认为鉴定人有必要出庭作证时,经法院通知鉴定人拒不出庭作证的	鉴定意见不得作为认定事实的依据,支付鉴定费用的当事人可以要求返还鉴定费用	《民事诉讼法》第78条
当事人因故意或者重大过失逾期提供的证据	人民法院不予采纳。但该证据与案件基本事实有关的,人民法院应当采纳,并依照《民事诉讼法》第65条、第115条第一款的规定予以训诫、罚款	《民诉法解释》第102条
当事人非因故意或者重大过失逾期提供的证据	人民法院应当采纳,并对当事人予以训诫	
人民法院认为有必要的,可以要求当事人本人到庭,就案件有关事实接受询问。在询问当事人之前,可以要求其签署保证书。负有举证证明责任的当事人拒绝到庭、拒绝接受询问或者拒绝签署保证书,待证事实又欠缺其他证据证明的	人民法院对其主张的事实不予认定	《民诉法解释》第110条
诉讼参与人或者其他人未经准许进行录音、录像、摄影的,未经准许以移动通信等方式现场传播审判活动的,其他扰乱法庭秩序,妨害审判活动进行的	人民法院可以暂扣诉讼参与人或者其他人进行录音、录像、摄影、传播审判活动的器材,并责令其删除有关内容;拒不删除的,人民法院可以采取必要手段强制删除	《民诉法解释》第176条
在人民法院哄闹、滞留,不听从司法工作人员劝阻的;故意毁损、抢夺人民法院法律文书、查封标志的;哄闹、冲击执行公务现场,围困、扣押执行或者协助公务人员的;毁损、抢夺、扣留案件材料、执行公务车辆、其他执行公务器械、执行公务人员服装和执行公务证件的;以暴力、威胁或者其他方法阻碍司法工作人员查询、查封、扣押、冻结、划拨、拍卖、变卖财产的;以暴力、威胁或者其他方法阻碍司法工作人员执行职务的	可根据情节轻重予以罚款、拘留;构成犯罪的,依法追究刑事责任	《民诉法解释》第187条

续表

违 法 行 为	法律责任	法律条款
在法律文书发生法律效力后隐藏、转移、变卖、毁损财产或者无偿转让财产、以明显不合理的价格交易财产,放弃到期债权、无偿为他人提供担保等,致使人民法院无法执行的;隐藏、转移、毁损或者未经人民法院允许处分已向人民法院提供担保的财产的;违反人民法院限制高消费令进行消费的;有履行能力而拒不按照人民法院执行通知履行生效法律文书确定的义务的;有义务协助执行的个人接到人民法院协助执行通知书后,拒不协助执行的	可根据情节轻重予以罚款、拘留;构成犯罪的,依法追究刑事责任	《民诉法解释》第188条
冒充他人提起诉讼或者参加诉讼的;证人签署保证书后作虚假证言,妨碍人民法院审理案件的;伪造、隐藏、毁灭或者拒绝交出有关被执行人履行能力的重要证据,妨碍人民法院查明被执行人财产状况的;擅自解冻已被人民法院冻结的财产的;接到人民法院协助执行通知书后,给当事人通风报信,协助其转移、隐匿财产的	适用民事诉讼法第111条的规定处理	《民诉法解释》第189条
有关单位接到人民法院协助执行通知书后,允许被执行人高消费的,允许被执行人出境的,拒不停止办理有关财产权证照转移手续、权属变更登记、规划审批等手续的,以需要内部请示、内部审批,有内部规定等为由拖延办理的	人民法院可以适用民事诉讼法第114条规定处理	《民诉法解释》第192条
原告应当预交而未预交案件受理费的	人民法院应当通知其预交,通知后仍不预交或者申请减、缓、免未获批准而仍不预交的,裁定按撤诉处理	《民诉法解释》第213条
以暴力、威胁、贿买等方法阻止证人作证或者指使他人作伪证的	定为"妨害作证罪",处3年以下有期徒刑或者拘役;情节严重的,处3年以上7年以下有期徒刑	刑法修正案八第307条第一款

续表

违 法 行 为	法律责任	法律条款
帮助当事人毁灭、伪造证据的	定为"帮助当事人毁灭、伪造证据罪",情节严重的,处3年以下有期徒刑或者拘役 司法工作人员犯前两款罪的,从重处罚	刑法修正案八第307条第二款
对证人打击报复的	定为"打击报复证人罪",处3年以下有期徒刑或拘役,情节严重的,处3年以上7年以下有期徒刑	刑法修正案八第308条
聚众哄闹、冲击法庭,殴打司法工作人员,严重扰乱法庭秩序的	定为"扰乱法庭秩序罪",处3年以下有期徒刑、拘役、管制或罚金	刑法修正案八第309条
对人民法院判决、裁定有能力执行而拒不执行的	定为"拒不执行法院判决、裁定罪"	刑法修正案八第313条
隐藏、转移、变卖、故意毁损已被司法机关查封、扣押、冻结的财产	定为"非法处置查封、扣押、冻结的财产罪",情节严重的,处3年以下有期徒刑、拘役或者罚金	刑法修正案八第314条

表2 2015年1月—2018年12月法院对当事人虚假陈述行为的处理情况统计表

强制措施	裁判文书的份数	案　号	适用强制措施的理由
训诫	4份	福建省福州市中级人民法院(2015)榕民终字第1963号判决书	本院认为,如若安泰公司确信讼争合同所盖印章系伪造,则其在一审明知真实印章存在的情况下,径行申请进行印章鉴定即可反驳明光公司的主张,断无再行虚编理由误导诉讼之必要,其一审诉讼行为无非出于逃避责任与拖延诉讼之恶意目的,倘若于二审中再行同意其鉴定申请,则无异于是对其一审虚假陈述行为的纵容或默许……另对于安泰公司于一审中严重违背诚信原则,扰乱本案诉讼进程的行为,本院予以训诫

续表

强制措施	裁判文书的份数	案　　号	适用强制措施的理由
训诫	4份	广东省惠州市中级人民法院(2016)粤13民终3092号判决书	被上诉人吕云军存在上述妨害民事诉讼行为,不仅浪费司法资源,也损害了法律尊严,为严肃司法权威,应当予以制裁。但考虑,吕云军与余国华之间的借款是真实存在,其为保障债权的顺利实现而进行虚假陈述,并没有造成严重的后果。本院依据上述规定,对吕云军的上诉妨碍诉讼的行为予以训诫
		安徽省芜湖市中级人民法院(2016)皖02民终224号判决书	上诉人先是向法庭陈述剩余的两幅中药自己已遗失,随后又拿出实际留存的中药,本院对上诉人虚假陈述的行为予以训诫
		江西省赣州市章贡区人民法院(2016)赣0702民初2157号判决书	原告提交虚假的借款支付凭证,并在诉状中作虚假陈述,意图以此谋求更多利益的行为,其主观动机不纯,有违诚实信用原则,本院在审理过程中亦对其的该种行为进行训诫
罚款决定	4份	江苏省沭阳县人民法院(2018)苏1322司惩5号决定书	本院认为,王佳佳就借款本金金额、还款事实作虚假陈述,其行为明显违背了民事诉讼应遵循的诚实信用这一重要原则;又因原审案件现已发生法律效力,案件需进行依法提请再审。综上所述,王佳佳的行为严重妨碍法院审理案件,浪费司法资源,损害司法公信,对王佳佳罚款2万元
		北京市第三中级人民法院(2015)三中民复字第08355号复议决定书	在北京市平谷区人民法院进行询问时,赵玉梅进行虚假陈述,妨碍了人民法院审理案件。因此,北京市平谷区人民法院对赵玉梅做出罚款的决定并无不当
		合肥市中级人民法院(2014)合民二复字第00001号复议决定书	一审法院认定该虚假陈述已构成伪造重要证据,妨碍人民法院审理案件,并据此决定对长城制冷公司罚款5万元,并无不当

续表

强制措施	裁判文书的份数	案　号	适用强制措施的理由
罚款决定	4份	山东省滨州市中级人民法院(2015)滨中民一议字第8号复议决定书	申请人故意将该证据的落款时间由2012年改动至2013年,其行为足以妨碍人民法院的审理,属于伪造重要证据……申请复议人以此为由主张罚款不当,其主张不能成立
制裁措施不明	1份	江苏省无锡市锡山区人民法院(2016)苏0205民再4号判决书	本院经再审认为,(2011)锡法商初字第0056号前苑公司与前村社居委企业借贷纠纷案,系前村社居委利用其控制前苑公司的有利条件而相互串通,在相关人员配合下,虚构事实、制造符合形式审查要求的证据材料,并在法院主持的调解阶段虚假陈述,骗取了民事调解书……对于主导及参与该起虚假诉讼行为的人员,必须依法予以民事制裁。民事制裁措施,另行作出决定
涉嫌虚假诉讼、移送公安机关	2份	江苏省无锡市锡山区人民法院(2016)苏0205民再4号判决书	该虚假诉讼严重违反了诚实信用的法律原则,扰乱了诉讼秩序,妨碍了人民法院依法公正审理案件和执行案件,依法应予干预、审查和处理,该起企业借贷纠纷案应予驳回
		浙江省湖州市安吉县人民法院(2018)浙0523民初4767号判决书	在本案庭审中再次虚假陈述……涉嫌虚假诉讼,移送公安机关

表3　适用责令退出法庭强制措施行为被处罚款或拘留的决定书统计情况表①

序号	案号	事　由	复议结果
1	广东省深圳市中级人民法院(2020)粤03司惩复12号复议决定书	鲁智坤对庭审活动进行录像,违反法庭规则,一审法院据此对其处以罚款2万元,具有事实依据,符合法律规定	驳回复议申请,维持原决定

---

① 在中国裁判文书网以"责令退出法庭"为主题词,并选择"民事案由"进行全文检索,得相关文书216份,对相关案件逐一进行梳理,法官适用责令退出法庭措施的裁判文书共78份,检索时间为2021年6月1日。

续表

序号	案号	事由	复议结果
2	江苏省南通市中级人民法院(2020)苏06司惩复28号复议决定书	江苏省如皋市人民法院(2020)苏0682民初7797号案件庭前谈话过程中,刘凤华作为原告胡春玲的代理人,在法庭向其核实原告签名真伪时,拒不配合并撕毁谈话笔录,严重违反法庭纪律。如皋市人民法院依法作出的罚款决定具有事实和法律依据	驳回复议申请,维持原决定
3	天津市第二中级人民法院(2020)津02司惩复4号复议决定书	天津市河西区人民法院认定复议申请人王少江当庭对人民法院审判人员实施侮辱诽谤行为且态度蛮横,依照《中华人民共和国行政诉讼法》第59条第一款第(七)项的规定,决定对王少江罚款5000元,其认定事实清楚、适用法律正确、程序合法	驳回复议申请,维持原决定
4	江苏省南通市中级人民法院(2020)苏06司惩复7号复议决定书	江苏省南通市港闸区人民法院在审理郑德泉与马锦生民间借贷纠纷一案过程中,马锦生违反法庭纪律,在法庭上哄闹、谩骂审判人员,严重扰乱法庭秩序,致使庭审不能进行。罚款4万元	驳回复议申请,维持原决定
5	北京市第一中级人民法院(2020)京01司惩复3号复议决定书	本案中,何志兰多次侮辱审判人员,扰乱法庭秩序;不存在其所述"陷害""司法腐败"等问题。北京市海淀区人民法院对其作出拘留15日的处罚决定并无不当	驳回复议申请,维持原决定
6	江苏省南通市中级人民法院(2020)苏06司惩复5号复议决定书	邱金林违反法庭纪律,在法庭上哄闹、拍打被告席及审判台,拉扯法官法袍,诽谤审判人员,严重扰乱法庭秩序,南通市港闸区人民法院依法作出的罚款决定具有事实和法律依据	驳回复议申请,维持原决定
7	海南省高级人民法院(2019)琼司惩复1号复议决定书	扰乱法庭秩序为由对陈毓强进行司法拘留	驳回复议申请,维持原决定
8	浙江省高级人民法院(2019)浙司惩复7号复议决定书	江慧珍通过案外人吴某在网上发布不实信息,意图将一审败诉的原因归结到其恶意捏造的一审法院院长存在收受对方当事人巨额贿赂等问题上去,妄图通过网络舆论向二审法院施加压力,要挟二审法院作出对其有利的判决,其行为已经严重损害司法工作人员的名誉、妨害法院的正常诉讼秩序拘留、罚款决定	驳回复议申请,维持原决定

续表

序号	案号	事由	复议结果
9	江苏省高级人民法院（2019）苏司惩复10号复议决定书	鉴于赵峰扰乱法庭秩序的情节较轻且具结悔过，二审法院决定对其罚款1000元	驳回复议申请，维持原决定
10	山东省济南市中级人民法院（2019）鲁01司惩复22号复议决定书	王文虎在一审庭审过程中几次要求审判人员按照其要求进行调查，其按照审判人员在法庭的提问进行陈述时，提出对审判人员的回避并冷笑，并存在侮辱性语言，其行为扰乱了司法秩序、妨碍了正常的诉讼。一审法院依法决定对其罚款并无不当	驳回复议申请，维持原决定
11	北京市第二中级人民法院（2019）京02司惩复43号复议决定书	因于燕生哄闹、冲击法庭，严重扰乱法庭秩序，执行法院于2019年11月27日作出（2017）京0101执7598号拘留决定书，对于燕生采取拘留措施	驳回复议申请，维持原决定
12	北京市第二中级人民法院（2019）京02司惩复41号复议决定书	因赵伶方哄闹、冲击法庭，严重扰乱法庭秩序，执行法院于2019年11月27日作出（2017）京0101执7598号拘留决定书，对赵伶方采取拘留措施	驳回复议申请，维持原决定
13	北京市第二中级人民法院（2019）京02司惩复42号复议决定书	因杨进山哄闹、冲击法庭，严重扰乱法庭秩序，执行法院于2019年11月27日作出（2017）京0101执7598号拘留决定书，对杨进山采取拘留措施	驳回复议申请，维持原决定
14	江苏省徐州市中级人民法院（2019）苏03司惩复29号复议决定书	申请人在庭审中吵闹、言语不当，未经法庭许可擅自在法庭上进行录像，且在法庭门口殴打邵某某，违反了法庭规则，破坏了审判秩序，铜山区人民法院作出的（2019）苏0312民初6642号罚款决定	驳回复议申请，维持原决定
15	江苏省徐州市中级人民法院（2019）苏03司惩复30号复议决定书	申请人在庭审中言语不当，未经法庭许可接打电话，违反了法庭规则，破坏了审判秩序，铜山区人民法院作出的（2019）苏0312民初6642号之一罚款决定	驳回复议申请，维持原决定

续表

序号	案号	事由	复议结果
16	山东省济南市中级人民法院(2019)鲁01司惩复12号复议决定书	一审庭审结束后阅签笔录时,刘春燕存在辱骂法官的行为,其行为扰乱了司法秩序、妨碍了正常的诉讼,罚款	驳回复议申请,维持原决定
17	福建省福州市中级人民法院(2019)闽01司惩复6号复议决定书	根据法庭内监控录像显示,一审法院在审理董卫强诉陈声望、第三人华宇中控集团有限公司、中国华宇经济发展有限公司劳务合同纠纷一案过程中,各方在庭前核对证据过程中发生言语争执后,陈声望不能控制情绪进而脚踢董卫强,致其倒地,后被法警制止。罚款3000元的处罚决定	驳回复议申请,维持原决定
18	江苏省南通市中级人民法院(2019)苏06司惩复7号复议决定书	因法庭未允许其不是案件当事人的母亲参加庭审旁听,违反法庭纪律,在被责令退出法庭时拒不退出,哄闹冲击法庭,与法庭工作人员发生冲突后被带离法庭。周新泉违反法庭纪律,哄闹冲击法庭,在被责令退出法庭时拒不退出,严重扰乱法庭秩序,此有庭审录像佐证崇川区人民法院依法作出的罚款决定	驳回复议申请,维持原决定
19	山东省济南市中级人民法院(2019)鲁01司惩复1号复议决定书	济南市槐荫区人民法院在未查明山东鲁记坊食品有限公司存在上述法律及司法解释规定的应当处罚情形的情况下,对山东鲁记坊食品有限公司作出处罚,不符合法律规定,本院予以纠正	撤销济南市槐荫区人民法院(2019)鲁0104司惩3号决定
20	河北省唐山市中级人民法院(2019)冀02司惩复1号复议决定书	申请人韩志永在相关案件的审理过程中从事的行为影响了法庭秩序,但经责令退出法庭后,亦主动承担了自己的错误,且一审法院亦对其进行了训诫。鉴于申请人能够认识到自己的错误,且并未实际影响到法院对案件的审理,故对其提出的复议申请,本院予以支持	撤销河北省唐山市丰南区人民法院(2018)冀0207司惩1号决定

续表

序号	案号	事由	复议结果
21	四川省成都市中级人民法院(2018)川01司惩复18号复议决定书	案中,某某添作为原告当事人,经法庭传票传唤未到庭,其委托诉讼代理人两次变更诉讼请求,尚未构成违反法庭规则,其是否隐瞒重要事实,需要法庭调查查明,依法判决,亦不属于违反法庭规则的行为。综上所述,锦江区人民法院对某某添予以罚款5000元的处罚,缺乏事实与法律依据,依法应予以纠正	驳回复议申请,维持原决定
22	福建省泉州市中级人民法院(2018)闽05司惩复12号复议决定书	龚某某、伍某某违反法庭规则,未经人民法院许可,携带具有杀伤力的器具斧头进入法庭,危及法庭安全,石狮市人民法院对龚某某、伍某某予以罚款符合上述法律规定,应予以维持原决定	驳回复议申请,维持原决定
23	北京市第二中级人民法院(2018)京02司惩复23号复议决定书	王海军在一审证据交换过程中对法官使用辱骂语言,严重扰乱法庭秩序。一审法院对其作出处罚决定,符合法律规定	驳回复议申请,维持原决定
24	四川省高级人民法院(2017)司惩复5号复议决定书	刘齐巍情绪比较激动,拒不遵守庭审秩序,不服从审判长指挥、出言不逊侮辱审判人员、任意涂改庭审笔录。合议庭当庭对刘齐巍进行了训诫、教育,并责令刘齐巍具结悔过。虽然庭后刘齐巍书写悔过书,但并无悔过诚意。四川省成都市中级人民法院对刘齐巍作出罚款5000元的决定	驳回复议申请,维持原决定
25	新疆维吾尔自治区高级人民法院(2016)新司惩复9号复议决定书	庭审过程中陈月华情绪比较激动,在刘相宫的委托代理人史洪梅陈述时,陈月华对史洪梅的语言不满,从对面座位直接冲向史洪梅挥舞双手欲殴打史洪梅,在刘相宫的另一位委托代理人王文超和张玉芝的委托代理人刘峥嵘及法警等人的阻拦下未果。合议庭当庭对陈月华进行了训诫、教育,并明确告知庭后视情况合议后处罚。庭后陈月华对自己言语不当的过激行为向法庭致歉,但对冲向对面座位挥舞双手欲殴打史洪梅的行为只字不提,且没有深刻认识自身错误,克拉玛依市中级人民法院对陈月华作出罚款1000元的决定	驳回复议申请,维持原决定

表4 2014—2018年罚款措施适用统计表①

裁判文书案号	罚款决定案号/时间	复议决定案号	罚款决定原因	申请复议	维持	撤销	变更
2014年之前民事							
（2014）衡中法民四再终字第2号	罚款时间不明	（2011）衡中法民一复决字第1号	伪造重要证据，妨害人民法院审理案件	√	√		
（2014）琼民一终字第25号	（2013）海南一中民初字罚字第1号	（2014）琼民一惩复字第1号	伪造重要证据，妨碍人民法院审理案件	√	√		
（2014）商中民他字第00001号	（2013）镇民初字第00147-1号	（2014）商中民他字第00001号	伪造证据，妨碍人民法院案件的正常审理	√	√		
（2018）内25民终1081号	2006年5月9日		不履行协助义务和擅自解冻被查封款项				
（2014）登民二初字第73号	（2013）登执字第780-1号	（2014）年郑执复字第3号	不履行协助的义务	√	√		
（2015）滨民初字第1424号	2013年		没有完全履行协助义务				
（2013）鄂团风民初字第00824号	2013年	复议时间不明	拒不履行法院生效裁定和执行和解协议	√	√		
（2015）湘高法民二终字第146号	（2009）岳民初字第02469-1号	复议时间不明	拒不履行生效裁定	√	√		
（2014）湘高法民一他字第2号	（2013）长中民二终字第02136号	（2014）湘高法民一他字第2号	诽谤、威胁审判人员	√			√

14年之间有9份罚款决定，其中7份申请复议，复议结果为6份维持，1份申请变更；就罚款原因而言，3份涉及证据问题，3份涉及不履行协助义务，2份为不履行文书义务，1份为诽谤、威胁审判人员

---

① 案件类型为"民事案件"→全文检索"罚款决定"将其时间限制为2014年到2018年一共得到797份裁判文书。通过阅读裁判文书，剔除重复等无效裁判文书，一共得到771份有效裁判文书。其中，有9份尽管存在罚款决定事实，但无法识别年份，剔除该部分后，一共得到762份裁判文书。

续表

裁判文书案号	罚款决定案号/时间	复议决定案号	罚款决定原因	申请复议	维持	撤销	变更
2014年民事							
（2014）二中民复字第2896号	2014年1月15日作出（2013）东民初字第11042号	（2014）二中民复字第2896号	伪造重要证据	✓	✓		
（2014）宝中民一终字第00307号	（2013）宝渭法民重字第00008号	（2014）宝中民一终字第00307号	指示证人作伪证	✓	✓		
（2014）雅民制复字第1号	（2014）雨城民初字第568-1号	（2014）雅民制复字第1号	伪造证据	✓	✓		
（2015）东中法民二复制字第1号	（2014）东一法茶民二初字第55号	（2015）东中法民二复制字第1号	伪造证据				
（2014）浦民一（民）初字第14204号	2014年		伪造证据，妨碍法院审理案件				
（2014）合民二复字第00001号	（2014）合高新民二初字第00173号	（2014）合民二复字第00001号	伪造重要证据，妨碍人民法院审理案件	✓	✓		
（2015）锡商终字第280号	2014年7月29日作出（2013）澄西商初字第0170号	（2014）锡商制复字第0001号复议决定书	违背事实作虚假陈述，妨碍人民法院审理案件	✓	✓		
（2014）株中法民一他字第1号	（2014）芦法民一初字第117号	（2014）株中法民一他字第1号	对诉讼参加人进行殴打	✓	✓		
（2014）三中民复字第08716号	（2014）朝民初字第17178号	（2014）三中民复字第08716号	违反法庭规则，扰乱法庭秩序	✓	✓		
（2014）鄂襄阳中民复字第00013号	2014年6月12日作出（2013）鄂枣阳民一初字第00197-1号	（2014）鄂襄阳中民复字第00013号	拒绝协助调查取证	✓	✓		
（2014）鄂襄阳中民复字第00004号	（2014）鄂宜城民雷罚字第00104-1号	（2014）鄂襄阳中民复字第00004号	拒绝协助调查取证	✓	✓		

续表

裁判文书案号	罚款决定案号/时间	复议决定案号	罚款决定原因	申请复议	维持	撤销	变更
（2016）宁01民终856号	2014年11月4日	（2014）银执复字第28号	未履行协助执行义务	√	√		
（2015）徐商终字第0903号	2014年10月12日作出（2013）贾执字第1866号		未履行义务及拒绝人民法院的调查取证				
（2016）黔0111民初2918号	（2014）筑观法执罚字第1号	（2014）筑执他字第88号	未履行协助执行义务	√			√
（2014）德中立民复字第1号	（2014）临法字第1号	（2014）德中立民复字第1号	擅自转移被法院查封的财产	√		√	
（2014）淄民复字第1号	（2014）张商初字第256号	（2014）淄民复字第1号	隐匿、拒不交还被法院查封财产	√	√		
（2016）湘1202民初1230号	2014年4月20日作出（2013）迎行执申字第00021-00022号	（2014）宜行申复字第00001号	拒不履行生效的裁定所确定的义务	√	√		
（2016）粤0104民初7805号	（2014）钦北法执字第41-1号		有能力履行却不主动履行义务				
（2016）苏10民终792号	（2014）扬广新执字第0020号		拒不履行判决义务				
（2016）甘民终298号	2014年10月27日		拒不履行生效法律文书确定的给付义务及转移财产				
（2015）扬广商初字第0518号	（2014）扬广新执字第0020号		拒不履行生效判决书所确定的义务				
（2014）韶中法民二执加字第1-1号	2014年2月27日作出（2001）韶中法执字第9-1号、9-2号（2份）	（2014）粤高法执复字第58、59号	拒不履行人民法院已经发生效力的判决	√	√		
（2014）灵民初字第01918号	2014年5月26日作出（2013）灵执字第00478号		拒不履行人民法院已经发生效力的判决				

续表

裁判文书案号	罚款决定案号/时间	复议决定案号	罚款决定原因	申请复议	维持	撤销	变更
（2017）皖0124民初4563号	（2014）临执字第288号	（2014）德中执复字第43号	拒不履行生效法律文书确定的义务	✓	✓		
（2018）鲁04民再1号	2014年5月16作出（2012）市中执字第172号	（2014）枣执复字第14号	拒不履行法院生效判决	✓	✓		
（2014）鄂宜昌中民再复字第1号	2014年9月5日作出（2013）鄂猇亭民再字第1号	（2014）鄂宜昌中民再复字第1号	以他人名义向检察机关提起抗诉	✓	✓		
（2014）宁民制复字第1号	（2013）江宁民申字第32号	（2014）宁民制复字第1号	虚假诉讼	✓	✓		
（2015）雁民初字第08034号	（2014）原执字第83号	复议时间不明	罚款原因不明	✓	✓		
（2016）苏民申291号	（2014）灌执字第240号		罚款原因不明				

2014年作出的罚款决定有30份,其中有21份申请复议,复议结果为13份维持,7份撤销,1份变更;就罚款原因而言,7份涉及证据问题,2份涉及违反法庭秩序,5份涉及不履行协助义务,2份涉及违法处理已被查封的财产,10份涉及不履行文书义务,1份是以他人名义向检察机关提起抗诉,1份涉及虚假诉讼,2份罚款原因不明。

2015年民事

裁判文书案号	罚款决定案号/时间	复议决定案号	罚款决定原因	申请复议	维持	撤销	变更
（2015）遂中民制复1号	2015年7月20日作出（2013）安居民初字第879-1号	（2015）遂中民制复1号	伪造证据	✓			✓
（2015）民一复字第1号	（2015）苏商制字第00001号	（2015）民一复字第1号	伪造重要证据	✓	✓		
（2015）吉中民一终字第1542号	（2015）永民一初字第827-1号		提供虚假证据				
（2015）平民初字第08379号	2015年		虚假陈述				
（2017）苏0591民初237号	2015年5月（2014）园民再初字第0001-1号、（2014）园民再初字第0001-2号（2份）	（2015）苏中民再制复字第0002号复议决定书	不实陈述,影响案件审理	✓		✓	

续表

裁判文书案号	罚款决定案号/时间	复议决定案号	罚款决定原因	申请复议	维持	撤销	变更
（2017）辽11民终701号	（2015）大洼执字第00686号	（2015）盘中执复字第00002号	递交虚假证据妨碍人民法院执行	✓	✓		
（2015）淄民复字第3号	（2015）博商初字第514-2号	（2015）淄民复字第3号	不履行协助义务				✓
（2015）日民复字第1号	2015年6月4日作出（2014）莲民重字第2号	（2015）日民复字第1号	没有履行协助义务				✓
（2015）遂中民初字第123号	（2015）遂中民保字第64号	（2016）川司惩复2号	没有履行协助义务	✓	✓		
（2015）鲁商复议字第2号	2015年作出（2014）聊商初字第172号	（2015）鲁商复议字第2号	拒不协助执行	✓		✓	
（2015）淄民复字第2号	（2012）桓商初字第191号	（2015）淄民复字第2号	不履行协助义务	✓	✓		
（2015）珠香法民一初字第2614号	（2015）张执字第1725号	复议时间不明	拒绝依照、法院协助执行通知书的要求履行法律义务	✓	复议结果不明		
（2016）渝05民终6933号	（2015）永法民执字第01304号	（2015）渝五中法执复字第01070号	未履行协助执行义务	✓	✓		
（2016）冀0205民初749号	（2015）开民执字第332-334号	（2015）唐执复字第80号	拒不协助办理冻结手续	并未直接就罚款决定提起复议，而是再向原审法院提起执行异议申请时一并请求撤销该罚款决定，后被原审法院裁定驳回，其不服向唐山市中级人民法院申请复议，复议结果为裁定维持，后向河北省高级人民法院申诉，申诉结果为撤销前面的两个裁定			

续表

裁判文书案号	罚款决定案号/时间	复议决定案号	罚款决定原因	申请复议	维持	撤销	变更
（2016）粤 1702 民初 4001 号	2015 年	复议时间不明	拒绝、妨碍人民法院调查取证	√		√	
（2017）晋 0109 民初 3 号	（2015）西执字第 416-1 号	（2016）豫 03 执复 5 号	在规定期限内拒不协助履行	√		√	
（2017）苏 0281 民初 452 号	（2015）澄执字第 4693 号	（2015）锡执制复字第 0011 号	拒不履行协助义务	√	√		
（2017）新民终 327 号	（2015）巴执字第 116 号		不履行协助义务				
（2018）赣民终 31 号	（2015）宜中执字第 44 号	（2015）赣执复字第 43 号	拒不全部履行法院协助执行义务	√			√
（2015）二中民复字第 10197 号	（2015）西立字第 2 号	（2015）二中民复字第 10197 号	对司法工作人员进行辱骂，并严重扰乱立案大厅秩序	√	√		
（2015）浙杭民复字第 2 号	2015 年 9 月 11 日作出（2014）杭建寿民初字第 142 号	（2015）浙杭民复字第 2 号	在庭审中违反法庭规则	√	√		
（2015）浙杭民复字第 3、4 号	（2015）杭西民初字第 311、313 号（2 份）	（2015）浙杭民复字第 3、4 号	在庭审中侮辱审判人员	√	√		
（2016）桂 09 民终 409 号	2015 年	复议时间不明	庭审后上诉人与被上诉人的儿子相互斗殴	√	复议结果不明		
（2014）泰中民四终字第 00849 号	2015 年		无正当理由延期举证				
（2015）东中法民二终字第 1501 号	2015 年		故意逾期提供证据				
（2015）民一复字第 3 号	（2015）晋民终字第 86-1 号	（2015）民一复字第 3 号	逾期举证	√	√		

续表

裁判文书案号	罚款决定案号/时间	复议决定案号	罚款决定原因	申请复议	维持	撤销	变更
(2016)苏06民终1097号	2015年6月2日(2014)启法商清字第0001-1号	(2015)通中民制复字第00003号	拒不履行判决义务	✓	✓		
(2016)桂0902民初523号	2015年11月25日		原告有能力履行而拒不履行义务				
(2015)南民初字第451号	2015年	2015年11月18日	转移已被查封的财产	✓	✓		
(2016)吉08民终1090号	(2015)白洮执字第11号	复议时间不明	违法处置已被查封的房屋	✓		✓	

2015年共有32份罚款决定书,其中有25份提起复议,复议结果为11份维持,7份撤销(其中两份为先撤销后重做),4份变更,2份复议结果不明,1份为特殊情况,并未直接就罚款决定提起复议,而是在向原审法院提起执行异议申请时一并请求撤销该罚款决定,后被原审法院作出的(2015)开民执异字第5号执行裁定驳回,其不服向唐山市中级人民法院申请复议,复议结果为维持原审法院的裁定,其后继续向河北省高级人民法院申诉,申诉结果为撤销前两法院所做的裁定;就罚款原因而言,有8份涉及证据问题(5份涉及虚假证据,3份涉及逾期举证),15份涉及不履行协助义务,5份涉及违反司法秩序,2份涉及生效文书的履行,2份是违法处置被查封的财产。

2016年民事

裁判文书案号	罚款决定案号/时间	复议决定案号	罚款决定原因	申请复议	维持	撤销	变更
(2016)浙01民终4433号	(2016)浙0109民初436号		伪造重要证据,妨碍人民法院审理案件				
(2016)湘0681民初1117号	2016年5月3日	2016年8月2日	提供虚假证据	✓	✓		
(2016)鄂0881民初29号	(2016)鄂0881民初29-4号	(2016)鄂08司惩复字第1号	拒不履行协助义务	✓	✓		
(2017)鄂01民制复1号	2016年12月23日作出的(2015)鄂武东开民一初字第00796号	(2017)鄂01民制复1号	在庭审中录音	✓	✓		
(2018)鲁0683民初6502号	2016年10月27日		擅自变卖被查封财产				
(2017)湘11民初39号	(2016)湘1102司罚52号	(2013)湘11执复21号	不履行生效法律文书所确定的义务	✓	✓		

续表

裁判文书案号	罚款决定案号/时间	复议决定案号	罚款决定原因	申请复议	维持	撤销	变更
（2017）豫 0205 民初 353 号	（2016）豫 0205 执 154-1 号	（2016）豫 02 执复 38 号复议决定书	未按执行通知书履行法律文书确定的义务	✓		✓	
（2018）津 02 民终 5210 号	2016 年 2 月 24 日		未按期履行判决判定的内容				

2016 年有 8 份罚款决定书，其中 5 份申请复议，复议结果为 4 份维持，1 份撤销；就罚款原因而言，2 份涉及证据问题，1 份是不履行协助义务，1 份是违反法庭规则，1 份是擅自变卖被查封财产，3 份涉及生效文书的履行。

2017 年民事

裁判文书案号	罚款决定案号/时间	复议决定案号	罚款决定原因	申请复议	维持	撤销	变更
（2017）青 0103 民初 1976 号	（2017）青 0103 司惩第 7 号		被告对原告进行拖拉，致使原告当场倒地				
（2017）内 04 司惩复 7 号	2017 年 8 月 22 日作出（2015）宁执字第 02778 号	（2017）内 04 司惩复 7 号	不履行协助义务	✓	✓		
（2017）川司惩复 8 号	2017 年 8 月 25 日作出的（2016）川 01 执 1854 号	（2017）川司惩复 8 号	不履行协助义务	✓		✓	
（2017）鲁 03 司惩复 1 号	（2017）鲁 0305 司惩 2 号	（2017）鲁 03 司惩复 1 号	不提供充分资料配合法院查清相关案情	✓		✓	
（2017）粤 19 民终 9330 号	2017 年		逾期提交证据				
（2018）黔 03 民终 1357 号	2017 年作出（2015）仁民申字第 00009 号		逾期提交证据				
（2017）粤 19 民终 3954 号	2017 年 2 月 24 日作出（2016）粤 1972 民初 5809 号		虚假陈述，妨碍人民法院审理案件				
（2018）皖 01 司惩复 1 号	（2017）皖 0102 司惩 2 号	（2018）皖 01 司惩复 1 号	提供伪造证据，妨碍人民法院审理案件	✓	✓		
（2017）浙 02 民终 4380 号	2017 年 11 月 6 日		伪造证据				

续表

裁判文书案号	罚款决定案号/时间	复议决定案号	罚款决定原因	申请复议	维持	撤销	变更
（2017）浙 11 民终 778 号	2017 年 2 月 15 日		虚假陈述				
（2017）内 04 司惩 5 号	（2017）内 0424 司惩 1 号	（2017）内 04 司惩 5 号	不履行法院生效判决	√	√		
（2017）京 03 司惩复 22 号	（2017）京 0105 司惩 8 号之一		罚款原因不明	先申请复议，审查过程中撤回复议申请			
（2018）湘 06 司惩复 18 号	（2017）湘 0603 司惩 57 号	（2018）湘 06 司惩复 18 号	未能按期如实向该院报告当前及收到执行通知之日前一年的财产情况	√	√		

2017 年有 13 份罚款决定，其中 7 份申请复议，4 份为维持，2 份为撤销，1 份是先申请后又撤回复议申请；就罚款原因而言，1 份涉及违反法庭秩序，3 份涉及不履行协助义务，6 份涉及证据问题（4 份涉及伪证，2 份涉及逾期提交证据），1 份是生效文书的履行，1 份为没有在规定的时间内报告财产情况，1 份的罚款原因不明。

2018 年民事

裁判文书案号	罚款决定案号/时间	复议决定案号	罚款决定原因	申请复议	维持	撤销	变更
（2018）鲁 01 司惩复 5 号	（2018）鲁 0124 司惩 27 号	（2018）鲁 01 司惩复 5 号	提供虚假证据	√		√	
（2018）京 02 民终 9434 号	（2018）京 0111 司惩 2 号		提交虚假的授权委托书并以诉讼代理人的名义参加案件调解				
（2018）京 02 司惩复 16 号	2018 年 5 月 2 日作出（2017）京 0102 执 1829 号	（2018）京 02 司惩复 16 号	拒不履行生效法律文书所确定的义务	√	√		
（2018）鲁 11 司惩复 7 号	（2017）鲁 1121 司惩 304 号	（2018）鲁 11 司惩复 7 号	拒不履行生效判决	√	√		
（2018）京 02 司惩复 13 号	（2018）京 0102 执 4643 号	（2018）京 02 司惩复 13 号	拒不履行生效法律文书所确定的义务且在执行过程中侮辱、谩骂、威胁司法工作人员	√	√		

续表

裁判文书案号	罚款决定案号/时间	复议决定案号	罚款决定原因	申请复议	维持	撤销	变更
（2018）京02司惩复25号	（2018）京0102司惩2号	（2018）京02司惩复25号	侮辱、诽谤司法工作人员	√	√		
（2018）鲁16司惩3号	（2018）鲁1623执427号	（2018）鲁16司惩3号	使用暴力、威胁或其他方法阻碍司法人员执行公务	√	√		
（2018）川01司惩复5号	2018年4月20日（2017）川0112执3391号	（2018）川01司惩复5号	严重妨碍法院调查取证	√		√	
（2018）苏06民终3248号	2018年4月26日（2份）		拒绝人民法院调查核实	√	√		
（2018）宁司罚复1号	（2017）宁01强清2-2号	（2018）宁司罚复1号	拒不提供账务账簿	√	√		
（2018）晋06司惩复1号	（2018）朔城司惩第32号	（2018）晋06司惩复1号	拒不协助冻结、划拨	√	√		
（2018）湘06司惩复11号	2018年5月11日作出的（2017）湘0682执1062号之一	（2018）湘06司惩复11号	有能力履行协助义务而未依法履行	先申请复议，审查过程中撤回复议申请			
（2018）川司惩复5号	2018年4月23日作出（2015）成执字第1600号	（2018）川司惩复5号	拒不履行协助执行义务为由				√
（2018）闽0581民初4307号	2018年		滥用诉讼权利恶意妨碍法院案件审理				
（2018）鲁11司惩复5号	（2018）鲁1191执254号	（2018）鲁11司惩复5号	罚款原因不明	先申请复议，审查过程中撤回复议申请			
（2018）川13司惩复4号	（2018）川1321执856号	（2018）川13司惩复4号	罚款原因不明	先申请复议，审查过程中撤回复议申请			
（2018）鲁11司惩复2号	（2018）鲁1121司惩63号	（2018）鲁11司惩复2号	罚款原因不明	先申请复议，审查过程中撤回复议申请			
（2018）鲁11司惩复4号	（2017）鲁1191执497之一	（2018）鲁11司惩复4号	未在规定时间内申报财产	√	√		

续表

裁判文书案号	罚款决定案号/时间	复议决定案号	罚款决定原因	申请复议	维持	撤销	变更
2018年有19份罚款决定,其中16份申请复议,9份为维持,2份为撤销,1份变更,4份为先申请复议后续撤回复议申请;就罚款原因而言,1份涉及证据问题,1份是提供虚假的授权委托书参与案件的调解,3份是裁判文书的履行,1份是侮辱诽谤司法工作人员,1份是妨碍公务的执行,3份为妨碍法院调查取证,5份涉及不履行协助义务,3份的罚款原因不明,1份为滥用诉讼权利,1份为没有在规定时间内申报财产。							
罚款时间不明							
(2014)坊商初字第220号	罚款时间不明		拒不履行已生效法律文书确定的义务				
(2017)湘0302民初1068号	罚款时间不明(2份)		虚假报告财产				
(2018)鲁01民终5575号	罚款时间不明		没有履行生效文书所规定的义务	✓		✓	
(2018)鲁1524民初914号	罚款时间不明	2017年2月6日	没有履行协助义务	✓		✓	
(2016)粤20民终1470号	罚款时间不明		伪造重要证据				
(2016)粤0305民初9318号	罚款时间不明		伪造证据				
(2017)苏民监58号	罚款时间不明	复议时间不明	违反法庭规则	✓	✓		
(2018)粤19民终8049号	罚款时间不明	复议时间不明	伪造劳动合同,妨碍诉讼	✓	✓		
司法赔偿合集							
(2018)鲁03委赔3号	2010年11月15日作出(2009)张法执字第2483号	(2011)淄执复字第24号	虚假申报财产,也不履行付款义务	✓	✓		
(2017)川委赔监5号	(2009)巴州法执字第32号		强占执行标的物,妨碍法院执行公务				
(2018)最高法委赔监62号	2007年7月26日		隐藏和变卖查封的财产				

续表

裁判文书案号	罚款决定案号/时间	复议决定案号	罚款决定原因	申请复议	维持	撤销	变更
（2014）鄂襄阳中法委赔字第00001号	（2009）襄新执字第78号		拒不履行人民法院生效裁定确定的义务,并转移财产				
（2018）吉01委赔20号	（2009）吉农执字第701号	（2009）长执复字第73号	拒不执行法院生效判决	√	√		
（2016）冀委赔监71号	2001年2月9日作出（2000）邢执字第348号		未履行生效判决确定的义务				
（2018）湘0524法赔1号	（2009）隆法民一初字第266号		诉讼过程中对诉讼参与人打击报复行为				
（2014）赔监字第40号	2001年		侮辱、谩骂审判人员				
（2017）苏03委赔005号	（2013）铜立审字第002号	（2013）徐民制复字第0020号	侮辱、辱骂立案法官	√	√		
（2017）冀01委赔2号	（2013）藁行非执字第00190号		妨碍执行公务				
（2017）黑01委赔再1号	（1996）民执字第170号		妨碍公务				
（2018）渝04委赔9号	（1996）彭法字第1号		干扰公务				
（2016）最高法委赔10号	2012年		没有履行协助义务				

2014年之前有13份罚款决定,3份申请复议,复议结果均为维持;就罚款原因而言,1份是虚假申报财产,1份是隐藏变卖财产,3份为生效文书履行,3份为违背法庭秩序,4份为妨碍公务,1份为没有履行协助义务。

裁判文书案号	罚款决定案号/时间	复议决定案号	罚款决定原因	申请复议	维持	撤销	变更
（2015）保法委赔字第7号	（2014）博执罚字第80号		没有履行协助义务				
（2016）辽委赔监90号	（2014）昌执字第00666号		没有履行申报财产义务				

续表

裁判文书案号	罚款决定案号/时间	复议决定案号	罚款决定原因	申请复议	维持	撤销	变更
（2018）粤19委赔2号	2014年11月24日作出（2009）东二法执字第4676-1号	（2014）东中法执强复字第10号	暴力、威胁或者其他方法阻碍司法工作人员执行职务的	√	√		
（2018）鄂05委赔4号	2014年6月11日作出（2013）鄂猇亭民初字第00422号	（2014）鄂宜昌中民二复字第00001号复议决定书（2014）鄂宜昌中民再字第1号复议决定书	提交伪造的证据	不服原审法院的罚款决定向上一级法院申请复议，复议的结果为维持，后不服申诉，申诉的结果为撤销原审罚款决定			

2014年有4份罚款决定,2份复议,复议结果为1份维持,1份开始维持,后续申诉变成撤销；就罚款原因而言,1份是没有履行协助义务,1份为没有履行申报财产义务,1份为阻碍司法工作人员执行职务,1份为提交伪造的证据。

裁判文书案号	罚款决定案号/时间	复议决定案号	罚款决定原因	申请复议	维持	撤销	变更
（2016）鲁0602法赔1号	（2015）邯市执字第165号	复议时间不明	擅自将查封、冻结期间的银行承兑汇票项下款项支付给他人	√			√
（2017）渝委赔监46号	2015年9月29日作出潼法行初字第00048号	（2016）渝01行终544号	在法庭上不听指挥，大声吵闹	√	√		

2015年有2份罚款决定,2份申请复议,复议结果为1份维持,1份变更；就罚款原因而言,1份为违法处置查封冻结的财产,1份为违反法庭秩序。

裁判文书案号	罚款决定案号/时间	复议决定案号	罚款决定原因	申请复议	维持	撤销	变更
（2016）京03法赔1号	（2016）京0117执字第1974号	（2016）京03司惩复2号	对司法工作人员进行侮辱、诽谤	√	√		
（2016）京03委赔10号	（2016）京0117执字第1974号	（2016）京03司惩复2号	对司法工作人员语言侮辱	√	√		
（2016）苏06委赔3号	2016年5月4日作出（2015）门民初字第00723号	（2016）苏06司惩复6号	对司法工作人员语言侮辱	√	√		

2016年有3份罚款决定,3份复议,复议结果为3份维持；就罚款原因而言,3份均为对司法人员进行语言侮辱。

续表

裁判文书案号	罚款决定案号/时间	复议决定案号	罚款决定原因	申请复议	维持	撤销	变更
（2018）湘委赔39号	（2017）湘13司惩2号	（2017）湘司惩复6号	没有履行协助义务	√		√	
（2017）川0683法赔第2号之一	（2017）川0683执行681号之一		拒不申报财产、妨碍人民法院执行				
（2018）渝04委赔8号	（2017）渝0241民初193号	（2017）渝04司惩复1号	多次私自录音，怂恿、带领案外当事人到法庭，扰乱法庭审理、工作秩序	√	√		

2017年有3份罚款决定，2份复议，复议结果为1份维持，1份为撤销；就罚款原因而言，1份是没有履行协助义务，1份为没有履行申报财产义务，1份为违反法庭秩序。

表5 逾期举证处罚决定书统计表①

序号	案号	主观	客观及结果	制裁
1	中华人民共和国最高人民法院（2021）最高法知司惩1号决定书	新辉公司存在逾期举证行为的故意	新辉公司在一审法院明确要求新辉公司就被诉侵权设备的运行情况和技术特征承担举证责任的情况下，新辉公司拒绝履行上述举证义务在二审诉讼过程中提交了设备运转视频，屹成公司亦认可该视频的真实性，本院据此重新认定案件事实，并对一审判决予以改判	就（2020）最高法知民终862号案件中的故意逾期举证行为，对深圳市新辉机电设备有限公司罚款5万元
2	中华人民共和国最高人民法院（2019）最高法司惩复7号复议决定书	铜城公司未于一审开庭前提交上述证据且不能对逾期原因作出合理解释，主观上具有过错	铜城公司于本案二审诉讼期间提交的《工程决算书》《建筑安装工程决算书》等证据与案件基本要件事实有关。上述证据2017年12月即已形成，证据形成时间早于一审法院通知铜城公司举证日期，铜城公司有机会且有可能在举证期限届满前向一审法院提交。宏泰公司是否变更诉讼请求不影响铜城公司就本案基本要件事实进行举证	罚款并无不当

① 中国裁判文书网，以逾期举证为检索主题词，选择"民事案件"，检索时间为2021年6月20日。

续表

序号	案号	主观	客观及结果	制裁
3	中华人民共和国最高人民法院（2018）最高法司惩复10号复议决定书	未论及主观过错	潭衡公司、中关村公司在原审举证期限届满后均多次逾期举证，严重影响鉴定机构的鉴定进度和本案的审理。湖南高院于2018年4月16日召集潭衡公司、中关村公司对逾期举证行为进行了训诫，双方均书面承诺不再逾期举证。但其后，潭衡公司又分别于2018年6月25日和7月12日再次提交两份笔迹鉴定报告以及湖南省湘潭至衡阳西线高速公路第三合同段两阶段设计图第五册和杨嘉桥监控中心龙骨照片。湖南高院依据上述法律规定，认为潭衡公司对中关村公司提交的与鉴定相关的基础证据早已质证，又对基础证据提出反驳证据，且该类证据属其早已控制早应提供，其再次逾期举证的理由不正当，对潭衡公司的逾期举证行为予以处罚，并无明显不当。但湖南高院作出的一审判决并未采纳该两份笔迹鉴定报告和杨嘉桥监控中心龙骨照片，故原决定罚款金额过高，本院依法予以调整	训诫后罚款，复议后改为罚款50万元
4	中华人民共和国最高人民法院（2015）民一复字第3号复议决定书	存在主观过错	二申请人理应知道并履行自己的诉讼义务，但其既未出庭应诉答辩，也未提交相关证据，且不向法庭说明合理理由或者申请延长期限。二申请人在二审中才向法院提交证据构成逾期举证，其主张因"等待法院作出管辖权异议裁定而错过举证期限和开庭日期"，与事实不符，其对逾期举证存在主观过错	罚款并无不当

续表

序号	案号	主观	客观及结果	制裁
5	福建省高级人民法院（2020）闽司惩复4号复议决定书	未论及主观过错	陈国田无正当理由拒不到庭参加诉讼，也未提交书面的质辩意见，在一审中视为放弃质辩权利，陈国田不服一审民事判决，提出上诉，在二审中对案涉工程的合同主体、工程量价均提出异议，并申请鉴定。鉴于陈国田在一审中放弃质辩，因此，其在二审中对讼争工程量和工程款申请鉴定，依法属于其应承担的举证责任。因陈国田逾期举证，妨碍人民法院审理案件，浪费司法资源	罚款4万元
6	广西壮族自治区高级人民法院（2020）桂司惩复10-15号复议决定书	银河生物公司未在一审举证期限内提供，不属于故意隐瞒证据	银河生物公司在二审诉讼期间向二审法院提交的《2018年年度报告》《2019年半年度报告》《关于对北海银河生物产业投资股份有限公司及相关当事人给予公开谴责处分的公告》及《银河生物关于收到证监会广西监管局〈行政处罚事先告知书〉的公告》等新证据形成于一审判决之后，客观上不能在一审举证期限内提供	撤销处罚决定
7	安徽省高级人民法院（2020）皖司惩复3号复议决定书	诺亚融易通（芜湖）小额贷款有限公司逾期举证的故意客观存在	诺亚融易通（芜湖）小额贷款有限公司二审提交的《补充协议》就借款本金偿还方式的约定虽与《借款抵押合同》一致，但就利息支付方式的约定作出由于该证据涉及案件基本事实，故芜湖市中级人民法院认为诺亚融易通（芜湖）小额贷款有限公司妨害诉讼，并对其处以罚款了明确变更。该《补充协议》系由诺亚融易通（芜湖）小额贷款有限公司持有，但其在一审中能够提交却不提交，致使一审未能查清相关案件事实。二审法院据此撤销原判，将案件发回重审	由于该证据涉及案件基本事实，故芜湖市中级人民法院认为诺亚融易通（芜湖）小额贷款有限公司妨害诉讼，并对其处以罚款10万元

续表

序号	案号	主观	客观及结果	制裁
8	四川省高级人民法院（2020）川司惩复5号复议决定书	不存在重大过失	该案二审期间，华融四川分公司向巴中中院提交了《债务催收通知书》《催收回执》作为二审新证据。巴中中院采信了上述两份书证，判决：撤销一审判决。复议法院认为，华融四川分公司作为主张权利的一方当事人，主观上不存在拖延诉讼的动机，其未及时举出该两份证据的主要原因，应是基于国家对涉及金融不良债权处置的相关专门规定，以及对所提供的证据已经能够证明其在该案中主张权利并未超过诉讼时效期间的主观判断。因此，华融四川分公司逾期提供证据的行为，尚不构成的重大过失情形。复议法院认为，处以80万元罚款的处罚决定，事实与法律依据不充分	撤销处罚决定
9	广西壮族自治区高级人民法院（2020）桂司惩复8号复议决定书	故意或重大过失	《白花养殖物债务承担协议书》等证据系乐兴公司在一审程序时能够提交而未提交的证据，直至二审期间才逾期提交，且逾期提交证据非因客观因素造成，其行为属于故意或重大过失逾期提交证据，二审法院基于该证据与案件基本事实有关，予以采纳。对乐兴公司处以10万元罚款，有事实和法律依据	罚款并无不当
10	广东省高级人民法院（2019）粤司惩复12、13号复议决定书	故意	轩尼诗公司在顺德法院要求提交卫某提成标准、提成计算系数相关证据时拒不提交，且无正当理由未在顺德法院指定期限内按要求就龙江项目合同真实性问题作出书面回复，直到向佛山中院上诉时才将包括龙江项目合同原件在内的大量与卫某提成标准等相关的材料作为新证据提交，属于逾期提交证据，客观上影响了案件事实的认定，降低了诉讼效率	罚款并无不当

续表

序号	案号	主观	客观及结果	制裁
11	江苏省高级人民法院（2019）苏司惩复6号复议决定书	故意	根源公司在二审中提交7614号判决及相应庭审记录、张加良出具的收条、根源公司记账凭证和转款记录、单位工程竣工验收证明书、职工社保缴费花名册等证据,上述证据均与待证的案件基本事实有关,证明张加良与根源公司之间系转包关系,导致二审认定的事实发生重大变化。其中,除7614号判决及相应庭审记录之外的证据,均系根源公司在一审期间已经持有或者可以取得的证据	二审法院对其罚款6万元,符合法律规定,并无不当
12	江苏省高级人民法院（2018）苏司惩复15号复议决定书	当事人邱洪章的意见：主观上不存在故意或者重大过失,客观上未被二审法院采纳作为定案依据,该逾期证据不符合法律规定的罚款条件。法院认为：故意	邱洪章在一审时提出管辖权异议申请,但其接到一审法院传票后却无正当理由未到庭参加诉讼,且未提交任何证据。二审中,邱洪章提交的证据均为其在本案诉讼发生前已经掌握的证据,因该证据与案件基本事实有关,二审法院予以采纳并据此改判一审判决,但邱洪章的行为构成故意逾期提供证据,二审法院对其作出罚款决定,并无不当	罚款并无不当
13	广东省高级人民法院（2018）粤司惩复6号复议决定书	重大过失	被告称存在其他还款情况,但未提供证据证明。该案一审判决后,韩灿辉向广东省东莞市中级人民法院提起上诉,在二审期间提交了在一审前已形成的向叶某偿还借款的银行支付凭据,逾期提交证据的理由为"没有记起来这些材料"。广东省东莞市中级人民法院认为属于因重大过失逾期举证的情形,鉴于上述证据与该案基本事实相关,该院予以采纳,但应对韩灿辉进行罚款3万元	罚款并无不当

续表

序号	案号	主观	客观及结果	制裁
14	安徽省高级人民法院（2018）皖司惩复6号复议决定书	存在重大过失	一审中，潘二矿未在规定的举证期限内提供相应的证据，也未申请法院延长举证期限。一审判决后，潘二矿不服上诉。二审期间，潘二矿向法院提交了由淮南东华劳务有限公司出具《招聘人员审批表》《招收（聘）人员录用备案登记表》《劳动合同书》《劳务派遣劳动合同书》《辞职申请书》《劳动合同终止（解除）证明书》等证据。经审查，上述证据均不属于《最高人民法院关于民事诉讼证据的若干规定》规定的新证据，但与双方当事人诉争的事实有关联，且潘二矿不能证明因客观原因致其逾期举证	认定潘二矿逾期提供证据的行为无正当理由，存在重大过失，决定对其罚款5万元并无不当
15	安徽省高级人民法院（2018）皖司惩复2号复议决定书	安徽淮化股份有限公司逾期举证的故意客观存在	一审法院未认定该10万元款项，系因安徽淮化股份有限公司"不能提交德力西公司为葛某领取尾号为7800、金额为10万元的银行承兑汇票而开具的合同货款专用收款收据"。安徽淮化股份有限公司在其上诉状中称"能够出具有淮化公司盖章的合同货款专用收款收据"，并在二审中提交了相应的收据。上海德力西集团有限公司虽对该证据的真实性不予认可，但二审法院经审查认定了证据的真实性，并据此作出改判	对安徽淮化股份有限公司处以罚款5万元并无不当

续表

序号	案号	主观	客观及结果	制裁
16	江苏省高级人民法院（2017）苏司惩复22号复议决定书	主观上即使非故意,亦存在重大过失	本案中,针对诉争房某2的19.5万元借款,同翔公司持有已经归还16.5万元的反驳证据,但一审期间其未提交,并对借款数额予以认可。一审法院基于其自认作出判决后,同翔公司不服上诉,并在二审期间提交已经归还16.5万元的反驳证据,鉴于该证据与案件事实有关,导致二审法院予以采纳并据此撤销一审判决,依法改判。对于已还款事实同翔公司负有举证责任,但其在一审近半年的审理期间内未提交反驳证据,主观上即使非故意,亦存在重大过失,同翔公司的逾期举证行为妨碍了人民法院对案件的审理,属于妨害民事诉讼的行为,江苏省宿迁市中级人民法院根据同翔公司的行为对其罚款5万元,符合法律规定,并无不当。至于法院是否对李某及证人房某1予以训诫或处罚,并不影响同翔公司责任的承担	罚款并无不当
17	四川省高级人民法院（2016）川司惩复3号复议决定书	未说明主观过错	神力公司于2016年3月3日签收四川省成都市中级人民法院送达的起诉状副本、应诉通知书、告知诉讼权利义务通知书、举证通知书、开庭传票等法律文书,以及原告神钢公司提供的证据后,在法院限定的举证时限内,直至2016年4月19日开庭前,均未向一审法院提交证据,亦未对原告神钢公司提交的相关证据材料申请进行鉴定,或提出延期举证的申请。在庭审中,神力公司才提出鉴定申请,并提交了其相关证据,该行为构成逾期举证,且其并无正当理由,能够反映出神力公司有拖延本案诉讼的故意,客观上也影响了本案的诉讼效率	四川省成都市中级人民法院对其处以罚款10万元

续表

序号	案号	主观	客观及结果	制裁
18	江苏省南通市中级人民法院（2021）苏06司惩复3号复议决定书	主观上属于故意	南通华枫标识光电工程有限公司在一审拒绝鉴定，在二审申请鉴定后案件被发回重审。在重审程序中先是申请鉴定但未同时提交鉴定资料，后在2020年12月23日的庭审中再次拒绝鉴定，在2020年12月25日再次申请鉴定并限定鉴定所依据的资料。南通华枫标识光电工程有限公司在二审程序中申请鉴定表明已认识到申请鉴定属其举证义务，但在重审中通过不及时提供鉴定资料、拒绝鉴定、限定鉴定资料等方式，恶意逾期举证，拖延诉讼程序，主观上属于故意	海安市人民法院对其罚款10万元，与该公司妨碍民事诉讼的行为相当，合法有据
19	陕西省安康市中级人民法院（2021）陕09司惩复1号复议决定书	复议申请人的理由：平利县人民法院认为申请人逾期举证且不说明理由，无事实依据。申请人虽逾期提供了两份证据，但并未被法庭采纳，同时法庭也未责令申请人说明理由。法院：未说明过错	申请人一直否认其给陈立全、王英民的转款是转矿款，而坚持认为是借款，但其在诉讼中提交的收条载明了该款项是转矿款而非借款。复议申请人虽明知但却一直隐瞒该事实，坚持以民间借贷起诉，妨碍了民事诉讼，平利县人民法院据此对其作出罚款1万元的决定，并无不当	罚款并无不当

续表

序号	案号	主观	客观及结果	制裁
20	江苏省镇江市中级人民法院（2021）苏11司惩复1号复议决定书	申请人主张：王开华以自己不懂法和调取证据困难为由认为其逾期举证有正当理由的主张，本院不予支持	王开华作为原告起诉要求兰海宾偿还借款，一审法院告知了其举证期限和法律后果，特别是在第一次开庭时，一审法院再次向其告知了补交证据的期限和法律后果，然王开华既未按时提交，亦非在2020年11月12日第二次开庭前提交，影响了正常的法庭程序和秩序，导致了一审法院两次开庭均因证据问题而未能正常完整进行，故一审法院根据王开华的情节，对王开华处以3000元罚款，合情合理，符合法律规定，并无不当	罚款并无不当
21	安徽省淮南市中级人民法院（2020）皖04司惩复3号复议决定书	未说明主观过错	不存在逾期举证的行为。基力保险安徽分公司在一审庭后提出抗辩并提交了双方于2018年2月21日签订的劳动合同，本身即是对其负有举证证明责任的待证事实逾期举证，该证据经徐娟质证后，徐娟提交基力保险安徽分公司2018年10月11日出具的《劳动合同终止（解除）证明书》是针对基力保险安徽分公司逾期提交的证据的反驳，有利于人民法院查清案件事实。一审法院适用《最高人民法院关于适用〈中华人民共和国民事诉讼法〉的解释》第102条规定对徐娟作出罚款8000元的决定，适用法律不当，予以撤销	撤销处罚决定

续表

序号	案号	主观	客观及结果	制裁
21	福建省厦门市中级人民法院（2020）闽02司惩复25号复议决定书	未说明主观过错	一审法院在审理（2020）闽0203民初16776号案件过程中，陈微在未向一审法院申请延长举证期限的情形下，逾期申请证人出庭作证。且在一审法院对其逾期举证的行为予以训诫的情形下，仍无正当理由再次逾期提供证据。陈微的行为已构成诉讼权利的滥用，严重浪费审判资源，妨害司法活动的正常进行，依法应予处罚。 申请人主张：申请人申请证人出庭作证属提交反驳证据，可不受此前举证期限的约束，不应被认定为逾期申请证人出庭作证	决定对陈微罚款5000元，于法有据，并无不当
22	山东省聊城市中级人民法院（2020）鲁15司惩3号决定书	存在重大过失	一审审理期间，刘国胜经一审法院传票传唤无正当理由拒不到庭参加诉讼，一审法院依据到庭参加诉讼当事人提交的证据认定事实并判决刘国胜承担连带责任。刘国胜不服，向本院提起上诉。在二审期间其提交了机动车违法信息查询单、刘国胜与朱某的通话录音光盘及文字整理材料、机动车交通事故责任强制保险单（抄件）、诉讼当事人户籍登记信息查询结果。本院根据刘国胜二审中提交的证据，支持了刘国胜的上诉请求，并对一审法院判决依法进行了改判。导致一审法院认定部分事实错误，一审判决被部分改判，给对方当事人造成诉累，也浪费了司法资源	对刘国胜罚款5万元

续表

序号	案号	主观	客观及结果	制裁
23	广东省江门市中级人民法院（2020）粤07司惩复9号复议决定书	未说明过错	黄纯孟作为案涉借款纠纷的借款人，应当清楚其还款情况，且其在中国光大银行江门分行的转账记录并不属于因客观原因不能自行收集的证据。黄纯孟对其应当知道且能自行调取予以证明其主张的证据在一审诉讼期间无正当理由不向一审法院提交，而在二审诉讼期间提交，导致该案因黄纯孟提供的中国光大银行江门分行的转账记录而改判，显属妨碍诉讼。一审法院基于黄纯孟不及时提供证据妨碍诉讼的行为作出其承担法律责任的决定并无不当	罚款并无不当
24	山东省聊城市中级人民法院（2020）鲁15司惩2号决定书	存在重大过失	马桂明的从业资格证系2010年颁发并持有，石家庄润涛运输有限公司系马桂明驾驶车辆的登记车主，马桂明有条件在一审中提交。但是马桂明无正当理由未提供，逾期举证存在重大过失，导致一审法院认定部分事实错误，一审判决被部分改判，给对方当事人造成诉累，也浪费了司法资源	对马桂明罚款1万元
25	广西壮族自治区柳州市中级人民法院（2020）桂02司惩复9号复议决定书	未说明主观过错	严凤娇未及时向一审法院提交证据，而是在一审庭审结束后才收集、提交证据。在严凤娇逾期提交证据时，一审法院向严凤娇释明了逾期提交证据应承担的法律责任。综合本案事实，严凤娇逾期举证的事实客观存在，妨碍了正常的民事诉讼程序。严凤娇未能及时、如实提交证据是由于其自身原因导致，不存在因客观原因导致无法提交证据的情形，一审法院决定对严凤娇罚款5000元查明事实清楚，适用法律正确	罚款并无不当

续表

序号	案号	主观	客观及结果	制裁
26	北京市第一中级人民法院（2020）京01司惩1号罚款决定书	未说明过错	虽经法院多次释明，陈建坚持不申请鉴定，陈建在败诉后，向本院提起上诉，仍坚持原诉讼请求，同时再次申请法院启动鉴定程序。陈建曾申请鉴定后又撤回鉴定申请，致使本案争议的重大事实处于待证状态，对此，陈建应当承担相应法律风险。二审中，陈建再次申请启动鉴定程序，因专业鉴定意见对本案基本事实构成影响，故本案应通过鉴定方式确定基本事实，陈建在二审中重新申请鉴定，符合逾期举证、拖延诉讼的情形，对民事诉讼活动造成严重妨害，对陈建罚款5000元	对陈建罚款5000元
27	江苏省宿迁市中级人民法院（2020）苏13司惩复15号复议决定书	未说明过错	运河公司在重审中未对其逾期举证的行为作出合理解释，也未提供证据证明其系因客观原因未能提供证据，运河公司逾期举证的行为导致（2017）苏1311民初6526号案件判决被撤销，浪费司法资源，妨害了正常的司法秩序	一审法院结合运河公司逾期提供的证据所涉金额作出罚款50万元的决定，并无不当
28	广西壮族自治区北海市中级人民法院（2020）桂05司惩1号决定书	未说明过错	因潘锋远对案件基本事实陈述前后不一致，在一审中对案涉款项去向和性质故意作虚假陈述，且逾期举证，影响一审判决对案件事实的认定，导致二审判决因案件事实发生变化对一审判决进行改判，潘锋远上述违反民事诉讼诚实信用原则的行为，妨碍人民法院正常的审判秩序，损害了司法权威和司法公信力	对潘锋远罚款3000元

续表

序号	案号	主观	客观及结果	制裁
29	山东省济南市中级人民法院（2020）鲁01司惩复8号复议决定书	主观上不存在过错	申请人意见：王发胜对于逾期举证的理由已经作出说明，该证明确实是一审庭审结束后王发胜才取得的，其并非有证据而故意不提交。本案中，王发胜已就逾期提交证据进行了说明，并且该证据是否被一审法院采纳尚无结论，在此情况下，对王发胜罚款2000元不符合上述法律规定，应当予以纠正	撤销处罚决定
30	广东省江门市中级人民法院（2020）粤07司惩复6号复议决定书	未说明过错	盈基公司在本案中作为主动提起诉讼的一方，对已经由其持有且能证明其主张的事实的证据不在举证期限内提交，在庭审中才提出，显属逾期举证。盈基公司辩称因对方当事人申请鉴定及其所举证据已在另案质证过等理由，均不是逾期举证的合法理由；其辩称因对方当事人已经当庭质证，所以未造成司法资源的浪费。依照法律规定，盈基公司逾期当庭提交证据，应当另行给予对方当事人相应的举证期限。对方当事人选择放弃举证期限进行质证，是对自身权利的处分，是对避免再次开庭的让步，盈基公司不能将他人的让步视为理所应当，视为免除自身责任的借口。综上所述，盈基公司逾期举证的理由不具有正当性，本院不予采纳。 申请人：请求对盈基公司罚款5万元变更为对其进行训诫	罚款并无不当

续表

序号	案号	主观	客观及结果	制裁
31	四川省广安市中级人民法院（2019）川16司惩3号决定书	未说明过错	查明罗映持有其与李胜虎及"一点商业联盟武胜群"微信聊天记录原始载体却在举证期限内不提交，本院多次要求其提交原始载体，其均称找不到了。后本院电话告知其如不提交原始载体可能承担相应诉讼风险，罗映才将微信聊天记录原始载体提交给法院。对此，本院责令罗映对逾期举证的行为作出合理的解释，罗映称因微信群很久没接收消息找不到，后来法官要求找，她才认真找。罗映逾期举证的理由不成立，该行为严重影响了案件的正常审理	对罗映罚款2000元
32	四川省成都市中级人民法院（2019）川01司惩8号决定书	故意	俊锋超市新举出进货单、营业执照等证据材料以证明其在二审中新增的合法来源抗辩主张，但未就逾期提供证据的原因作出合理说明。逾期举证的行为，不属于基于事实、基于诉讼诚信的正常诉讼策略选择所致。俊锋超市出于否认销售行为的目的，将既能印证其销售行为又可能证明商品来源的证据拖延至二审提交，实属故意逾期提供证据的情形	对锦江区俊锋超市罚款3000元
33	湖北省黄冈市中级人民法院（2019）鄂11司惩复10号复议决定书	未说明过错	一审在第二次庭审中已明确告知吴丹补充提交的四组证据属逾期提交且不属因客观原因不能取得的证据，并告知吴丹逾期举证将要承担的法律责任，但吴丹仍确认提交补充的证据	吴丹罚款4000元并无不当

续表

序号	案号	主观	客观及结果	制裁
34	广东省广州市中级人民法院（2019）粤01司惩5号决定书	故意	广州海沣纺织有限公司在一、二审诉讼过程中故意逾期举证，其上诉请求主张的事实依据与其二审提交证据所要证明的事实前后矛盾，虚假陈述，妨碍民事诉讼	对广州海沣纺织有限公司罚款人民币5万元
35	广东省广州市中级人民法院（2019）粤01司惩复11号复议决定书	无人故意或者重大过失	明确罚款针对当事人故意或者重大过失逾期提供证据、证据与案件基本事实有关且人民法院予以采纳的情况。邵天恩当庭提交的证据主要系用于反驳邹某的诉讼请求，属反驳证据，依法应当在举证期内提交。邵天恩当庭提交证据的行为确实扰乱了庭审秩序，未给对方当事人充分时间准备质证意见，对对方当事人亦不公平。但该案尚在审理过程中，证据是否与案件基本事实有关及人民法院是否予以采纳均未确定，故广州市荔湾区人民法院作出该处罚决定属适用法律有误，处理不当，应予以撤销	撤销处罚决定
36	广东省广州市中级人民法院（2019）粤01司惩复14号复议决定书	无人故意或者重大过失	被告庭前提交证据，确已超过法院指定的举证期限，但该案尚在审理过程中，证据是否与案件基本事实有关及人民法院是否予以采纳均未确定，故广州市荔湾区人民法院作出该处罚决定属适用法律有误，处理不当，应予以撤销	撤销处罚决定

续表

序号	案号	主观	客观及结果	制裁
37	广东省广州市中级人民法院（2019）粤01司惩复13号复议决定书	无人故意或者重大过失	明确罚款针对当事人故意或者重大过失逾期提供证据、证据与案件基本事实有关、人民法院予以采纳的情况,而(2018)粤0103民初8095号案尚在审理过程中,黄奕系该案当事人冯某1立、冯某2、梁某共同委托的诉讼代理人,并非《中华人民共和国民事诉讼法》第五章第一节规定的当事人,广州市荔湾区人民法院适用上述法律规定对黄奕作出罚款处罚,适用法律有误,处理不当,应予以撤销	撤销处罚决定
38	广东省广州市中级人民法院（2019）粤01司惩复15号复议决定书	无人故意或者重大过失	被告庭前提交证据,确已超过法院指定的举证期限,但该案尚在审理过程中,证据是否与案件基本事实有关及人民法院是否予以采纳均未确定,故广州市荔湾区人民法院作出该处罚决定属适用法律有误,处理不当,应予以撤销	撤销处罚决定
39	广东省广州市中级人民法院（2019）粤01司惩复16号复议决定书	无人故意或者重大过失	告庭前提交证据,确已超过法院指定的举证期限,但该案尚在审理过程中,证据是否与案件基本事实有关及人民法院是否予以采纳均未确定,故广州市荔湾区人民法院作出该处罚决定属适用法律有误,处理不当,应予以撤销	撤销处罚决定

续表

序号	案号	主观	客观及结果	制裁
40	北京市第一中级人民法院（2019）京01司惩复3号复议决定书	过错	永安财保唐山支公司由于其自身原因导致逾期提交证据，该证据对于认定本案的基本事实存在影响，符合《最高人民法院关于适用〈中华人民共和国民事诉讼法〉的解释》第102条第一款中规定的情形，延庆法院在《中华人民共和国民事诉讼法》第115条第一款规定的限额内确定对永安财保唐山支公司罚款的金额为20万元，符合法律规定。永安财保唐山支公司认为罚款数额过大一项，本院认为，罚款数额应综合考量当事人逾期举证的过失程度、当事人诉讼利益、浪费司法资源和延缓理赔进程等因素	对永安财保唐山支公司罚款20万元并无不妥
41	四川省成都市中级人民法院（2018）川01司惩22号决定书	重大过失	郑伟一审中认可其为合伙主体，在一审法院判决其承担民事责任后，郑伟上诉否认其是合伙主体，并提交15组证据材料。经审查，该15组证据材料系一审举证期限届满之前已形成且当事人能够取得的，郑伟逾期举证无正当理由。郑伟因重大过失逾期提供证据，导致案件被发回重审	对郑伟罚款5000元
42	四川省成都市中级人民法院（2018）川01司惩21号决定书	重大过失	欧阳灵珊一审中认可其为合伙主体，在一审法院判决其承担民事责任后，欧阳灵珊上诉否认其是合伙主体，并提交20组证据材料。经审查，该20组证据材料系一审举证期限届满之前已形成且当事人能够取得的，欧阳灵珊逾期举证无正当理由。欧阳灵珊因重大过失逾期提供证据，导致案件被发回重审	对欧阳灵珊罚款5000元

续表

序号	案号	主观	客观及结果	制裁
43	四川省泸州市中级人民法院（2018）川05司惩复4号复议决定书	无主观过错	由于复议申请人亚太财产保险有限公司新都支公司对相关法律的理解问题，没有及时向一审法院提供相关证据，当其向二审法院提供相关证据后，导致该案被发回一审法院重审。虽然复议申请人在诉讼中提供的相关证据经审查并非系投保人亲笔所签，但并没有证据证明该证据系复议申请人伪造。四川省叙永县人民法院以复议申请人提供虚假证据，严重扰乱诉讼秩序为由，对复议申请人予以罚款，与《中华人民共和国民事诉讼法》第111条："诉讼参与人或者其他人有下列行为之一的，人民法院可以根据情节轻重予以罚款、拘留；构成犯罪的，依法追究刑事责任：（一）伪造、毁灭重要证据，妨碍人民法院审理案件的。"的规定不相符合，四川省叙永县人民法院作出的处罚决定不当，应当予以纠正	撤销处罚决定
44	广东省中山市中级人民法院（2018）粤20司惩1号决定书	故意或重大过失	开平二建公司、开平二建中山分公司逾期于二审期间提交的证据影响案件基本事实的认定，对本案的判决结果有重要影响。该证据在一审诉讼前已经形成且为其所持有，但在一审法院两次询问其是否有相关证据提交的情况下其仍未提交，直至二审庭审后才向本院提交，且其所陈述的逾期提交证据的理由并不正当，其行为违反了《中华人民共和国民事诉讼法》及其司法解释关于举证期限的规定，已构成故意或重大过失逾期提交证据。 关于逾期举证的理由，开平二建公司、开平二建中山分公司称一方面系因其财务人员生小孩了故没有及时找出资料复印；另一方面开平二建公司、开平二建中山分公司想等与曾和就此对账之后再提交该证据	对广东开平二建集团股份有限公司、广东开平二建集团股份有限公司中山分公司罚款5万元

续表

序号	案号	主观	客观及结果	制裁
45	安徽省淮南市中级人民法院（2017）皖04司惩1号决定书	未说明过错	吴浩在一审法院审理过程中，未对案涉房屋出租合同中其本人的签名、捺印是否真实提出抗辩和申请鉴定。现吴浩上诉对此问题提出异议，并在二审申请鉴定，因该鉴定结果对案件的正确处理将会产生实质性影响，故二审法院对该鉴定申请予以准许。经鉴定，案涉房屋出租合同中吴浩的签名、捺印均是其本人所签、所捺。因本案所鉴定的事实本可以在一审查明，吴浩怠于行使其诉讼权利，构成逾期举证，应承担逾期举证的法律后果，对其行为，本院予以相应处罚	对吴浩罚款3000元
46	南昌铁路运输中级人民法院（2016）赣71司惩复2号复议决定书	重大过失	复议申请人提出，一、一审法院未采纳申请人逾期提交的证据，作出对申请人罚款8万元的决定依据不足；二、申请人虽存在逾期举证，但未妨碍一审法院诉讼，对申请人处罚8万元过重。本院经审查认为，复议申请人于一审法院第二次庭审中，当庭逾期提交赣AA5972号货车交强险投保单与讼争案件基本事实无关。因此，一审法院以该份证据因重大过失逾期提交，且与涉案基本事实有关为由作出的罚款决定，属认定事实不清，适用法律错误，应予撤销	撤销处罚决定

续表

序号	案号	主观	客观及结果	制裁
47	浙江省义乌市人民法院(2021)浙0782司惩4号罚款决定书	未说明故意	被告兰美娘并未在举证期限内向法庭提交证据,而是当庭向法庭提供了合作协议、微信聊天记录等证据,为此原告陈苏庆表示需要证据答辩期,本院予以准许,并在2021年4月9日安排了第二次公开开庭审理。但在第二次开庭审理过程中被告兰美娘又当庭提供了建设工程施工合同、工程造价咨询报告、工程开工令、账目明细等证据,法庭责令被告兰美娘说明逾期举证的理由,被告兰美娘以原告陈苏庆提出新的抗辩理由为由,但法庭查明庭审中原告陈苏庆并未提出新的事实,故被告兰美娘逾期举证理由不成立	对被罚款人兰美娘罚款5000元
48	宁波市镇海区人民法院(2020)浙0211司惩3号决定书	未说明故意	被处罚人张永定、张爱珍无视本院指定的举证期限,通过其委托诉讼代理人在2020年9月9日第一次开庭时当庭提交汇款单等证据,导致原告要求补充证据,开庭取消。2020年11月19日,本案进行证据交换,并且指定了补充证据的期限,并告知如果无正当理由逾期举证将进行罚款。2020年12月3日,该案第二次开庭时,张永定、张爱珍又通过其委托诉讼代理人当庭提供银行个人账户对账单等证据,该证据足以影响本院对案件基本事实的认定,原告再次提出要求补充证据,导致案件审理再次延期。张永定、张爱珍无视法律规定,非客观原因举证困难或无法提供,逾期提供证据的理由不成立。鉴于张永定、张爱珍逾期举证的行为,严重扰乱诉讼秩序	对张永定罚款2000元、对张爱珍罚款2000元

续表

序号	案号	主观	客观及结果	制裁
49	云南省勐腊县人民法院(2019)云2823司惩15号决定书	未说明故意	本案于2019年10月10日第一次公开开庭进行审理,被告依为甩当庭向本院提交证据6份,表示还有其他待收集证据需要提交,本院予以训诫后,再次指定举证期限7日(举证期限于2019年10月18日届满)。本案于2019年11月20日公开开庭进行第二次审理,被告依为甩再次向本院提交逾期证据1份。被告依为甩两次逾期提交证据,因未向本院申请延期举证,其逾期举证又无正当理由,故被告依为甩逾期提交证据的行为严重扰乱了法庭审理秩序,妨害了审判活动的正常进行	对依为甩处以罚款2000元
50	福建省柘荣县人民法院(2019)闽0926司惩1号决定书	未说明故意	庄小东当庭出示一份桃源县陬市食品药品工商质量监督管理所的回复函,用于证明宁德市星源农业发展有限公司为涉案商品的经销商,该份证据为证明被告主体资格的重要证据,且证据显示庄小东在2018年7月已经持有,庄小东作为多次提起类似案件诉讼的当事人,其陈述忘记提交的理由并不是正当的理由,属于无正当理由逾期举证。加之,提交伪造证据,妨害民事诉讼	对庄小东罚款1万元
51	安徽省宿松县人民法院(2019)皖0826司惩30号决定书	重大过失	查明原告胡某某在本院指定的举证期限届满后因重大过失逾期举证,该证据与案件基本事实有关,本院已采纳。原告胡某某的逾期举证行为妨害了民事诉讼,应予处罚	对胡某某罚款1000元

续表

序号	案号	主观	客观及结果	制裁
52	四川省盐亭县人民法院（2018）川0723司惩2号决定书	未说明故意	肖红在本院指定的举证期限届满后，逾期举证且无正当理由，其行为已妨害民事诉讼活动的正常进行	对肖红罚款2000元
53	四川成都高新技术产业开发区人民法院（2018）川0191司惩11号决定书	未说明故意	被罚款人赵刚在法院给予的举证期限（2018年7月30日前）并未向本院提交其从案涉车辆原租赁人周德猷处承接了案涉车辆的相应关键事实的证据，本院在2018年7月31日第一次庭审中明确要求其庭后提交周德猷的情况说明以确定是否存在转租事实。在2018年8月8日复degeneration时，被罚款人赵刚无正当理由仍然未提交周德猷的相关说明亦未申请周德猷出庭作证，法庭考虑到该说明对于案件事实查清具有关键作用，在询问被告意见后同意其庭后补交，被罚款人赵刚最终于2018年8月16日向本院补交了周德猷的相关说明，综合考量全案证据，本院决定采纳该证据	本院认为在已经给予赵刚举证期以及第一次庭审中明确向其提出庭后补交要求的情况下赵刚仍然无正当理由逾期举证，严重违反民事诉讼法相关规定，为严肃法庭纪律，故对该妨害民事诉讼的行为予以惩戒。对赵刚罚款1000元
54	杭州市萧山区人民法院（2018）浙0109司惩5号罚款决定书	未说明故意	被处罚人李春兰无视本院指定的举证期限，无正当理由逾期当庭提供收入证明等证据，因该证据与中国人民财产保险股份有限公司杭州市萧山支公司在举证期间内提供给本院的材料相矛盾，且足以影响本院对案件基本事实的认定和最终赔偿金额的确定。李春兰非客观原因举证困难或无法提供，其逾期提供证据的理由不成立	对李春兰罚款5000元

续表

序号	案号	主观	客观及结果	制裁
55	四川省叙永县人民法院川0524司惩1号决定书	未说明故意	被告亚太财产保险有限公司新都支公司在举证期限内拒不向一审法院提供证据，在二审中提供了虚假证据，以此导致原审案件发回重审，严重浪费司法资源，构成恶意诉讼；在重审过程中提供虚假证据以逃避赔偿责任，违背了诚实信用原则，丧失了一个保险企业基本的社会责任，系严重扰乱诉讼秩序的行为，应予以制裁	对亚太财产保险有限公司新都支公司罚款20万元
56	四川成都高新技术产业开发区人民法院（2016）川0191司惩1号罚款决定书	未说明故意	其在2016年8月9日第一次庭审时提出需要庭后补交关于利息支付的相关证据，本院考虑到利息支付情况是本案必须查证的事实，故予以准许，定于2016年9月1日复庭。在2016年9月1日复庭时，被罚款人王伟无正当理由仍然未提交相关证据，并提出需要庭后补交，最终于2016年9月28日向本庭补交相关证据。本院认为在已经给予王伟举证期以及第一次庭审后长达20天延期举证期情况下王伟仍然无正当理由逾期举证，严重违反民事诉讼法相关规定，为严肃法庭纪律，故对该妨害民事诉讼的行为予以惩戒	对王伟罚款5000元